존경하는 은사님께 이 책을 바칩니다.

故 조 성 식 교수님

1922.9.2 — 2009.12.23
전 고려대학교 명예교수
전 학술원 회원

의사소통을 위한
새로운영문법해설

4

『의사소통을 위한 새로운영문법해설』전 4권
Communicative Approaches to
a New English Grammar

의사소통을 위한
새로운영문법해설

4

고 경 환

한국문화사

2020

서문

『의사소통을 위한 새로운영문법해설』전 4권을 펴내면서

All grammars leak. — E. Sapir (1884-1939)
　[완벽한 문법이란 존재하지 않는다.]
The natural condition of a language is to preserve one form for one meaning, and one meaning for one form.
— D. Bolinger (1907-1992). 1977. *Meaning and Form*.
　[한 언어의 자연스러운 상황은 하나의 뜻에는 하나의 형태가, 그리고 하나의 형태에는 하나의 뜻이 존재한다는 점이다.]

---

1. 영문법의 필요성　　2. 언어는 심상의 표현　　3. 학자들의 문법관
4. 문법 기술의 방향　　5. 맺음말

---

1. 영문법의 필요성

　영어의 중요성은 아무리 강조해도 지나치지 않다. 적어도 현재 전 세계의 80% 이상의 각종 정보들이 영어를 매개로 하여 전달되고 있으며, 유럽 여러 나라에서 이루어지는 상거래 활동의 거의 절반 정도가 영어로 이루어지며, 절반 이상의 과학 기술 분야의 각종 정기 간행물이 영어로 발행되어 나오고 있다. 또한 한 언어를 모국어로 사용하는 모국어 인구수로 보면 중국어와 인도어가 각각 1, 2위를 차지하겠지만, 영어가 사용되는 '지리적 분포'로 보면 단연코 영어가 '세계어'(global language)라고 부르기에 조금도 손색이 없다고 말할 수 있다.
　"언어는 규칙의 지배를 받는"(Language is rule-governed) 의사전달의 수단이기 때문에 듣기·말하기·읽기·쓰기 능력을 향상시켜 장차 영어를 필요로 하는 전문인이 되려고 한다면 의사소통에 절대 필요한 올바른 영문법 지식을 갖추는 것이 무엇보다도 중요하다고

하겠다. 물론 우리가 언어를 처음 배우는 어린이들처럼 영어를 모국어로 사용하는 사회에서 저절로 배워 생활화하는 경우라면 굳이 영문법을 익히지 않더라도 '무의식적으로' 영어를 쉽게 습득(acquisition)할 수 있겠지만, 적어도 현재로서는 우리가 "외국어로서 영어"를 가장 빠르게 습득하는 길은 곧 **"문법을 통한 영어 학습"**이라고 감히 말하고 싶다.

문법을 통한 영어 학습에 있어서 가장 큰 문제는 영어 교육 담당자는 물론이고, 영어 학습자들이 한결같이 영문법을 "딱딱하다"고 생각하고, 영문법을 가까이 하지 않으려는 경향이 있다는 점이다. 그렇지만 영문법은 딱딱하다고 생각될 정도로 무미건조한 내용을 담고 있는 것은 결코 아니다. 실제로 문제가 되는 것은 영문법이 딱딱하게 느껴지는 것이 아니라, 영문법을 대하는 사람들의 선입견 때문에 마음 자체가 굳어져 있어서 영문법이라고 하면 무엇보다도 먼저 마음의 문을 굳게 닫아버리는 경향이 있다는 점이다. 이것이 바로 영어 교육과 영어 학습에 커다란 장애 요인이 아닐 수 없다.

2. 언어는 심상의 표현

무엇보다도 언어는 인간의 심상을 표현(representation of mental images)하는 것이다. 즉, 언어행위는 A라는 사람의 뇌리에서 어떤 한 생각이 이루어지고 이러한 생각이 말이나 글이라는 표현 형식을 빌려 B라는 사람에게 전달되는 작용이다. 그러므로 생각이 말이나 글로 전달될 때, 언어 사용자들 각자의 생각이 다를 수 있고, 또한 어떤 한 사람의 똑같은 생각일지라도 마음속에 내재된 심리적 상황이 달라지면 이와 동시에 표현도 달라져야 한다. 일찍이 D. Bolinger (1907-1992)는 **"생각이 다르면 표현이 다르다."** 라고 자신의 저서 *Meaning and Form* (1977)에서 말하였다. 그럼에도 불구하고 우리는 It's time **to do something**.과 It's time **you did something**.이라는 두 개의 문장이 하나의 생각을 두 가지 표현, 즉 풀어쓰기(paraphrase)라는 형식을 빌려 나타낸 것으로 생각하고 있으며(→ 11.10.2 참조), "우리 아버지 내일 한국에 오십니다." 라는 말을 다음과 같은 문장에 들어 있는 어떤 동사를 사용해서 표현하더라도 같은 내용을 전달하는 것으로 잘못 이해하는 경향이 있다. 현재 시중에 나와 있는 영문법 책에서는 단순히 미래를 나타낼 때에는 다음과 같은 표현을 사용한다고 되어 있을 뿐, 담겨진 뜻의 차이에 대해서는 아무런 설명이 없다(→ 6.6 참조).

Father *will come* to Korea tomorrow.
Father *comes* to Korea tomorrow.

Father *is coming* to Korea tomorrow.
Father *is going to* come to Korea tomorrow.
Father *is to come* to Korea tomorrow.

사실상 이 문장들은 모두 말하는 사람의 마음에 떠오른 서로 다른 심상을 반영한 것이다. 이처럼 마음속에 떠오르는 서로 다른 생각을 담고 있는 문장을 모두 같다고 하여 마음속에 떠오르는 생각에 관계없이 어떤 것이라도 사용하려고 하는 것은 서울에 가고자 하는 사람이 서울에 가까운 어느 한 도시에 이르렀을 때 서울에 다 왔다고 하는 것과 무엇이 다르다고 하겠는가!

3. 학자들의 문법관

흔히 세간에서는 과거 중·고등학교에서 6년 동안 영어 교육을 받았지만 소위 문법을 통한 번역 위주의 교육으로 말미암아 영어를 제대로 못한다고 하여 영어 교육을 망친 주범으로 문법이 무슨 대역죄를 저지른 것처럼 선전하고 있는 것을 보면 참으로 한심스럽다는 생각이 앞선다. 과거의 "문법—번역식" 방법이 영어 교육을 망친 주범이라기보다는 오히려 그릇된 문법 지식이 영어 교육과 학습에 동원된 것이 더 큰 원인이었다고 하는 것이 필자의 일관된 생각이다. **문법을 안다는 것 — 이것은 곧 우리가 어떤 언어를 알고 있다는 것이다. 다시 말하자면, 이것은 언어에 대한 지식을 갖고 있다는 뜻이고, 언어 지식은 곧 언어 능력(linguistic competence)을 뜻하는 것이다. 문법·언어능력·언어지식 — 이 세 가지는 표현만 다를 뿐 모두 같은 말이다. 그리고 언어능력은 듣고, 말하고, 읽고, 쓸 수 있는 능력이**라는 말이다. 문법을 모르면서 어떻게 제대로 회화를 하고, 글을 올바르게 읽어서 이해하고, 글을 올바르게 쓸 수 있다고 하겠는가? 소위 구구법을 모르는 학생이 예컨대 34 × 65 등 갖가지 곱셈 문제에 대한 답을 말할 수 있겠는가? '문법을 안다는 것은 구구법을 아는 것'과 조금도 다를 바가 없다고 단언하고 싶다.

사실 이 땅에 영어 교육이 시작된지도 100년이 훌쩍 넘었으며, 그동안 영어 교육이 이루어지면서 이제 와서 우리나라의 영어 교육을 망친 주범이 "문법—번역식" 교육의 탓이라고 하여 '문법 위주에서 회화 중심 영어 교육으로' 방향을 전환하여 교육이 이루어지고 있다. 이렇게 하면 이 땅의 영어 교육이 정상화된다고 장담할 수 있을까? 필자는 결코 그렇지 않다고 거듭 확신한다.

이제 영문법의 중요성을 강조한 몇몇 학자들의 견해를 살펴보기로 한다. 문용 서울대학교

명예교수께서는 『고급영문법해설 (2008)』 제3 개정판 서문에서 다음과 같이 말하고 있다.

"… 일상적인 '듣기'와 '말하기'에 한정된 경우라면 몰라도, 다음과 같은 경우 영어 학습에서 차지하는 영문법의 자리는 절대적이다.
1) 학습자의 나이가 고등학교나 대학교에 진학할 나이 이상인 경우
2) 학습자가 현재 고등교육을 받고 있거나 받은 경우
3) 학습자가 일상체의 차원을 넘어서 격식이 높은 영어를 습득하려는 경우
4) 학습자가 일상적인 의사소통의 차원을 넘어 전문적인 업무 수행에 영어를 필요로 하는 경우
5) 수준이 높은 '읽기'나 '쓰기'의 기능에 능통하려는 경우"

구학관 전 홍익대학교 교수께서는 『영어유감 (1997)』의 머리말에서 다음과 같이 말하고 있다.

"英文法 영어공부에서 문법의 중요성은 새삼 강조할 필요가 없다. 모든 언어 표현의 틀은 문법규칙에 의하여 결정될 뿐만 아니라, 정확한 문법규칙을 모르면 언어를 정확하게 이해하고 사용할 수 없기 때문이다. 그러나 불행하게도 많은 사람들은 문법이 필요 없다고 생각하거나 자신은 이미 많은 문법을 알고 있다고 생각한다. 이들이 알고 있는 문법은 실제로 언어를 사용하고 이해하는 데 별 도움이 안된다는 것이 문제인 것이다."

또한 뉴욕 주립대학교 영어교육과 하광호 교수께서는 『영어의 바다에 헤엄쳐라 (1996: 235-236)』에서 다음과 같이 말하고 있다.

"문법 네 놈 때문에 망했다?
미국에서 한국 신문을 본 일이 있는데 이런 큰 제목이 눈에 들어왔다.
'문법 위주의 교육에서 회화 위주로'
내용인즉슨 지금까지 학교에서의 영어교육을 문법 위주로 해온 탓에 영어 한 마디 제대로 못하게 됐으니 말하기 위주로 교육과정을 바꾼다는 것이었다. 나는 순간 한국에서 문법이 범죄자 취급을 받는 것 같은 느낌이 들었다. 문법이 알면 억울해서 통곡할 일이다. 회화 위주로 하면 한국영어의 문제점이 해결될까. 지독스런 착각이 아닐 수 없다. 이 진단은 명백히 잘못되어 있다. 한국영어의 문제점은 무엇인가 하면 내가 볼 때 우선 영어의 문제점에 대한 진단이 틀려 있는 것으로 보인다. 진단이 틀려 있으니 제대로 고칠 수가 없고 고치려 해도 치료할 사람이 드물다."

계속해서 하광호 교수께서는 http://www.siminsori.com (교육)에서 다음과 같은 말을 하고 있다.

"영어를 잘 하려면 네 가지 학습법을 알아야 ....
영어문법은 한국의 학습자들이 미국 학생들보다 더 잘 알 정도로 밝지만 내가 보기에 한국 학습자들의 영문법은 '죽은 송장의 문법'이라고 할 수 있어요. 무슨 이야기냐 하면 한국의 학습자들은 영문법에 관한 것은 잘 알지만 정작 영문법의 사용법을 성공적으로 배우지 못했다는 것입니다. 문법이라는 것은 사용법을 잘 알아야지 8품사가 어떻고 백날 해봤자 영어 실력은 늘 제자리걸음입니다."

그렇다고 영어 교육에 있어서 문법이 항상 '만병통치약'(panacea)으로 작용한다는 말은 결코 아니다. 영어를 능동적으로 사용할 때 언제나 문법 규칙에 맞도록 영어를 말하고 쓰면 된다는 것이 아니다. 예컨대 문법에 얽매여서 If you see the figure, you will know how serious the accident was.라고 하면 누가 보더라도 문법적으로는 손색이 없는 문장처럼 보인다. 그러나 이러한 문장은 한국어 냄새가 물씬 풍기는 한국어식 영어에 가깝다고 하지 않을 수 없다. 이를 The figure shows the seriousness of the accident.나 이와 유사한 표현으로 바꾸는 것이 훨씬 영어다운 표현이 된다. 이렇게 하려면 영어를 모국어로 사용하는 사람들이 어떤 내용을 전달하고자 할 때 어떻게 상황에 적합하게 표현하고 있는가 하는 점에 각별히 유의하여야 할 것이다.

4. 문법 기술의 방향

이 책의 문법 기술 방향은 동시에 이 책의 특징이기도 하다. **첫째, 영문법을 다루고 있는 대부분의 문법서에서 피상적으로 각종 문법 규칙들을 나열하는데 그쳤던 문법적인 내용들을 비교적 상세하게 해설하고 있다.** 실제로 영어의 세계가 우리가 흔히 생각하는 것보다 훨씬 넓음에도 불구하고 시중에 출판되어 나온 수많은 문법책들은 그 넓은 세계를 제대로 담아내지 못하고 있는 것이 현실이다. 그리고 다루어지고 있는 내용들 중 상당 부분이 천편일률적이고, 기계적으로 기술되어 있다. 예컨대 영어 문장에서 간접목적어가 직접목적어 다음에 놓이게 되면 그 문장에 쓰인 동사에 따라 to 또는 for가 간접목적어 앞에 놓인다. 주어 + 동사 + 목적어로 이루어진 능동태 문장을 수동태로, 이와 반대로 수동태 문장을 능동태로 바꿀 수 있다. 또한 수동태 문장에서 by + 명사구는 생략될 수 있다. 부정사를 목적어로 삼는 동사와 동명사를 목적어로 삼는 동사를 무턱대고 나열하는데 그치는 식이다. 이와 같은 문법 지식은 실제로 영어를 이해하고 '능동적'으로 사용하는데 전혀 도움이 되지 않는다. 실제로 문법이 문법으로서의 활용 가치가 있으려면 그것은 **'살아 있는 문법'**(living grammar)이라야 한다. 이러한 점에서 이 책은 언어를 사용하는 상황에 따라 어떤 언어적 표현이 적절할 것인가에 초점을 맞추어 쓰여진 것이다.

둘째, 이 책에서는 잘못 알려진 내용들을 올바르게 기술하고 있다. 흔히 학교문법에서 unless와 if ... not은 서로 바꿔 쓸 수 있다. used to는 과거의 규칙적인 습관을 나타내고, would는 과거의 불규칙적인 습관을 나타낸다. even if와 even though는 서로 바꿔 사용할 수 있다. 또한 We **had better** stop at the next service station.(→ 5.4.16 참조)에서 had better를 '(...하는 것보다) ...하는 편이 낫다' 라고 하여 어떤 두 가지 대상을 서로 비교해서 말하는 뜻으로 잘못 설명되어 있기도 하다. 이러한 내용들을 비롯하여 잘못 기술된 내용들을 올바르게 해설하였다.

셋째, 언어 현상을 설명하는데 꼭 필요한 것이 적절한 문법 용어이다. 같은 언어적 현상들을 한데 모아서 이들의 공통점을 체계적으로 설명하려면 반드시 그에 맞는 문법 용어를 동원하여야만 한다. 때문에 기존에 알려진 능동태와 수동태, 간접목적어와 직접목적어, 현재시제, 과거시제 따위와 같은 용어들이 사용되는 것이다. 그런데 지금까지 어떤 문법책에서도 다루어지지 않은 언어 현상, 그럼에도 불구하고 너무나 자주 사용되는 문장 구조를 설명하기 위해서는 거기에 알맞은 용어를 사용하지 않을 수 없다. 예컨대 다음 두 문장을 보자.

Jaewon gave **his brother** a good gift. (← What did Jaewon give his brother?)
Jaewon gave a good gift **to his brother**. (← To whom did Jaewon give a good gift?)

이 두 개의 문장에서 간접목적어와 직접목적어의 어순의 차이는 ( ) 안에 제시된 것과 같이 질문 내용이 서로 다른 환경에서 쓰인다는 점을 뜻하며, 이에 따른 설명을 하려면 **문미 초점**(文尾焦點: end-focus)과 **문미 중점**(文尾重點: end-weight)의 원칙이라고 하는 두 가지 용어를 사용하지 않을 수 없다(→ 4.5.5 참조).

또한 선행사를 수식하는 관계사절이 본래의 위치에 놓이지 않고 문장의 맨 마지막 위치로 이동하는 것과 관련하여 **외치**(外置: extraposition)라는 용어를 사용하지 않을 수 없다 (→ 17.1.4.2 참조).

Constructions that are arguably exceptions are encountered. →

Constructions are encountered ***that are arguably exceptions***.
[논란의 여지가 있지만 예외적인 구문들이 있다.]

한 가지 예를 더 들어 보고자 한다.

The President is just a figurehead; **it**'**s the party leader who has the real power**. — *Longman Dictionary of English Language and Culture*.
[대통령은 명목상의 국가 원수일 뿐이고, 실권을 가진 사람은 바로 당수(黨首)이다.]

이 문장의 밑줄 친 부분을 국내 문법서에서 소위 강조구문이라고 하는데, 그렇다면 어느 부분을 무엇 때문에 강조한다는 말인가? 밑줄 친 두 번째 문장은 The party leader has the real power.라는 한 개의 문장이 It is … { that / who } …라는 문장 구조를 이용하여 '둘로 쪼개진' 것이다. 그러므로 이런 문장 구조를 분열문(分裂文: cleft sentence)이라고 한다. cleft는 cleave(쪼개다)의 과거분사형이며, '쪼개진'이라는 뜻의 분사 형용사적인 뜻을 갖고 있다. 따라서 '분열문'이란 하나의 문장이 둘로 쪼개진 문장이라는 뜻이다. 이러한 문장에서 It is와 that/who 사이에 놓인 the party leader는 상대방에게 새로운 정보를 전달해 주는 요소로서 이 문장에서 가장 중요한 부분이다. 그래서 이 부분은 초점을 받는다고 한다. 그리고 that/who 이하는 상대방도 이미 알고 있는 내용이기 때문에 정보를 전달함에 있어서 별로 중요한 것이 아니다. 바로 이러한 점 때문에 분열문이라는 용어를 사용하는 것이다(→ 20.8 참조).

이처럼 종래의 어떤 문법서에서도 볼 수 없었던 문법 용어들이 등장하는 것은 언어 현상을 보다 간편하게 설명하기 위한 방편이다. 이러한 문법 용어를 동원하지 않고서 설명하려면 이러한 문장 구조를 만날 때마다 장황하게 설명하지 않을 수 없게 된다. 그러므로 문법적인 사항들을 올바르게 설명하려면 새로운 용어들을 과감하게 도입하는 것이 필수적이라고 생각한다.

마지막으로, 이 책에서는 많은 영영사전을 비롯하여 각종 자료에서 취사선택한 살아 있는 언어를 중심으로 하여 풍부한 예문들을 많이 제시하였으며, 필요한 곳에서는 각 예문에 따른 문법적인 설명을 덧붙였다. 그리고 제시된 예문들 중에는 다음과 같은 예에서 보듯이 우리의 삶에서 자신을 한번 되돌아볼만한 것들이 상당수 들어 있다.

Lying late in the morning is a great shortener of life.　　(→ 9.3.2.1 참조)

[아침에 늦잠 자는 것은 생명을 크게 단축시키는 일이다.]
Men must not allow themselves to be swayed by their moods. (→ 3.6.1 참조)
— Yogananda Paramhansa, *How to be Happy All the Time*.
[인간은 기분에 흔들려서는 안 된다.]
True happiness is never to be found outside the Self. Those who seek it there are as if chasing rainbows among the clouds! (→ 11.12 참조)
— Yogananda Paramhansa, *How to be Happy All the Time*.
[진정한 행복은 결코 자아 밖에서 찾을 수 없다. 자아 밖에서 행복을 찾는 사람은 구름 사이에서 무지개를 쫓는 것과 같다.]
Your joints age over time. Like the brakes in your car, they need regular maintenance to function best. (→ 19.4.3.2 참조)
[관절은 시간의 흐름과 더불어 노화된다. 자동차의 브레이크처럼 관절의 기능을 가장 좋게 하려면 꾸준한 관리가 필요하다.]
Never get angry. Never allow yourself to become the victim of another's anger. (→ 20.5.1 참조)
— Paramhansa Yogananda, *How to be Happy All the Time*.
[절대 화내지 마라. 다른 사람이 화를 낸다고 해서 그에 따라 자신도 화를 내는 일이 없도록 하라.]

5. 맺음말

이 책은 필자의 대학원 시절 은사님이셨던 故 조성식 교수님(1922–2009: 前 고려대학교 명예교수, 前 학술원 회원)의 가르침을 철저히 따르고, 은사님께서 집필하신 영문법 연구 1-V 권에 다소 미치지 못하겠지만 그래도 은사님께서 문법을 기술하신 내용의 방향을 다소 바꿔 보완하고 있다. 은사님께서 세상을 떠나시기 바로 1년 전에 전화 통화에서 "이젠 눈이 침침해서 교정도 못 보겠어!" 하시기에 "제가 가까이 있으면 대신 보아 드릴 텐데요." 하고 대화를 나누던 것이 마지막이었다. 아직도 더 오래 사시면서 가르침을 주시고, 미완의 영문법 이론을 더 손질하실 수 있었을 텐데. 은사님께서 다하지 못하신 올바른 영문법 체계를 독자들에게 바르게 전달하고자 최선의 노력을 기울이고자 한다.

이 책은 필자의 실용영문법해설 1-3권을 수차례에 걸쳐 다듬고 다듬어서 일반 영어 학습자들이 바르게 영어의 참모습을 이해할 수 있도록 한 것이다. 또한 영어를 전공하는 학부와 대학원 학생들이 현대 영문법 연구로 옮아가는 앞 단계에서 읽어볼만한 참고서라고 생각한다. 때문에 필요한 경우에 참고가 되도록 하기 위하여 상세히 주석(footnotes)을 달아 원전의 출처를 밝혔다. 영어를 가르치시는 선생님들에게도 참으로 유익한 지침서가 되리라고 생각한다.

    이 책을 집필하는 사이에 필자는 1975년부터 시작된 영문법 연구 생활 40여년이란 세월을 훌쩍 넘겼다. Noam Chomsky 교수가 1957년에 *Syntactic Structures*를 세상에 내놓아 문법 이론의 대혁명을 일으켰고, 그 이후 오늘에 이르기까지 이 문법 이론을 근간으로 하여 언어연구가 이루어지고 있음에도 불구하고 조금도 흔들림 없이 40여년이라는 긴 세월 동안 외국어로서의 영어 학습에 절대적으로 필요한 영문법 연구에 매진하여 왔다. 물론 지금까지 걸어온 이 길은 힘이 쇠잔하여 더 이상 갈 수 없다고 생각되는 그날까지 뚜벅뚜벅 걸어갈 것이다, 이 땅에 올바른 영문법의 확고한 토대가 정착되기를 갈망하면서. 설령 내가 쓰는 이 책을 읽는 독자들이 많지 않다고 할지라도 그것은 전혀 문제가 되지 않는다. 다만 영어 구조와 관련된 제반 언어 현상들을 끊임없이 찾아내고, 또 이들을 올바르게 해설하여 독자들의 궁금증을 시원하게 해소시켜 줄 수만 있다면 필자로서 그 이상 바랄 것이 더 무엇이 있겠는가! 물론 이 과정에서 잘못 기술된 내용이 있다고 한다면 그것은 전적으로 필자의 책임이며, 앞으로 잘못된 부분이나 미흡한 부분들은 지속적으로 보완해 나갈 것이다. 독자 여러분들의 질책과 꾸준한 지도 편달을 기대하는 바이다.

    끝으로 이 방대한 분량의 책의 출판을 쾌히 승낙해 주신 한국문화사 김진수 사장님과 출판 관계자 여러분들이 기울인 그간의 노고에 대하여 깊은 감사의 말씀을 드립니다.

하루 종일 봄을 찾아 다녀도 봄을 보지 못하고
짚신이 다 닳도록 언덕 위의 구름 따라다녔네.
허탕치고 돌아와 우연히 매화나무 밑을 지나는데
봄은 이미 매화가지 위에 한껏 와 있었네. ― 중국 송나라 시대의 어느 비구 스님

2020년 4월
한라산 기슭 서재에서
고경환 씀

제4권 목차

서문 『의사소통을 위한 새로운영문법해설』 전 4권을 펴내면서 ········· 5

제18장 부사절(Adverbial Clauses)

18.1. 부사절의 구조 ··· 23
   18.1.1. 주절과 종속절 ··· 23
   18.1.2. 종속접속사의 유형 ··· 26

18.2. 부사절의 유형 ··· 28
   18.2.1. 정형절 ·· 28
   18.2.2. 비정형절 ·· 29
   18.2.3. 무동사절 ·· 31

18.3. 부사절의 위치 ··· 33
   18.3.1. 문두 위치 ·· 34
   18.3.2. 문미 위치 ·· 36
   18.3.3. 문중 위치 ·· 37

18.4. 부사절의 기능 ··· 38

18.5. 부사절의 분류 ··· 39
   18.5.1. 의미 부류 ·· 39
   18.5.2. 의미의 중복 ·· 40
   18.5.3. 시간절 ·· 42
      18.5.3.1. 종속접속사와 절 유형 ······························· 42
      18.5.3.2. 여러 가지 종속접속사의 용법 ··················· 46
      18.5.3.3. 미래시를 뜻하는 부사절의 시제 ··············· 57
   18.5.4. 장소절 ·· 58
   18.5.5. 이유절 ·· 62
   18.5.6. 목적절 ·· 67
   18.5.7. 결과절 ·· 70

18.5.7.1. 결과절을 이끄는 종속접속사	70
18.5.7.2. 목적절과 결과절의 차이	74
18.5.8. 양보절	76
18.5.8.1. 양보절의 의미	76
18.5.8.2. 양보절을 이끄는 종속접속사	77
18.5.8.3. Rich as/though he is ...의 어순	83
18.5.9. 양태절	85
18.5.10. 비례절	88
18.5.11. 대립절	89

제19장 비교구문(Comparative Constructions)

19.1. 절대적/상대적	93
19.2. 비교형의 유형	94
19.2.1. 정도어와 비정도어	94
19.2.2. 원급 · 비교급 · 최상급	96
19.2.2.1. 규칙적인 비교 형태	96
19.2.2.2. 불규칙적인 비교 형태	100
19.2.2.3. 라틴어에서 유래한 비교 형태	104
19.3. 비교구문	107
19.3.1. 비교 요소와 기준	107
19.3.2. 비교절의 도치	108
19.3.3. as와 than + 인칭대명사의 격형	110
19.3.4. 의사 비교구문	111
19.4. 비교구문의 유형	112
19.4.1. 동등 비교	112
19.4.1.1. as ... as	112
19.4.1.2. as busy as a bee 등	117

  19.4.1.3. as ... as possible ·· 119
  19.4.1.4. 동등 비교의 부정 ······································ 120
  19.4.1.5. 배수 표현 ·· 123
 19.4.2. 차등 비교 ··· 125
  19.4.2.1. 우등 비교 ·· 126
  19.4.2.2. 열등 비교 ·· 130
  19.4.2.3. the + 비교급 ··· 132
  19.4.2.4. the + 비교급 ..., the + 비교급 ... ············ 134
  19.4.2.5. hotter and hotter 등 ·································· 136
  19.4.2.6. more than + 형용사 등 ······························ 138
  19.4.2.7. 정도 명사의 등급성 ···································· 138
  19.4.2.8. 비교급이 포함된 각종 표현들 ···················· 139
 19.4.3. 최상급 표현 ·· 142
  19.4.3.1. the + 최상급 형태 ······································ 142
  19.4.3.2. 정관사의 생략 ·· 147
  19.4.3.3. 최상급의 대용형 ·· 149
  19.4.3.4. 절대 비교급과 절대 최상급 ························ 151

19.5. 비교급과 최상급의 뜻을 강화하는 단어들 ····················· 153

19.6. 비교절의 생략과 축약 ·· 155

제20장 문장의 유형(Types of Sentences)

20.1. 구·절·문장 ··· 159
 20.1.1. 구 ·· 159
  20.1.1.1. 구 구조 ·· 159
  20.1.1.2. 구의 분포 ·· 161
  20.1.1.3. 구의 시험 ·· 165
 20.1.2. 절과 문장 ·· 168
  20.1.2.1. 문장 ·· 168
  20.1.2.2. 절 ·· 169
  20.1.2.3. 종속절과 상위절 ·· 170

20.2. 진술문 ··· 172

20.3. 부정문 ··· 173
  20.3.1. not-부정 ·· 174
    20.3.1.1. 조작어 + not ································ 174
    20.3.1.2. 부정어의 축약 ······························ 175
  20.3.2. no-부정 ··· 177
  20.3.3. 기타 부정어 ·· 179
  20.3.4. 단정형과 비단정형 ······························ 183
  20.3.5. 부정의 강조 ·· 188
  20.3.6. 부분 부정과 전체 부정 ························ 190
    20.3.6.1. 부분 부정 ······································ 190
    20.3.6.2. 전체 부정 ······································ 192
  20.3.7. 부정의 범위 ·· 193
  20.3.8. 부정의 초점 ·· 196
  20.3.9. 부정어의 어순과 도치 ··························· 198

20.4. 의문문 ··· 201
  20.4.1. yes/no 의문문 ····································· 201
    20.4.1.1. 기본 구조 ······································ 201
    20.4.1.2. 진술 의문문 ·································· 205
    20.4.1.3. yes/no 부정 의문문 ······················· 207
  20.4.2. wh-의문문 ·· 210
    20.4.2.1. wh-의문문의 구조 ·························· 210
    20.4.2.2. 간접 의문문 ·································· 213
  20.4.3. 부가 의문문 ·· 219
    20.4.3.1. 부가 의문문의 구조 ······················· 219
    20.4.3.2. 부가 의문문의 조작어 ···················· 220
    20.4.3.3. 부가 의문문의 주어 ······················· 222
    20.4.3.4. 부가 의문문의 억양과 의미 ············ 223
  20.4.4. 선택 의문문 ·· 226
  20.4.5. 수사 의문문 ·· 228
  20.4.6. 반향 의문문 ·· 229

20.5. 명령문 ··· 232
  20.5.1. 명령문의 기본 구조 ····························· 232
  20.5.2. 명령문의 주어 ····································· 235
    20.5.2.1. '이해된' 주어 ································ 235
    20.5.2.2. 명시적 주어 ·································· 238

20.5.3. let-명령문 ··· 240
20.5.4. 정중성의 정도 ··· 242
20.5.5. 명령문의 의미 ··· 243

20.6. 감탄문 ·· 246
20.6.1. 감탄문의 기본 구조 ·· 246
20.6.2. how-감탄문 ··· 247
20.6.3. what-감탄문 ·· 249
20.6.4. 감탄문의 축약 ·· 250
20.6.5. 감탄 의문문 ··· 252
20.6.6. 감탄절 ·· 253

20.7. 존재문 ·· 253
20.7.1. 존재문의 구조 ·· 253
20.7.2. 존재문의 문법성 ·· 255
20.7.3. 존재문에서 there의 지위 ··· 257
20.7.4. 존재문의 구조적 유형 ··· 260
20.7.5. 존재문의 담화적 기능 ··· 262
20.7.6. 존재문의 동사 ·· 263

20.8. 분열문 ·· 265
20.8.1. 분열문의 구조 ·· 265
20.8.2. 초점 요소 ·· 269
20.8.3. 의사 분열문 ··· 272

제21장 생략과 대용(Ellipsis and Substitution)

21.1. 생략·대용·전제절 ··· 279

21.2. 생략 ·· 280
21.2.1. 상황적 생략 ··· 280
21.2.1.1. 진술문에서의 생략 ··· 281
21.2.1.2. 의문문에서의 생략 ··· 284
21.2.2. 구조적 생략 ··· 286
21.2.3. 기능적 생략 ··· 288

21.2.3.1. 명사구에서 명사의 생략 ················ 288
　　21.2.3.2. 술부에서의 생략 ························ 291
　　21.2.3.3. 서술의 생략 ···························· 292
　　21.2.3.4. 의문문에서의 생략 ···················· 295
　　21.2.3.5. 종속절에서의 생략 ···················· 298
　　21.2.3.6. 등위구조에서의 생략 ·················· 299
　　21.2.3.7. to-부정사절에서의 생략 ··············· 301

21.3. 대용 ·· 301
　21.3.1. 명사(구) 대용형 ······························ 303
　　21.3.1.1. 인칭대명사 ······························· 303
　　21.3.1.2. 부정대명사 ······························· 304
　　21.3.1.3. the same ································· 306
　21.3.2. 부사 대용형 ·································· 307
　21.3.3. 서술 대용형 ·································· 308
　　21.3.3.1. do ··· 308
　　21.3.3.2. do so ····································· 311
　　21.3.3.3. do so, do it, do that ················· 314
　21.3.4. 절 대용형: so와 not ························ 317
　　21.3.4.1. 절 대용형: so ··························· 317
　　21.3.4.2. so + 주어 + 동사 ······················· 320
　　21.3.4.3. 절 대용형: not ·························· 321
　21.3.5. so + 주어 + 조작어 ························· 324
　21.3.6. so + 조작어 + 주어 ························· 326

제22장　화법(Narration)

22.1. 화법의 유형 ······································ 329
　22.1.1. 직접화법과 간접화법 ······················ 329
　22.1.2. 화법의 구조 ································· 331
　22.1.3. 화법에 쓰이는 동사들 ····················· 333
　22.1.4. 전달절의 위치 ······························ 335

22.2. 화법의 전환 ····································· 336
　22.2.1. 대명사와 한정사 ···························· 337

22.2.2. 시간 부사구 ·· 339
22.2.3. 장소 부사구 ·· 342
22.2.4. 법조동사 ··· 343

22.3. 과거 추이 ··· 346
22.3.1. 시제의 일치 ·· 347
22.3.2. 시제의 일치에 대한 예외 ······················· 349

22.4. 문장 유형과 간접화법 ································ 356
22.4.1. 진술문 ··· 356
22.4.2. 의문문 ··· 356
22.4.3. 명령문 ··· 359
22.4.4. 감탄문 ··· 364
22.4.5. 혼합문 ··· 365

제23장 어순(Word Order)

23.1. 어순의 중요성 ·· 367

23.2. 신정보와 구정보 ·· 369

23.3. 주제화와 전치 ·· 373
23.3.1. 주어와 주제 ·· 373
23.3.2. 목적어의 전치 ······································· 374

23.4. 전치와 도치 ·· 378
23.4.1. 주격보어 ·· 379
23.4.2. 전치사구 ·· 383
23.4.3. there 삽입 ··· 387

23.5. 전위 ·· 387
23.5.1. 좌측 전위 ··· 389
23.5.2. 우측 전위 ··· 391

제24장 어형성(Word Formation)

24.1. 어형성 규칙의 생산성 ·· 395

24.2. 어형성의 유형 ·· 398
  24.2.1. 복합어 ·· 399
    24.2.1.1. 복합어의 품사 ······································ 400
    24.2.1.2. 복합어 요소의 결합 ······························ 400
    24.2.1.3. 음성적 기준 ·· 401
    24.2.1.4. 복합어가 내포하는 뜻 ···························· 403
    24.2.1.5. 복합어의 유형과 문법 ···························· 404
  24.2.2. 파생어 ·· 413
    24.2.2.1. 형태소 ··· 413
    24.2.2.2. 파생 접사의 첨가 ·································· 414
  24.2.3. 혼성어 ·· 461
  24.2.4. 어두 문자어 ·· 463
  24.2.5. 단축어 ·· 466
  24.2.6. 역성어 ·· 469
  24.2.7. 전환 ··· 470
    24.2.7.1. 명사로 전환 ·· 471
    24.2.7.2. 동사로 전환 ·· 473
    24.2.7.3. 형용사로 전환 ······································· 476
    24.2.7.4. 형태상의 변화와 관련된 전환 ·················· 476
  24.2.8. 차용어 ·· 478
  24.2.9. 고유명에서 온 단어들 ···································· 479

참고문헌 ·· 481
찾아보기 ·· 486

제18장

부사절(Adverbial Clauses)

18.1. 부사절의 구조

영어에는 명사절·관계사절·부사절 등 세 가지 종속절이 있는데, 이러한 용어들은 일정한 공통된 기준에 의한 것이 아니다. 가령 명사절은 명사(구)와 같은 <u>문법적 기능</u>을 따른 것이고, 관계사절은 관계사가 이끄는 절이라는 <u>구조적인 형식</u>에 의해, 그리고 부사절은 부사(구)와 같이 전달되는 <u>뜻</u>을 기준으로 하여 붙여진 명칭이다. 그렇지만 뜻을 기준으로 절을 분류하더라도 구조적인 분류와 서로 긴밀하게 관련되어 있<u>으므로 크게 문제될 것이 없다</u>.[1]

18.1.1. 주절과 종속절

(1a, b)에서 화살표 왼쪽에 놓인 독립적이고 완전한 문장이 오른쪽에서처럼 특정한 뜻을 전달하기 위하여 일정한 종속접속사를 수반하게 되면 그것은 더 이상 독립된 문장으로서의 자격을 갖지 못하고 문장보다 낮은 단위, 즉 '절'(clause)의 지위로 떨어지게 된다. 이렇게 만

---

1 Adverbial clauses are usually subclassified on the basis of their semantic role in the superordinate clause. Thus we distinguish adverbial clauses of place, time, condition, manner, etc. Using semantic criteria as a basis for what is meant to be a syntactic classification seems to be contrary to the procedure we have followed so far. In this case, however, the two approaches are not incompatible because the semantically based classification is closely associated with formal characteristics. Apart from the obvious differences in the choice of subordinating conjunctions for the various subclasses, we also find differences in the forms of the clauses that may express different semantic relations and, sometimes, in the positions these clauses may occupy in the superordinate clause. Finally, the semantically based classification constitutes a convenient scheme for the discussion of a variety of phenomena which are otherwise hard to arrange in a system that provides some useful insight into the complexities of adverbial clauses. — Ek & Robat (1984: 60).

들어진 절은 (2a, b)에서처럼 예컨대 I didn't go swimming과 We saw several plays와 같은 독립적이고 완전한 절에 연결되어 이 절에 대하여 부수적으로 필요한 부사적인뜻을 보충해 주는 역할을 하게 된다.

(1) a. The weather was cold.(독립된 문장) → **because** the weather was cold(절)

b. We were in New York. (〃) → **when** we were in New York (〃)

(2) a. I didn't go swimming **because the weather was cold**.

[날씨가 추워서 나는 수영하러 가지 않았다. → because the weather was cold 라는 절 구조를 사용하여 수영하러 가지 않은 이유를 부수적으로 설명해 주고 있음.]

b. **When we were in New York**, we saw several plays.

[뉴욕에 있을 때 우리는 여러 편의 연극을 보았다. → when we were in New York 이라는 절 구조를 사용하여 연극을 구경한 시점을 부수적으로 설명해 주고 있음.]

(2a, b)에서 I didn't go swimming.과 We saw several plays. 그 자체만으로도 완전한 뜻을 전달해 줄 수 있으며, 다른 요소들의 도움을 받지 않더라도 독립해서 홀로 존재할 수 있기 때문에 이러한 절을 주절(主節: main clause)이라고 한다. 이와는 달리, because the weather was cold와 when we were in New York과 같은 절은 의미상으로 완전한 뜻을 전달할 수 없을 뿐만 아니라, 또한 구조적으로도 독립해서 홀로 존재할 수 없고 항상 주절에 대하여 '의존적'이라는 점에서 **종속절**(從屬節: subordinate clause)[2]이라고 한다.

---

2 종속절은 대개 종속 관계를 나타내는 어떤 특정한 표지(標識: marker)를 사용하여 나타낸다. 즉, 종속접속사, 의문사, 관계사 등이 절을 이끌게 되거나, 종속접속사가 생략되고 절의 나머지 부분이 도치되거나, 또는 절이 축약됨으로써 종속절임을 나타낼 수 있다. — Ek & Robat (1984: 84-85).

a. 종속접속사가 이끄는 절에 의하여:

I'm surprised ***that*** you like him.

[네가 그 남자를 좋아하다니 놀랍다. → 종속접속사 that이 종속절을 이끌고 있음.]

b. 의문문의 어순으로 놓이지 않은 의문사에 의하여:

I wonder ***how*** you have found me.

[네가 어떻게 나를 찾았지.]

c. (명사적) 관계사절을 이끄는 관계대명사에 의하여:

He'll do ***what*** I ask him.

[그는 내가 요청한 일을 할 것이다.]

This house, ***which*** I bought for £20,000, is worth over £100,000 now.

[내가 2만 파운드에 산 이 집이 지금은 10만 파운드 이상의 가치가 있다.]

이처럼 종속접속사에 의해 유도되어 독립적으로 쓰이지 못하기 때문에 종속절이라 하고, 다시 이것은 주절에 대하여 부사적인 뜻을 보충해 주는 역할을 하기 때문에 문법적인 기능 면에서는 **부사절**(adverbial clauses)이라고 부르게 된다. 즉, 부사적인 기능을 다음의 (3a-d)의 여러 문장에 포함된 부사(구)나 전치사구가 담당할 수 있는가 하면, (4a-c)의 문장에서처럼 부사절의 형식을 사용하여 보다 구체적으로 부사적인 뜻을 나타내게 된다.

(3) a. He writes **carelessly**.
   [그는 아무렇게나 글을 쓴다.]
 b. She seemed rather unhappy **that day**.
   [그날은 그녀가 기분이 좀 좋지 않은 듯 했다.]
 c. We could play cards $\begin{Bmatrix} \text{afterwards} \\ \text{after the meal} \end{Bmatrix}$.
   [나중에/식사 후에 우리는 카드놀이를 할 수 있을 거야.]
 d. I brought it back to the store **for a refund**.
   [나는 환불받으러 그것을 가게로 도로 가지고 왔다.]
(4) a. They'd started leaving **before I arrived**.
   [내가 도착하기 전에 그들이 떠나기 시작했다.]
 b. He lived **when Christianity was still a minority religion**.

---

e. 격식적인 영어에서 어순의 도치에 의하여:
  Had I known this, great misery could have been prevented.
  [내가 이것을 알았더라면 큰 재앙은 예방할 수 있었을 텐데.]
f. 정형동사가 없음:
  I would like to see their faces.
  [그들의 얼굴을 보고 싶다.]
  Having finished his meal, he immediately left us.
  [식사를 마치고 나서 그는 바로 우리 곁을 떠났다.]
이밖에 종속절을 이끄는 절 요소 또는 구 요소가 생략으로 말미암아 종속절임을 알 수 있다.
  This is the computer I want to use.
  [이것은 내가 사용하고 싶은 컴퓨터이다. → 관계대명사 that이 생략되었음.]
  This is the man I want to work with.
  [이 분은 내가 같이 일하고 싶은 사람이다. → 관계대명사 who(m)가 생략되었음.]
  I knew you were ill.
  [네가 아프다는 것을 알았다. → 종속접속사 that이 생략되었음.]
See also Thompson & Longacre (1985 II: 171), Quirk et al. (1985: 997) and Kennedy (2003: 269).

[그는 여전히 기독교가 소수 종교일 때 생존했었다.]
c. We could play cards **after we've eaten**.
[식사가 끝나면 우리는 카드놀이를 할 수 있을 것이다.]

18.1.2. 종속접속사의 유형

종속접속사는 종속절의 한 가지 유형인 부사절을 이끌어 주절에 대하여 일종의 종속 관계(subordination)를 형태적으로 표시해 주는 중요한 장치로서, 원래는 부사, 대명사, 동사, 전치사, 그리고 구에서 유래하는 등 그 기원이 다양하다. 그리고 이들은 원래 문장과 문장이 나란히 놓여 일종의 병렬 관계(竝列關係: juxtaposition)를 나타내다가 점차 종속 관계를 나타내는 종속접속사로 발전하게 되었다.[3]

종속접속사에는 세 가지 형태상의 차이가 있다. 즉, 핵심적인 종속접속사는 한 개의 단어로 나타나는 단순 종속접속사(simple subordinating conjunction)가 있는가 하면, 여러 개의 단어들이 모여 마치 한 개의 종속접속사와 같은 역할을 하는 복합 종속접속사(complex subordinating conjunction)들도 있다. 이밖에도 두 개의 종속 관계를 나타내 주는 표지가 결합되어 이루어진 상관 종속접속사(correlative subordinating conjunction)들이 몇 개 있는데,[4] 이렇게 종속 관계를 나타내는 두 요소 가운데 어느 하나는 종속접속사이다.

---

3 The subordinating conjunction is believed to be a relatively recent language development. It is thought that speakers in an earlier period simply placed related statements side by side without attempting to specify the relationship. But as sophistication grew, subordinating conjunctions were evolved to meet the need of precise expression. Most of them have developed in historical times and from many sources. Adverbs, pronouns, verbs, prepositions, phrases came for one reason or another to stand between statements so as to indicate subordination, and eventually they lost their original function and became subordinating conjunctions. ― Roberts (1954: 236).

4 SUBORDINATORS (or more fully SUBORDINATING CONJUNCTIONS) are the most important formal device of subordination, particularly for finite clauses. Like prepositions, which they resemble in having a relating function, subordinators forming the core of the class consist of a single word, but there is a larger range of complex subordinators which function, to varying degrees, like a single conjunction. In addition, there is a small class of correlative subordinators, which combine two markers of subordination, one being a subordinator. ― Quirk et al. (1985: 998).

1) 단순 종속접속사[5]:

after, although, as, because, once, since, though, till, until, when(ever), whereas, while 등을 비롯하여 instant와 moment와 같은 명사 형태가 the $\begin{Bmatrix} \text{instant} \\ \text{moment} \end{Bmatrix}$ (that)와 같은 구조에 쓰여 as soon as와 같은 뜻의 종속접속사 역할을 한다. 이 경우에 the moment 등은 명사구로서 I recognized him that moment.(나는 그 순간에 그를 알아봤다.)에서처럼 흔히 시간을 나타내는 부사류와 같은 기능을 담당한다.

The instant I saw the place, I knew it was the right house for us.
[그곳을 보는 순간 나는 그곳이 바로 우리에게 맞는 집이라는 것을 알았다.]
I recognized her the $\begin{Bmatrix} \text{instant} \\ \text{moment} \end{Bmatrix}$ (that) I saw her.
[그녀를 보는 순간 나는 그녀를 알아보았다.]

2) 복합 종속접속사:
(1) but that, in that, in order that, save that, such that, seeing that, except that, for all that, now that, so that;
(2) according as, as far as, as long as, as soon as, as if, as though

3) 상관 종속접속사:
상관 종속접속사에 속하는 것들은 다섯 부류로 나누어지는데, 두 개의 상관적 요소들 중 두 번째 요소는 첫 번째 요소가 갖는 뜻을 확인시켜 주는 역할을 한다.

a. as ..., so

b. such ... as

c. $\begin{Bmatrix} \text{so} \\ \text{such} \end{Bmatrix}$ ... (that)

d. no sooner ... than

$\begin{Bmatrix} \text{hardly} \\ \text{scarcely} \end{Bmatrix}$ ... when

---

5 if, unless, if only 따위와 같은 종속접속사들이 있지만, 이들은 모두 본서 제3권 제11장 가정법 문장에서 이미 다루었기 때문에 여기서는 제외된다.

e. $\begin{Bmatrix} \text{whether} \\ \text{if} \end{Bmatrix}$ ... or

18.2. 부사절의 유형

외형적인 구조를 놓고 볼 때, 부사절이 반드시 종속접속사를 비롯하여 주어, 동사 등 절이 갖추어야 할 요소들을 표면구조상에 모두 갖추어서 나타나야 하는 것은 결코 아니다. 때로는 의미 내용을 전달함에 있어서 그 내용이 명확하게 전달될 수 있으면 절을 이끄는 종속접속사를 포함하여 주어, 동사 등 절이 필요로 하는 요소들 중 일부가 생략됨으로써 절이 축약될 수도 있다. 설령 절이 필요로 하는 동사가 나타난다 하더라도 독립된 단문에서 나타나는 것과 다른 형태로도 나타날 수 있다. 이러한 관점에서 말하자면 **오로지 외형적인 구조만 보고 절을 분류해 보면 부사절은 절 요소로서 동사가 있느냐 없느냐, 그리고 동사가 있다면 어떤 형태로 나타나는가 하는 점에 따라** 다음과 같이 세 가지 부류의 절 유형으로 나누어질 수 있다:

    18.2.1 정형절(定形節: finite clauses)
    18.2.2 비정형절(非定形節: nonfinite clauses)
    18.2.3 무동사절(無動詞節: verbless clauses)

18.2.1. 정형절

'정형절' 형식은 종속절 안에 주어와 동사 등 절이 필요로 하는 요소들을 모두 갖추고 있을 뿐만 아니라, 특히 단문에 나타나는 동사와 마찬가지로 시제·수·인칭·서법 등의 차이를 알 수 있는 소위 정형동사형(定形動詞形: finite verb forms)을 포함하는 절 유형을 말한다. 한 예로, walk, walks, walked 따위와 같은 형태는 현재시·과거시·미래시 중에서 어느 시간을 나타내 주는가, 주어가 단수인가 복수인가, 주어가 1, 2, 3인칭 중에서 어떤 인칭에 해당되는가, 그리고 동사가 직설법·가정법·명령법 중 어느 형태에 속하는가 하는 점을 말해 주는데, 바로 이와 같은 동사 형태가 들어 있는 절 형식이 곧 정형절이다.

    Whales cannot breathe under water because they *have* lungs instead of gills.
        [고래는 지느러미 대신에 허파를 가지고 있기 때문에 물 속에서 호흡하지 못한다. → 주어가

2인칭이거나 3인칭 복수임을 말해주고, 동시에 현재 시간을 나타내고 있음을 말해 준다.]

Though such choices *shape* our lives, we often play mental tricks on ourselves when making them.

[그러한 선택들이 우리의 삶을 형성하는 것임에도 불구하고 우리는 흔히 그러한 선택을 할 때 우리 자신을 속이곤 한다. → 동사 shape은 현재시를 나타내 주며, 또한 주어가 복수임을 말해 준다.]

The telephone rang while she *was ironing*.

[그녀가 다림질하고 있을 때 전화가 왔다. → 동사 was ironing은 주어가 1인칭 또는 3인칭 단수임을 나타내고, 동시에 과거시를 나타내고 있음을 말해 준다.]

Snoring occurs when airflow through the nose and mouth *is blocked*.

[코와 입을 통한 공기의 흐름이 차단될 때 코골이를 한다.]

18.2.2. 비정형절

정형절에 쓰인 동사 형태의 경우와 달리, 그 자체만으로는 시제·수·인칭·서법 등을 나타내지 못하는 동사 형태를 비정형동사(非定形動詞: nonfinite verb forms)라 하고, 이런 동사 형태가 들어 있는 절을 '비정형절'이라 한다. 부정사절·동명사절·분사절[6]의 경우가 바로 대표적인 비정형절의 형태를 취하는 것들이다. 예컨대 to work, having worked, taken 따위의 형태 그 자체만으로는 나타내는 시간이 언제인지 알 수 없고, 주어의 인칭과 수를 알 수 없고, 오로지 주절의 동사가 나타내는 시간 관계에 의해서만 이들이 나타내는 시간 관계를 어느 정도 짐작할 수 있을 따름이다.

Terrified, he dived underwater, struggling against the ship's strong wake.

[겁에 질려서 그는 지나간 배가 일으킨 거센 물살에 대항해 허우적거리며 물속으로 잠수했다. → as he was terrified에서 종속접속사와 주어, 그리고 be 동사가 생략된 분사절 구조임.]

Knowing my temper, I didn't reply.

[내 성질을 알기 때문에 나는 대답하지 않았다. → knowing my temper는 정형 부사절 as I knew my temper가 분사절로 바뀐 구조임.]

특히 비정형절 형식의 부사절은 종속접속사를 수반하여 뜻을 명확히 하기도 하지만, 뜻

---

6 부정사절·동명사절·분사절에 대해서는 본서 제2권 8-10장 참조.

이 명백할 경우에는 종속접속사가 생략되고, -ing 분사절 또는 -ed 분사절 형식으로 나타나게 된다. 그러므로 when questioned,...에서 동사 questioned가 나타내는 시간이 언제인지 알 수 없고, 이 절 다음에 she denied being a member of the group.이라는 주절이 왔을 때 여기에 나타난 과거 동사형 denied에 의해서 비로소 과거시라는 것을 알 수 있다.

When *questioned*, she denied being a member of the group.
[질문을 받았을 때 그녀는 그 일행 중의 한 사람이 아니라고 했다. › when questioned는 when she was questioned라는 정형절에서 주어 she와 동사 was가 생략되어 이루어진 것임.]

When *taken* according to the directions, the drug has no side effects.
[지시대로 복용하면 그 약은 아무런 부작용도 없다. → when taken according to the directions는 정형절 when it is taken ...에서 it is가 생략된 구조임.]

Although still *bothered* by a wound on the back of his knee, Ford was out jogging again a few months later. — Allen Rankin, "Attacked by Pit Bulls!"
[포드는 몇 달 뒤 오금의 상처가 채 낫기도 전에 다시 조깅을 시작했다. → 정형절 although he was still bothered by ...에서 주어와 was가 생략됨으로써 비정형절 형태로 축약되었음.]

특히 종속접속사가 생략되면 때로는 애매성이 생길 수도 있다. 예컨대 아래의 문장 (5)에서 밑줄 친 부분인 비정형절의 경우에는 시간, 이유, 또는 조건의 뜻이 전면에 강하게 부각되는 것으로 해석될 수 있다.

(5) <u>**Cleared**</u>, this site will be very valuable.
　　= **When** it is cleared,...　　　　　　　　　　　　　　[시간절]
　　　[깨끗하게 정리되었을 때 이 지역은 아주 값어치가 있게 될 것이다.]
　　= **If** it is cleared,...　　　　　　　　　　　　　　　[조건절]
　　　[깨끗하게 정리되면 이 지역은 아주 값어치가 있게 될 것이다.]
　　= **As** it is cleared,...　　　　　　　　　　　　　　　[이유절]
　　　[깨끗하게 정리되었기 때문에 이 지역은 아주 값어치가 있게 될 것이다.]

18.2.3. 무동사절

'무동사절'이란 문법적으로 비정형절보다 한 단계 더 축약되어 이제는 주어는 물론, 동사조차도 표면구조에 드러나지 않은 종속절의 한 가지 구조를 말한다. 즉, (6a)에서처럼 정형동사를 가진 부사절이 (6b)에서처럼 비정형절의 한 가지 형태인 -ing 분사절로 축약되고, 여기서 한 걸음 더 나아가 (6c)에서처럼 이러한 분사 형태조차도 생략됨으로써 결국 절이 필요로 하는 동사조차도 표면구조에 나타나지 않은 무동사절의 구조가 될 수 있다.

(6) a. **As it was a country of great riches**(정형절), America soon became the object of European greed.
   b. **Being a country of great riches**(비정형절), America soon became the object of European greed.
   c. **A country of great riches**(무동사절), America soon became the object of European greed.
   [대단히 부자 나라이므로 미국은 곧 구라파인들의 탐욕의 대상이 되었다.]

이처럼 정형 부사절이 (6c)에서처럼 무동사절로 축약되면 결국 (접속사 +) 명사구나 형용사구 구조로 나타나게 되거나, 또는 접속사 + 전치사구 형식으로 나타나게 되며, 바로 이와 같은 구조가 정형 부사절과 같은 역할을 담당하는 예들을 볼 수 있다.[7]

무동사절의 구조적 유형
a. 접속사 + 명사구/형용사구
b. 접속사 + 전치사구
c. 명사구/형용사구

Although always helpful, he was not much liked.
 [항상 도움이 되었지만 그는 별로 호감을 사지 못했다. → 정형절 Although he was always helpful에서 주어와 be 동사가 생략됨으로써 무동사절로 축약되었음.]
Although a very religious man, he is still troubled by occasional doubts.

---
7 분사절의 축약으로 이루어진 비정형절과 무동사절에 대해서는 본서 제2권 10.8(→ pgs.398-415) 참조.

[아주 신앙심이 깊은 사람이지만, 그는 가끔 떠오르는 의심 때문에 아직도 마음이 안정되지 못하고 있다. → 정형절 although he is a very religious man에서 주어와 동사가 생략되어 축약된 무동사절 형태임.]

The house, whether a simple one-room hut or a mansion, serves essentially the same purpose the world over.

— Ina Corinne Brown, *Understanding Other Culture*.

[단칸 짜리 오두막이든 저택이든간에 집이란 것은 세계 어디에서나 본질적으로는 그 목적이 동일하다. → 정형절 whether it is a simple one-room hut or a mansion에서 주어와 동사가 생략되어 명사구 보어만 남아 무동사절을 이루고 있음.]

When in treacherous waters, the mariner trusts the reliable beam of the lighthouse to guide his passage.

— Sherry Hermman Hogan, "A Question of Trust"

[위험한 해역에 들어서면 선원은 믿음직한 등대 불빛이 자신의 뱃길을 안내해 줄 것으로 믿는다. → = When he is in treacherous waters,…]

While in Rome, be sure to see the Colosseum.

[로마에 가면 반드시 콜로세움을 가보도록 하라. → = While you are in Rome, … the Colosseum: 로마 최대의 원형 경기장.]

Too nervous to reply, he stared at the floor.

[너무 긴장한 나머지 대답을 할 수 없어서 그는 마루를 쳐다보았다. → 정형절인 As he was too nervous to reply에서 Being too nervous to reply와 같은 비정형절로 축약되고, 다시 being이 생략됨으로써 최종적으로 무동사절 형태로 나타나고 있음.]

이상에서 본 바와 같은 비정형절이나 무동사절도 정형절과 마찬가지로 절의 한 가지 유형으로 인식하게 되는 것은 이러한 절들도 정형절에서 구분되는 것과 동일한 문법적인 기능을 담당하는 요소로 분석할 수 있기 때문이다. 그렇지 않고 아래와 같은 문장에서 tired from his walk와 a man of few words, a staunch liberal 따위와 같은 어구를 표면구조상으로 나타난 그대로 각각 형용사구와 명사구로 분석하게 되면 결국 이들이 포함된 문장들이 모두 비문법적인 것으로 간주되게 된다.[8]

---

8   **Verbless clauses** do not contain a verbal form. They often consist of a noun phrase or adjective phrase only. Frequently they lack a subject and they may be looked upon as clauses in which a form of the verb *be* has been omitted. Examples:
   (56) *A staunch liberal,* George did not believe in state ownership.
   (57) *Although a staunch liberal,* George believed in state ownership.

Tired from his walk, he slumped into a chair.

[걷고 나니 피곤해서 그는 의자에 털썩 들어 누웠다. → tired from his walk은 정형절 As he was tired from his walk가 두 단계의 축약 과정을 거쳐 표면구조상 형용사구로 나타났지만, 실제로는 무동사절 역할을 하고 있음.]

A man of few words, Uncle George declined to express an opinion.

[말이 별로 없는 사람이기 때문에 조오지 아저씨는 의견 제시하기를 거절했다. → As he was a man of few words라는 정형절이 being a man of few words로 축약되고, 여기서 다시 being이 생략되어 무동사절이 되었음. 또한 이 문장은 본래 Uncle George, who was a man of few words, declined to …였는데, 여기서 비제한적 관계사절이 축약되고 난 나머지 a man of few words가 문두의 위치로 이동한 것으로 볼 수도 있을 것임.]

A staunch liberal, George did not believe in state ownership.

[철저한 자유주의자이므로 조오지는 국유 제도를 좋다고 여기지 않았다. → As he is a staunch liberal이라는 정형절이 무동사절로 축약된 것임.]

18.3. 부사절의 위치

일반적인 부사(어구)와 마찬가지로 부사절은 놓이는 위치가 비교적 자유롭기 때문에 문장의 맨 앞 [문두], 문장의 중간 [문중], 또는 문장의 맨 마지막 [문미]의 위치 등 어느 위치에도 놓일 수 있다. 그러나 어떠한 환경에서도 부사절이 동일한 비중을 가지고 이 세 가지 위치에 자유롭게 놓일 수 있는 것은 결코 아니다. 그것은 문법적인 문제가 아니라, 전달하고자 하는 내용이 이전의 내용과 관련된 담화상의 문제이다. 즉, 이야기가 전개되는 전후 문맥적 상황 등 갖가지 요인에 의해 바로 앞에서 언급된 문장과의 관계에 따라 그 위치가 결정된다고 하겠다.[9] 특히 다음의 여러 가지 예문들을 보면 주절과 종속절 중 어느 것이 신정보에 해

---

(58) *Always a staunch liberal*, George did not believe in state ownership.

In (56) there would seem to be no reason at first sight to call *A staunch liberal* a clause rather than a phrase. Comparison with (57) and (58), however, shows that the possibility of adding items like *although* (subordinator) or *always* (adverb phrase) enables us to label *A staunch liberal* in (56) as a clause. — Aarts & Aarts (1988: 85). 부사절이 무동사절 형식을 취하게 되면 명사구 또는 형용사구 형식으로 나타난다는 점에 대하여 이미 본서 제2권 10.8.1.2(→ pgs.404-406)에서 설명하였다.

[9] The choice as to where to position a subordinate clause in relation to a main clause is not a grammatical one as such, but is a question of discourse. In general, subordinate clauses are more marked (i.e. used in a more untypical way) when they occur first, and even more

당되고, 또한 어느 것이 구정보에 해당되는가에 따라 달라지고 있음을 알 수 있다.[10].

18.3.1. 문두 위치

부사절로 나타나는 정보 내용이 청자/독자들에게 당연한 것으로 여겨지는 경우에는 부사절이 구정보(old information)가 놓이는 문두의 위치에 놓이는 것이 일반적이다. 말하자면, 문장들이 연속적으로 나타나는 담화에서 부사절의 내용이 이미 앞에서 언급된 내용과 어떤 식으로든지 서로 관련된 내용을 나타내는 것이면 그 부사절은 구정보에 해당되는 것이기 때문에 주절의 앞, 즉 문두에 놓여 바로 앞에서 언급된 내용과 긴밀한 관계를 유지하게 된다.[11]

Peter and John will be playing tennis tonight. **While they are playing** we'll go to the beach.

---

marked when they interrupt the main clause. Placing a clause in a marked position can create emphasis, or may be used to signal a contrast with another clause or sentence. It may also serve to create a coherent link between sentences, or to signal the importance of a piece of information. — Carter & McCarthy (2006: 555).

10 The movability of adverbial clauses is especially important from a rhetorical point of view. As a sentence opener, the clause often supplies the transition from the previous sentence or paragraph, usually with a cohesive link of known information. The old standard rule of putting subordinate ideas in dependent clauses and main ideas in main clauses is probably more accurately stated as "known information in the opening clause, new information in the closing clause." For example, the reason for an action or decision as stated in a *because* clause could easily be the new information. — Kolln & Gray (2010: 160-61).

11 When adverbial clauses with given information are in initial position, they can also serve important cohesive functions. For example, in the expository registers, many intial reason clauses use previously given (or inferrable) information as a reason for the new information in the main clause. The reason clause thus serve as a bridge between the previous discourse and the new information in the main clause: — Biber et al. (1999: 835); Here the adverbial clause adds one means of varying a sentence opening. An introductory adverbial clause is usually set off by commas, especially if the clause is long. This position gives more emphasis to the adverbial clause; it may also relate the clause more closely to the preceding sentence. Generally, a long adverbial clause before a short main clause should be avoided to prevent the sentence from appearing "topheavy." — Frank (1993: 232).

[피터와 존이 오늘 저녁에 테니스를 칠 것이다. 그들이 테니스를 치는 동안에 우리는 바닷가로 가게 될 것이다. → 바로 앞 문장에서 테니스를 친다는 내용이 언급되어 있으므로 뒤따라오는 문장에서는 이와 관련된 내용이 문장의 앞부분에 놓여야 하기 때문에 부사절이 주절 앞에 놓여 있음.]

They were transported directly to the launch area where crew-members were waiting to put them aboard the spaceship. **Since this was his first space flight**, Joe was nervous at first.

[그들은 곧바로 승무원들이 그들을 우주선에 태우려고 기다리고 있는 발사대로 이동되었다. 이번에 최초로 우주 비행을 하게 된 것이기 때문에 처음에 조우는 긴장했다. → 부사절이 앞 문장에서 언급된 내용과 관련된 것이므로 주절보다 앞에 놓이는 것이 자연스러움.]

George never made much money, never received any honors, so to speak. But he was a truly happy man. **When I think of him**, the images that come to mind are ordinary and incidental.

— Ralph Kinney Bennett, "My Uncle's Secret"

[말하자면 조오지는 큰 돈도 벌지 못했고, 상 같은 것도 받은 적이 없었다. 하지만 그는 참으로 행복한 사람이었다. 그를 생각할 때 내 마음에 떠오르는 것은 일상적이고 평범한 영상들 뿐이다. → 앞에 놓인 문장에서 조오지에 대한 내용이 나와 있기 때문에 다음 문장에서 그에 대한 이야기가 이어지는 부사절이 문두에 놓였음.]

One summer evening I was sitting by the open window, reading a good science book. I was so engrossed in the story I was reading that I didn't notice that it was getting dark. **When I realized it was too dark for me to read easily**, I put the book down and got up to turn on a light.

[어느 여름날 저녁에 나는 유익한 과학책을 읽으며 열린 창가에 앉아 있었다. 나는 그 내용에 너무나 몰두한 나머지 날이 어두워지는 걸 몰랐다. 너무 어두워 글을 잘 읽지 못하게 되었음을 알고서 나는 책을 내려놓고 일어서서 전등을 켰다. → when으로 시작되는 절의 내용과 관련된 내용이 바로 앞에 놓여 있으므로 이 내용과 관련된 when이 이끄는 절이 문두에 놓여야 함.]

Terry King lived near the water and had always longed for a cabin cruiser. **Unable to afford one**, he decided to build one himself, but how could a blind man build a boat? — Ardis Whitman, "Secrets of Survivors"

[테리 킹은 바닷가에 살고 있었으며, 늘 모터보트를 갖고 싶었다. 모터보트를 가질 수 없었기 때문에 그는 모터보트를 손수 만들기로 결심했지만, 장님이 어떻게 배를 만들 수 있겠는가? → 바로 앞 문장에서 longed for a cabin cruiser라는 말이 나왔기 때문에 이 다음

문장에서 무동사절 unable to afford one이 자연스럽게 이어짐.]

부사절이 주절보다 앞에 놓이는 경우에는 대개 부사절과 주절이 쉼표로 분리된다. 특히 부사절이 긴 경우에 그렇다. 그러나 이러한 규칙은 엄격히 지켜지는 것이 아니라서 설령 부사절이 주절 앞에 놓이는 경우에도 쉼표 없이 연결되기도 한다.

Although it's very late, I still want to go home.
　[시간이 아주 늦기는 했지만 그래도 집에 가고 싶다.]
He's the best teacher **even though he has the least experience**.
　[그는 경험은 가장 적지만 가장 훌륭한 선생님이다.]
Because he was sleepy, he went to bed. ~
He went to bed **because he was sleepy**.
　[졸려서 그는 잠자리에 들었다.]

18.3.2. 문미 위치

반면에, 부사절에 포함된 정보 내용이 청자/독자들에게 새로운 것이거나, 또는 주절에 비해 보다 중요한 내용을 전달하는 것이라고 여겨지는 경우에는 일반적으로 부사절이 초점을 받는 위치인 문미, 즉 문장의 맨 마지막 위치에 놓이게 된다.[12]

Wigs were first known in the Middle East and in Greece. Later, German tribes made large profits on blond hair which they exported to Rome, **although the Church did not approve of those who wore false hair**.
　[가발은 중동과 그리스에 최초로 알려졌다. 나중에 게르만족들은 로마로 금발 머리를 수출해서 많은 수익을 올렸다. 그러나 로마 카톨릭 교회는 가발을 쓰는 사람을 용인하지 않았다.]
Everybody in the library looked up at him at the same time, obviously annoyed by the disturbance. Phil felt his face turn red **as he picked up his book**, which luckily did not seem to have been damaged by the fall.
　[도서관에 있는 모든 사람들이 소음 때문에 분명히 기분이 언짢아 일제히 그를 쳐다봤다.

12　In contrast, when the main contains given information, the adverbial clauses, with new information, tend to be in final position. — Biber (1999: 835).

필은 책을 집어들 때 얼굴이 빨갛게 되었는데, 다행히 책은 떨어졌는데도 손상되지 않은 것 같았다.]

When Bill got to Mrs. Carter's house, he was surprised not to find her working in the yard. She usually spent her afternoons there **when the weather was good**.

[빌이 카터 여사의 집에 도착했을 때 그녀가 뜰에서 일하고 있지 않은 것을 알고 놀랐다. 날씨가 좋으면 그녀는 대개 뜰에서 오후 시간을 보냈다.]

There was no answer. Bill thought that this was very strange **because he knew that Mrs. Carter rarely left the house**.

[아무런 대답이 없었다. 빌은 카터 여사가 집을 비우는 일이 거의 없기 때문에 대답이 없는 것이 아주 이상하다고 생각했다.]

18.3.3. 문중 위치

드문 현상이기는 하지만, 부사절이 전후에 쉼표를 사용하거나 대쉬(—)를 사용하여 주절과 분리되어 문중에 삽입되기도 한다. 이처럼 삽입절로 나타나는 부사절은 문장의 나머지 부분에 비하면 별로 중요하지 않기 때문에 어떤 내용을 괄호 안에 두는 것과 마찬가지로, 문장의 다른 부분에 대하여 부차적인 내용을 제시하는 것에 불과한 것이다.

The Iranian infantry, **although well armed**, carried little more than automatic weapons and rocket-propelled grenades.

[이란 보병들은 잘 무장되어 있기는 하지만, 기껏해야 자동화 무기와 로켓으로 발사되는 수류탄을 소지하고 있었을 뿐이다.]

The governing party, **though few in number**, held all the power.

[여당은 수적 열세에도 불구하고 모든 권력을 장악했다.]

They make allegations which, **when you analyse them**, do not have too many facts behind them.

[그들은 여러분이 분석해 보면 이면에 충분한 사실이 깃들어 있지 않은 주장을 한다.]

The influence of printers and that of men of learning — **misguided though they frequently were** — has been greater than any other on English spelling. — Thomas Pyles & John Algeo. *The Origins and Development of the English Language*.

[그릇된 방향으로 나갈 때도 자주 있기는 하지만, 인쇄업자들과 학식있는 사람들이 영어의 철자에 미친 영향은 다른 어떤 사람들보다 더 컸다.]

18.4. 부사절의 기능

부사절은 종속절의 한 범주로서, 주절에 연결되어 부사어구와 마찬가지로 문장 속에서 동사구에 대한 수식어 역할을 하거나, 진술된 명제 전체를 수식하는 역할을 한다. 예컨대 They arrived **while we were having dinner**.(우리가 저녁 식사를 하고 있을 때 그들이 도착했다.)에서 부사절 while we were having dinner는 동사 arrived를 수식하고 있다. 간단히 말하자면, 부사절은 부사어구와 마찬가지로, when, where, why, how 따위와 같은 의문부사로 시작되는 의문문에 대한 대답에 필수적으로 등장하는 절 형식이다.

Tell him **as soon as he arrives**. (When ...?)
[그가 도착하는 즉시 그에게 말해라.]
You can sit **where you like**. (Where ...?)
[앉고 싶은 곳에 앉아라.]
He cannot run **because he has a weak heart**. (Why ...?)
[그는 심장이 약해서 달리기를 못한다.]

부사구와 마찬가지로, 부사절이 단지 수식하는 역할만 하는 것이 아니라, 문장을 완전하게 만드는데 필수적인 요소가 되기도 한다. 즉, SVA 구조를 가지고 문장으로서 주어와 동사 이외에 동사가 나타내는 뜻에 따라 부사류를 필수적으로 요구하거나,[13] 또는 SVOA 구조의 문장에서 주어, 동사, 목적어 이외에 부사류를 필수적으로 요구하기도 한다.[14] 다시 말하자면, 이러한 부사절은 일종의 부사적 보어(adverbial complement) 역할을 한다.

SVA 구조:

Your coat is **where you left it**.
[너의 외투는 네가 둔 그곳에 있다. → 장소를 나타내는 부사절 where you left it이 코트가 놓여있는 상대적인 위치를 나타내기 위한 필수적인 요소임.]

---

13 SVA 구조에 대해서는 본서 제1권 4.2.2(→ pgs. 347-350) 참조.
14 SVOA 구조에 대해서는 본서 제1권 4.4.5(→ pgs. 391-392) 참조.

Dinner will be **when everybody has arrived**.
  [모든 사람들이 도착하면 저녁 식사가 나올 것입니다. → 시간을 나타내는 부사절 when everybody has arrived가 자동사인 be 동사의 뜻을 보충하기 위한 필수적인 요소임.]
My grandparents lived **before television was invented**.
  [나의 조부모님께서는 텔레비전이 발명되기 이전에 사셨다.]
You may live **wherever you like**.
  [네가 살고 싶은 곳이면 아무데서나 살아도 좋다.]

SVOA 구조:

I put it **where I found it**.
  [나는 그것을 있었던 곳에 두었다. → put과 같은 동사 다음에는 목적어 이외에 장소를 나타내는 부사류가 있어야 함.]
He treats his wife **as if she were a chattel**.
  [그는 자기 아내를 자기 물건처럼 취급한다. → treat가 '다루다', '취급하다'라는 뜻일 때는 양태를 나타내는 부사류를 요구함.]

18.5. 부사절의 분류

18.5.1. 의미 부류

부사절이란 부사나 부사구와 같이 문중에서 수식어 역할을 하는 것을 말한다. 형태상으로 부사절은 상당히 다양하여, 다른 구문에서 볼 수 없는 절 형식을 나타낸다. 바로 이러한 다양성 때문에 부사절을 문법적인 형태나 기능을 기준으로 분류하는 것보다 대개 절을 이끄는 종속접속사가 갖는 뜻에 따라 시간·장소·이유·양보·대립·양태·비례·조건 등 여러 가지 다양한 의미론적 관점으로 분류하는 것이 훨씬 더 수월한 방식이 된다.[15]

Whenever it snows in England, public transport grinds to a halt.　　　(시간절)
  [영국에서 눈이 내리면 대중교통 수단들이 시끄러운 소리를 내며 멈춰버린다.]
Love is an art, **just as living is an art**.　　　(양태절)
—Erich Fromm, *Is Love an Art?*

---

15 조건절에 대해서는 본서 제2권 제11장에서 다루었으므로 여기서는 제외된다.

[세상살이가 하나의 기술이듯이 사랑도 하나의 기술이다.]
Even though it was raining, we had to go out. (양보절)
[비가 내리고 있었지만 우리는 밖으로 나가야 했다.]
Children lose their innocence **as they grow older**. (비례절)
[나이가 들어감에 따라 어린이들은 천진성을 잃어버린다.]
Whereas we want a flat, they would rather live in a house. (대립절)
[우리는 아파트를 원하는 반면, 그들은 오히려 단독주택에서 살고 싶어 할 것이다.]

18.5.2. 의미의 중복

대부분의 의미에 기초를 둔 분류가 그렇듯이, 부사절을 분류하는 경우에 여러 부류들 사이에서 의미의 중복 현상(overlap)이 나타나기도 한다. 이러한 중복 현상은 분류 방법이 지닌 약점 때문이기도 하고, 다른 한편으로는 부사절이 가질 수밖에 없는 애매성 때문이다. 이러한 애매성은 특히 비정형절이나 무동사절에서 종속접속사가 생략됨으로 말미암아 종속절에 해당되는 부분이 문장의 나머지 부분에 명백하게 연결되지 않았기 때문이다.[16] 다음과 같은 문장에서 형용사 단독으로 나타난 무동사절 complete이 주절과 관련해서 어떤 뜻을 갖는지 보기로 하자.

Complete, the collection will have an enormous value.

종속접속사와 주어 + 동사가 생략된 무동사절 complete은 다음과 같이 두 가지 뜻, 즉 시간절과 조건절이 갖는 뜻으로 해석될 수 있을 것이다.

[**When it is**] complete, the collection will have an enormous value.
[<u>완성되는 날이면</u> 이 수집품은 엄청난 가치를 지니게 될 것이다.]
[**If it is**] complete, the collection will have an enormous value.
[<u>완성된다면</u> 이 수집품은 엄청난 가치를 지니게 될 것이다.]

---

16 Like most semantically based classifications, that used for adverbial clauses produces a certain amount of overlap between the various classes. This is not only due to weaknesses in the classification itself, it is also a consequence of ambiguities in adverbial relations. These ambiguities occur especially when non-finite or verbless adverbial clauses are not overtly linked to the rest of the sentence by a subordinator. — Ek & Robat (1984: 60).

더욱이 부사절이 어떤 뜻을 나타내느냐 하는 것이 종속접속사 그 자체에 의해 결정되지만, 그렇다고 종속접속사가 절대적인 기준은 될 수 없다. 어떤 부사절이 어떤 뜻을 전달하느냐 하는 점은 문맥에 따라 결정되기도 한다. 다음과 같은 예에서 보는 바와 같이 종속접속사 as가 여러 가지 부사절을 이끌고 있음이 명백하다.

As Jane was the eldest, she looked after the others. (이유절)
[제인이 가장 나이가 많기 때문에 그녀가 다른 사람들을 돌보았다.]
As he was walking in the park, he noticed a very pretty girl. (시간절)
[공원에서 거닐다가 그는 아주 예쁜 아가씨를 목격했다.]
Fool *as* he was, he knew how to make money. (양보절)
[바보지만 그는 돈버는 방법을 알고 있었다.]
Do *as* **you are told**. (양태절)
[들은대로 하라.]
She likes them as much *as* **Paul does**. (비교절)
[그녀는 포올만큼 그들을 좋아한다.]
As one grows older, one doesn't necessarily grow wiser. (비례절)
[나이에 비례해서 반드시 더 현명해지는 것은 아니다.]

그러나 다음과 같은 문장은 의미상으로 애매하다.

Since the temperature fell, it has begun to snow.

이 문장에는 전후 문맥이 주어지지 않았기 때문에 since가 이끄는 절은 <u>기온이 떨어지니</u> 눈이 내리기 시작했다고 보면 시간절이 될 것이고, <u>기온이 떨어졌기 때문에</u> 눈이 내리기 시작했다는 뜻으로 해석한다면 이유절이 될 것이다.[17]

---

17 *Since* may also introduce a temporal clause, as in *We haven't seen her since she left for the theater two hours ago*. As a result, a subordinate clause with *since* may be ambiguous between a temporal and a causal meaning. *Since the temperature fell, it has begun to snow* may mean either that the snow fell because the temperature fell or that it began to fall after the temperature fell. — LeTourneau (2001: 277).

18.5.3. 시간절

넓게 보면 시간절(時間節: clauses of time)은 when으로 시작되는 의문문(When ...?) 에 대한 대답으로 나타나는 절 형식이다. 이를 좀더 나눠서 말하자면, 시간을 나타내는 부사 절은 주절에 언급된 어떤 상황이 벌어지는 어느 한 시점(point of time)을 비롯하여 상황이 발생하는 경계(boundary), 상황의 발생 빈도(frequency), 또는 시간의 지속(duration) 등 을 나타낸다.

18.5.3.1. 종속접속사와 절 유형

시간절을 이끄는 종속접속사에는 when, after, as, as long as, as soon as, before, by the time (that), during the time (that), the moment (that), once, since, until, whenever, while 등이 있으며, 이 가운데 일부 종속접속사가 이끄는 절은 정형절을 비롯하여 비정 형절과 무동사절 형태로 나타난다.

Before they leave the factory, all the cars are carefully tested for defects.
    [공장에서 나가기 전에 모든 자동차들이 결함이 있는지 세심한 검사를 받는다.]
Please do not enter the classroom **while a lesson is in progress**.
    [강의 도중에는 강의실에 들어가면 안 됩니다.]
Once she arrives, we can start.
    [일단 그녀가 도착하면 우리는 떠날 수 있다.]
The heart transplant will take place **as soon as a suitable donor can be found**.
    [맞는 기증자를 찾는 즉시 심장 이식이 이루어질 것이다.]

while이나 when이 이끄는 시간 부사절로서 이 다음에 be + 현재분사/과거분사가 놓이 고 주절과 종속절의 주어가 서로 같으면 종속절의 주어와 be 동사가 생략됨으로써 절이 축 약될 수 있다.

While waiting for the bus, he read the newspaper.
    (= While he was waiting for the bus, ...)

[버스를 기다리면서 그는 신문을 읽었다.]
She is economical in her use of salt **when cooking**.
(=...when she is cooking)
[요리를 할 때 그녀는 소금을 아껴 쓴다.]
Gases heat up **when compressed** and cool off **when expanded**.
(= when they are compressed)   (= when they are expanded)
[가스는 압축되면 가열되고, 팽창하게 되면 냉각된다.]

더욱이 when이 이끄는 절의 주어와 주절의 주어가 동일하고, 동시에 when이 이끄는 절이 반복적으로 발생하는 상황을 나타내는 것이면 이 절은 종속접속사를 수반한 -ing 분사절 형태로 나타날 수 있는데, 이러한 절 유형이 내포된 문장은 대개 어떤 일을 하도록 하는 '지시'(instructions)의 뜻을 나타낸다.[18]

When starting the engine, be sure the car is in neutral.
(= **When you start the engine**, be sure the car is in neutral.)
[엔진 시동을 걸 때에는 자동차가 중립 상태에 놓여 있는지 확인하라.]
Most cars have blind spots so one has to be careful **when crossing other cars**.
[대부분의 자동차에는 사각지대가 있으므로 다른 자동차를 추월할 때에는 조심해야 한다.]
You should exercise extreme caution **when driving in fog**.
[안개 속을 운전할 때에는 각별한 주의를 기울여야 한다.]
Please pay the exact fare **when boarding the bus**.

---

18   when -ing 분사절 구조에 대해서는 본서 제2권 10.8.1.1(→ pgs. 401-403) 참조. 그러나 when이 이끄는 절의 주어와 주절의 주어가 2인칭이 아니면 위와 같은 '지시'의 뜻을 나타내지 않는다.
Adults sometimes do not realize their own strength **when dealing with children**.
[어린애들을 다룰 때 성인들은 가끔 자기 자신의 힘의 한계를 깨닫지 못하기도 한다.]
When making records in the 1920s, sound engineers often made two recordings for safety's sake.
[1920년대에는 음향 기사들이 기록을 할 때 안전을 위해 자주 두 가지 기록을 했다.]
The passive voice can lead us into some really strange areas which drive teachers slightly mad **when trying to explain certain specific items** and drive students slightly mad **when trying to understand them**. (Firsten & Killian 2002: 258)
[수동태가 어떤 특정한 항목을 설명하려고 할 때 교사들을 약간 미치게 만들고, 또 한 학생들이 이 것을 이해하려고 할 때 약간 미치게 만드는 정말로 어떤 영역으로 빠져들게 할 수 있다.]

[버스에 탈 때에는 정액 요금을 내주십시오.]

Mark difficult spots, but do not spend too much time on them **when first reading the material.**

— Gladys Doty & Janet Ross, *Language and Life in the U.S.A.*

[어려운 부분에 표시하라. 그러나 처음 자료를 읽을 때에는 어려운 부분에 너무 많은 시간을 쏟지 마라.]

이상과 같은 예에 나타난 <when + -ing 분사절 구조>는 when 다음에 놓인 주어와 이 다음에 놓인 진행형 구조에서 be 동사가 생략되어 분사절 형태로 나타난 것이 아니라고 한다.[19] 그러므로 예컨대 첫 번째 예에서 when starting ...은 when you start ...에서 나온 것이지, when you are starting에서 you are가 생략된 구조는 아니다. 그러나 이러한 문장이 주어와 be 동사가 생략된 결과라고 보더라도 무리가 없을 것으로 여겨진다.[20]

after, before, since, until 등은 전치사와 종속접속사 역할을 한다. 예컨대 다음 문장에서 until은 전치사가 아니라, 종속접속사이다. 그러므로 until proved otherwise는 until **you are** proved otherwise에서 you are가 생략된 구조이므로 시간 부사절이라고 보는 것이 타당하다.

You are presumed to be innocent **until proved otherwise**.

[유죄임이 증명될 때까지는 죄가 없는 것으로 여겨진다.]

그러나 다음의 (7a-c)와 같은 문장에서는 after, before, since, till/until 등이 종속접속사인지 전치사인지 애매하다고 하겠다. 즉, 이들이 전치사이고, 이 다음에 놓인 -ing 형태가 동명사로서 결국 전치사 + 동명사절의 구조로 분석될 수 있을 것이다. 다른 한편으로는, 이들이 종속접속사이고 이 다음에 놓인 -ing 형태가 현재분사 형태로서, 결국 종속접속사가 이끄는 비정형절로 분석될 수 있을 것이다.[21] 이 두 가지 구조 중에서 어느 것으로 보아야 옳은

---

19   Quirk et al. (1985: 1005).
20   Baker (1997: 372-373)에 의하면, (116a)는 (118a)에서 나올 수 있는 문장이다.
     (116) a. *When waiting for a bus,* one should always try to find the correct change.
     (118) a. *When one is waiting for a bus,* one should always try to find the correct change.
            [버스를 기다릴 때에는 항상 갈아 탈 곳이 정확히 어디인지를 알도록 하여야 한다.]
21   Baker (1997: 373)는 (119a, b)의 밑줄 친 부분은 각각 (121a, b)에서 밑줄 친 부분과 같다고 말하고 있다 (밑줄은 필자가 첨가한 것임.):

지 아직까지는 뚜렷한 증거가 없는 것 같다.

(7) a. **After studying for 13 hours**, he collapsed.
   [13시간 동안 공부하고 나서 그는 쓰러지고 말았다.]
   b. **Before leaving for lunch**, she signed the papers.
   [점심 먹으로 나가기 전에 그녀는 그 서류에 서명을 했다.]
   c. She has been much happier **since changing schools**.
   [학교를 옮기고 난 이래 그녀는 한층 더 즐거워졌다.]

as soon as, once, till, until, when, whenever, while 등 일부 종속접속사가 이끄는 시간절이 -ed 분사절로 나타나기도 한다. 그러나 as soon as가 종속접속사로서 -ed 분사절을 이끄는 경우는 비교적 드문 편이다.

Spinach is delicious <u>when eaten raw</u>.
             (= **when it is eaten raw**)
   [시금치는 날 것으로 먹으면 맛있다.]
The dog stayed at the entrance **until told to come in**.
   [그 개는 들어오라는 말을 들을 때까지 현관에 가만히 있었다.]

---

(119) a. *After reading your letter*, John lost his temper.
       [너의 편지를 읽고 나서 존은 화가 났다.]
   b. *Before buying the house*, Julia had it checked for termites.
       [그 집을 사기 전에 줄리아는 집에 흰개미가 있는지 점검했다.]
(121) a. *After he read your letter*, John lost his temper.
   b. *Before she bought the house*, Julia had it checked for termites.

한편 Quirk et al. (1985: 1078)과 Roberts(1954: 330)는 Baker가 제시하는 (119a, b)와 같은 비정형 절이 전치사에 의해 유도되고 있다고 말하고 있다. 반면에 Meyer-Myklestad (1967: 513-514)도 접속사와 전치사로 사용되는 before 다음에 오는 -ing 형태를 현재분사 또는 동명사로 분석될 수 있다고 다음과 같이 말하고 있다: Another interesting thing about this terse clause construction is that instead of the present-participle we may use the gerund. After <u>when</u> and <u>while</u> and other pure temporal conjunctions the <u>-ing</u> form is naturally conceived as the present participle. On the other hand, after temporal conjunctions which are also prepositions the <u>-ing</u> forms may be, and often is taken to be the gerund, and the construction can be parsed in two different ways: either as an abridged clause of time introduced by a temporal conjunction, followed by a present participle, or as a prepositional phrase introduced by a preposition denoting time, followed by a gerund as its object.

He slept **while stretched out on the floor**.
[그 남자는 팔다리를 쭉 뻗고 마루에 누웠다.]
The documents will be returned **as soon as** $\begin{Bmatrix} \text{completed} \\ \text{signed} \end{Bmatrix}$.
[그 서류들을 완성/서명되는 즉시 반환될 것이다.]

특히 as soon as, once, till, until, when(ever) 따위가 이끄는 시간절이 정형절과 비정형절 이외에 다음과 같이 주어와 be 동사의 한 가지 형태가 생략됨으로써 무동사절 형식으로도 나타날 수 있다.

When in doubt about the meaning of a word, consult a dictionary.
(= When you are in doubt about the meaning of a word, ...)
[단어의 뜻이 의심스러우면 사전을 참조하라.]
Complete your work **as soon as possible**.
(= as soon as it is possible)
[가급적이면 빨리 일을 끝내라.]
While in Texas, Barbara suffered her biggest losses.
(= While she was in Texas, ...)
[텍사스에 있을 때 바바라는 가장 큰 손실을 보았다.]

18.5.3.2. 여러 가지 종속접속사의 용법

1) as, when, while
'during the time that ...'이라는 뜻을 가진 이 세 가지 종속접속사는 시간적으로 보다 긴 '배경'(背景: background)을 이루는 절을 유도하며, 이러한 시간절을 배경으로 삼아 주절이 '전경'(前景: foreground)을 이루는 다른 어떤 상황을 나타내는 것이다. 즉, 종속절에 나타나는 상황을 배경으로 삼아, 그 안에서 주절이 나타내는 상황이 하나의 전경으로 나타난다는 것이다. 이런 경우에 화자/필자가 전달하고자 하는 중요한 점은 배경에 해당되는 종속절의 내용이라기보다는 오히려 전경에 해당되는 주절의 내용이다.

As I was walking down the street I saw Joe driving a Porsche.
[길을 걸어내려 갈 때 나는 조우가 포르쉐 자동차를 운전하고 있는 것을 보았다.]
The telephone always rings **when I am taking a bath**.

[목욕을 하고 있을 때 항상 전화벨이 울린다.]
While they were playing cards, somebody broke into the house.
[그들이 카드놀이를 하고 있는 도중에 어떤 사람이 그 집에 침범했다.]

동시에 일어나는 보다 긴 두 가지 상황을 묘사하고자 할 때는 대개 while이나 as가 쓰인다. 이 경우에 동사는 진행형이거나 단순 과거형이다.

While you *were reading* the paper, I was working.
[네가 신문을 읽고 있는 사이에 나는 일하고 있었다.]
John cooked supper **while I *watched* TV**.
[나는 TV를 보고 존은 저녁을 준비했다.]

나이와 인생의 기간을 뜻할 때는 when을 선호한다.

His parents died **when he was twelve**.
[그가 열두 살 때 그의 부모님께서 돌아가셨다.]
When I was a child we lived in London.
[내가 어렸을 때 우리는 런던에 살았다.]

when은 주절과 종속절에 언급된 두 개의 상황이 모두 '지속성이 없는'(nondurative) 것일 때 (1) 시간 연속의 의미 관계를 나타내거나,

She was shocked **when she heard his story**.
[그의 이야기를 듣고 그녀는 충격을 받았다.]
The dog is very dangerous **when provoked**.
                    (= when it is provoked.)
[그 개는 화가 나면 아주 위험하다.]
When all the day's chores were done and the children had been put to bed, then she sat with her husband to plan their summer vacation.
[하루의 잡다한 일과를 모두 마치고 애들을 모두 잠재우고서 그녀는 남편과 앉아서 여름 휴가 계획을 세웠다.]

(2) 또는 동시에 일어나는 상황을 뜻할 수도 있다.

    The handle broke **when he tried to open the door**.
        [그가 문을 열려고 하다가 손잡이가 부러졌다.]
    It started to rain **when we left the house**.
        [우리가 집을 떠날 때 비가 내리기 시작했다.]

when이 주어진 상황이 반복적으로 일어난다는 점을 암시해 줄 수 있다.

    When I read I like to be alone.
        [책을 읽을 때 나는 혼자 있는 걸 좋아한다. → 여기서 when은 'whenever'와 같은 뜻으로 해석됨.]

whenever는 'at any time that ...'이라는 뜻으로 쓰이는 것으로서, 반복적으로 일어나는 상황을 나타내는 경우에는 when보다 일반화(generalization)하는 힘이 더 강하다.

    My heart leaps **whenever I see you**.
        [너를 보면 항상 마음이 두근거린다.]
    Whenever she had a cold, she ate only fruit.
        [감기에 걸리면 그녀는 과일만 먹었다.]
    I'd like to see you **whenever (it's) convenient**.
        [편리할 때에는 언제라도 너를 만나보고 싶다.]

2) till, until

서로 바꿔 쓸 수 있는 till과 until은 주절에 나타난 상황이 지속되는 기간의 완료를 나타낸다. 그러므로 Wait here **till I come back.**(내가 돌아올 때까지 기다려라.)과 같은 문장의 경우에 기다리는 행위가 끝나는 시점은 주어인 화자 I가 돌아오는 시점과 일치된다. 다시 말하자면, 기다리는 기간이 끝나는 시점은 내가 돌아오는 시간과 일치한다. 그러므로 이것은 그 기간의 만료되는 기간동안 지속될 수 있는 행위를 나타내는 동사나 그 기간동안 행위가 이루어지지 않았음을 나타내는 부정형 동사와 관련된다.[22] 긍정문의 경우에 주절에는 상황

---

22 *Till* and *until* (the words are inter-placeable) mark the end-point of a period of time. They

의 지속을 나타내는 동사로서 camp, drive, last, look after, play, study, wait, work 따위가 쓰여야 하며, 반복적인 행위를 나타내는 경우에는 순간동사도 쓰인다. 반면에 부정문에서는 주절의 동사가 나타내는 행위가 이루어지지 않(았)음을 나타내기 때문에 어떤 동사라도 사용할 수 있다.

> They sat on the beach **until the sun sank below the horizon**, and then they went home.
> [그들은 해가 지평선 아래로 떨어질 때까지 해변가에 앉았다가 집으로 갔다.]
>
> Try and keep an open mind on the subject **until you have heard all the facts**.
> [모든 사실을 들을 때까지는 그 주제에 대하여 계속 열린 마음을 유지하도록 하십시오.]
>
> We must delay our journey **until the weather improves**.
> [날씨가 좋아질 때까지 우리는 여행을 연기해야 한다.]
>
> He has to take six pills a day **until he recovers**.
> [그는 회복될 때까지 하루에 여섯 알씩 약을 복용해야 한다. → 이 문장에서 take는 순간동사이지만, '반복'의 뜻을 나타내고 있기 때문에 until과 같이 쓰일 수 있음.]
>
> Don't leave **until I return**.
> [내가 돌아올 때까지 떠나지 마라. → leave가 순간동사이지만, 부정형으로 나타나 있기 때문에 until 과 같이 쓰일 수 있음.]
>
> Einstein had no early math training and he didn't talk **until he was four**.
> — *Newsweek*, March 28, 1983
> [아인스타인은 조기에 수학적 훈련을 받은 적도 없고, 네 살까지는 말도 못했다.]

---

are associated with a verb denoting an action or lack of action which can continue during the period ending at that point.

83 Wait here till I come back.

84 { Don't leave / You mustn't go } till I return.

In [83] the waiting, and in [84] the not-going, will continue throughout the period. LEAVE and GO in the affirmative could not replace WAIT in [83], since they denote actions performed at a *point of time*, not continuing through a period. — Close (1975: 57); The matrix clause must be durative, the duration lasting to the time indicated by the *until*-clause. A negative clause is always durative, even though the corresponding positive clause is not durative, since the absence of the event extends throughout the indicated period. — Quirk et al. (1985: 1081).

until-절은 시간을 나타내는 이외에 주절에 나타난 행위(action)의 '결과'를 나타내기도 한다.

> He cleaned his shoes **until they shone**.
> (= 'with the result that they shone')
> [그는 광택이 날 때까지 신발을 닦았다. → 닦아서 그 결과 신발에 광택이 나게 되었다는 뜻임.]
> She massaged her leg **until it stopped hurting**.
> (= 'with the result that it stopped hurting')
> [그녀는 통증이 멈출 때까지 다리를 마사지했다.]

3) after, before

after와 before가 이끄는 절, 즉 after-절과 before-절이 포함된 문장에서는 주절과 종속절 사이에 명백한 시간의 전후 관계(time sequence)가 나타나는데, 이 두 가지 절 사이에 나타나는 시간의 전후 관계는 정반대이다.

시간절이 나타내는 상황이 주절이 나타내는 상황보다 먼저 일어난다는 뜻을 나타내면 after-절이 쓰인다.

> **After Norma spoke**, she received a standing ovation.
> [노마는 연설을 하고 난 뒤에 기립 박수를 받았다. → 연설하는 행위가 먼저 일어나고, 나중에 기립 박수를 받았음.]
> **After you have read a larger part of the selection**, the meaning of the difficult passage may become clear.
> — Gladys Doty & Janet Ross, *Language and Life in the U.S.A.*
> [선택된 글에서 보다 더 많은 내용을 읽고 나면 어려운 구절의 의미가 분명해질 것이다.]

두 번째 예에서처럼 미래시를 나타내는 after-절에서 동사의 형태가 현재완료형으로 나타나느냐, 현재형으로 나타나느냐 하는 점에 대해서는 18.5.3.3(미래시를 뜻하는 부사절의 시제 → pgs. 57-58)에서 설명된다.

다음 예문에서처럼 때로는 주절이 나타내는 상황이 after-절이 나타내는 상황보다 나중에 발생한 것이 아니라, 오히려 after-절 전후를 망라하는 것일 수도 있다.

> (8) a. **Even after the man had entered the room** she carried on talking.

[그 남자가 방에 들어오고 난 다음에도 그녀는 계속 말을 했다.]
b. He was still tired **(even) after he had had eight hours of sleep**.
[여덟 시간을 잠자고 난 뒤(에도) 그는 여전히 피곤했다.]

(8a)가 나타내는 '... 뒤에도 계속 말을 했다'라는 뜻은 그 이전부터 말을 했다는 사실을 암시해 주고 있으며, (8b)는 '... 뒤에도 여전히 피로가 풀리지 않았다'는 뜻으로서, 잠자기 전부터 피로했었다는 사실을 넌지시 암시해 주고 있는 것이다. 이처럼 주절에 나타난 상황이 이전에도 이루어졌다는 것은 이 문장에 포함된 부사 even과 still이 갖는 뜻 때문이기도 하고, 또 다른 면에서는 (8a)에서 동사 carried on이 나타내는 뜻 때문이기도 하다.

after-절은 just, right, immediately, moments, some time, a long time, soon, three days, a year 따위와 같은 수식어구의 도움을 받아 상대적으로 시간이 가깝다는 점을 나타낼 수 있다.

Come over here *right* after you've finished working.
[일이 끝나거든 즉시 여기로 오너라. → 일이 끝나는 시간과 여기에 오는 사이의 시간 간격이 아주 가깝다는 점을 말하고 있음.]
I went to sleep *soon* after hearing the news.
[그 소식을 듣고 나서 곧 바로 잠자리에 들었다.]

before-절은 주절이 나타내는 상황이 먼저 일어나고 난 다음에 일어나는 상황을 기술할 때 쓰인다.

Before you decide to leave your job, consider the effect it will have on your family.
[직장을 그만 두기 전에 가족들에게 미칠 영향을 먼저 고려하라.]
Shut all the windows **before you go out**.
[외출하기 전에 창문을 모두 닫아라.]

until-절과 before-절은 상황의 실현성에 차이가 있다. 위에서 본 바와 같이 대개 until-절은 사실적인 면을 전제로 삼는 것이기 때문에 상황이 실제로 발생했거나, 장차 발생하리라고 생각할 수 있다. 반면에, before-절이 나타내는 상황은 반드시 일어난다고는 말할 수 없다.

(9) a. **Before the frost sets in**, we'll gather corn.

[서리가 내리기 전에 우리는 옥수수 수확을 하게 될 것이다.]

b. **Before Mr Charmond made her his wife** she was a play-actress a short while.

[차몬드 씨가 그 여자를 자기 아내로 삼기 전에 그 여자는 잠시 연극 배우였다.]

c. **Before he arrived** we had already gone home.

[그가 도착하기 전에 우리 모두 집으로 가버렸다.]

문장 (9a-c) 중에서 (9a)의 before-절이 나타내는 상황이 현재로서는 아직 발생하지 않았지만, 장차 발생하리라고 내다 볼 수 있겠지만, (9b, c)에서 before-절의 상황은 이미 발생한 것으로 이해할 수 있다.

이와는 대조적으로, 문장 (10a-d)에서 before-절의 상황은 문맥 내용으로 보아 발생하지 않았음을 함축하고 있다. 이러한 점은 주절에 포함된 동사 ate, died, stopped가 나타내는 행위가 이루어지면 그 뒤에 발생할 행위는 이루어질 수 없다는 사실로 미루어 보아 명백히 알 수 있는 것이다.

(10) a. Sam ate the apple **before Bill did**.

[빌이 먹기 전에 샘이 그 사과를 먹어버렸다. → 샘이 이미 먹어버렸기 때문에 빌이 먹는 행위는 일어날 수 없음.]

b. Max died **before he saw his grandfather**.

[맥스가 할아버지를 보기 전에 세상을 떠났다. → 맥스가 세상을 떠났으므로 할아버지를 만나는 행위가 일어날 수 없음.]

c. Sally stopped Ted **before he had a chance to reply**.

[샐리는 테드가 대답할 기회를 갖기 전에 그를 제지시켰다. → 테드의 말문을 막아버렸으므로 대답할 수 없었음.]

d. Lock up your bike **before it gets stolen**.

[도난당하기 전에 자전거를 잠가라. → 자전거를 자물쇠로 잠가 두게 되면 도난당하는 상황은 발생하지 않게 될 수 있음.]

before-절에는 just, right, immediately, sometime, a long time, many days와 같은 수식어구가 첨가됨으로써 주절의 상황이 일어나는 상대적인 시간의 가까움(proximity)을 나타내게 된다.

I took the examination *a year* before his brother did.
[나는 내 동생보다 일년 먼저 시험을 보았다.]
I spoke to Mr Kohl *shortly* before he flew to Chicago.
[나는 콜 씨가 비행기를 타고 시카고로 가기 직전에 그에게 말했다.]

4) since

since는 현재 또는 과거 어느 시점까지 지속되는 기간의 출발점을 나타낸다. 시간절에서 과거시제의 동사형은 기간의 출발점을 나타내며, 기간이 현재시까지 지속된다면 주절의 동사는 현재완료가 된다.

Since I left school, I have only seen him once.
[학교를 졸업한 이래 나는 그를 한번밖에 만나지 못했다. → since-절의 동사가 과거이고, 주절의 동사가 현재완료가 쓰임으로써 과거 어느 한 시점에서 오늘에 이르기까지의 상황을 나타내고 있음.]

since-절에 놓일 수 있는 동사 형태는 과거시제 또는 현재완료 형태이다. 즉, come, go, finish, leave 등 순간을 나타내는 동사일 때에는 과거시제 동사형이 쓰이지만, exercise, live 따위와 같이 지속을 나타낼 수 있는 동사가 쓰이고, 또 지금도 그러한 상황이 지속되고 있다고 할 때에는 현재완료 형태가 쓰이게 된다.

Our house has doubled in value **since we *bought*** it.
[우리가 이 집을 산 이래 집값이 두 배로 올랐다. → since-절에 과거시제 동사가 쓰인 것은 집을 산 과거 어느 한 시점을 뜻하는 것이기 때문임.]
I've known her **since I *'ve lived*** in this street.
[이 거리에 살기 시작하면서 나는 그녀와 아는 사이가 되었다. → since-절에 현재완료 형태의 동사가 쓰인 것은 살기 시작한 과거 시점부터 오늘에 이르기까지 살고 있는 것이기 때문임.]

만약 과거 어느 시점까지 지속되고 있었음을 나타내는 경우에는 주절의 동사로서 과거완료 형태가 쓰인다.

I met George last week. Since we **left** school (till THEN), we **had often**

written to each other. (Close 1975: 58)

[지난주에 조오지를 만났어. 학교를 졸업한 후 자주 서로 편지를 주고 받았었지. → since-절의 동사가 과거이고, 주절의 동사가 과거완료 형태이므로 더 먼 과거에서 과거 한 시점까지 상황이 지속되고 있었음을 나타내고 있음.]

5) as soon as 등

as soon as, just as, the instant/minute/moment, immediately, on/upon -ing[23] 따위는 어떤 사건의 발생과 거의 동시에 다른 사건이 발생하여 이 두 가지 사건의 발생 사이에 시간 간격이 거의 없다는 점을 강조하고자 하는 경우에 사용된다.

He got married **as soon as he left university**.
[그는 대학 졸업과 동시에 결혼했다.]
The minute I got to the airport, I phoned my doctor.
[공항에 도착하자마자 곧 나는 의사 선생님께 전화를 걸었다.]
Just as we came out of the theater, the rain started.
[우리가 극장에서 나오자마자 곧 비가 내리기 시작했다.]
Upon seeing her, I smiled and ran toward her.
[그녀를 보자마자 곧 나는 미소를 지으며 그녀에게로 달려갔다.]

directly와 immediately가 보통 부사로 쓰이지만, 영국영어에서는 as soon as와 같은 뜻을 가진 종속접속사로도 쓰인다:

Immediately he earns any money he spends it.
[그 사람은 한 푼이라도 돈 벌기가 무섭게 즉시 써버린다.]
I went home *directly* **I had finished work**.
[일을 마치자마자 나는 집으로 갔다.]

특히 격식적이고 문어적인(literary) 영어에서는 hardly, no sooner, 또는 scarcely와 같은 부사들이 종속접속사 before, when, than과 상관으로 쓰여 주절과 종속절이 나타내는 상황이 거의 동시에 일어난다는 점을 나타낸다. 대개 hardly와 scarcely 다음에 오는 두

---

[23] on/upon -ing 분사절 구조에 대해서는 본서 제 2권 10.8.1 (→ pg. 401) 참조.

번째 절은 상관적으로 when이나 before로 시작되고, no sooner 다음에 오는 절은 than으로 시작된다. 특히 이러한 구조의 문장이 과거시와 관련된 내용을 나타낸다면 hardly, no sooner, scarcely가 포함된 절에는 과거완료 형태의 동사형이 쓰이고, 종속접속사로 시작되는 두 번째 절에는 단순 과거동사 형태가 쓰인다. 마지막 예에서처럼 간혹 주절의 동사도 과거시제형으로 나타나는 예를 볼 수 있는데, 이것은 두 개의 절에 나타나는 상황 사이에 시간 간격이 없는 것으로 간주되기 때문인 것으로 여겨진다.

$$(\ldots) \text{ hardly } \ldots \begin{Bmatrix} \text{when} \\ \text{before} \end{Bmatrix} \ldots$$

$$(\ldots) \text{ scarely } \ldots \begin{Bmatrix} \text{when} \\ \text{before} \end{Bmatrix} \ldots$$

$$(\ldots) \text{ no sooner } \ldots \text{ than } \ldots$$

He **had** *scarcely* **put** the phone down *when* the doorbell **rang**.
[그가 전화기를 내려놓자마자 곧 초인종이 울렸다.]
I **had** *no sooner* **lit** the barbecue *than* it **started** to rain.
[바베큐에 불을 붙이자마자 곧 비가 내리기 시작했다.]
The concert **had** *hardly* **begun** *before* all the lights **went out**.
[연주회가 시작되자마자 곧 전기가 모두 꺼져 버렸다.]
Jeremy **was** *no sooner* in bed *than* the doorbell **rang**.
[제리미가 잠자리에 들자마자 곧 초인종이 울렸다.]

또한 hardly, no sooner, scarcely가 문두의 위치에 놓이게 되면 주어와 동사의 어순이 도치된다. 이러한 어순은 격식적이고 문어적이다.

No sooner *had he arrived* in Rome **than** he **was kidnapped**.
[로마에 도착하자마자 곧 그는 납치당했다.]
Hardly *had she begun* to speak **when** there **was** a shout from the back of the hall.
[그녀가 말하기 시작하자마자 곧 홀 뒤쪽에서 외치는 소리가 났다.]
No sooner *were* the words out of Bill Clinton's mouth **than** he **began** eating them.

[빌 클린턴 대통령의 입에서 그 말이 나오자마자 곧 그는 식언하기 시작했다.]

이러한 구조로 이루어진 문장이 나타내는 상황이 과거시가 아니라, 현재시에 반복적으로 일어나는 상황을 말하는 것이면 모두 현재시제 형태의 동사가 쓰인다.

Lately, it seems they **no sooner** *put up* a building **than** they *are tearing* it *down*.
    [요즘에 와서는 그들이 건물을 짓자마자 곧 허물어버리는 것 같다.]
He **no sooner** *earns* any money **than** he *spends* it.
    [그는 한 푼이라도 돈을 벌면 곧 써버린다.]
No sooner *does* this thought *occur* to us **than** we *can see* a different picture unfolding itself.
— Karl Mannheim, *Hobhouse Memorial Lecture*, 1940.
    [이러한 생각이 떠오르는 즉시 우리는 다른 양상이 저절로 나타나는 것을 알 수 있다.]

6) by the time

by the time (that)은 한 가지 상황이 다른 상황보다 먼저 끝난다는 점을 나타낸다. 즉, 주절에 나타나는 상황은 이것이 유도하는 부사절이 나타내는 상황보다 먼저 일어난다는 점을 나타낸다. 그러므로 두 개의 절에 나타내는 시간상의 차이 때문에 부사절에 과거시제가 쓰이게 되면 주절에는 과거완료가 쓰이게 되고, 부사절에 현재시제가 쓰여 미래의 뜻을 나타내게 되면 주절에는 미래완료가 쓰인다.[24]

By the time he arrived, we *had already left*.
    [그가 도착했을 때 우리는 이미 떠났었다.]
By the time he comes, we *will already have left*.
    [그가 올 때쯤이면 우리는 이미 떠나 없게 될 것이다.]

그러나 이러한 시간의 전후 관계가 명백하게 구분되지 않는 것 같다. 다음 예에서는 주절의 동사가 과거완료로 나타나지 않고 과거시제 형태로 나타내고 있다.

---

24   Azar (1999: 72).

By the time the ticket office opened, there *were* hundreds of people in the queue. (Eastwood 2005: 338)
>[매표소 문이 열렸을 때 수백 명의 사람들이 줄을 서 있었다.]

18.5.3.3. 미래시를 뜻하는 부사절의 시제

미래시를 나타내는 부사절은 '예측'(prediction)을 나타내는 것이 아니라, 주절에 언급된 상황이 발생하기 위한 '배경'(background) 역할을 하는 것이기 때문에 미래 조동사를 사용하지 않고, 단순 현재시제 형태를 사용하는 것이 일반적이다. 그러므로 Finish the work **before the sun** *sets*.(해가 지기 전에 일을 마쳐라.)와 같은 문장에서 미래시를 나타내는 부사절인 before-절에 쓰인 동사는 will set 대신에 현재시제형 sets가 되어야 한다.

You can increase your chances of survival by knowing what to do ***before an accident occurs***.
>[사건 발생 전에 해야 할 일을 알게 되면 생존 가능성이 더 증대될 수 있다.]

We must delay our journey **until the weather** *improves*.
>[날씨가 좋아질 때까지 우리는 여행을 연기해야 한다.]

I'll bring her to your office **the moment she** *arrives*.
>[그녀가 도착하는 즉시 그녀를 너의 사무실로 데리고 가지.]

Americans rush to the work **as soon as they** *get up*.
>[미국인들은 일어나자마자 곧 직장으로 달려간다.]

더욱이 주절에 언급된 상황이 발생하게 되는 미래의 어느 한 시점이 되면 부사절에 언급되는 상황은 이미 '완료'(completion)되어 있다는 점을 특별히 강조하고자 하는 경우에는 단순 현재시제 대신에 현재완료가 쓰일 수 있다. 특히 부사절 이외의 다른 절이라면 당연히 미래완료를 사용할 것으로 기대되는 경우에 미래 시간을 나타내는 부사절에서는 미래완료 대신에 현재완료를 사용하게 된다. 그렇지만 부사절에서는 별로 뜻의 차이 없이 단순 현재시제나 현재완료 형태 중 어느 것이라도 쓸 수 있는 환경이 많다.

When you *have had* **your supper**, come and see me.
>[저녁식사를 하고 나면 나를 찾아오너라. → 나를 찾아오는 시간이 되면 저녁 식사가 이미

끝난 상태임을 명백히 하기 위하여 when이 이끄는 절에 현재완료형이 쓰이고 있음.]

As soon as I*'ve finished* the job, I'm going home.

[이 일을 마치는 즉시 집에 가려고 하고 있어. → 집에 갈 시간이 되면 as soon as가 이끄는 절의 내용은 이미 끝났음을 나타내기 위하여 현재완료형이 쓰인 것임.]

Once you*'ve seen* the film, you'll want to see it again.

[일단 그 영화를 보게 되면 다시 보고 싶을 걸.]

Some goods, like new bread and fresh cream and strawberries, must be consumed **very soon after they *have been produced*.**
— Frederick Benham, *Economics*.

[갓구운 빵, 신선한 크림, 그리고 딸기와 같은 일부 상품들은 나오는 즉시 소비되어야 한다.]

그러나 미래시를 나타내는 내용이 문법적인 기능상 부사절이 아니라, 명사절일 경우에는 when-절에 will을 사용한다.

The hotel receptionist wants to know **when we *will be checking out* tomorrow morning**.

[호텔 접수계는 우리가 내일 아침 언제 호텔에서 나가게 될 것인지 알고 싶어 한다.]

18.5.4. 장소절

장소절(場所節: clauses of location)은 where로 시작되는 의문문(Where ...?)에 대한 대답을 절 형식으로 나타낸 것으로,[25] 이 절을 이끄는 종속접속사로는 주로 where와 wherever가 쓰이며, 이 이외에 anywhere와 everywhere도 쓰인다.

1) where는 절에서 언급되는 장소가 특정한 곳임을 암시한다. 더욱이 장소절이 주절 앞에 놓이게 되면 문어체 영어에서 가끔 지시부사 there가 '상관적'(correlative)으로 등장하기도 한다.

---

25 where로 시작되는 장소절이 '전치사구 + 관계부사절'로 나타날 수 있다. 그러므로 장소절은 전치사구의 일부라고 할 수 있다. 예컨대 다음 예에서 where he was는 at the place where he was로 풀이될 수 있기 때문이다:

He said he was happy <u>where he was.</u>
  (= at the place where he was)

He said he was happy **where he was**.
   [그는 자신이 있는 곳에서 행복하다고 말했다.]
The Jeep was parked **where no passers-by would see it**.
   [그 짚차는 행인들이 보지 못할 곳에 주차되어 있었다.]
I'll meet you **where the statue used to be**.
   [동상이 있었던 곳에서 만나지.]
Corn flourishes best **where the ground is rich**.
   [옥수수는 땅이 비옥한 곳에서 가장 잘 자란다.]
Where the Romans lived and ruled, *there* Roman ways were found.
— Albert C. Baugh, *A History of the English Language*.
   [로마인들이 거주하고 지배했던 그곳에서 로마인들의 생활 방식이 발견되었다. → 종속절에 이어지는 주절에서 주어 앞에 there가 장소절을 이끄는 where와 상관적으로 쓰이고 있음.]

where는 구체적인 장소뿐만 아니라, 'in cases where ...'(...한 경우에)라는 추상적인 장소 개념을 나타내는 뜻으로도 쓰이고 있다.

Where the extended family is the rule the household will be arranged accordingly.
   [대가족이 규칙으로 하는 경우에, 가사는 이에 따라 정해질 것이다.]
Only where reference is to a scheduled event can the present be used with future time reference.
   [계획된 사건을 가리키는 경우에만 현재형이 미래시를 가리키는 뜻으로 사용될 수 있다.]

가끔 where와 wherever가 necessary, possible, practical 따위와 같은 형용사 앞에 놓이기도 하는데, 이것은 주절의 동사가 나타내는 시제에 따라 it is 또는 it was가 생략된 무동사절의 형태이다. 이렇게 쓰일 경우에 이것은 'when'이나 'whenever'와 비슷한 뜻을 가져 시간과 조건의 뜻을 함축한다.

Where possible, prisoners with long sentences were put in the same blocks.
   [가능한 경우에 장기 복역수들은 같은 블록에 수감되었다. → where possible은 where

it was possible에서 it was가 생략된 무동사절 형태임.]

All experts agree that, **wherever possible**, children should learn to read in their own way.

[모든 전문가들은 가능한 한 어린이들이 자기들 방식대로 읽는 법을 배워야 한다는데 동의한다. → wherever possible은 wherever it is possible에서 it is가 생략된 무동사절 형태임.]

They draw up lists of qualified practitioners who can test sight and make up glasses **where necessary**.

[그들은 시력검사를 하고 필요한 경우에는 안경을 만들 줄 아는 자격을 갖춘 전문가들의 명단을 작성한다.]

2) where가 이끄는 장소 부사절이 특정한 장소와 관련해서 쓰이는 것인데 반해, wherever, anywhere, everywhere는 'to or at any place'라는 뜻을 가지며, 보다 일반적이거나 막연한 개념 내용을 나타내는 '위치' 또는 이동의 '방향'을 나타낸다. 특히 이들이 이끄는 장소 부사절은 '양보'의 뜻(concessive force)을 포함하고 있기 때문에 양보절로 분류될 수도 있다.

Wherever there is a great tradition, there are also to be found little traditions.
— I. Brown, *Understanding Other Cultures*.

[위대한 전통이 있는 곳이면 어디에서든지 대수롭지 않은 전통들도 찾아볼 수 있다.]

Sit **wherever you like**.

[아무데나 네가 앉고 싶은 곳에 앉아라.]

Wherever Jenny goes, she's mistaken for Princess Diana.

[제니는 가는 곳마다 다이애너 왕세자비로 오해를 받는다.]

You can sit **anywhere you like**.

[아무데라도 네가 앉고 싶은 데 앉아라.]

Everywhere I looked, there was death and destruction.

[어디를 돌아봐도 보이는 것이라고는 죽음과 파괴뿐이었다.]

이처럼 where(ver)가 이끄는 절이 어떤 상황이 벌어지는 한 '위치'(position)를 나타내는가 하면, 아래와 같이 이동을 나타내는 동사와 결합하게 되면 '이동'(motion)을 나타낸다.

Only fools rush in **where angels fear to tread**.
[오직 바보들만 천사들이 밟기를 두려워하는 곳으로 뛰어든다.]

I will follow you **wherever you go**.
[네가 가는 곳이면 어디든지 따라 가겠다.]

3) where가 이끄는 장소절은 '위치'(position)를 나타내든 '이동'(movement)을 나타내든 이 앞에 전치사를 필요로 하지 않지만, 전치사구가 대신하는 경우에는 위치를 나타내느냐 이동을 나타내느냐에 따른 적절한 전치사가 요구된다.

*John is residing $\begin{Bmatrix} \text{to Boston} \\ \text{now} \\ \varnothing \end{Bmatrix}$.

[→ 동사 reside는 반드시 '위치'를 나타내는 전치사구를 수반해야 하는데, 이 문장은 이동을 나타내는 전치사구 to Boston, 시간을 나타내는 부사 now를 수반하고 있거나, 또는 동사가 아무런 부사적 요소도 수반하지 않게 되면 틀린 문장임.]

John is *residing in* a hovel where he was born.

[존은 자신이 태어난 누추하고 조그마한 집에 살고 있다. → 동사 reside가 '위치'를 뜻하는 전치사구를 수반하고 있으므로 문법적으로 옳음.]

John is *residing* $\begin{Bmatrix} \text{*in where} \\ \text{where} \end{Bmatrix}$ he was born.

[존은 자기가 태어난 곳에 살고 있다. → 장소절은 전치사를 수반하지 않기 때문에 in where ...는 틀렸음.]

*John *dashed* $\begin{Bmatrix} \text{in the hovel} \\ \text{yesterday} \end{Bmatrix}$.

[→ dashed는 이동동사이므로 전치사구 역시 이동을 나타내는 것이라야 하기 때문에 틀렸음.]

John *dashed to* the hovel where Harry was living.

[존은 해리가 살고 있는 누추하고 조그마한 집으로 달려갔다. → 동사 dash는 반드시 to가 이끄는 '이동'을 나타내는 전치사구를 필요로 하며, 그 이외의 요소들은 모두 틀림.]

John dashed $\begin{Bmatrix} \text{*to where} \\ \text{where} \end{Bmatrix}$ Harry was living.

[존은 해리가 살고 있는 곳으로 달려갔다. → 이동을 나타내는 장소절은 전치사를 수반하지 않음.]

18.5.5. 이유절

이유절(理由節: clauses of reason)은 주절에 언급된 특정한 상황이 발생하게 된 이유, 원인 또는 근거(ground)를 나타낸다. 다시 말하자면, 어째서 그와 같은 상황이 발생하게 되었는가에 대한 대답으로 이유절이 쓰이게 되는 것이다. 이러한 절을 이끄는 종속접속사로서 대개 because, since, as, now that, seeing that, as long as 따위가 사용된다. 이와 같은 종속접속사들이 이끄는 이유절은 정형절이거나, 종속접속사 없이 -ing 또는 -ed 분사절과 같은 비정형절, 또는 무동사절 형식을 취한다.

Affluent South Koreans, Taiwanese and other Asians have stepped up their visits to Tokyo **as their governments have eased travel restrictions**.
  [정부가 여행 제한 조치를 완화했기 때문에 풍요로운 남한인들, 대만인들, 그리고 기타 아시아인들의 도쿄 방문이 증가되었다.]

Being the party president, it is only natural for me to observe and follow the party rules.
  [당 대표이기 때문에 내가 당규를 준수하고 따르는 것은 너무나 당연할 따름이다. → 문두에 놓인 -ing 분사절이 이유절 역할을 하고 있음.]

Unable to speak because of the throat tube, he nodded in recognition to his wife and shook his head to tell the doctor he wasn't in pain.
  [목의 튜브 때문에 말할 수 없어서 그는 아내에게 알아들었다는 목례를 하고 의사에게 아프지 않다는 표시로 고개를 저었다. → 정형절 As he was unable to ...가 무동사절 형식으로 단축되었음.]

먼저 because, as, since, for에 대하여 살펴보기로 한다. 일반적으로, 주절이든 이유를 나타내는 종속절이든 강조하고자 하는 절이 문미에 놓이게 된다.

as와 since는 대충 'in consequence of the fact'(...한 사실의 결과로써)라는 뜻을 갖는 것으로서, 이들이 이끄는 절의 내용은 바로 앞에서 언급된 말이나 글을 통해서 청자/독자에게 이미 알려진 것으로 여겨지기 때문에 이 부분은 강조의 대상이 되는 가장 중요한 내용이 아니다. 그러므로 이러한 접속사들이 이끄는 절은 대체로 문두에 놓일 때가 많다고 하겠다.[26]

---

26 *As* and *since* are used when the reason is already known to the listener/reader, or when it is not the most important part of the sentence. *As*- and *since*-clause often come at the

As I still have work to do, I can't come to the film tonight.
[아직도 할 일이 있어서 오늘 저녁에 극장 구경 갈 수 없어.]

When I reached the motel, I registered and went straight to my room. **Since I was going to be there for two full weeks**, I decided to unpack my things and get settled before going out to eat.
[모텔에 도착하고서 나는 등록을 하고 곧장 내 방으로 갔다. 그곳에서 꼬박 두 주일간 있으려고 했기 때문에 나는 식사하러 나가기 전에 짐을 풀고 쉬려고 했다. → 연결 관계상 주절보다 종속절인 이유절이 이전 문장과 더 긴밀한 관계를 갖고 있다고 여겨지기 때문에 이유절이 주절보다 앞에 놓여 있음.]

{ **As** / **Since** } **you can't type the letter yourself,** you'll have to ask Susan to do it for you.
[네가 직접 편지를 타이핑하지 못하기 때문에 스잔에게 쳐달라고 요청해야만 할 것이다.]

이러한 종속접속사들은 비교적 격식체에 속하며, 비격식체에서는 so를 사용하여 이와 동일한 내용을 나타낼 수 있다.[27]

As it is raining again, we'll have to stay at home.
~ It's raining again, **so** we'll have to stay at home.
[비가 또 내리고 있으므로 우리는 집에 있어야만 할 것이다.]

반면에 because가 이끄는 절은 일반적으로 '이유'가 가장 핵심적인 역할을 하는 경우에 쓰이는 것이다. 다시 말하자면, because가 이끄는 절은 대개 신정보(新情報: new information)로서 청자/독자가 모르고 있는 이유 등을 명백히 밝히고자 하는 경우에 문미에 놓

---

beginning of sentences. — Swan (2005: 67); We often begin sentences with *as* or *since* because the reasons they refer to may be known to the person spoken to and therefore do not need to be emphasized. — Alexander (1996: 26). See also Swan & Walter (2011b: 240).

27 All the complex sentences in 2.45a-d could be re-worded, in informal style, so that the subordinate clause became a main clause followed by a co-ordinate clause beginning with *so*.
I've brought the wrong key, so I can't open the door.
— Close (1975: 63).

여 초점(focus)을 받는다.[28] 바로 이러한 점 때문에 as나 since가 이끄는 절의 경우와 달리, because가 이끄는 절은 why로 시작되는 의문문(Why ...?)에 대한 대답으로 신정보 역할을 하게 된다.[29] 예컨대 Why is he so tired?라고 묻는 까닭은 ... because he has worked all day today.라는 대답의 경우처럼 피곤한 이유가 질문하는 사람에게는 중요한 새로운 정보를 전달해 주는 것이기 때문이다. 또한 It $\begin{Bmatrix} \text{is} \\ \text{was} \end{Bmatrix}$ ... that .... 형식의 분열문(分裂文: cleft sentence)에서도 because가 이끄는 절이 신정보로서 초점을 받는 요소가 되어 be 동사와 that으로 시작되는 절 사이에 놓이게 된다.

They oppose corporal punishment **because they believe that violence breeds violence**.

[그들은 폭력이 폭력을 낳는다고 보기 때문에 사형제도에 반대한다.]

You want to know why I'm leaving? I'm leaving **because I'm fed up**.

[내가 떠나는 이유를 알고 싶지? 진절머리가 나서 떠나는 것이지. → why ...?로 시작되는 의문문에 대한 대답으로 because 대신에 as, since를 쓸 수 없음.]

A: Why aren't you coming with us?

B: $\begin{Bmatrix} \textbf{Because} \\ \text{*As} \\ \text{*Since} \end{Bmatrix}$ I'm not well.

---

28 *Because* generally follows the main clause to emphasize a reason which is probably not known to the person spoken to. — Alexander (1996: 26);

Everyone agreed that our midterm was unfair. Because our professor included questions about cases we hadn't discussed in class. It turns out she hadn't even assigned them.

It appears that some teachers have discovered a sure-fire way to prevent such fragments: Ban *because* as a sentence opener. As a result, many student writers don't understand that *because* can, indeed, open a sentence, just as all the other subordinate conjunctions can; however, if that *because*-clause is new information, it belongs at the end of the sentence. In the previous example, the *because*-clause should be added to the previous sentence.

Everyone agreed that our midterm was unfair because our professor included questions we hadn't discussed in class.

— Kolln & Gray (2010: 162).

29 BECAUSE is normally used in answer to **Why**? especially when the reason clause is given as a short answer.

 137 A Why don't you open the door?
     B Because I've brought the wrong key.

— Close (1975: 63). See also Huddleston & Pullum (2002: 732) and Colln & Gray (2010: 162).

[A: 왜 우리와 같이 가지 않느냐? — B: 건강이 안 좋아서. → why ...로 시작되는 의문문에 대한 짧은 대답으로 쓰일 수 있는 것은 오로지 because-절 뿐임.]

Are you going $\begin{Bmatrix} \text{because} \\ \text{*as} \\ \text{*since} \end{Bmatrix}$ Sue will be there?

[스우가 거기에 있게 될 것이기 때문에 가는 것인가요?]

It is **because any day, any time, lust may turn into love** that we have to avoid it.

[우리가 육체적 욕구를 피해야 하는 까닭은 바로 어느날이든 어느 시간이든 육체적인 욕구가 애정으로 변할지도 모르기 때문이다. → It $\begin{Bmatrix} \text{is} \\ \text{was} \end{Bmatrix}$ ... that이라는 분열문 구조에서 초점 요소가 놓이는 위치인 be 동사 다음에는 신정보에 해당되는 because-절만 쓰일 수 있음.]

*It's $\begin{Bmatrix} \text{as} \\ \text{since} \end{Bmatrix}$ **they are always helpful** that he likes them.

[그가 그들을 좋아하는 것은 그들이 늘 도움을 주기 때문이다. → It $\begin{Bmatrix} \text{is} \\ \text{was} \end{Bmatrix}$ ... that의 분열문 구조에서 점선 부분은 신정보가 놓이는 자리임에도 불구하고 보통 구정보를 이끄는 접속사가 놓였기 때문에 비문법적임.]

because-절이 just, only, mainly, simply와 같은 강의어(強意語 intensifier)의 수식을 받을 수 있지만, as와 since가 이끄는 절은 그렇지 않다.

***Just* because he's rich**, it doesn't mean he's better than us.

[바로 그 사람이 부자라고 해서 곧 그가 우리보다 낫다는 뜻은 아니다.]

I don't like driving; I do it *simply* **because I have to get to work each day**.

[나는 운전하는 걸 좋아하지 않는다. 나는 단지 매일 출근해야 하기 때문에 운전할 뿐이다.]

I didn't come *mainly* **because I didn't feel very well**.

[내가 오지 않은 주된 이유는 기분이 썩 좋지 않았기 때문이었다.]

because가 이끄는 절이 구정보로서 문두에 놓일 때도 있다. 예컨대 다음 A, B 두 사람의 대화 중 A와 같은 질문을 전제로 삼고 이에 대한 B의 대답에서 because가 이끄는 절이 구정보로서 문두에 놓이고 있다.[30]

---

30   문용 (2008: 464).

A: Where is Peter? They say he had an accident.
[피터가 어디 갔지? 사고가 났다고 하던데.]
B: **Because he had an accident**, Peter is in the hospital.
[사고가 나서 병원에 입원해 있어.]

now that과 seeing that은 모두 'as a result of the fact'라는 뜻으로, as나 since와 별로 차이없이 사용된다.

Now that **you're 13** you should have more sense of responsibility.
[네 나이가 13살이 되었으니 더 많은 책임감을 가져야 한다.]
The unions will call off their strike *now that* **they have accepted the management's offer**.
[노조원들은 경영자 측의 제의를 받아들였으므로 파업을 철회할 것이다.]
Seeing that **he could not persuade the other members of the committee**, he gave in to their demands.
[그는 그 위원회의 다른 위원들을 설득시킬 수 없어서 그들의 요구에 따르기로 했다.]

in that은 in the sense that에서 the sense가 생략된 것으로서 격식적인 영어에서 쓰인다. 이때 이것은 '이유'와 '관점'이라는 뜻이 한데 결합된 것으로 해석될 수 있다.

The evidence is invalid *in that* **it was obtained through illegal means**.
[그 증거는 불법적인 수단으로 얻어진 것이므로 효력이 없다.]

for가 이끄는 이유절은 항상 주절 다음에 놓이며, 주절에 언급된 상황이 발생한 이유를 제시하기보다 오히려 주절의 내용을 설명하기 위한 정보를 추가로 제공해 줄 뿐이다. 말로 하는 경우에는 for 앞에서 대개 약간의 휴지(pause)를 두게 되지만, 글로 쓰는 경우에는 for 앞에 쉼표를 두거나 마지막 예에서처럼 종지부가 찍히기도 한다.

The days were short, **for it was now December**.
[날이 짧았다. 왜냐하면 그때는 12월이었으니까.]
He took the food eagerly, **for he had eaten nothing since dawn**.
[그는 열심히 음식을 먹었다. 새벽부터 아무것도 먹지 않았었으니.]

When I saw her in the river I was frightened. **For at that point the currents were dangerous**.

[그녀가 강물에 있는 것을 보고 나는 놀랐다. 왜냐하면 그때 물살이 위험했기 때문이다.]

because는 항상 as, since, 또는 for를 대신해서 쓸 수 있지만, 이들 접속사가 항상 because를 대신해서 쓰일 수 있는 것은 아니다.

18.5.6. 목적절

목적절(目的節: clauses of purpose)은 주절의 동사가 나타내는 동작에 따른 목적을 나타낸다. 즉, 주절은 어떤 결과가 발생되도록 하기 위하여 이루어지는 의도적인 행위를 나타내기 때문에 일종의 동기를 유발시키는 사건(motivating event)이 되고, 목적절은 그 이후에 일어날 사건을 나타낸다. 그러므로 목적절은 주절에 나타난 동작이 발생하는 시점에서 보면 아직 발생하지 않은 것이 된다.

정형절 형태의 목적절을 이끄는 종속접속사로서 흔히 so that이 쓰이는데, 이 이외에 in order that이 쓰여 보다 더 격식적이고 의도적인 목적을 암시한다.

Ships carry lifeboats **so that the crew can escape if the ship sinks**.
[배가 침몰하는 경우에 승무원들이 탈출할 수 있도록 배에 구명정을 싣고 다닌다.]
The singer used a microphone **so that everyone in the hall could hear him**.
[그 가수는 홀에 있는 모든 사람들이 자기의 노래를 들을 수 있도록 확성기를 이용했다.]
Regular checks are required **in order that safety standards are maintained**.
[안전 기준이 유지되도록 하려면 정기적인 검진이 요구된다.]

목적절을 이끄는 so that에서 비격식적인 영어에서는 that이 생략되기도 한다.

The school closes earlier *so (that)* **the children can get home before dark**.
[아이들이 어둡기 전에 집에 도착하게 하려고 학교는 좀더 일찍 문을 닫는다.]

목적절에 대한 부정은 so that ... not, in order that ... not이나, 또는 이 대신에 '목적'이라는 뜻에 'afraid that'이라는 '두려움'의 뜻이 첨가된 for fear (that) ...이나, 또는 이것과 서로 바꿔 사용할 수 있는 문어체 영어(written English)에서는 lest ... (should/might)와 같은 것이 쓰이기도 한다.

He was standing in the shadow **so that I could not see his face clearly**.
  [그는 내가 자기 얼굴을 잘 보지 못하도록 하려고 그늘진 곳에 서 있었다.]
I'll take my umbrella **so that I won't get wet**.
  [나는 비를 맞지 않으려고 우산을 갖고 갈 거야.]
We issued these instructions in writing, **for fear that a spoken message might be misunderstood**.
  [말로 전달하면 오해받는 일이 발생하지 않을까 염려되어 우리는 이 지시 내용을 글로 전했다.]
He ran away **lest he (should/might) be seen**.
  [그는 들키지 않으려고 도망갔다.]
I have no doubt that those who have suffered greatly through poverty in their childhood are haunted by terrors **lest their children should suffer similarly**.
  — Bertrand Russell, *The Conquest of Happiness*.
  [어린 시절 가난 때문에 고생해 본 사람들은 자식들이 다시 똑같은 괴로움을 당하지 않을까 하는 공포에 얽매여 있다는 점을 나는 의심하지 않는다.]

오늘날의 영어에서 목적의 뜻은 대개 주어를 수반하지 않은 비정형절 형태의 하나인 to-부정사절 형태로 나타나지만, 목적의 뜻을 보다 명백히 하기 위하여 이 대신에 in order to나 so as to가 이끄는 부정사절을 사용하기도 한다. 특히 주절의 주어와 목적절의 주어가 동일하거나 문맥상 주어를 알 수 있는 경우에는 정형절보다 편하고, 구조가 비교적 간단한 부정사절이 자주 사용되는 편이다.

To find happiness, you must learn to live with your limitations.
  [행복해지려면 분수에 맞게 사는 방법을 터득해야 한다.]
I turned off the TV **in order to enable my roommate to study in peace and quiet**.

[나는 내 방 친구가 평화롭고 조용하게 공부할 수 있도록 TV를 껐다.]

I came to see you **not to complain**, **but to apologize**.

[내가 너를 만나러 온 것은 사과하기 위한 것이지, 불평하러 온 것은 아니다.]

They must have worn gloves **in order not to leave any fingerprints**.

[그들이 아무런 지문도 남기지 않으려고 장갑을 끼었음에 틀림없다.]

이유절이나 결과절과 비교해 보면, 목적절은 주절이 나타내는 상황이 일어나는 시간 이후의 상황을 나타내는 것이기 때문에 그 상황이 반드시 발생하리라고 확신할 수 없다. 그러므로 목적절에는 다분히 말하는 사람의 주관이 개입될 여지가 있으며, 바로 이러한 점을 명백히 하기 위하여 법조동사가 등장한다고 하겠다. 다시 말하자면, 목적절 안에서는 일정한 상황이 일어나리라고 내다보는, 즉 '전망하는'(prospective) 것이거나, '계획된 것'(as planned), 또는 이루어지기를 '희망하는 것'(as desired)으로 보는 것이기 때문에 전달하고자 하는 뜻에 따라 적절한 법조동사가 등장하게 되는 것이다. 이 경우에 주절의 동사가 현재, 현재완료, 또는 미래 표현이면 목적절에는 전달하고자 하는 뜻을 따라 can, may, will과 같은 법조동사가 쓰이고, 주절의 동사가 과거, 과거진행, 과거완료형이면 could, might, should, would 등이 쓰이게 된다.

Please turn down the radio **so that I *can* get to sleep**.

[잠 좀 잘 수 있게 라디오 소리를 줄여라.]

I am making a great effort **so that the task *may* soon be completed**.

[나는 그 일이 속히 마무리되도록 하려고 안간힘을 쓰고 있다.]

She hid the present **so that the children *wouldn't* find it**.

[그녀는 애들이 찾지 못하도록 그 선물을 감췄다.]

여기서 한 가지 명심하여야 할 점은, 목적절 안에서는 언제나 어김없이 법조동사를 써야만 한다고 생각해서는 안 된다는 사실이다. 즉, 다음과 같이 목적절에 법조동사 대신에 직설법 동사를 사용하여 장차 발생할 '사실적인' 상황을 나타내기도 한다.

You should keep milk in a fridge **so that it *stays* fresh**.

[우유는 신선해지도록 냉장고에 보관해야 한다. → 목적절에 직설법 동사가 쓰여 사실적인 뜻을 나타내고 있음. 즉, 냉장고에 두면 반드시 신선해지게 된다는 점이 사실적임.]

Let's spend a few moments in silence **so that we *remember* those who**

died to preserve our freedom.
[우리의 자유를 유지하도록 하기 위하여 목숨을 바친 사람들을 기억하기 위해 잠시 묵념을 합시다.]

18.5.7. 결과절

결과를 나타내는 부정사절[31]과 마찬가지로, 결과절은 주절이 나타내는 동작이나 상태가 발생함으로써 그에 따라 발생하게 되는 어떤 결과를 나타내는 절을 말한다. 그러므로 결과절은 위에서 본 목적절의 경우와 달리, 현재 이루어지고 있는 상황을 나타내거나, 아니면 과거에 '이미 이루어진'(achieved) 사실적인 상황을 나타내는데, 바로 이러한 점 때문에 결과절에 법조동사를 사용하는 경우는 드물다.

18.5.7.1. 결과절을 이끄는 종속접속사

정형절 형태의 결과절을 이끄는 접속사로서 so that이라는 구 형태가 쓰이는데, 때로는 that이 생략되기도 한다. 그렇게 되면 결국 종속접속사와 부사적으로 쓰이는 이른바 접속부사 so를 구별하기가 어렵게 된다. 더욱이 so 앞에 and가 추가되어 and so가 일종의 접속부사 역할을 하게 된다.

The burglar wore gloves, **so (that) there were no finger-prints to be found**.
[도둑은 장갑을 끼고 있어서 지문이 하나도 발견되지 않았다.]
The roof is leaking, **so fixing it is a pressing problem**.
[지붕이 새고 있어서 고치는 것이 당장 해야 할 일이다.]
We paid him immediately, **and so he left contented**.
[돈을 지체없이 갚아 주었더니 그는 기분이 좋게 떠났다.]

또는 결과의 부사절을 이끄는 종속접속사로 so ... that 형식으로 so와 that이 분리되기도 한다. 이 경우에 so 다음의 구조는 다음과 같이 나타난다.

---

[31] 결과의 부정사절에 대해서는 본서 제2권 "8.5.3 부사적 용법" (→ pgs. 244-248) 참조.

> so + 부사/형용사 + that ....
> so + 형용사 + 부정관사 + 단수 가산명사 + that[32] ....
> so + many/few (+ 복수 가산명사) + that ....
> so much/little (+ 단수 불가산명사) + that ....

I was **so engrossed** in my work **that I completely forgot the time**.

[나는 너무나 일에 몰두한 나머지 시간을 완전히 잊어버렸다.]

He made **so remarkable** a speech **that he was elected**.

[그는 너무나도 훌륭하게 연설을 해서 선출되었다.]

The land in Minnesota is **so rich that the farmers call it "black gold."**

[미네소타 주의 토지는 너무 비옥하기 때문에 농부들은 이 토지를 "검은 황금"이라고 부른다.]

She behaved **so emotionally that we knew something terrible had upset her**.

[그녀는 너무나 감정적으로 행동했기 때문에 뭔가 끔찍스러운 일이 그녀를 혼란스럽게 만들었다는 점을 알았다.]

Unfortunately, many workers focus **so hard on the job at hand that they never develop useful relationships with people in other parts of their organization**.

— Donna Brown Hogarty, "Big Career Mistakes — and How to Avoid Them"

[불행하게도 많은 직장인들이 눈앞의 일에 너무나 몰두한 나머지 같은 회사의 다른 부서 직원들과 유용한 관계를 발전시켜 나가지 못한다.]

so ... that의 구조에서 that-절을 이끄는 접속사 that이 생략되고, 그 생략된 곳에 쉼표로 분리된 예도 볼 수 있다. 즉, 다음 예에서 보면 so strong and so ingrained 다음에 놓인 that-절에서 that이 생략되어 있다.

They (= Dogs) salivated at the presence of the food initially, but over time, the association between the sound of the bell and the food was **so strong**

---

32 이러한 어순에 대해서는 본서 제1권 2.2.2.6 (→ pgs. 147-148) 참조.

and so ingrained, they would salivate when only the bell sounded.
— Don Colbert, M. D., *Deadly Emotions*.

[개들은 먼저 먹이가 앞에 보이면 침을 흘렸다. 그러나 시간이 흐르면서 벨 소리와 먹이 사이의 연상 관계가 너무 강하고 또 너무 깊은 습관이 들어서 벨소리만 들어도 개들은 침을 흘리곤 했다. → Pavlov의 조건반사(conditioned response) 이론임.]

so ... that의 구조를 가진 문장의 경우에, 앞에서 언급된 내용과 관련해서 so의 수식을 받는 형용사를 강조하기 위하여 형용사의 뜻을 강화하는 so와 더불어 문두에 놓이게 되고, 주절의 동사와 주어의 어순이 도치되기도 한다.

So intimate *is the relation between a language and the people who speak it* that the two cannot be thought of apart.
— Albert C. Baugh, *A History of the English Language*.

[한 언어와 그 언어를 사용하는 국민들의 관계가 너무나 긴밀하기 때문에 양자를 별개로 생각할 수 없다.]

The commonest form of forgetfulness, I suppose, occurs in the matter of posting letters. **So common *is it*** that I am always reluctant to trust a departing visitor to post an important letter.
— Robert Lynd, "I Tremble to Think"

[가장 흔한 망각 현상이 편지를 부치는 일에서 발생한다고 나는 생각한다. 이러한 망각 상태가 너무나 흔하기 때문에 나는 항상 돌아가는 방문객에게 중요한 편지를 부쳐줄 것으로 믿고 싶은 마음이 없다.]

부사 so 대신에 한정사 such가 쓰이게 되면 바로 이 다음에는 (부정관사) + 형용사 + 명사 + that-절이 수반된다.

Meat-eaters often believe that meat is **such an important source of protein and vitamins that** vegetarians must have difficulty staying healthy.
— Karl Krahnke, "Dietry Minority"

[육류를 먹는 사람들은 고기가 단백질과 비타민 섭취에 중요한 원천이기 때문에 채식주의자들은 분명히 건강을 유지하는데 어려움을 겪을 것이라고 흔히 믿는다.]

The book was **such a work of magnitude that** it took ten years to write.

[그 책은 엄청난 분량의 작품이라서 쓰는데 10년이 걸렸다.]
This is such good tea that I think I'll have another cup.
[이 차는 대단히 좋은 것이라서 한 잔 더 마실까 한다.]

such가 결과절에서 be 동사 다음에 놓여 대명사로 쓰일 수 있는데, 이 경우에 such는 'so great'이라는 뜻을 갖는다.

The experience was **such that** I will never forget it.
[그 경험은 내가 결코 잊지 못할 것이었다.]
Conditions were **such that** I could not get my money at the time.
[상황은 그때 내가 돈을 마련할 수 없는 그런 처지였다.]

때로는 such가 문두에 놓이게 되면 주어와 be 동사의 어순이 도치되기도 한다.

Her beauty was *such* that they could only stare.
~ *Such* was her beauty that they could only stare.
[그녀의 아름다움이 대단해서 그들은 쳐다 볼 따름이었다.]
Such had been their inattentiveness that it had enabled him to behave as if I had not been there.
[그들이 대단히 주의를 기울이지 않았으므로 그 사람은 마치 내가 거기에 없는 것처럼 행동할 수 있었다.]

주절과 종속절인 결과절 사이에는 필연적으로 인과 관계(causation)가 성립되어 주절의 내용이 원인이 되고, 종속절인 부사절은 그 결과를 나타내는 것이다. 그러므로 이러한 인과 관계는 주절의 내용을 주어로 삼고, 결과절을 부정사절 형식으로 해서 'X causes Y to do something'과 같은 사역구문으로 나타낼 수 있다.

She is so emotional that every little thing upsets her.
(= 'Her strong emotion causes every little thing to upset her.')
(= 'Her strong emotion causes her to be upset by every little thing.')
[그녀는 아주 감수성이 강해서 모든 사소한 일들이 마음을 어지럽게 한다.]

또는 결과절의 의미를 because를 사용하고 주절과 종속절을 바꿔서 나타낼 수도 있다.

It was such nice weather that we went to the zoo.
(= 'The weather was so nice that we went to the zoo.')
(= 'Because the weather was so nice, we went to the zoo.')
[날씨가 너무 좋아서 우리는 동물원에 갔다.]

18.5.7.2. 목적절과 결과절의 차이

so that이 이끄는 목적절과 결과절은 얼른 보면 상당히 유사하게 보인다.

He was sitting in the front row **so that he could hear every word of the lecture**. (목적절)
[그는 강연 내용을 한마디도 빠뜨리지 않고 들으려고 앞줄에 앉아 있었다.]
He was sitting in the front row, **so that he heard every word of the lecture**. (결과절)
[그는 앞줄에 앉아 있어서 강연 내용을 한마디도 빠뜨리지 않고 모조리 들었다.]

그렇지만 결과절은 최종적인 결과를 강조하는 것인 반면, 목적절은 결과의 문제에 대해서는 침묵하면서 최초의 동기를 강조하는 것이라는 의미상의 차이가 있다. 아울러 이 두 가지 절은 문법적인 작용에 있어서 여러 가지 면에서 서로 다르다.[33]

1) 위에서 보았듯이, 목적절은 앞으로 일어날 상황에 대하여 말하는 것이기 때문에 주로 법조동사를 내포한다. 결과절에는 일반적으로 법조동사를 수반하지 않지만, 간혹 가능성, 소망, 또는 요구 등 말하는 사람의 '심적 태도'(mental attitude)를 나타내기 위하여 법조동사가 쓰일 때도 있다는 점을 잊지 말아야 한다.

The experience was **so** terrible **that** I *will* never forget it.
[그 경험이 너무 끔찍스러운 것이라서 나는 결코 잊지 못할 것이다.],
So tiny was the room **that** you *could* not get a bed in it.
[방이 너무 작아서 침대를 들여놓을 수 없었다.]

---

33 Huddleston & Pullum (2002: 733).

2) 결과절은 항상 문미의 위치에만 놓인다. 반면에, 목적절도 일반적으로 문미에 놓이지만, 앞에 놓인 문장과 관련해서 보다 더 두드러지게 강조하고자 하는 경우에는 문두의 위치에 놓이기도 한다.

The whole thing was tied up in knots **so that we weren't able to undo it**. (결과절)

~***So that we weren't able to undo it**, the whole thing was tied up in knots.

[일 전체가 꼬여 있어서 우리는 그 모든 일을 원상으로 되돌릴 수 없었다. → 결과절이 문두에 놓이지 못함에도 불구하고 문두에 놓였기 때문에 비문법적임.]

He saved a lot of money **so that he could buy a car**. (목적절)

~ **So that he could buy a car**, he saved a lot of money.

[자동차를 사려고 그는 많은 돈을 저축했다. → 목적절은 문두에 놓일 수 있음.]

3) It {is/was} ... that 구조를 갖는 분열문(分裂文: cleft sentence)에서 목적절은 초점(焦點: focus) 요소가 되어 초점을 받는 위치인 it {is/was}와 that 사이에 놓일 수 있지만, 결과절은 초점을 받는 위치에 놓이지 못한다.

He left early **so that he could have some time with his son**. (목적절)

[그는 아들과 시간을 좀 가지려고 일찍 떠났다.]

~ It was *so that he could have some time with his son* that he left early.

[그가 일찍 떠난 것은 다름이 아니라 아들과 시간을 좀 가지려는 목적 때문이었다.]

He had to work late **so that he couldn't have any time with his son**. (결과절)

~ *It was *so that he couldn't have any time with his son* that he had to work late.

[그는 늦게까지 일해야 했으므로 아들과 같이 할 시간이 없었다. → 결과절은 분열문 구조에서 초점 요소가 놓이는 위치에 놓일 수 없음.]

4) 목적과 결과의 뜻을 명확하게 하기 위하여 목적절을 이끄는 접속사로서 so that 대신에 in order that을 쓸 수 있는 반면, 결과절의 경우에는 이 대신에 with the result that을 쓰게 되면 결과라는 뜻을 강조하게 된다.

He decided to join the party *in order that* he might further his own career.

[그는 자신의 경력을 더 쌓기 위해 그 당에 입당하기로 결심했다.]

He made some very bad investments in the stock market,
$\left\{\begin{array}{l}\textbf{so that}\\ \text{= with the result that}\end{array}\right\}$ he lost his entire fortune.

[그는 주식 시장에 일부 투자를 아주 잘못해서 자신의 전 재산을 잃고 말았다.]

18.5.8. 양보절

18.5.8.1. 양보절의 의미

종속절의 하나인 부사절에 나타난 상황에 비추어 보면 주절이 나타내는 상황은 예상에서 벗어난 일종의 대립 관계가 나타날 수 있다.[34] 이 경우에 부사절이 나타내는 의미가 곧 '양보'의 뜻을 나타내기 때문에 의미적으로 이 절을 양보절(讓步節: clauses of concession)이라 하는 것이다. 다시 말하자면, 양보절에 나타나는 내용에 비추어 보면 주절의 내용은 '기대에 상반되는'(contrary to expectation) 것임을 나타낸다. (11a, b)에서와 같은 두 개의 문장 사이에 존재하는 의미상의 대립 관계를 (11c)와 같이 등위접속사 but을 사용하여 대등하게 연결할 수 있을 뿐만 아니라, 또는 이러한 의미 관계를 (11d)에서처럼 양보의 뜻을 나타내는 종속접속사를 사용하여 주절과 종속절의 관계로 나타낼 수도 있다.

(11) a. The weather is bad.
　　　b. We are enjoying ourselves.
　　　c. The weather is bad, **but** we are enjoying ourselves.
　　　d. **Although the weather is bad,** we are enjoying ourselves.
　　　　　[날씨는 좋지 않지만, 우리는 재미있게 시간을 보내고 있습니다.]

(11d)에서 날씨가 좋지 않다고 하는 부사절이 나타내는 내용이 사실이라면 당연히 즐거운 시간을 갖지 못할 것이라는 기대를 하게 되겠지만, 주절에서는 그 반대의 뜻밖의 상황, 즉 즐거운 시간을 보내고 있다고 말하고 있다. 바로 이와 같이 양보절은 주절의 내용과 상반되

34　양보절이 일종의 대립 관계를 나타낸다고 하기 때문에 '대립절'(contrast clauses)이라고도 한다.

는 또는 대립되는 내용을 나타내고 있지만, 그렇다고 양보절이 나타내는 상황이 발생한다고 해서 주절이 나타내는 상황이 발생하리라는 것을 전적으로 배제할 수는 없다는 점을 나타낸다. 그러므로 양보절이 포함된 문장은 곧 'I concede this to be true; yet this is true also.'(이 점(→ 양보절의 내용)이 사실임을 인정하지만, 이 점(→ 주절이 나타내는 내용)도 사실이다.)라고 말하는 것과 같다.

방금 위에서 말한 것처럼, 양보절에서 언급된 내용에 비추어 보면 주절이 나타내는 상황은 상반된 기대를 하게 된다. 바로 이러한 상호 대립적인 관계 때문에 주절과 종속절 중에서 어느 절을 양보절로 삼느냐 하는 것이 순전히 선택상의 문제에 불과한 경우가 흔히 있다.[35]

No goals were scored, *although* **it was an exciting game**.
   [그 경기가 참으로 재미있기는 했지만, 득점은 나지 않았다.]
~ It was an exciting game, *although* **no goals were scored**.
   [득점은 나지 않았지만, 그 경기는 참으로 재미있었다.]
***Though* it is hard work**, I enjoy it.
   [그것이 힘든 일이기는 하지만, 그 일을 하는 것이 즐겁다.]
~ It is hard work, *though* **I enjoy it**.
   [그 일을 하는 것이 즐겁기는 하지만, 힘든 일이다.]

18.5.8.2. 양보절을 이끄는 종속접속사

양보절을 이끄는 주된 종속접속사에는 although와 though를 비롯하여 even if, even though, however, no matter what/who, whether ... (or not) 따위가 있으며, 이들이 이끄는 절은 정형절을 비롯하여, 비정형절이나 무동사절 형식을 취한다.

{ **Although** / **Though** } **Reid failed to score himself**, he helped Jones score two goals.
   [레이드가 직접 득점은 하지 못했지만, 조운즈를 도와 두 골을 넣도록 했다.]

---

[35] Concessive clauses indicate that the situation in the matrix clause is contrary to expectation in the light of what is said in the concessive clause. In consequence of the mutuality, it is often purely a matter of choice which clause is made subordinate. — Quirk et al. (1985: 1098).

Beggars do not envy millionaires, **though of course they will envy other beggars who are more successful**.
— Bertrand Russell, *The Conquest of Happiness*.

[물론 거지들이 더 성공적인 (즉, 더 잘 얻어 먹는) 다른 거지들을 부러워할지언정 백만장자를 부러워하지는 않는다.]

Dancing seems to be a cultural universal **though it takes many forms**.

[춤이라는 것이 형태는 많지만 문화적으로 보편적인 것처럼 보인다.]

Although divorced, they continued to live under the same roof.

[이혼했지만, 그들은 계속 한 지붕 아래서 살았다.]

Though living in Holland he works in Germany.

[그는 네덜란드에 살면서 일은 독일에서 한다.]

Though an American citizen, he has never lived in the States.

[미국 시민이면서도 그는 미국에서 살아본 적이 없다.]

though는 하나의 문장 내용이 앞 문장에서 말한 내용과 어떻게 관련되는가를 나타내는 경우에 쉼표로 분리되어 문미에 놓이게 되면 접속부사로서 'nevertheless; all the same'(그래도)과 비슷한 뜻을 나타낸다.

He's rich. He's made his money quite honestly, **though**.

[그는 돈 많은 사람이다. 그렇지만 아주 정직하게 돈을 벌었어.]

Economics is a difficult subject. It's interesting, **though**.

[경제학은 어려운 과목이지만, 재미는 있다.]

however와 no matter how 바로 다음에는 담당하는 문법적 기능에 따라 형용사나 부사가 놓이며, 그 다음에는 주어 + 동사 ...의 구조가 놓이게 되며, '가정'의 뜻을 내포하게 되면 법조동사 may가 첨가된다. 더욱이 문맥 내용상 전달하고자 하는 뜻이 명확할 경우에는 주어와 동사 따위가 생략되거나, 주어는 그대로 남아 있으면서 be 동사만 생략될 수도 있다.

However much you hate cabbage, you must eat it all up.

[네가 아무리 양배추를 싫어해도 그것을 다 먹어야 한다. → 동사 hate를 수식하므로 however 다음에 부사 much가 놓였음.]

However cold it is, she always goes swimming.

[아무리 추워도 그녀는 항상 수영하러 간다. → however 다음에 양보절에서 be 동사의 보어 역할을 하는 형용사 cold가 놓여 있음.]

However frightened you *may* be yourself, you must remain outwardly calm.

[자신이 아무리 놀란 상태라 해도 겉으로는 침착해야 한다.]

No law, **however stringent**, can make the idle industrious, the thriftless provident, or the drunken sober.

[아무리 엄격한 법이라도 게으른 사람을 근면하게 하고, 헤픈 사람을 검소하게 하거나, 또는 술취한 사람을 근엄하게 할 수는 없다. → however 다음에 형용사 stringent는 양보절에서 보어 역할을 하고, 주어와 be 동사가 생략되었음.]

A house without books is a mindless and characterless house, **no matter how rich the rugs and how elegant the furniture and ornaments**. — Alfred G. Gardiner, "Many Furrows"

[아무리 양탄자가 화려하고 가구와 장식품들이 우아하다고 해도 책이 없는 집은 정신과 인격이 없는 집과 같다. → 양보절에서 be 동사가 생략되었음.]

Jewish history is a model of resistance and survival within any situation, **no matter how terrible**.

[아무리 끔찍스럽다 해도 유태인의 역사는 어떤 상황 안에서도 저항과 생존의 모델이다. → 양보절에서 주어와 be 동사가 모두 생략되었음.]

whether or not은 even if와 같은 뜻을 갖는 것으로, A라는 조건이나 B라는 조건이 모두 주절이 나타내는 결과를 가져오는데 아무런 문제가 되지 않음을 나타낸다. or not이 whether 바로 다음 위치에, 또는 절의 마지막 위치에도 놓일 수 있다. 반면에, whatever나 no matter what은 어떤 조건이라도 상관없다고 하는 의미를 나타낸다.

I have decided to go swimming tomorrow *whether* **or not it is cold**.

[날씨가 춥든 그렇지 않든 나는 내일 수영하러 가기로 결심했어.]

Change and problems will come *whether* **we want them to or not**. — Adris Whitman, "Secrets of Survivors"

[변화와 갖가지 문제들은 우리가 원하든 원치 않든 생기게 마련이다.]

Whatever happens in these elections, things will never be the same again.

[이번 선거에서 무슨 일이 벌어지더라도 결코 상황이 다시 마찬가지가 되지는 않을 것이다.]

even if와 even though는 쓰이는 환경이 서로 다르기 때문에 특정한 문맥에서 바꿔 사용할 수 없다.[36]

even if는 'whether or not'이라는 뜻을 갖는 것으로서, 가정적인(hypothetical) 내용을 나타내어 진술 내용이 사실인지 사실이 아닌지 불확실한 조건을 나타낸다. 다시 말하자면, 이것은 '조건'을 나타내는 if-절에 even의 뜻이 첨가된 것으로서, 양보절에 내포된 특정한 어느 조건이 문제가 되지 않으므로, 따라서 주절에 언급된 결과가 달라지지 않는다는 생각을 전달한다. 예컨대 다음의 첫 번째 문장의 뜻은 톰이 스페인어를 말할 줄 아느냐 그렇지 않느냐 하는 점은 그가 마드리드에 가야 한다는 나의 생각에는 하등 아무런 영향도 미치지 않는다는 것이다.

Even if Tom doesn't speak Spanish, I think he should still visit Madrid. [톰이 스페인어를 말하지 못한다고 해도 그가 마드리드에 가야 할 것으로 나는 생각한다.]
= Whether or not he speaks Spanish [그가 스페인어를 말할 줄 아느냐 말하지 못하느냐 하는 점은 그가 마드리드에 가야 한다는 나의 생각에는 영향을 미치지 않는다는 뜻임.]
ie. The speaker doesn't know definitely whether Tom speaks Spanish or not. [화자는 톰이 스페인어를 말할 줄 아느냐 하는 점에 대하여 확실히 모르고 있다.]

Even if you saw him pick up the money, you can't be sure he stole it.
   [돈을 갖는 것을 보았다 해도 그가 그 돈을 훔쳤다고는 장담하지 못한다.]
Even if I carry the letter in my hand I am always past the first pillar-box before I remember that I ought to have posted it.
   — Robert Lynd, "I Tremble to Think"
   [편지를 손에 들고 갈지라도 나는 그 편지를 부쳤어야 했는데 하고 기억하기도 전에 늘 첫 번째 우체통을 지나가 버린다.]

---

36 Thomson & Martinet (1986: 202)을 비롯하여 일부 영영/영한사전에서는 even if와 even though가 뜻이 같다고 말하고 있지만, 위에서 설명하고 있는 바와 같이 양자 사이에는 명백한 뜻의 차이가 있다. Kosofsky (1991: 200-203) 역시 "The frequent mistakes that Koreans make in using '*even if*' and '*even though*' result from incomplete understanding of conditional structures in English.라 하여 이 두 가지 표현이 서로 다르다는 점을 설명하고 있다.

even though는 'in spite of the fact that'이라는 뜻으로, 사실적인 내용을 나타낸다. 다시 말하자면, 이것은 though가 갖는 뜻에 다시 양보의 뜻을 강화시켜 주는 even이 첨가되어 만들어진 어구이다. even though를 대신하는 even so는 'in spite of that'이라는 뜻으로 방금 말한 내용에 비추어 보아 놀라운 사실을 제시할 때 쓰이는 표현이다.

Even though Tom doesn't speak Spanish, I think he should still visit Madrid.
 [톰이 스페인어를 말하지 못하지만, 그래도 마드리드를 방문해야 한다.]

= Despite the fact that he doesn't speak Spanish
 [그가 스페인어를 말하지 못한다는 사실에도 불구하고]

i.e. The speaker knows that Tom doesn't speak Spanish.
 [화자는 톰이 스페인어를 말하지 못한다는 점을 안다.]

Even though much of power of the trade unions has been lost, their political influence should not be underestimated.
(= 'Much of the power of the trade unions has been lost. **Even so**, their political influence should not be underestimated.')
 [노동조합원들이 힘은 많이 잃었지만, 그들의 정치적 영향력을 과소평가해서는 안 된다.]

It is unclear why the Sewol leaned so far to the left before sinking, and why so many aboard the ship had been unable to escape, **even though it took nearly two and a half hours for the vessel to capsize and all but disappear underwater**. — *The New York Times*, April 17, 2014.
 [세월호가 침몰하기 전에 아주 왼쪽으로 기울어진 이유며, 배에 타고 있던 그렇게 많은 사람들이 탈출할 수 없었던 이유가 불분명하다. 배가 전복되어 거의 물속으로 사라지는데 거의 두시간 반이 걸렸음에도 불구하고.]

양보절을 이끄는 이 두 가지 종속접속사 even if와 even though는 뜻이 다르기 때문에 바꿔 쓸 수 없으므로 다음 문장들은 모두 비문법적이다.

*Even if Seoul is an old city**, it doesn't have many old buildings.

[서울이 오래된 도시이지만 옛 건물들이 많지 않다. → 내용상 서울이 오래된 도시라는 사실적인 뜻을 나타내기 때문에 even if를 even though로 바꿔야 함.]

***Even though you lose all your money tomorrow**, I will still be your friend.

[내일 가진 돈을 다 잃는다 해도 여전히 나는 너의 친구가 될 거야. → 돈을 잃게 될지 어떨지 모른다는 내용이므로 even though 대신에 even if가 쓰여야 함.]

예상되는 결론과 실제로 나타나는 결론이 다르다는 점을 강조하기 위해 주절에 still이 첨가되기도 하는데, 이것은 be 동사 다음에, 본동사만 있으면 본동사 바로 앞에, 조동사가 있으면 조동사와 본동사 사이에 놓인다.

Even though I'm busy, I **still** want to see you tonight.
[바쁘기는 하지만 그래도 오늘 저녁에 너를 만났으면 한다.]
I'll **still** love her **even if she marries some other man**.
[그녀가 다른 어떤 남자와 결혼한다 해도 나는 그녀를 여전히 사랑할 것이다.]

much as는 'although ... very much'와 같은 뜻을 가지고 양보절을 이끌기도 하는데, 특히 어떤 대상 (사람 또는 사물)에 대한 화자 자신의 느낌을 말할 때 쓰인다.

Much as **I enjoyed the holiday**, I was glad to be home.
(= 'Although I enjoyed the holiday very much,...')
[휴가가 상당히 즐겁기는 했지만, 집에 돌아오니 기뻤다.]
Much as **I like her**, I wouldn't like to be married to her.
(= 'Although I like her a lot,...')
[그녀를 상당히 좋아하기는 하지만, 나는 그녀와 결혼하고 싶은 마음이 없다.]

대개 조건절을 이끄는 if가 문맥에 따라서는 격식적인 영어에서 'even though'의 뜻으로 사용되기도 한다. 이러한 뜻은 if + 형용사구 ...의 구조의 무동사절로 나타날 때 보편적인 것으로, 진술 내용이 어떤 의견을 제시하는 것이거나, 또는 별로 중요하지 않다는 점을 암시할 수 있다.

The stories are basically true, **if a little exaggerated**.

(= '..., **even though** they are a little exaggerated.')

[약간 과장되기는 했지만, 그 이야기들은 기본적으로 사실이다.]

Donald's essays are always interesting, **if sometimes poorly written**.

[도널드의 에세이는 때로는 형편없이 쓰여질 때도 있지만, 항상 재미있다.]

그러나 문맥 내용으로 미루어 보아 다음과 같은 예에서 if는 'even if'의 뜻에 가깝다.

A good loser is somebody who doesn't get upset **if he or she loses**.
(= '... **even if** he or she loses.')

[훌륭한 패자는 패하더라도 기분이 나쁘다고 생각하지 않는 사람이다.]

Don't be discouraged or feel guilty **if your attention wanders**.

[주의력이 산만하더라도 실망하거나 죄의식을 갖지 마라.]

Once he's out of the earth's gravity, a spaceman is affected by still another problem — weightlessness. Here, **if he lets go of a pencil**, it does not fall.

[일단 우주인이 지구의 중력 범위에서 벗어나면 그는 또 다른 문제, 즉 무중력이라는 문제의 영향을 받는다. 여기서 (무중력 상태는) 연필을 놓아도 떨어지지 않는다.]

양보의 뜻은 다음과 같이 전치사구를 사용해서도 나타낼 수 있다. in spite of ...와 달리, despite ...은 문어적이다.

I went swimming { despite / in spite of } the cold weather.

I went swimming { despite / in spite of } **the fact** that the weather was cold.

[추운 날씨에도 불구하고 나는 수영하러 갔다.]

18.5.8.3. Rich as/though he is ...의 어순

격식적인 영어에서 양보절의 술부에 들어 있는 보어 역할을 하는 명사구, 형용사구, 부사적 수식어, 또는 동사 등을 특별히 강조하고자 하는 경우에 이들은 문두의 위치로 이동되며, 종속접속사로서 대개 as와 though가 쓰이기도 하지만,[37] 미국영어에서는 though가 보편적

---

37 In formal English, concessive clauses can have fronting of an element (the SC, VP, or an

으로 쓰이지 않는 편이다.[38]

Though he is rich, I don't envy him.

~ **Rich** { as / though } he is _____, I don't envy him.

[그 사람이 부자이기는 하지만 나는 그를 부러워하지 않는다.]

Strange as it may seem, I never really wanted to be rich.

[이상하게 보이겠지만, 정말이지 나는 결코 부자가 되고 싶은 마음이 없었다.]

Poor as the family were, young Sam Johnson had as much pride as any nobleman's son in England.

[가족들이 가난하지만, 어린 샘 존슨은 영국의 다른 귀족의 아들 못지않게 자부심이 강했다.]

Beautiful though the necklace was, we thought it was over-priced so we didn't buy it.

[목걸이가 예쁘기는 했지만, 값이 지나치게 비싸다고 생각되어 사지 않았다.]

Early though we left, we did not arrive in time.

[일찍 떠나기는 했지만, 시간 내에 도착하지 못했다.]

특히 아래 첫 번째 예문에서와 같이 be 동사에 대한 보어 역할을 하는 명사구에 부정관사가 포함되었을 때, 이것이 문두의 위치로 이동하게 되면 부정관사는 탈락되고 (형용사) + 명사만 이동하게 된다. 이렇게 되면 문두에 놓이는 부분은 명사구보다는 작고, 한 개의 명사보다는 큰 단위가 된다.

Though he was *a* big man, he burst into tears.

~ ***Big man* though he was**, he burst into tears.

[몸집이 큰 사람이긴 했지만, 그는 눈물을 왈칵 쏟았다.]

***Fool though* he was**, he knew how to make money.

[바보였지만, 그는 돈 버는 방법을 알고 있었다.]

***Astute businessman* though he was**, Philip was capable at times of extreme recklessness.

---

adverbial). In that case the conjunction can be *though* or *as*, occasionally even *that*. The construction entails a very emphatic concessive meaning. — Declerck (1991: 444).

38 Swan & Walter (2011a: 257).

[수완 좋은 사업가이지만 필립은 가끔 지나칠 정도로 무모한 행동을 할 수 있었다.]

18.5.9. 양태절

양태절(樣態節: clauses of manner)은 양태부사와 마찬가지로 how로 시작되는 의문문(How ...?)에 대한 대답으로 나타나는 절 구조이다. 이 절은 대개 접속사 as ...로 시작되는 것으로, exactly나 just의 수식을 받을 수 있다.

Type this again **as I showed you a moment ago**.
[조금 전에 내가 보여준 대로 이것을 다시 타이핑하라.]
The surgeon performed the operation **as he had always done it**.
[그 외과의사는 자기가 늘 해왔던 것처럼 수술을 했다.]
Our life is part of the life of the Earth, and we draw our nourishment from it *just* **as the plants and animals do**.
[우리의 생명은 지구의 생명의 일부이며, 그래서 우리는 식물과 동물이 하는 것과 꼭 마찬가지로 지구로부터 식량을 얻는다.]
The job must be done *exactly* **as she wants it done**.
[그 일은 바로 그녀가 원하는 식으로 이루어져야 한다.]

특히 비격식체 미국영어에서는 as 대신에 like도 쓰인다.

He behaved **like she always does**.
[그는 그녀가 늘 행동하는 식으로 행동했다. → 비격체의 미국영어에서 like가 as 대신에 쓰이고 있음.]

as가 이끄는 절이 문두에 놓이면 상관적으로 so가 주절을 이끌기도 한다.

***As* a moth is attracted by a light**, *so* he was fascinated by her.
[나방이 불에 끌리듯이 그 남자도 그녀에게 매혹되었다.]
***As* people change**, *so* language changes.
[사람이 변하듯이 언어도 변한다.]

as if와 **as though** — 때로는 강조하기 위하여 수식어로서 almost, exactly, just를 수반하여 — 가 'in such a way as it would seem to be true'(마치 ...(인 것)처럼)라는 뜻을 가지고 양태절을 이끄는 접속사로 쓰이며, 이에 선행하는 주절에는 주로 be, act, appear, behave, feel, look, seem, smell, sound, taste 따위와 같은 동사들이 쓰인다. 이들이 이끄는 절에는 두 가지 동사 형태가 쓰인다. 즉, 화자가 진술 내용에 대하여 사실적인 가능성이 있다고 생각하거나, 그럴 개연성이 높다고 보는 경우라면 직설법 동사가 쓰인다.

> He looks **as if he's *getting* better**.
> [그가 건강을 회복하고 있는 것처럼 보인다. → 실제로 건강을 되찾고 있다는 점을 배제하지 않음.]
> He's acting **as if he's tired**.
> [그는 피곤한 것처럼 행동하고 있다. → 실제로 피곤해 있을 것이라는 점을 배제하지 않음.]
> He sounds **as though he's got a sore throat**.
> [그의 말이 목이 아픈 사람처럼 들린다. → 실제로 목이 아파 있을 수 있음.]

이와 반대로, 진술 내용에 대하여 의심한다는 뜻을 나타내는 경우라면 가정법 과거와 과거완료 동사가 쓰이게 된다.[39] 즉, 주절의 동사가 나타내는 시간과 동일한 시간에 대한 진술이면 가정법 과거형이 쓰이고, 주절이 나타내는 시간 이전의 시간과 관련된 진술을 하는 경우에는 가정법 과거완료형이 쓰이게 된다.[40]

> In talking about a language family, we use metaphors like "mother" and "daughter" languages and speak of degrees of "relationship" **just as though languages had offspring that could be plotted on a genealogical, or family-tree, chart**.
> — Thomas Pyles & John Algeo, *The Origins and Development of the English Language.*
> [어족(語族: language family)에 대하여 말할 때 우리는 "어머니 언어"며 "딸 언어"와 같은 은유법을 사용하고, 또한 언어에 계보를 나타내는 표에 표시할 수 있는 후손이 있는 것처

---

39 Declerck(1991: 359).
40 as if/though 다음에 쓰이는 동사형에 대해서는 본서 제2권 "11.10.4 as if와 as though" (→ pgs. 478-480) 참조.

럼 "관계"의 정도를 말한다. → as though가 이끄는 절은 주절의 동사 use와 speak과 같은 시간을 나타내므로 과거형 동사가 쓰였음.]

Why doesn't she buy us a drink? It isn't **as if she had no money**.

[그녀가 우리에게 술 한 잔을 사지 않는 이유가 뭘까? 돈이 없는 것 같지는 않은데.]

He attacked the food **as if he hadn't eaten for a week**.

[그는 한 주일동안 음식을 먹지 않은 것처럼 음식에 달려들었다. → 주절의 동사 attacked 보다 이전의 상황을 나타내기 때문에 as if가 이끄는 절에는 과거완료가 쓰이고 있음.]

I found myself grieving *almost* **as if a member of my family had died**.

[나는 내 가족이 죽은 것이나 거의 다를 바 없는 것처럼 슬픔에 처해 있었다.]

as if와 as though가 이끄는 절이 비정형절이나 심지어 무동사절 형태로도 나타난다. 특히 as if와 as though가 이끄는 절이 무동사절 형식일 때, 이 절에는 보어 역할을 하는 명사구와 형용사구를 비롯하여 분사절, 부정사절, 전치사구 등이 남아 있게 된다.

He ran off to the house **as if escaping**.

[그는 도망가듯이 집으로 달려갔다. → = ... as if **he were** escaping.]

He shook his head **as if to say "don't trust her."**

[그는 "그 여자 못 믿어."라고 말하려는 것처럼 고개를 저었다. → = as if **he were** to say ...]

The paper turned green **as if by magic**.

[그 종이가 마술 때문인 것처럼 초록색으로 변했다. → = as if **it turned green** by magic.]

He shivered **as though with cold**.

[그는 추워서 떠는 것처럼 떨었다. → = as though **he shivered** with cold.]

때로는 수동태의 경우에 be 동사를 포함하여 as-절에서 주어만 생략되기도 한다.

Fill in the application form **as (*you are*) instructed**.

[지시된 바와 같이 지원서를 작성하라.]

As (*it*) usually happens during a recession, many people may lose their jobs.

[경기 침체기에 흔히 그렇듯이, 많은 사람들이 직장을 잃을 것이다.]

비격식적인 영어에서는 (in) the way (that), (in) the same way, (in) the same way as 와 같은 표현들이 절을 이끌기도 하는데, 특히 이들은 비교의 뜻을 포함하기도 한다.

> The steak is cooked **just the way I like it**.
> [스테이크가 내가 좋아하는 것과 똑같은 식으로 요리된다.]
> George writes **the way his father did**.
> [조오지는 자기 아버지가 썼던 방식대로 글씨를 쓴다. → the way 앞에 in이 생략되었음.]
> Pat cooks **in the way that my mother did**.
> [패트는 나의 어머니가 했던 방식대로 요리를 한다.]

18.5.10. 비례절

비례절(比例節: clauses of proportion)은 일종의 '비교'의 뜻을 포함하는 절로서, 두 가지 상황 사이에 존재하는 비율(proportion)이나 동등성(equivalence)을 나타낸다.

대개 비례절을 이끄는 접속사로는 as가 쓰이는데, 주절이 비례절 다음에 오는 경우에는 상관적으로 so가 쓰이기도 한다. as 이외에 in proportion as도 비례절을 이끈다.

> Children lose their innocence **as they grow older**.
> [어린이들은 성장해감에 따라 순진성을 잃는다.]
> **As the underdeveloped countries advance economically** the gap between the privileged and the less fortunate becomes less tolerable to the latter.
> [저개발국들이 경제적으로 발전해감에 따라 혜택을 받는 사람들과 축복을 덜 받는 사람들의 격차를 후자, 즉 혜택을 덜 받는 사람들이 더 참기 어렵게 되고 있다.]
> **As the lane got narrower**, (**so**) the overhanging branches made it more difficult for us to keep sight of our quarry.
> [좁은 길이 더 좁아짐에 따라 머리 위 나뭇가지 때문에 사냥감을 보기가 더 어렵게 되었다.]
> **In proportion as the value of land increased**, **so** too did taxes become higher.
> [토지 가치가 증가함에 따라 세금도 더 비싸졌다.]

이와 같은 비례절에서는 주절과 종속절에 모두 비교급 형태, 또는 advance, enlarge, extend, increase, decrease, diminish, lessen 따위와 같이 증가와 감소를 나타내는 동사들이 흔히 포함된다.

여러 가지 비교 표현들 중에서 'the + 비교급 ..., the + 비교급 ...'의 구조를 사용하여 '비례적 일치(proportinate agreement) 관계를 나타낼 수 있다.[41]

> Actually, **the more** we learn about languages, **the more** we find they are alike rather than dissimilar.
> [실제로 우리가 언어에 대하여 더 많은 것을 배우면 배울수록 우리는 언어들이 다른 점보다 비슷한 점이 더 많다는 것을 알게 된다.]

18.5.11. 대립절

대립절(對立節: clauses of contrast)은 대체로 주절과 종속절의 내용이 서로 대조(contrast)를 이루거나, 반대(opposition)의 양상을 나타내는 절을 말한다. 그 대립 관계는 종속절의 내용을 앞세우고, 이 절에 나타난 내용을 기준으로 삼아 주절이 나타내는 내용과 서로 비교하게 되는 것이다. 물론 이와 같은 대립 관계는 서로 비교할 수 있는 대상에 한정된다. 그러므로 'A는 열심히 공부하는 반면, B는 게으르다.'에서는 대립절을 이용하여 A, B 사이의 대립 관계를 나타낼 수 있지만, 'A는 부자인 반면, B는 오늘 학교에 결석했다.'라는 내용 사이에는 대립 관계가 없기 때문에 대립절을 사용할 수 없다.

대립절을 이끄는 종속접속사에는 whereas와 while가 있는데, 대립의 뜻을 보다 강조하는 경우에는 whereas가 더 즐겨 사용된다. 이들 종속접속사가 나타내는 대립 관계는 대개 '긍정'과 '부정'의 관계이거나, 의미의 대립 관계이다.

> **Whereas knowledge can be acquired from books**, skills must be learned through practice.
> [지식은 책을 통해서 얻을 수 있는 반면, 기술은 연습을 통해서 학습되어야 한다.]
> My sister was always calm and careful, **whereas I would get excited and upset by the slightest thing**.
> [내 누이동생은 항상 침착하고 신중한 반면, 나는 아주 사소한 일에도 흥분하고 정신이 혼란스러웠다.]
> Prices are rising sharply, **while incomes are lagging far behind**.

---

41 the + 비교급 ..., the + 비교급 ... 과 같은 문장 구조에 대해서는 19.4.2.4 (→ pgs. 133-136) 참조.

[물가는 급격히 오르고 있는 반면, 소득은 물가에 훨씬 못 미치고 있다.]

Aquino, 52, has visited 23 of the Philippine's 74 provinces so far, **while Marcos has campaigned generally in areas close to Manila**.

[52세의 아키노는 지금까지 필리핀의 74개 주 중에서 23개 주를 방문한 반면, 마르코스는 대체로 마닐라에 가까운 지역에서 선거 운동을 벌였다.]

In one experiment, 30 middle-aged men and women ate two or three apples every day for a month. The result: the apples pushed down the blood cholesterol of 80 percent of the group. In half of them the drop was more than 10 percent. Good HDL cholesterol went up **while destructive LDL cholesterol went down**. — Marla Cone, "Cancer & Chemicals: Are We Going Too Fat?"

[한 가지 실험에서 30명의 중년 남녀들은 한 달 동안 매일 2, 3개의 사과를 먹었다. 그 결과, 그들이 먹은 사과 때문에 이 집단의 80%에 해당되는 사람들의 혈중 콜레스테롤 수치가 낮아졌다. 그들 중 절반의 경우에는 수치가 10% 이상 낮아졌다. 유익한 고밀도 지단백질 콜레스테롤 수치는 올라간 반면, 파괴적인 저밀도 지단백질의 수치는 낮아졌다. → HDL = high density lipoprotein(고밀도 지단백질), LDL = low density lipoprotein(저밀도 지단백질).]

대립절은 but에 의해 등위접속되는 절과 아주 비슷하다. 특히 대립절이 문두에 놓이는 경우에 그렇다. 그러나 이와는 달리, 대립절이 문두에 놓이게 되면 그것은 이전의 문장 내용에 대하여 대립의 출발점을 이루는 종속적인 내용을 포함하는 것으로 여겨진다.

whereas와 달리, while은 비정형절을 이끌기도 한다.

But scribes showed no consistency; in the same manuscript they modernized some forms **while leaving others unchanged**.
— G. L. Brook, *A History of the English Language*.

[그러나 필생(筆生)들은 결코 일관성을 보이지 않았다. 그래서 같은 원고에서도 그들은 일부 형태들을 현대화시켰지만, 반면에 다른 형태들은 바꾸지 않고 그대로 두었다. → ... while **they left** others unchanged. 인쇄기가 등장하기 이전에는 원고를 손으로 썼는데, 바로 원고를 손으로 쓰는 사람을 필생이라고 함.]

whereas는 항상 대립의 뜻만 나타낸다. 이와는 달리, while은 문두에 놓일 때 다분히 '양보'의 뜻을 내포하기 때문에 양보절을 이끄는 종속접속사로 분류되기도 한다.

While caffeine appears to be associated with reduced fertility, more studies are needed.

[카페인이 출산율의 감소와 관련이 있는 것처럼 보이기는 하지만, 더 많은 연구가 필요하다.]

The name of a former president of Ghana was *Nkrumah*, pronounced with an initial sound like the sound ending the English word *sink*. **While this is an English sound**, no word in English begins with the *nk* sound.

— Fromkin, V., R.. Rodman & N. Hyams, *An Introduction to Language*.

[가나의 전 대통령의 이름이 Nkrumah였는데, 영어 단어 sink의 끝소리처럼 어두음을 사용하여 응크르마라고 발음되었다. 이것이 영어음이기는 하지만, 영어에는 nk-로 시작되는 단어가 없다.]

제19장

비교구문(Comparative Constructions)

19.1. 절대적/상대적

예컨대 어떤 비교 요소와 관련하여 두 대상 — 사람이나 사물 — 이나 그 이상을 비교하지 않고 단지 어떤 사람이 키가 크다, 성질이 온순하다/게으르다고 할 수 있는가 하면, 이번에는 다른 사람과 비교해 보니 키가 같다거나, 작다거나, 또는 크다고 할 수 있다. 전자와 같은 경우처럼 형용사나 부사가 비교 대상 없이 쓰인 것을 '**절대적**'(absolute) 용법으로 쓰였다고 하며, 후자와 같이 다른 대상과 비교가 되는 경우를 '**상대적**' (relative) 용법으로 쓰였다고 한다.

(1) a. John is tall. (절대적 용법)
    b. John is taller than my father. (상대적 용법)

문장 (1a)는 존이 어느 누구와 비교해서 키가 크다고 말하는 것이 아니라, 화자 자신의 주관적인 판단에 따라 키가 크다고 말하는 것이기 때문에 여기서 tall은 절대적 용법으로 쓰이고 있다. 반면에, 문장 (1b)에서 taller는 상대적 용법으로 쓰이고 있다. 다시 말하자면, 이 문장에서 존이 키가 크다는 것은 나의 아버지와 비교해서 크다는 것일 뿐, 다른 어떤 사람과 비교하게 되면 존의 키가 같다고 하거나 더 작다고도 할 수 있다.

이 두 가지 용법에는 중요한 의미상의 차이가 있다. 예를 들어, (2)에서처럼 절대적 용법으로 쓰인 문장의 내용을 부정하고, 이에 대응하는 긍정문과 결합하여 하나의 문장으로 만들게 되면 결과적으로 모순된 문장이 만들어지게 된다.

(2) *John is tall, **but he isn't tall**.
    [→ 앞에서는 키가 크다고 하면서 나중에는 이를 부정하고 있어서 뜻이 모순되고 있음.]

그렇지만 다음 문장 (3)에서와 같이 절대적 용법으로 쓰인 형용사나 부사의 부정형이 들어 있는 부정문 He isn't tall.과 상대적 용법으로 쓰인 긍정문 John is taller than Susan. 이 들어 있는 문장을 서로 연결하더라도 뜻에 아무런 모순도 발생하지 않는다.

(3) John is taller than Susan, **but he isn't tall**.
[존은 스잔보다 키가 크지만, 키가 큰 편은 아니다.]

이처럼 서로 대조적인 결과가 생기는 이유는 tall(er)과 같은 단어는 지시되고 있는 사람들의 키에 대하여 어떤 절대적인 주장을 하지 않으면서도 상대적인 뜻으로 쓰일 수 있기 때문이다.[1]

19.2. 비교형의 유형

19.2.1. 정도어와 비정도어

비교절이 들어 있는 문장을 만들려면 먼저 비교급과 최상급을 만드는데 사용되는 형용사나 부사가 '정도어'(程度語: degree words), 즉 정도의 차이를 나타낼 수 있는 단어라야만 한다. 다시 말하자면, 둘 또는 그 이상의 대상 사이에서 서로 '상대적인 비교'가 가능한 것이

---

1 From the outset, it is important that we distinguish the absolute use of adjectives and adverbs from the relative use of such words.
   Absolute Use: John is tall.
                  John runs fast.
   Relative Use: John is taller than Susan.
                  John runs faster than Bill.
   There are important semantic differences in these two underlying uses. For example, if we negate the assertion with the absolute form and conjoin the resulting negative statement with the affirmative statement, we produce a contradiction:
   *John is tall, but he isn't tall.
   A contradiction does not result, however, when we conjoin the same negative absolute assertion with the sentence containing the affirmative relative usage:
   John is taller than Susan, but he isn't tall.
   The reason for this difference is that words such as *tall*(er) and *fast*(er) can be used in a relative sense without making any absolute assertion about the referent's height or speed.
   ― Celce-Murcia & Larsen-Freeman (1999: 717).

라야 한다. 따라서 다음의 (4a-e)와 같은 구조에서 A의 위치에 들어갈 수 있는 것이면 정도 어이다.

(4) a. $\begin{Bmatrix} \text{A-er} \\ \text{more A} \end{Bmatrix}$ **than**: **happi**er than, **more diligent** than

[...보다 더 행복한/더 면한]

b. **as A as**: as **beautiful** as

[...만큼 아름다운]

c. **less A than**: **less cold** than

[...보다 덜 추운]

d. the $\begin{Bmatrix} \text{A-est} \\ \text{most A} \end{Bmatrix}$ (...) **of**: the **poorest** (...) **of, the most important** (...) of

[...중에서 가장 가난한/중요한]

e. **very A**: a **very big** eater

[아주 많이 먹는 사람]

대부분의 형용사와 부사들은 정도의 차이를 나타낼 수 있으므로 비교급과 최상급을 포함하는 비교구문을 만들 수 있고, 바로 이러한 점 때문에 very, so, extremely 등 강의어(强意語: intensifiers)의 수식을 받을 수 있다.

Old people cannot be *so* **active** as young people.

[노인들은 젊은이들만큼 활동적일 수 없다.]

She's *very* **liberal** with promises, but **much less** so with money.

[그녀는 약속은 아주 자유롭게 하지만, 돈에는 훨씬 그렇지 못하다.]

The new car is *extremely* **expensive**.

[그 새 자동차는 엄청나게 비싸다.]

He is *so* **two-faced**.

[그는 아주 위선적인 사람이다.]

그러나 (5a, b)와 같은 형용사들은 정도의 차이를 나타낼 수 없는 단어들이기 때문에 비교가 불가능하다.

(5) a. dead, left, right, equal, favorite, open, proven, round, unique, wrong

b. alive, asleep, alone

예컨대 complete의 한 가지 뜻으로 사전에서는 'having all necessary, usual, or wanted parts; lacking nothing'(필요한 모든 것을 다 갖춘; 부족함이 없는)이라고 되어 있다. 그러므로 이미 완전한 어떤 것을 더 완전하게 할 수 없기 때문에 이것은 비교급과 최상급이 불가능하다.

정도어와 비정도어가 뚜렷이 구분되는 단어들도 있지만, 예컨대 (6a, b)에서 original과 같은 어떤 특정한 단어들의 경우에는 일정한 문맥 속에서 나타내고자 하는 뜻의 차이에 따라 정도어 또는 비정도어로 쓰인다.

(6) a. the **original** manuscript (원래의 그 원고)
　　b. a more **original** book (보다 독창적인 책)

즉, 뜻으로 보아 (6a)에서는 정도의 차이를 나타낼 수 없으므로 비정도어로 쓰이고 있다. 반면에 (6b)에서는 책의 독창성이라고 하는 질적인 차이를 나타내고 있기 때문에 강의어의 수식을 받을 수 있을 뿐만 아니라, 비교가 가능한 정도어로 쓰이고 있는 것이다.[2]

19.2.2. 원급 · 비교급 · 최상급

형용사나 부사들 중에서 정도의 차이를 나타낼 수 있는 단어들은 원급(positive degree) · 비교급(comparative degree) · 최상급(superlative degree) 형태를 갖는다. 실제로 이들 비교 형태는 크게 보아 두 가지 형태, 즉 규칙적인 형태와 불규칙적인 형태로 나타난다.

19.2.2.1. 규칙적인 비교 형태

규칙적인 형태는 다시 원급 형태에 굴절형 어미(inflectional endings) -er과 -est를 붙여 각각 비교급과 최상급을 만드는 굴절 비교형(屈折比較形: inflectional comparisons)과 원급 형태 앞에 각각 more와 most를 붙여서 비교급과 최상급 형태를 만드는 우언 비교형(迂言比較形: periphrastic comparisons)[3]이 있다.

2　이와 같은 몇 가지 예에 대해서는 본서 제3권 12.2.1 (→ pgs. 26-29) 참조.
3　굴절형은 어떤 단어의 끝에 적절한 어미를 붙여 문법적인 특성을 나타내는 것인 반면, 우언형은 이렇게 할 수 없기 때문에 애둘러서 나타내는 방법을 말한다. 비유적으로 말하자면, 예컨대 A 지역에서 B 지역으로 곧장 갈 수 있는 것을 굴절형이라면, 이렇게 할 수 없기 때문에 돌아서 가는 방법을 우언형이라고 한다.

> 굴절 비교형: slow-*er*, slow-*est*
> 우언 비교형: ***more*** educational, ***most*** educational

이 두 가지 유형은 단어에 따라 뚜렷이 구분되는 것이 있는가 하면, 일부 단어들의 경우에는 두 가지 형태, 즉 -er, -est를 첨가해서 각각 비교급과 최상급을 만들기도 하고, more와 most를 첨가해서 만들어지기도 한다.

1) 한 개의 음절로 된 형용사나 부사는 -er, -est를 첨가해서 비교 형태를 만든다.

cheap	cheaper	cheapest
cold	colder	coldest
hard	harder	hardest
poor	poorer	poorest
tall	taller	tallest

비교 자체를 강조하는 것이 아니라, 형용사 그 자체가 나타내는 비교의 개념을 강조하고자 할 때에는 형용사의 길이에 관계없이 선택적으로 more, most를 첨가할 수 있다.[4]

Little by little, the farmer became **more rich**.
  [점차적으로 그 농부는 더 부자가 되었다. → more rich 대신에 richer라고 할 수 있음.]
My instructor told me to come up with a clearer thesis statement, but I don't see how I can make it any **MORE clear**.
(Celce-Murcia & Larsen-Freeman 1999: 728)
  [나의 교수님께서는 논문 내용을 보다 선명하게 진술하라고 말했지만, 어떻게 하면 좀더 명확해지는지 모르겠다.]
They (= long vowels) have become **more close** and they have tended to become diphthongs. — G. L. Brook, *A History of the English Language*.
  [장모음은 더 폐모음화되고 이중모음으로 변하는 경향이 있었다. → close(폐모음)는 소리

---

[4] While longer adjectives, such as *comfortable, comforting, expensive, interested* are not compared with *-er, -est*, any adjective can optionally be compared with *more* and *most* when emphasis is not on the comparison but on the idea expressed by the adjective itself. — Close (1975: 155). See also Celce-Murcia & Larsen-Freeman (1999: 721, 728).

를 발음할 때 혀가 더 올라감으로써 그만큼 입술을 벌린 상태가 더 좁혀지면서 내는 소리를 말하며, 이와 반대로 개모음(open)은 혀의 높이가 낮아짐에 따라 입술이 더 벌어지면서 내는 소리를 말함.]

한 개의 음절로 이루어진 단어가 한 개의 모음과 한 개의 자음으로 끝나는 것이면 마지막 자음을 하나 더 첨가하고 난 다음에 -er, -est를 붙인다.

big	bigger	biggest
fat	fatter	fattest
fit	fitter	fittest
hot	hotter	hottest
thin	thinner	thinnest
wet	wetter	wettest

한 개의 음절로 된 단어이지만 like, real, right, wrong 따위와 같은 단어들은 예컨대 more like, most like처럼 more, most를 첨가해서 비교 형태가 만들어진다.[5]

She's **more like** her mother than her father.
[그녀는 아버지보다 어머니를 더 많이 닮았다.]
External threats, however, were **more real** in the 1950s, when the Communists assaulted offshore islands between Taiwan and the mainland.
— Noel Grove, "Taiwan Confronts a New Era"
[그러나 1950년대에 외부의 위협은 더 실감할 수 있는 것이었는데, 그 당시 공산주의자들은 대만과 본토 사이 해변에서 떨어진 곳에 있는 섬들을 공격했다.]
You couldn't be **more right**.
[아주 잘 했어.]

2) easy, happy와 같이 -y로 끝나는 형용사들은 대개 y를 i로 바꾸고 난 다음에 접미사 -er과 -est를 붙여 각각 -ier, -iest를 갖는다.[6]

---

5 Swan & Walter (2011a: 182).
6 eas_y_ ~ eas_i_er의 경우처럼 17세기 초에 들어와서 -y로 끝나는 단어들의 형태가 바뀌어 더 이상 -y로 끝

easy	easier	easiest
funny	funnier	funniest
happy	happier	happiest
untidy	untidier	untidiest

이를테면 happy, polite, noble 따위와 같은 단어에 각각 부정 접두사 un-, im-, ig-를 붙여서 unhappy, impolite, ignoble과 같은 형태가 되더라도 이들의 비교 형태에는 -er, est를 붙이게 되지만, 때로는 이 단어들 앞에 more, most를 첨가하기도 한다.

두 개의 음절로 된 일부 다른 형용사들의 경우에, 특히 첫 번째 음절이 강세를 받고 두 번째 음절이 강세를 받지 않는 -le, -ly, -ow 등으로 끝나는 단어들도 -er, -est를 취한다.

clever	cleverer	cleverest
friendly	friendlier	friendliest
narrow	narrower	narrowest
quiet	quieter	quietest
simple	simpler	simplest

2) 둘 또는 그 이상의 음절로 이루어진 일부 단어들은 more와 most를 원급 앞에 붙인다. 특히 -al, -ing, -ed, -ful, -ish, -less, -ous 따위의 어미가 첨가된 형용사를 포함해서 그밖의 형용사들은 more, most만 가능하다.

anxious	more anxious	most anxious
beautiful	more beautiful	most beautiful
brutish	more brutish	most brutish
important	more important	most important
intelligent	more intelligent	most intelligent
interesting	more interesting	most interesting
practical	more practical	most practical

나지 않게 되면 -y는 -i-로 변하였다: beauty ~ beautiful, cry ~ cried, dry ~ dried.

good-looking, well-known 따위와 같은 일부 복합 형용사들은 두 가지 형태로 나타난다.

good-looking { better-looking / more good-looking } { best-looking / most good-looking }

well-known { better-known / more well-known } { best-known / most well-known }

19.2.2.2. 불규칙적인 비교 형태

다음은 불규칙적인 비교 형태인데, 이 중에서 few, little, many, much는 형용사가 아니라 한정사에 속하는 것들이다.

{ bad / badly }　worse　worst

far　{ farther / further }　{ farthest / furthest }

{ good / well }　better　best

little　less　least

{ many / much }　more　most

old　{ elder / older }　{ eldest / oldest }

little은 a little cottage에서처럼 'small'의 뜻이면 수량어로 쓰이는 경우와 달리 비교급과 최상급 형태로 각각 smaller와 smallest를 갖는다.

{ little / small }　smaller　smallest

more는 가산명사나 불가산명사를 수반할 수 있다. 반면에, less는 불가산명사를 수반하는 것이 보통이지만,[7] 격식을 갖추지 않은 영어에서는 복수 명사를 수반하기도 한다.

---

[7] **Ten years** <u>is</u> a long time.(10년이란 세월은 긴 시간이다.)에서 ten years가 하나의 단위로 취급되어

There are **more cars** on the roads in summer than in winter.
[겨울보다 여름에 도로에 자동차들이 더 많다.]

There's no **more milk** left — I'd better go and buy some more.
[우유가 다 떨어졌어. — 가서 좀 더 사와야겠다.]

Statistics show that people drink **less beer** than they used to, and smoke fewer cigarettes.
[통계를 보면 과거에 비해 사람들이 맥주를 덜 마시고, 담배를 덜 피운다.]

There are $\begin{Bmatrix} \textbf{fewer} \\ \textbf{less} \end{Bmatrix}$ **cars** on the road in winter.
[겨울에는 도로에 자동차들이 별로 없다.]

There have been **less accidents** on this road since the speed limit was introduced.
[속도제한제가 도입된 이래 이 도로에서 사고가 더 줄어들었다.]

다소 격식적으로 쓰이는 형태 lesser는 less 대신에 쓰이는 한정 형용사로서, 또는 부사적으로 쓰인다. 형태론적으로 보면 이것은 little의 비교급 형태 less에 다시 -er이 첨가된 것이기 때문에 '이중 비교형'(double comparative)으로서, 'smaller; less worthy/significant'라는 뜻을 갖는다.

They too had felt the influence of Christianity to a greater or **lesser** extent.
[그들 역시 기독교의 영향을 다소 느끼고 있었다.]

people of **lesser** importance [별로 중요하지 않은 사람들]

단수로 취급되는 것과 꼭 마찬가지로, 다음과 같이 <수사 + 명사> 표현이 수사 다음에 복수 가산명사의 표현이 아니라, 하나의 단위로 취급되는 문맥에서는 fewer 대신에 less가 쓰인다:

We can be there in $\begin{Bmatrix} \textit{*fewer} \\ \textit{less} \end{Bmatrix}$ *than 20 minutes*.
[우리는 20분 이내에 거기에 도착할 수 있다.]

She's $\begin{Bmatrix} \textit{*fewer} \\ \textit{less} \end{Bmatrix}$ *than 20 years old*.
[그녀는 20살이 못 되었다.]

We were traveling $\begin{Bmatrix} \textit{*fewer} \\ \textit{less} \end{Bmatrix}$ *than 30 miles an hour* when we hit the other car.
[다른 자동차와 충돌했을 때 우리는 시속 30 마일도 못 되는 속도로 달리고 있었다.]

— Cowan (2008: 575).

the **lesser** of two evils [두 가지 죄악 중에서 그래도 나은 쪽]

one of the **lesser**-known modern poets [덜 알려진 현대시인들 가운데 한 사람]

far의 비교급 형태 farther와 further, 그리고 최상급 형태 farthest와 furthest는 모두 거리(distance)에 대해 말할 때 쓰일 수 있지만, 특히 further와 furthest는 주로 추상명사와 같이 쓰여 'additional; extra'라는 뜻을 갖는다.

They pushed the boat **farther** into the water.
　[그들은 더 멀리 바다로 배를 밀었다.]
Can you stand a bit **further** away?
　[좀 더 멀리 떨어져 서 있을 수 있겠니?]
What's the $\left\{\begin{array}{l}\textbf{farthest}\\\textbf{furthest}\end{array}\right\}$ place you've been to?
　[네가 가본 곳 중에서 가장 먼 곳이 어디냐?]
Further supplies will soon be available.
　[곧 더 많은 공급이 이루어질 것이다.]
Further discussion would be pointless.
　[더 이상 논의하는 것은 무의미할 것이다.]
Let me know if you hear any **further** news. (= 'any more news')
　[또 다른 소식을 듣거든 알려 달라.]

elder와 eldest는 가족 내에서 상대적인 출생 순서를 가리키는 것으로서 명사를 한정적으로 수식할 수는 있지만, 서술적으로 쓰이거나 than-절과 같이 쓰이지 않는다.

my **elder** brother [나의 형]

her **eldest** daughter [그녀의 맏딸]

the **elder** (of the two) [(그 둘 중에서) 손위]

the **eldest** (of them) [(그들 중에서) 제일 위]

Her **elder** daughter is married.
　[그녀의 큰 딸은 결혼했다.]
*Which one is **elder**?
　[→ 나이를 묻는 의문문에 elder 대신에 older가 쓰여야 함.]

*an **elder** brother than Max
[→ 나이 관계를 나타낼 때 elder는 than-절과 같이 쓰이지 않음.]
His sons look very alike. Which is **the elder**?
[그의 아들들이 꼭 닮았다. 누가 형인가? → 출생 순서를 나타내고 있기 때문에 elder가 쓰였음.]

late의 비교급과 최상급 형태는 각각 later와 latest로도 나타나고, 이와 동시에 latter와 last와 같은 형태로도 나타난다. later는 시간을 나타내는 경우에 쓰이는 것으로서, earlier의 반의어이다. latest는 'most recent'(최근의)라는 뜻으로, 새로운 것을 말할 때 사용하는 것이 보통이다.

At first he denied all guilt, but he **later** made a partial confession.
[그가 처음에는 모든 범죄를 부인했다가 나중에는 일부 고백했다.]
In his **latest** speech he announced drastic reforms.
[최근의 연설에서 그는 과감한 개혁 조치들을 발표했다.]
She always wears the **latest** (fashion) in bathing-suits.
[그녀는 항상 최근에 유행하는 수영복을 입는다.]

latter는 the를 수반하여 the former의 반의어로 쓰일 뿐만 아니라, 'nearer to the end'라는 뜻으로 쓰인다.

Of the magpie and the sparrow, **the latter** (bird) is more beautiful.
[까치와 참새 중에서 후자, 즉 참새가 더 아름답다.]
the latter half of the year (= the second half) (그 해의 후반부)
the latter years of his life (그의 인생의 말년)

last는 다음과 같이 여러 가지 뜻을 갖는다.

We hope his latest novel will not be his **last**.
[우리는 그가 최근에 쓴 소설이 마지막 작품이 아니기를 바란다.]
He's **the last** person I'd invite.
[그는 내가 초대하기에 가장 적절치 않은 사람이다. → last는 'the least suitable or

likely'라는 뜻.]

He's been abroad for **the last** 4 or 5 years.

[그는 <u>지난</u> 4, 5년 동안 외국에 나가 있다. → last는 'before this one; preceding; previous'라는 뜻임.]

Last Wednesday was the 7th.

[<u>지난</u> 수요일은 7일이었다.]

19.2.2.3. 라틴어에서 유래한 비교 형태

영어에는 inferior, posterior, superior, junior, senior, anterior, interior, exterior, prior 따위와 같은 라틴어에서 유래된 비교 형태들이 몇 가지 있지만, 이에 대한 원급과 최상급 형태는 없다. 이들 중에서 몇 가지 형태만 비교의 뜻을 가지며, 이다음에는 than이 이끄는 절이 쓰이지 않고 대개 to가 중심어 역할을 하는 전치사구가 놓인다.

They believe their culture is **superior** to any in the world.

[그들은 자기들의 문화가 세계의 어떤 문화보다 더 우수하다고 믿는다.]

It is absurd to speak of philosophy as a **superior** enterprise to sociology.

[철학이 사회학보다 더 우월한 학문이라고 말하는 것은 무모하다.]

He is **senior** to me, though he's younger.

[그는 보다 나이가 어리지만 나의 선배이다.]

Imported mutton is **inferior** to home-grown in flavor.

[수입산 양고기 맛은 국내산보다 떨어집니다.]

superior나 inferior 등이 의미상으로 비교급 형태처럼 쓰이기 때문에 이들은 far나 much 등의 수식을 받을 수 있지만, 원급 형태와 같이 쓰이는 very의 수식도 받을 수 있다.

Your computer is *far* **superior** to mine.

[너의 컴퓨터는 내것보다 훨씬 좋다.]

This is a *very* **inferior** design.

[이것은 매우 수준이 낮은 도안이다.]

This is a *very* **superior** make of car, sir.

[이 자동차는 성능이 아주 뛰어납니다, 선생님.]

또한 흔히 쓰이는 supreme(최고의), prime(제1의), extreme(대단한) 따위도 모두 최상급 형에서 온 것이다.

> the **Supreme** Commander, Allied Forces, Europe
> [유럽 지역 연합군 총사령관]
> the **extreme** difficulties
> [지극히 어려운 상황(들)]
> Bill Gargan's voice was the **prime** tool of his trade — which was acting. Then he got cancer and lost his larynx.
> — Adris Whitman, "Secrets of Survivors"
> [빌 가건의 목소리는 그의 직업에서 가장 중요한 도구였는데, 그것은 연기하는 일이었다. 그런데 그는 (후두)암에 걸려서 후두를 잃었다.]

rather, former, latter가 옛날 영어에서는 비교급 형태였으나, 지금은 그렇지 않다. major와 minor는 라틴어의 비교급 형태에서 차용한 것이다.

upper, inner, outer도 외형적으로 보면 -er이 비교급을 만드는 굴절 접미사가 첨가된 것처럼 보일 뿐, 파생 접미사이다. 이들은 한정적 위치에만 놓이는 형용사인 반면에, up, in, out은 전치사이다. 이들은 적어도 어떤 용법에서는 두 가지 집합으로 이루어진 고정된 표현에 쓰인다.

> her **upper** lip (윗입술)/her **lower** lip (아랫입술)
> the **outer** suburbs (외부 교외)/the **inner** suburbs (내부 교외)

또 다른 것으로 higher, lower와 upper와 같은 고정된 형태가 있다. 이들은 각각 high, low, up에 대한 비교급으로 쓰이는 것이 아니다.

> Typically, **lower** middle-class people work in offices and shops. They may enjoy some of the activities which middle-class people enjoy, but have not usually had the good education which is typical of middle-class people.
> [보통 중하류층 사람들은 사무실과 상점에서 일한다. 이들은 중류층 사람들이 즐기는 일부 활동들을 즐기겠지만, 대개 전형적으로 중류층 사람들이 누리는 좋은 교육을 받지 못했다.]

"**The lower castes** have always been the slaves of the higher castes," he replied. — *Reader's Digest*, June 1992.

["하위 계급은 항상 상위 계급의 노예 역할을 해왔다."라고 그가 대답했다.]

Higher education has been accessible only to the upper class.

[지금까지 고등교육이라는 것이 상류층 사람들만 받을 수 있는 것이었다.]

upper and **lower** classes of society

[사회의 상류층과 하류층]

역사적으로 보면, 다음과 같이 -most가 첨가되어 만들어진 최상급 형태들은 사실상 두 개의 최상급 어미가 첨가된 이중 최상급[8]이다.

---
fore**most**(<former), hind**most**(<hind, hinder), in**most**, inner**most**(<inner), out**most** (<outer), ut**most**/utter**most**, upper**most**(<upper), top**most**(<top), further**most**, northern**most**, southern**most**, eastern**most**(<eastern), western**most** (<western), etc.

A worker fixed the **hindmost** part of the fence.

[한 인부가 그 울타리 맨 뒷부분을 수리했다.]

Searchers found the missing child in the **innermost** part of the cave.

[수색대원들은 그 굴의 맨 안에서 실종 어린이를 찾아냈다.]

The children's safety should be **uppermost** concern.

[어린이의 안전 문제가 가장 중요한 관심거리가 되어야 한다.]

---

8 고대영어에서는 어미 -ma를 붙여서 최상급 형태를 만드는 것이 몇 개 있었다. 예컨대 'first'라는 뜻을 가진 forma는 'before'라는 뜻의 fore에 어미 -ma를 붙여서 만든 것이다. 접미사 -ma가 더 이상 최상급의 뜻을 가지는 것으로 여겨지지 않게 되자 유추에 의해 또 다른 최상급 접미사 -est가 첨가되어 일종의 이중 최상급이 생기게 되었다: foremest, midmest, ūtemest, innemest. 이 -mest가 중세영어에 와서 -most가 되어 오늘에 이르렀다. — Pyles & Algeo (1993: 116).

19.3. 비교구문

19.3.1. 비교 요소와 기준

일반적으로 비교절이 포함된 문장을 비교구문이라 하며, 이런 문장은 대개 주어 역할을 하는 둘 또는 그 이상의 사람이나 사물이 갖는 공통적인 특성의 '상대적인' 정도를 비교하거나 이들의 '수량'(quantity)이 많고 적음의 관계를 서로 비교하는 것이다. 다음과 같은 예를 보면서 보다 자세히 설명하기로 한다.

> That politician is **as crafty as** a fox.
> [그 정치인은 여우처럼 교활하다. → 정치인과 여우의 교활성을 비교하고 있음.]
> The conference was **more successful** this year **than** it was last year.
> [금년의 회의는 작년보다 더 성공적이었다. → 올해와 작년에 열렸던 회의의 성공의 정도를 비교하고 있음.]
> All human beings are **much more intelligent than** animals.
> [모든 인간은 동물보다 훨씬 더 지혜롭다. → 모든 인간과 동물의 지혜를 비교하고 있음.]
> The lung is **the largest organ** in the body.
> [폐는 인체에서 가장 큰 기관이다. → 폐와 인체의 모든 기관을 비교하고 있음.]

예컨대 첫 번째 문장은 주절의 주어인 that politician과 종속절 역할을 하는 비교절의 주어인 a fox가 모두 교활하다는 공통적인 특성을 비교하는 것이다. 비교구문에서 이러한 공통점은 상대적인 정도의 차이로 나타나는데, 이것을 '**비교 요소**'(comparative element)라 한다. 즉, '교활함'(craftiness)을 비교 요소로 삼아서 그 정치인과 여우의 교활한 성질의 상대적인 정도의 차이를 서로 비교하는 것이다. 다시 말하자면, 이 문장에서 그 정치인이 어느 정도 교활하다는 점을 '**비교의 기준**'(standard of comparison)으로 볼 때 여우도 같은 정도로 교활하다는 점을 비교해서 말하고 있는 것이다. 그러므로 비교절은 비교의 기준이 되는 것이다. 바로 이러한 점 때문에 비교구문을 이루는 주절과 종속절이 구조와 내용적으로 매우 비슷한 평행 구문(parallel construction)을 이루며, 또한 주절과 내용이 중복되는 비교절의 내용이 생략되는 것이 비교절이 갖는 커다란 특징이다.[9]

---

[9] Reduction through ellipsis is very common in clauses of comparison. Such reduced clauses are usually in parallel construction. — Frank (1993: 267). 비교절의 생략에 대해서는 "19.6 비교

비교구문에서 비교 요소는 대개 한 개이지만, 때로는 주절과 종속절에 각각 비교 요소가 다르게 나타나기도 한다. 그러므로 주절과 종속절에 나타난 서로 다른 비교 요소가 나타내는 정도가 같다거나 다르다는 점을 강조하는 경우에는 (7a, b) 두 개의 문장이 합쳐서 만들어진 (7c)와 같은 문장이 가능하게 된다.

(7) a. They have that much influence.
  b. He has that much money.
  c. They have **as much influence as he has money**.
   (Rutherford 1968: 195)
    [그들은 그가 돈을 갖고 있는 것만큼 영향력을 갖고 있다.]

이 문장은 그들이 영향력을 갖고 있는 정도와 그가 돈을 갖고 있는 정도가 서로 동등하다는 점을 비교해서 말하고 있는 것이다. 말하자면, 주절의 비교 요소는 '영향력'이고, 종속절에는 '돈'이 비교 요소로 등장하고 있다.

몇 가지 예를 더 들기로 한다.

The husband was **as stupid as** his wife was **clever**.
 [남편은 자기 아내가 현명한 것만큼 어리석었다.]
Karen is **as fond of you as** she is **hostile to your boss**.
 [카렌이 너의 사장이 맘에 들지 않은 것만큼 너를 좋아한다.]
The swimming pool is **as deep as** it is **wide**.
 [그 수영장은 넓이만큼 깊다.]
Titus was **as forgiving as** he was **generous**.
 [티투스는 마음이 너그러운만큼 남을 기꺼이 용서해 주는 사람이었다. → Titus (40?-81): 로마 황제(79-81).]

19.3.2. 비교절의 도치

일반적으로 비교절은 주어 + 동사 ...의 어순으로 이루어지지만, 때로는 동사 + 주어 ...의 어순으로 도치되기도 한다. 어순의 도치는 주어와 be 동사 사이에서, 또는 주어와 조동사 사

절의 생략과 축약" (→ pgs. 154-158) 을 참조.

이에서만 일어난다.

> Spain's financial problems were less acute **than were those of Portugal**.
> [스페인의 재정 문제는 포르투갈의 재정 문제보다 덜 심각했다.]
> Smokers are six times as likely to die of emphysema **as are non-smokers**.
> [흡연자들은 비흡연자에 비해 기종(氣腫)으로 사망할 가능성이 여섯 배나 더 높다. → emphysema[ɛmfəzímə]: 폐에 장애를 주어 호흡 곤란을 일으키는 중대한 질병.]
> Many languages do not have as large an inventory of comparative constructions **as does English**.
> [많은 언어들이 영어만큼 비교구문의 목록을 많이 갖고 있지 않다.]

이처럼 주어와 동사가 도치되는 까닭은 주절의 주어와 대립적인 관계를 갖는 비교절의 주어가 문미에 놓여 초점(焦點: focus)을 받게 하려는 이유 때문이다.[10] 위의 첫 문장에서 재정 문제와 관련해서 스페인과 포르투갈이 대립 관계를 가지며, 바로 이러한 점 때문에 those of Portugal이 문미에 놓여야 하며, 따라서 동사와 주어의 어순이 도치되어야만 한다.

---

10 While a particular kind of structural reductions is the chief syntactic factor distinguishing comparative clauses from other clauses, there is also a difference with respect to the position of the subject, which can occur after the verb under conditions illustrated in:
   [3] i *Spain's financial problems were less acute than were those of Portugal*.
       ii **The water seems significantly colder today than was it yesterday*.
       iii *It is no more expensive than would be the system you are proposing*.
       iv **It is no more expensive than would the system you are proposing be*.
       v **He works harder than works his father*.
   The effect of the inversion is almost invariably to place a contrastive subject in end position: in [i], for example, *those of Portugal* contrasts with *Spain's financial problems*. In [ii], then, where the contrast is between the non-subjects *today* and *yesterday* the inversion is out of place: we need *than it was yesterday*. Note, moreover, that in [iii] the subject follows the sequence *would be*: it cannot invert with *would* alone, as we see from [iv]. The construction therefore has strong affinities with postposing (cf Ch. 16, §4) — yet it also resembles subject-auxiliary inversion in that the verb normally has to be an auxiliary: we can have *He works harder than his father works* but not [v]. The construction therefore has something of the character of a blend between subject postposing and subject-auxiliary inversion, and this mix of properties is found only in comparative clauses. — Huddleston & Pullum (2002: 1107).

19.3.3. as와 than + 인칭대명사의 격형

as와 than 다음에 놓여 있어야 할 절 요소들이 최대한으로 생략된 나머지 원래의 절에서 주어 또는 목적어 역할을 하는 요소로서 인칭대명사가 단독으로 남아있게 되는 예를 종종 볼 수 있는데, 이러한 경우에 인칭대명사의 격 형태의 선택이 일정하지 않다. 비격식적인 영국영어에서는 목적격 형태를 사용하는 반면, 격식을 갖춘 영어에서는 대개 동사를 수반하여 주격 형태를 사용하는 것 같다.

My sister's nearly **as tall as** $\begin{Bmatrix} me \\ I\ am \end{Bmatrix}$.

[내 언니는 키가 거의 나와 같다.]

I can run **faster than** $\begin{Bmatrix} her \\ she\ can \end{Bmatrix}$.

[나는 그녀보다 더 빨리 달릴 수 있다.]

그러나 목적격 대명사 형태를 선택하게 되면 다음 예문 (8)에서 보는 바와 같이 의미와 구조적으로 애매성(ambiguity)을 불러일으킬 수도 있다.

(8) I love you **more than her**.

문장 (8)은 다음 두 문장(9a, b)에서 괄호 안에 있는 부분 중 어느 것이 생략된 것으로 보아야 옳은지 애매하다고 하겠다. 즉, (9a)와 같이 해석되는 것은 (8)에서의 her를 타동사 love의 목적어로 보기 때문이고, (9b)와 같이 해석되는 경우에는 주어 형태인 she 대신에 목적격 형태로 쓰인 것으로 보기 때문이다.

(9) a. I love you more **than (*I love*) her**.

　　　[나는 그 여자보다 너를 더 사랑한다.]
　b. I love you more **than she (*loves you*)**.

　　　[나는 그녀가 너를 사랑하는 것 이상으로 너를 사랑한다.]

He loves the dog more **than** his wife.에서처럼 than 다음에 주격형과 목적격형이 구별되지 않는 명사구가 놓이는 경우에도 (8)에서와 마찬가지로 애매하다. 즉, his wife가

than-절에서 주어 역할을 하고 동사와 목적어 부분이 생략된 것으로 볼 수 있는가 하면, 다른 한편으로는 his wife가 목적어 역할을 하고 주어와 동사가 생략된 것으로 볼 수 있다는 것이다.

He loves the dog more **than (he loves) his wife**.
[그는 자기 아내보다 개를 더 사랑한다.]
He loves the dog more **than his wife (loves the dog)**.
[아내가 개를 사랑하는 것보다 그가 더 개를 사랑한다.]

19.3.4. 의사 비교구문

이상에서 본 바와 같은 비교 표현이 들어 있는 문장은 as와 than 다음에 절 구조로 나타나는 것이었다. 그러나 as나 than 다음에 절 구조가 오지 않고 숫자와 단위를 나타내는 척도 명사의 구조로 이루어진 명사구가 나타나는 예를 볼 수 있는데, 이를 보통의 비교절과 구별하여 의사 비교구문(pseudo comparative constructions)이라고 한다.[11]

의사 비교구문에는 Aer than, less A than, as A as와 같은 세 가지 구조로 나타난다.

Some movies are **as long as three hours**.
[일부 영화들은 상영 시간이 세 시간이나 된다.]
I waited **as long as half an hour.**
[나는 30분이나 오래 기다렸다.]
The building is **as high as fifty stories**.
[그 건물이 50층이나 된다.]
They traveled no **further than one hundred miles**.
[그들은 100마일 이상을 여행하지 않았다.]
I weigh **more than 80 kilograms**.

---

[11] Sentences of this kind contain the phrases 'Aer than', 'less A than', and 'as A as', which are characteristic of comparative sentences. They are, however, based on one-argument propositions referring to a single dimension; there is thus no *secundum comparationis* and, consequently, no comparison — contrary to the impression produced by the phrases 'Aer than', 'less A than', and 'as A as'. Only numerical adjectives are used in pseudo-comparative sentences. — Rusiecki(1985: 48).

[나는 몸무게가 80kg 이상 나간다.]

Carbondale is **more than three hundred miles** south of Chicago.

[카본데일은 시카고에서 남쪽으로 300 마일 이상 떨어져 있다.]

Henry is **taller than six feet**.

[헨리는 키가 6피트가 넘는다.]

19.4. 비교구문의 유형

대개 비교구문은 주절과 종속절에 놓인 두 개의 주어가 비교 요소와 관련하여 정도가 동등하다는 것을 나타내는 동등 비교(同等比較: comparison of equality)와 정도가 다르다는 점을 나타내는 차등 비교(差等比較: comparison of inequality)의 두 가지 유형의 비교를 하는 것이다. 차등 비교는 다시 우등 비교(優等比較: comparison of superiority)와 열등 비교(劣等比較: comparison of inferiority) 등 두 가지로 더 나누어진다.[12]

19.4.1. 동등 비교

19.4.1.1. as ... as

동등 비교는 비교 요소와 관련하여 두 개의 비교 대상, 즉 두 사람이나 사물, 또는 상황이 서로 동등하다(the same degree)는 뜻을 나타내는 것으로서, (10)에서와 같은 as ... as의 구조를 사용한다.[13]

---

12 If we compare two persons or things in regard to some quality, we find three possibilities:
  (1) Superiority: more dangerous than, better than
  (2) Equality: as dangerous as, as good as
  (3) Inferiority: less dangerous than, less good than.
  Obviously (1) and (3) are closely connected as indicating inequality and requiring *than*, while (2) requires *as*, before the second member of comparison. — Jespersen (1949: 385; 1933: 224).

13 as ... as를 이용한 이러한 비교 표현 이외에 be the same + 명사 + as, similar to, equal to, identical to, (just) like와 같은 어구를 사용해서 동등 비교를 나타낼 수도 있다. 그러나 as ... as 구조를 사용한 문장이 비교 대상의 두 사람이나 사물이 비교 요소의 등급이 비슷하다는 점을 나타내는 것이라면, 다음과 같이 동등성을 나타내는 문장은 단지 동등하다는 점을 나타낼 뿐이다.
  Susan's car is **the same color as** the car we saw in front of Steve's house.
    [수잔의 자동차는 스티브의 집 앞에서 우리가 본 그 자동차의 색깔과 같다.]

(10) X ... as A as Y (....)

여기서 비교 대상으로 나타난 두 개의 주어 X와 Y는 정도의 차이를 나타낼 수 있는 비교 요소 A라는 공통적인 특성을 동일하거나 비슷하게 갖고 있다는 점을 나타낸다. 이 구조에서 앞에 놓인 부사 as 다음에는 비교 요소 A가 대개 형용사나 부사로 나타나거나, 또는 {한정사/형용사} + 명사가 온다. 형용사는 동사에 대한 보어 역할을 하고, 부사는 동사에 대한 수식어, 그리고 명사는 be 동사에 대한 보어이거나 타동사에 대한 목적어 역할을 한다.

In marriage, being the right person is **as important as finding the right person**.
  [결혼할 때는 적절한 상대자가 되는 것은 적절한 사람을 찾는 것만큼 중요하다.]
For addicted smokers, kicking the habit can be **as tough as giving up cocaine or heroin**. — Joseph E. Brown, "Scared Smokeless"
  [담배 중독자에게 담배를 끊는다는 것은 코카인이나 헤로인과 같은 마약을 끊는 것만큼 어려울 것이다. → to kick the habit: to stop doing something that is a harmful habit, such as smoking, taking drugs, etc.(흡연, 마약 복용 등과 같이 해로운 습관을 중단하다).]
He contributed **as much to the discussion as Susan did**.
  [그는 스잔만큼 그 논의에 많은 보탬이 되었다.]
He runs **as fast as I do**.
  [그는 나와 달리기 속도가 같다.]
Montana attracts **as many people as Colorado**.
  [몬테나 주는 콜로라도 주만큼 많은 사람들을 끌어들인다.]

특정한 상황이 주어지지 않게 되면 문장 (11)과 같은 예에서 as well as는 애매하다.

(11) Jane can play **as well as** Sarah.

His views on that matter **are similar to** those of the other speaker.
  [그 문제에 관한 그의 견해는 다른 연사의 견해와 비슷하다.]
His raincoat **is identical to** mine.
  [그의 비옷은 내 것과 같다.]
He is **just like** his sister.
  [그는 자기 누나와 똑같다.]

한편으로, 문장 (11)은 Jane is **as good a player as** Sarah.(제인은 사라만큼 연주를 잘 한다.)라는 뜻으로 해석될 수 있는 것으로, 연주 솜씨의 정도가 두 사람이 비슷하다는 점을 나타낸다. 다른 한편으로, 이 문장에서 as well as는 일종의 전치사적 연결어로서의 역할을 하는 것으로 간주되어 **In addition to** Sarah, Jane can also play.(사라는 물론, 제인도 연주를 할 수 있다.)라는 뜻을 갖는 것으로 해석될 수 있어서, 이렇게 해석될 경우에는 정도의 차이를 나타내지 않는다.¹⁴

as ... as의 동등 비교의 구조는 many나 much를 수반하여 양(quantities)을 나타내기도 한다.

She earns at least **as much as I**, and probably more.
[그녀는 최소한 나만큼 수입이 있다. 아마 더 많을지도 몰라.]

또한 수량이나 금액 등이 예상했던 것보다 많다고 하는 경우에는 as { many / much } as를, 적다고 하는 경우에는 as { few / little } as를 사용하여 나타내기도 한다. 예컨대 many와 few는 수사(numerals) 앞에 사용되고, much와 little은 $5, ¥2,000, 20%와 같은 금액이나 3m와 같은 거리와 같이 사용된다.

It has been estimated that a child of six knows **as many as 13,000 words** and the average high school graduate about 60,000.
— Fromkin, V. R.. & N. Hyams, *An Introduction to Language*.
[여섯 살 어린이는 13,000 개의 단어를 알고, 평균적으로 고등학교 졸업자는 60,000 개 정도의 단어를 아는 것으로 추산되었다.]

English is not, to be sure, the most popular language everywhere. More people, **as many as 730 million**, speak Mandarin Chinese.
— Joseph Treen, "English, English Everywhere"
[영어가 도처에서 가장 널리 사용되는 언어가 아니라는 점은 틀림없다. 이보다 더 많은 사

---

14 그러나 다음과 같은 문장에서는 as well as가 결코 두 가지 뜻으로 해석되지 않는다(Celce-Murcia & Larsen-Freeman 1999: 731).
She speaks French **as well as** the rest of us.
[그녀는 나머지 우리들만큼 불어를 잘 말할 줄 안다.]
She speaks French **as well as** German.
[그녀는 독일어는 물론 불어도 말할 줄 안다.]

람들, 즉 7억 3천만 명이나 되는 사람들이 표준 중국어를 사용한다.]

It is thought that **as many as a third of all the new words** which came into English at that time are not recorded after 1700.[15]

— David Crystal, *The Fight for English*.

[그 당시 영어에 들어온 모든 새로운 단어들 중 1/3 정도는 1700년 이후에 기록되지 않았다고 생각된다.]

Prices have increased by **as much as 300 per cent**.

[물가가 300%나 올랐다.]

There is a small number involved, possibly **as few as a hundred**.

[관련된 것이 얼마 되지 않는다. 아마도 백 정도밖에 되지 않는다.]

A miner, Dad had not had an easy life. He and Mom raised six kids at a time when coal miners earned **as little as** 25 cents a ton, and he loaded nine tons a day. — Joanne Henry, "Promise of Bluebirds"

[광부였으므로 아빠는 편안하게 살지 못했었다. 아빠, 엄마는 석탄 광부들이 1톤에 겨우 25센트를 벌던 시절에 여섯 아이를 키웠으며, 아빠는 하루에 9톤을 실었다. → a miner는 as he was a miner라는 정형절이 being a miner와 같은 비정형절로 축약되고, 여기에 다시 being이 생략된 것이라고 여겨짐.]

as ... as 구조에서 점선 부분에는 $\begin{Bmatrix} \text{many} \\ \text{much} \end{Bmatrix}$ (+ 명사) 또는 $\begin{Bmatrix} \text{many} \\ \text{much} \end{Bmatrix}$ + 형용사 + 명사가 올 수 있다.

Kim has **as much money as** Pat.

[김은 패트만큼 돈을 가지고 있다.]

Montana doesn't have **as many high mountains as** Colorado.

[몬타나 주에는 콜로라도 주 만큼 높은 산이 많지 않다.]

as 다음에 형용사가 단독으로 오는 경우에는 as+ 형용사 + as 형식으로 나타난다. 그러나 as 다음에 형용사와 가산명사의 단수형이 오게 되는 경우에 부정관사는 형용사 앞에 놓이

---

15 르네쌍스 시대에 라틴어 등에서 영어에 흘러들어 온 단어들 중 상당수는 사용되지 않게 되었으며, 살아남은 단어들은 영어의 어휘를 한층 더 풍부하게 하여 영어의 표현력(expressive power)을 강화하는데 크게 작용하였다.

지 않고, 이 명사 앞에 놓여 as + 형용사 + a(n) + 명사 + as의 구조로 나타난다.[16]

| as + 형용사 + as ~ as + 형용사 + a(n) + 가산명사의 단수형 + as |

This knife is **as good as** that one.
~ This is **as good a knife as** that one.
　　[이 칼은 그 칼만큼 좋다.]
He's never written **so good a book as his first one**.
　　[그는 최초로 쓴 것만큼 좋은 책을 쓴 적이 없다.]
This is **not as bad a result as** they expected.
　　[이것은 그들이 예상했던 것만큼 나쁜 결과는 아니다.]
Despite his disability, he tried to lead **as normal a life as** possible.
　　[불구자임에도 불구하고 그는 가급적 정상적인 인생을 살려고 노력했다.]

동등 비교구문에서는 동등성(equality)의 정도를 나타내기 위하여 첫 번째 as 앞에 at least, about, almost, approximately, every bit, exactly, just, (not) quite, (not) nearly, roughly, hardly, scarcely 따위와 같은 부사들이 놓여 비교구문을 수식할 수 있다.

Knowledge is power, but it is power for evil *just* **as much as** for good.
　　[아는 것이 힘이지만, 그것은 선을 위한 힘에 못지않게 악을 위한 힘이기도 하다.]
Five-year old children are *nearly* **as proficient at speaking and understanding as** their parents.
　　[다섯 살 난 어린이들은 거의 자기 부모들만큼 유창하게 말을 하고 이해한다.]
I'm not *quite* **as tired as** I was last week.
　　[나는 지난주에 피곤했던 것만큼 그렇게 피곤하지 않다.]
Many motels are *every bit* **as elegant, comfortable, and well-equipped as** the most modern hotels. — from *USA Travel Information*.
　　[많은 모텔들이 어느 모로 보나 가장 현대식 호텔 못지않게 우아하고, 안락하고, 또 시설이 잘 갖춰져 있다.]

16　본서 제1권 2.2.2.6 (→ pgs. 147-148) 참조.

19.4.1.2. as busy as a bee 등

지금까지 앞에서 본 as ... as의 구조는 오로지 어떤 두 대상이 비교 요소가 나타내는 정도나 등급이 동등하다는 점을 나타낼 따름이다. 외형적으로 볼 때 이와 동일한 또 다른 구조가 있는데, 이러한 구조는 동등한 등급이나 정도를 나타낸다는 일차적인 뜻 이외에도 어떤 특출한 사람이나 물건과 동등하게 비교함으로써 비교되는 대상의 높은 정도나 등급을 나타내는 직유적 표현들(similes)[17]이다. 예컨대 He is **as busy as a bee**.는 단순히 그 사람의 부지런함과 벌의 부지런함이 동등하다는 점을 나타내는 것이 아니라, 그 사람이 벌처럼 매우 바쁘게 활동하는 사람이라는 점을, 그리고 a heart **as big as a whale**은 문자 그대로 '고래만한 마음'이라는 뜻이 아니라, '동량이 큰 사람'이라는 뜻을 두드러지게 내세우는 표현이다. 그러므로 직유적으로 쓰인 용례들과 일반적으로 쓰이는 as ... as의 동등 비교 표현을 서로 혼동하는 일이 없도록 하여야 한다. 이러한 구조는 예컨대 How busy/cold/deep/light/thin/tough is it?과 같은 의문문에 대한 대답으로 사용하기에 아주 적절하다.

> as blind as a bat(= completely blind 아주 눈먼), as cool as a cucumber(대단히 침착한/냉랭한), as dead as a doornail(완전히 죽어서, 폐지된), as fit as a fiddle(= very fit and healthy 매우 건강한), as free as a bird(완전히 자유로운), as hungry as a wolf(몹시 굶주린), as light as a feather(= very light 아주 가벼운), as red as a beet(새빨간), as white as a sheet/snow(새하얀), as cold as ice(아주 차가운), as old as the hills(아주 오래된), as quick as lightning(아주 빠른), as quiet as a mouse[18](아주 조용한), as rich as Croesus[19](아주 부유한), as safe as houses(영국식: 아주 확실한), as soft as a pillow(아주 부드러운), as strong as an ox(아주 힘센), as stubborn as a mule(아주 고집이 센)

He is **as busy as a bee** cooking dinner in the kitchen.
　　[그는 부엌에서 저녁 요리를 하느라고 무척 바쁘다.]

17　직유법(simile)이란 as light as a feather, as white as snow 따위에서처럼 as, like 등을 사용하여 직접 다른 것과 비교함으로써 어떤 것을 나타내는 표현법.
18　단수형 a mouse 대신에 복수형 mice가 쓰인 예:
　　The children were **as quiet as mice**.
　　(*Longman Dictionary of English Language and Culture*)
　　　[애들이 아주 조용했다.]
19　Croesus[kríːsəs]: 기원전 560-546까지 통치한 아주 부자였던 서부 소아시아의 왕.

It's **as clean as a whistle**.
[그것은 아주 깨끗하다.]

In these uproars, she was **as cool as a cucumber**.
[이렇게 소란한 가운데서도 그녀는 아주 침착했다.]

I've been jogging a lot lately, and I feel **as fit as a fiddle**!
[요즘 나는 조깅을 많이 해서 건강이 아주 좋아진 것 같은 느낌이다.]

Paul can be **as stubborn as a mule**.
[폴이 아주 고집을 부릴 때도 가끔 있다.]

이러한 표현들 중에는 as clear as crystal이 crystal clear(아주 선명한/선명하게 이해되는)로 바뀌는 것처럼 복합 형용사 형태로 나타나는 것도 있다.[20]

> as cold as ice ~ ice cold [얼음처럼 차가운]
> as black as pitch ~ pitch black [새까만, 칠흑 같은]
> as high as the sky ~ sky high [아주 높은]
> as red as a beet ~ go to beet red [(얼굴이) 홍당무가 되다]
> as sharp as a razor ~ razor sharp [매우 날카로운]
> as dry as a bone ~ bone-dry [완전히 마른]
> as deep as skin ~ skin deep [피부 두께의, 아주 얇은]
> as cheap as dirt ~ dirt cheap [아주 값싼]
> as thin as paper ~ paper thin [종이처럼 얇은, 아주 얇은]
> as sweet as sugar ~ sugar sweet [아주 달콤한]
> as black as pitch ~ pitch black [아주 캄캄한]

Is it not **crystal clear**, then, comrades, that all the evils of this life of ours spring from the tyranny of human beings?
— George Orwell, *Animal Farm*.
[그렇다면 동지들이여, 우리들의 이러한 삶의 모든 죄악들이 인간의 횡포로부터 나오는 것이라는 점이 명백하지 않은가요?]

It's **razor sharp**.

---

20 Rutherford (1968: 203).

[그것은 아주 날카롭다.]

마지막으로, 예컨대 as stubborn as his brother의 경우처럼 생략이 이루어진 비교절의 경우와 형용사의 뜻을 강화시켜 주는 as stubborn as a mule과 같은 직유적인 표현은 뜻에서만 다른 것이 아니라, 구조적으로도 다르다. 즉, 보통의 동등 비교에서는 앞에 놓인 as를 생략할 수 없는 반면, 직유적으로 쓰인 구조에서는 처음의 as를 생략할 수 있다.[21] 특히 구어체의 미국영어에서 앞에 나오는 as는 생략되어 good as gold, quick as lightning, safe as houses처럼 나타내기도 한다.

His hands were **cold as ice**.
[그의 손이 얼음장 같았다.]
Where money is concerned, she's **(as) hard as nails**.
[돈 문제라면 그녀는 인정사정이 없는 사람이다.]
He turned **red as a beet** when I found the letter.
[내가 그 편지를 발견하자 그는 얼굴이 홍당무가 되었다.]

19.4.1.3. as ... as possible

as ... as possible은 '...가/이 할 수 있는 최대한도로'(to the greatest degree that one is able)라는 글자 그대로의 뜻을 가진 관용어구로서 보통 '가급적'이라고 해석한다. 이 대신에 as ... as + 주어 + $\begin{Bmatrix} can \\ could \end{Bmatrix}$ 를 쓸 수 있다. as ... as 구조에서 점선 부분에는 그것이 문장에서 담당하는 문법적인 기능에 따라 형용사, 부사, 또는 명사구가 놓일 수 있다. 즉, 문장에서 be 동사를 비롯하여 연결동사에 대한 보어 역할을 하게 되면 형용사가, 그리고 동사에 대

---

21 On the surface, sentences like
   John is as stubborn as his brother.
   John is as stubborn as a mule.
   might seem to contain the same type of reduced structure. Actually, however, it is probably better to interpret only **as stubborn as his brother** as a reduced clause of comparison and to regard **as stubborn as a mule** merely as an idiomatic expression in which **as a mule** serves as a lively intensifier of the adjective **stubborn**. In fact, because the first **as** is frequently omitted in such idioms of comparison (**John is stubborn as a mule**) in informal usage, **as a mule** may be classified simply as a prepositional phrase. — Frank(1993: 268). See also Huddleston & Pullum (2002: 1130-1131).

한 수식어 역할을 하게 되면 부사가 놓이게 된다. 그리고 타동사에 대한 목적어 역할을 하는 것이라면 명사구가 놓인다.

His one object in life is to earn **as much as possible**.
[그의 한 가지 인생 목적은 가급적이면 많은 돈을 버는 것이다. → much는 동사 earn을 수식하고 있음.]

Maintain speeds **as close as possible** to the economical 55-70 kph range.
[가급적이면 시속 55-70킬로의 경제속도에 가까운 속도를 유지하도록 하라. → close는 부사로서 동사 maintain을 수식하고 있음.]

Get **as much information as possible**.
[가급적이면 많은 정보를 입수하도록 하라. → 명사구 much information은 타동사 get의 목적어 역할을 하고 있음.]

Once the damage is done, we must try, **as gracefully as we can**, to pick up the pieces.
[일단 잘못이 저질러지면 우리는 가급적 적절하게 사태를 수습하려고 노력하여야 한다. → 부사 gracefully는 동사 try를 수식하고 있음. pick up the pieces (of something): 사태를 수습/정상화하다.]

I came **as quickly as I could**.
[나는 최대한 빨리 왔다. → 부사 quickly는 동사 came을 수식하고 있음.]

19.4.1.4. 동등 비교의 부정

형용사나 부사의 원급 등을 비교 요소로 하는 긍정문은 as ... as를 사용하지만, 부정문으로 바뀌게 되면 as ... as의 구조 대신에 주로 not $\begin{Bmatrix} as \\ so \end{Bmatrix}$ ... as[22] 등을 사용한다. 따라서

---

22 Curme (1931: 294-295)에 의하면, as와 so는 그 기원과 뜻이 서로 같기 때문에, 특히 대화체의 말에서는 단순성이나 통일성이 강하게 작용하여 긍정문에서처럼 부정문에서도 단지 not만 첨가할 뿐 as ... as를 그대로 쓰려는 경향이 있다: This differentiation between *as — as* and *so — as*, though recommended by grammarians, has not become established in the language. In fact there has long been a fluctuation of usage here, since the two forms *so* and *as* have the same origin and meaning and hence are naturally used interchangeably. In the colloquial speech of our time there is a strong drift in the direction of greater simplicity and uniformity, a trend to employ *as — as* in both positive and negative statements, following the simple principle that *as — as* expresses equality and *not ... as — as* denies the existence of an

(12a)의 내용은 (12b)와 같이 된다.

(12) a. John is 18 and Bill is 19.
   b. John **isn't as old as** Bill is.
   [존은 빌보다 나이가 어리다.]

(12b)의 문장에서처럼 동등 비교에 대한 부정형은 주절의 주어와 비교절의 주어가 비교 요소로 나타나는 특성을 갖고 있는 정도가 동등하지 않다는 점을 말해 준다. 그러므로 동등 비교에 대한 부정형은 곧 차등 비교를 나타내게 되는데, 이 차등 비교의 내용은 주절의 주어와 종속절인 비교절의 주어 사이에서 '열등성'(inferiority) 또는 '우등성'(superiority) 관계를 나타낸다. 바로 이와 같은 점 때문에 동등 비교의 부정형은 19.4.2 이하에서 설명하는 차등 비교 형식인 more ... than과 less ... than 구조로 나타낼 수 있다. 따라서 예컨대 as ... as 의 부정형 구조 (13a)는 (13b, c)와 같은 뜻을 암시한다.

(13) a. The hat is *not* { as / so } expensive as the sweater.
   [그 모자가 스웨터만큼 비싸지 않다.]
   b. The hat is **less expensive than** the sweater.
   [모자가 스웨터보다 덜 비싸다.]
   c. The sweater is **more expensive than** the hat.
   [스웨터가 모자보다 더 비싸다.]

as ... as의 동등 비교에 대한 부정문 구조의 예를 몇 개 더 예시한다.

Paul does***n't*** have **as much money as** Peter does.
   [폴은 피터만큼 돈을 갖고 있지 않다.]
This course does***n't*** cover the material **as thoroughly as** that other course.
   [이 강좌는 다른 그 강좌만큼 교재 내용을 철저히 다루지 않고 있다.]
Knowledge is ***not*** **so precise a concept as** is commonly thought.

---

equality: 'I am *as* tall *as* she' and 'I am *not as* tall *as* she.' We often, however, employ *so* as the first correlative instead of *as* when we desire to stress not equality or inequality but the unusually high degree: 'You can't get one *só góod* as this.' 'In a country *só lárge* as the United States there must be a great variety of climate.'

[지식이란 흔히 생각되는 것처럼 그렇게 정확한 개념이 아니다.]

He did***n't*** contribute **as much to the discussion as** Susan did.

[그는 스잔만큼 그 논의를 하는데 기여하지 않았다.]

Reading or writing is **not as important as** listening or speaking at the beginning level.

[초기 단계에서는 읽기나 쓰기는 듣기나 말하기만큼 중요하지 않다.]

not 이외에 다른 부정어로서 부정대명사 nothing, 한정사 no, 또는 부사 never 등으로 나타날 수 있다.

There is ***nothing*** **so natural to him as** craving recognition.

[그에게 있어서 인정받기를 갈망하는 것은 조금도 부자연스러운 일이 아니다. → 주어로서 부정대명사 nothing이 쓰여 동등 비교에 부정의 뜻을 부여하고 있음.]

There is **no enemy so dangerous as** a bad conscience.

— Ernest Hemingway, "Advice to a Young Man"

[올바르지 못한 양심만큼 위험한 적은 없다. → 부정어 not 대신에 한정사로서 no가 쓰여 긍정형의 동등 비교를 부정하고 있음.]

I've ***never*** seen anyone $\begin{Bmatrix} so \\ as \end{Bmatrix}$ **happy as** Sue.

[나는 스우만큼 행복한 사람을 본 적이 없다. → 부정어 not 대신에 never가 쓰여 동등 비교를 부정하고 있음.]

이상의 예에서 본 것처럼 주절은 부정문의 형태로 표현될 수 있지만, 종속절인 비교절은 전달하고자 하는 뜻을 도무지 전달할 수 없기 때문에 부정형 동사를 사용하지 않는다.[23] 그러므로 예컨대 *He is as old as she is not.과 같은 문장은 의미 전달이 불가능하기 때문에 비문법적이다. 그러나 다음 문장에서처럼 술부의 동사가 아니라, 주어 역할을 하는 요소 자체가 부정어를 수반하는 경우에는 문법적으로 맞는 문장이 된다.

---

23 다만 다음과 같은 관용어구에서는 종속절에 부정어가 포함된다(문용 2008: 337).

When it snows, the trains are late $\begin{Bmatrix} \text{as often as not} \\ \text{more often than not} \end{Bmatrix}$.

[눈이 내리면 열차들이 늦는 일이 자주 있다.]

Trying hard and failing is not so bad as ***not trying*** at all.
[열심히 노력하다 실패하는 것은 전혀 노력하지도 않는 것보다 나쁠 것이 없다.]

not so ... as에서는 비교의 as-절이 축약될 수 있지만, not as ... as의 경우에는 축약이 불가능하다.

*Cyclists are **not as common**.
[→ as-절이 생략되면 부정어 not 다음에는 so가 쓰여야 하기 때문에 비문법적임.]
Cyclists are **not so common**.
[자전거를 타는 사람들이 그렇게 흔치 않다.]
He's **not so suitable** in my view.
[내가 보기에 그는 별로 적임자가 아니다.]

19.4.1.5. 배수 표현

배수를 나타내는 구조는 앞서 (10)에서 제시된 동등 비교 표현 as ... as 바로 앞에 half, twice, three times, four times 따위와 같은 배수사(倍數詞: multipliers)를 첨가해서 이루어진 (14)와 같은 구조로 나타난다.[24]

(14) 배수사 (half, twice, three times, four times, ...) + as $\begin{Bmatrix} \text{형용사} \\ \text{부사} \\ \text{many (...)} \\ \text{much (...)} \end{Bmatrix}$ as + ...

예컨대 배수를 나타내는 이와 같은 구조를 사용하여 (15a, b)에서처럼 높이가 서로 다른 건물에 대한 배수 관계를 (15c, d)처럼 나타낼 수 있다.

(15) a. One building is ten meters high.
[한 건물은 높이가 10m이다.]
 b. The other building is twenty meters high.
[다른 건물의 높이는 20m이다.]
 c. The second building is **twice as high as** the first one.

---

24 Swan (2005: 112).

[두 번째 건물의 높이는 첫 번째 건물 높이의 두 배이다.]
d. The first building is **half as high as** the second one.
[첫 번째 건물의 높이는 두 번째 건물 높이의 절반이다.]

다음 문장들도 (15c, d)와 같은 구조를 가지고 있다.

Their house is about *three times* **as big as** ours.
[그들의 집은 우리집보다 3배 정도나 크다.]
Water is *eight hundred times* **as dense as** air.
[물은 공기보다 800배나 밀도가 높다.]
The evidence reveals that heavy smokers have a risk *20 times* **as great as** non-smokers of contracting the disease.
[그 증거에 따르면, 담배를 많이 피우는 사람은 담배를 피우지 않는 사람들보다 20배나 더 질병에 걸릴 위험이 있다.]
According to the report, men who smoke are *twice* **as likely as** nonsmokers to die of cancer.
— Anastasia Toufexis, "Report from the Surgeon General"
[이 보고서에 의하면, 담배피우는 남성들은 담배피우지 않은 사람들보다 두 배나 더 암으로 사망할 가능성이 높다.]

배수사+as ... as의 동등 비교의 구조 대신에 배수사+비교급+than이 사용되기도 한다.[25]

The driver's blood-alcohol level was *three times* **higher than** the legal limit for intoxication.
[그 운전자의 혈중 알코올 수치는 음주에 대한 법적 한계치보다 세 배나 높았다.]
It was *ten times* **more difficult than** I expected.
[그 문제는 내가 예상했던 것보다 열 배나 더 어려웠다.]
She can walk *three times* **further than** you.
[그녀는 너보다 3배는 더 멀리 걸을 수 있다.]

---

25 Swan (2005: 118).

twice와 half는 이러한 표현에 쓰이지 않으며, 또한 이 다음에는 times가 쓰이지 않는 것 같다.

> She is **twice as lively as** her sister.
> [그녀는 자기 언니보다 두 배나 더 활달하다. → ... *twice livelier than her sister는 틀린 표현임.]
>
> You're **not half as clever as** you think you are.
> [너는 생각하는 것보다 절반만큼도 영리하지 못하다.]
>
> Inflation was so great that bread cost **twice as much in June as** it did in March.
> [통화 팽창률이 대단히 높아서 빵값이 3월보다 6월에 갑절이나 비쌌다.]
>
> Overall, studies comparing the health of vegetarians and meat-eaters show that the meat-eaters are *twice* **as likely** to die of heart disease **as** vegetarians are.
> — Karl Krahnke, "A Dietary Minority"
> [전반적으로 보면, 채식가와 육식을 하는 자의 건강상태를 비교한 연구 결과 육식을 하는 자들이 채식가들보다 두 배나 더 심장병으로 사망할 가능성이 많다는 점이 밝혀졌다.]

19.4.2. 차등 비교

차등 비교는 둘 사이를 서로 비교하는 문장에서 그 비교 대상 사이에 서로 우등과 열등의 차이가 있다는 점을 나타내는 것이다. 차등 비교가 나타내는 뜻은 두 가지 구조, 즉 '우등' 비교와 '열등' 비교 구조로 나타난다. 즉, 우등 비교는 '...보다 높은 정도'를 나타내고, 열등 비교는 '...보다 낮은 정도'를 나타내는 것으로서, 일반적으로 이와 같은 뜻은 (16)과 같은 구조로 나타난다.

> (16) X ... $\left\{ \begin{array}{c} \text{MORE} \\ \text{LESS} \end{array} \right\}$ A than Y
> (여기서 주절의 주어 X는 비교 요소인 A와 관련해서 비교절의 주어 Y와 우열의 차이가 있다.)

19.4.2.1. 우등 비교

우등 비교는 비교급 + than ...으로 나타내는데, 비교급 형태는 형용사나 부사의 원급 형태에 접미사 –er이 첨가된 형태이거나, 또는 이들 단어 앞에 more[26]가 첨가된 것이다. 예컨대 다음의 (17a), (17b) 두 개의 문장을 토대로 하여 (17c)와 같은 우등 비교를 나타내는 문장 구조를 만들 수 있다.

(17) a. Yesterday the temperature was five degrees.
　　 b. Today it's only two degrees.
　　 c. It's **colder** today **than** it was yesterday.
　　　　[오늘은 어제보다 더 춥다.]

문장 (17c)가 보여 주는 바와 같이, 우등 비교는 비교의 기준이 되는 비교절에 비하면 주절의 주어가 비교 요소를 더 많이 갖고 있다는 점에서 우등 비교라고 하는 것이다. 즉, 비교의

26　Quirk et al. (1985: 772)은 다음과 같이 more가 여섯 가지 문법적인 기능을 갖는다고 말하고 있다.
(i) 수량어(數量語: quantifier)로서 한정사 역할을 한다.
　There were *more accidents* on the highways this year than last year.
　　[고속도로에서 작년보다 올해에 더 많은 사고가 일어났다.]
(ii) 명사구의 중심어(head) 역할을 하여 단독으로 쓰이거나 전치구의 수식을 받는다.
　Perhaps next year *more of us* will be able to afford holidays abroad.
　　[아마도 내년에는 우리들 가운데 더 많은 사람들이 해외에서 휴가를 보낼 수 있겠지.]
　Ben has *more* than his three brothers.
　　[벤은 그의 세 형제들보다 더 많은 것을 갖고 있다.]
(iii) 부가어(adjunct)로서 부사적으로 쓰인다.
　I agree with you *more* than ((I agree) with) Robert.
　　[나는 로버트보다 너의 의견에 더 동의한다.]
(iv) 형용사구에서 형용사에 대한 수식어 역할을 한다.
　His speech was *more interesting* than I expected (it would be).
　　[그의 연설은 내가 예상했던 것보다 더 재미있었다.]
(v) 명사구에 들어 있는 형용사에 대한 수식어 역할을 한다.
　It was *a more lively discussion* than I expected (it would be).
　　[그것은 내가 예상했던 것보다 더 활기찬 토론이었다.]
(vi) 부사의 수식어 역할을 한다.
　The time passed *more quickly* than (it passed) last year.
　　[지난 해보다 시간이 더 빠르게 지났다.]

기준이 되는 어제의 추위와 비교하면 오늘이 더 춥다고 하는 It's **colder** today.가 곧 우등비교를 나타낸다는 것이다.

다음 문장들도 비교절에 포함된 특정한 기준을 토대로 하여 주절과 종속절의 내용에 깃들어 있는 두 대상 사이의 우등 관계를 나타내고 있다.

Danny is **three years older than** I.
[대니는 나보다 세 살 더 많다. → 비교절의 주어의 나이를 기준으로 대니가 세 살 더 많다는 뜻임.]

Every day, in hundreds of ordinary situations, actions speak *louder* than words. — Dianne Hales, "The Secret Language of Success"
[날마다 일어나는 수많은 일상적인 상황에서 행동이 말보다 더 중요하다.]

In most birds, the male is **bigger and more brightly colored than** the female.
[대부분의 새들의 경우에 수컷이 암컷 보다 더 크고 색깔이 더 화려하다.]

Legal duties may be said to be **more obligatory than** moral duties. — Sir Paul Vinogradoff, *Common Sense in Law*.
[법적 의무가 도덕적 의무보다 더 강제적이라고 말할 수 있을 것이다.]

I had **a bigger lunch today than** yesterday.
[오늘은 어제보다 점심을 더 많이 먹었다.]

He guessed **better than** the others.
[그는 다른 사람들보다 추리 능력이 뛰어났다.]

비교급 형태가 명사를 수식할 때 그 비교급 형태가 명사 앞에 놓였느냐 뒤에 놓였느냐에 따라 암시되는 뜻이 달라진다.

Lionel is a { **smarter lawyer** / **lawyer smarter** } than Albert.
[라이어널은 앨버트보다 더 유능한 변호사이다.]

여기서 a smarter lawyer than ...은 라이어널과 앨버트 둘 다 변호사이고, 이 중에서 라이어널이 더 유능한 변호사라는 점을 나타낸다. 이와는 달리, a lawyer smarter than ...은 라이어널은 변호사이지만, 앨버트는 변호사가 아닐 수도 있다는 점을 암시해 준다.[27] 바로 이러한 점에서 볼 때, 다음의 문장 (18a)는 John is taller than Mary.라는 뜻을 갖고 있기 때문에 문법적이지만, (18b)는 메리가 여자임에도 불구하고 남자라는 점을 전제로 삼는다는 뜻이 되어야 하기 때문에 문법적으로 틀린 문장이다.

(18) a. John is **a man taller than** Mary.
 [존은 메리보다 키가 큰 남자이다.]
 b. *John is **a taller man than** Mary.
 [→ than이 이끄는 절이 than Mary is X tall에서 축약된 것이라는 점을 말하는 것이기 때문에 틀린 문장으로 여겨짐.]

바로 이러한 의미상의 차이 때문에 (19)는 의장을 원숭이 범주에 포함시키고, 원숭이와 의장이 비교되고 있다는 점에서 모욕적이라는 뜻이 암시되는 것으로 설명된다. 만약 의장을 액면 그대로 해석하여 의장과 원숭이를 비교하는 것이라고 한다면 다음 문장 (19)는 틀린 문장이 된다.

(19) I've never met **a more intelligent monkey than** our Chairman.
 [나는 우리 의장보다 더 똑똑한 원숭이를 본 적이 없다.]

<more lazy than stupid 등>
동일한 사람이나 동일한 물건이 갖는 두 가지 서로 다른 특성(qualities)을 비교할 때, 다시 말하자면 두 가지 비교 요소 중에서 어느 한쪽이 다른 한쪽보다 더 적절하다거나 더 정확하다고 말하고자 할 때에는 한 음절로 된 형용사일지라도 -er을 첨가하지 않고, more를 사

---

27 If we say
  There are more intelligent monkeys than Herbert.
 we make it clear that Herbert is a monkey; that is, by placing the comparative adjective in front of the noun, we transfer the meaning of the noun to the noun phrase in the comparative clause. On the other hand, we could use an alternative construction in which the comparative adjective is placed after the head in a relative clause or reduced relative clause:
 There are monkeys (who are) more intelligent than Herbert.
 In this case, we do not know whether Herbert is a monkey or not; he may be a man whom the speaker wishes to insult. — Quirk et al. (1972: 772-773).

용한다.[28] 즉, 이 경우에는 비교 요소가 하나가 아니라, 두 가지이다. 예컨대 He's more lazy **than** stupid.에는 두 가지 비교 요소로서 게으름(laziness)과 우둔함(stupidity)이 포함되어 있다. 따라서 이 문장은 그 사람이 우둔한 점도 있지만, 그보다 게으른 점이 더 많다고 말하는 것이 오히려 적절하다는 뜻을 나타낸다.

> He's **more lazy than stupid**.
> (= 'It is more accurate to say that he is lazy rather than (he is) stupid.')
>   [그는 우둔한 것보다 더 게으르다.]
> The performance was **more good than bad**.
>   [공연이 형편없었다기보다 더 잘된 편이었다.]
> She's **more thoughtless than stupid**.
>   [그녀는 우둔하다기보다 오히려 지각이 없는 편이다.]
> He's **more friendly than helpful**.
>   [그 사람은 협력적이라기보다 더 우호적이다.]
> His mother was **more kind than intelligent**.
>   [그의 어머니는 총명하다고 하는 것보다 오히려 더 친절한 편이었다.]
> TV is **more entertaining than educational**.
>   [텔레비전은 교육적이라기보다 더 즐거움을 주는 것이다.]

이상과 같은 예들은 격식을 갖춘 영어에서 쓰이는 편이라면, 격식을 갖추지 않은 영어에서는 than 다음에 주절의 주어와 동사가 반복해서 나타나는 편이다.

> Buicks are **more comfortable than *they are* economical**.
> (Rutherford 1968: 200)
>   [부익은 경제적이라기보다 오히려 더 편안한 자동차이다. → Buick은 GM에서 생산하는
>   미국산 자동차 이름.]
> He is **more shy than (*he is*) unsocial**. (Hornby 1975: 225)
>   [그는 사교성이 없다고 하는 것보다 오히려 더 수줍어하는 편이다.]

---

28 When we compare two descriptions (saying that one is more suitable or accurate than another), we use *more*; comparatives with *-er* are not possible. — Swan (2005: 114). See also Curme (1931: 505), Declerck (1991: 344), Jespersen (1949: 383-384; 1933: 223).

더 나아가 이상과 같은 비교 구조가 나타내는 내용을 not so much B as A(B라기보다 오히려 A) 또는 A rather than B(B라기보다 오히려 A)와 같은 구조를 사용하여 달리 표현할 수 있다.

    I was **more sad** than **angry**.
               A   B
    (= 'I was not so much **angry** as **sad**. *or* I was **sad** rather than **angry**.')
        [나는 화가 났다고 하는 것보다 오히려 슬픈 편이었다.]

19.4.2.2. 열등 비교

열등 비교는 주절의 주어가 비교절의 주어에 비해 비교 요소로 나타나는 어떤 특성을 덜 가지고 있음을 나타내는 것으로서, less + {형용사/부사}의 원급 + than ...과 같은 구조로 나타난다. 예컨대 우등 비교형 colder than ...을 열등 비교 표현으로 나타내면 less cold than ...이 되는데, colder than...을 사용하느냐, less cold than ...을 사용하느냐 하는 것은 언어 사용자의 관점에 달려 있다.

    It was cold in the house, but it was **less cold than** outside.
        [집안이 추웠지만, 바깥보다는 덜 추웠다.]

여기서 less cold를 선택하게 된 이유는, 그 집이 얼마나 따뜻했느냐 하는 것이 아니라, 얼마나 추웠느냐 하는 점을 비교해서 말하고자 하기 때문이다.[29]
    다음과 같은 문장들의 경우에도 같은 식으로 설명될 수 있다.

---

[29] 12 This watch is { not {so / = as} dear as / less expensive than } that one.

The complications discussed in 7.12 could always be avoided by re-wording an example like [12] as follows:
 12a This watch is cheaper than that one.
However, there is a slight difference in meaning between [12] and [12a]. In [12], the impression is given that both watches are expensive but that one is less so than the other. In [12a], the impression is given that both watches are cheap. — Close (1975: 155-156).

Dried foods take up **less room and weigh less than** the same food packed in cans or frozen.

[건조 식품은 동일한 식품을 캔으로 된 것이나 냉동된 것보다 공간을 덜 차지하고 무게가 덜 나간다.]

We are **less bored than** our ancestors were, but we are more afraid of boredom.

[우리는 우리 선조들보다 덜 지루하다고 느끼지만, 권태감을 더 두려워한다.]

She dances **less gracefully than** Sally does.

[그녀는 샐리보다 춤 솜씨가 우아하지 못하다.]

I've got **less energy than** I used to have.

[나는 전보다 정력이 더 떨어졌다.]

Statistics show that people now drink **less beer than** they used to, and smoke fewer cigarettes.

[통계가 보여주는 바는 사람들이 지금은 전보다 맥주를 덜 마시고, 담배를 덜 피운다는 점이다.]

특히 격식적인 영어에서는 이러한 구조가 즐겨 사용되는 반면, 격식을 갖추지 않은 영어에서는 같은 내용을 as ... as의 구조를 사용하여 부정문으로도 나타낼 수 있다.[30] 특히, 형용사나 부사 형태가 짧은 것일 때에는 동등 비교의 부정형 구조가 더 많이 쓰이는 것 같다.

It was cold in the house, but it was**n't as cold as** outside.

[집안이 추웠지만, 바깥만큼은 춥지 않았다.]

The new edition is **not so expensive as** the old edition.

[신판은 구판만큼 비싸지 않다.]

Mr Green's **not so old as** he looks.

[그린 씨는 겉보기만큼 나이가 들지 않았다.]

또는 (20a, b) 두 문장의 관계에서처럼 (20a)의 열등 비교 대신에 주어 he와 she를 서로

---

30 Comparisons with *less* are not very frequent; instead of *less dangerous than*, we often say *not as dangerous as* (or *not so dangerous as*), and whenever there are two adjs. of opposite meaning, we say, for instance, *weaker than* rather than *less strong than*. — Jespersen (1949: 385).

바꿔 (20b)에서와 같이 우등 비교 구조로도 나타낼 수 있다.

(20) a. *He* made **less progress than** *she* did.   [열등 비교]
  [그 남자가 그 여자보다 덜 발전했다.]
 b. *She* made **more progress than** *he* did.   [우등 비교]
  [그녀가 그 남자보다 더 발전했다.]

19.4.2.3. the + 비교급

비교급 형태가 정관사 the를 동반하는 한 가지 경우는 the shorter of the two lines와 같은 표현처럼 오로지 비교 대상이 둘뿐이라는 점을 명확히 밝히고자 할 때이다. 특히 이런 경우에 비교급 다음에는 비교되는 두 대상을 명확히 밝히기 위하여 of the two (...) 따위와 같은 전치사구가 수반되는 것이 보통이지만, 비교되는 대상이 어떤 것인지 명백할 경우에는 생략되기도 한다.[31]

She is **the more reliable** *of the two*.
  [그 둘 중에서 그녀가 더 신뢰할만하다.]
Look at these two watches. Which is **the cheaper** (*of the two*)?
  [이 두 개의 시계를 보아라. (둘 중에서) 어느 것이 더 싼가?]
There are two windmills, **the larger of which** stands a hundred feet high.
  [풍차가 둘 있는데, 그 중에 보다 큰 것은 높이가 100피트나 된다.]
She chose **the more expensive one**.
  [그녀는 더 비싼 것을 골랐다.]

(all/any/none) the + 비교급 구조에서 the는 'by that much'(그만큼)라는 뜻으로 쓰인 것이다. 이러한 구조는 어떤 대상이 '더 ...하게 되는' 이유를 나타내고자 할 때 쓰인다. 즉, 둘 사이에는 인과 관계가 있기 때문이다. 예컨대 다음의 첫 문장에서 더 건강해 보이는 것과 휴

---

31 Comparative adjectives are sometimes used as headwords in fairly formal English. When we use a comparative adjective as a headword, you put 'the' in front of it, and follow it with 'of' and a noun group which refers to the two things being compared.... If it is clear what you are talking about, you can omit 'of' and the following noun group. — Sinclair (1990: 86-87).

가를 가졌다는 점이 서로 관계가 있음을 알 수 있다.

| all the better | any the wiser | any the worse | |
| all the more | none the wiser | no worse | none the worse |

He's had a holiday and looks **the better for it**.

[그는 휴식을 취해서 더 건강해 보인다.]

Sunday mornings were nice. I enjoyed them **all the more because Sue used to come round to breakfast**.

[일요일 아침은 기분이 좋았다. 스우가 늘 아침 식사를 하러 오기 때문에 일요일 아침이 그만큼 더 즐거웠다.]

"THEY SAY best men are molded out of faults," wrote Shakespeare in *Measure for Measure*, "and, for the most, become much more **the better for being a little bad**." — Mary Murray, "When You've Done Wrong"

["훌륭한 사람은 실수를 통해서 만들어진다고 합니다. 대개 사람들은 약간 나쁜 행동을 했기 때문에 그만큼 더 훌륭한 사람이 됩니다." 라고 셰익스피어는 *Measure for Measure* (자에는 자로)에서 이렇게 썼다.]

He is **none the wiser for all his experiences**.

[그는 그만큼 경험을 쌓았는데도 전혀 현명하지 않다.]

My car is **none the worse for the accident**.

(= '... is no worse because of the accident.')

[사고가 났다고 해서 내 자동차 상태가 더 나빠진 것은 아니다.]

I am not **the more inclined to give him special favors** because he is a student.

[나는 그가 학생이라고 해서 그만큼 더 그에게 호의를 베풀고 싶은 생각은 없다.]

예컨대 As he grew up, he became more cautious.(나이가 들수록 그는 더 신중해졌다.) 에서처럼 more cautious에 the가 첨가되지 않은 까닭은 the가 있을 때보다 두 개의 절 사이에 인과 관계가 더 밀접하지 않기 때문이다.[32]

---

32 문용 (2008: 346).

19.4.2.4. the + 비교급 ..., the + 비교급 ...

이 구문은 '조건적 관계'(conditional relationship), 즉 한 가지 변화가 발생하면 이에 따라 다른 변화도 같은 비례로 동시에 발생한다는 내용을 나타내는 상관적(相關的: correlative) 비교구문이다.

The older you get, **the more cautious** you become.
(= ' $\begin{Bmatrix} \text{If} \\ \text{As} \end{Bmatrix}$ you get older, you become more cautious.')
[사람들은 나이가 들면 들수록 더 신중해진다.]

As we climbed higher, it became colder and heavy rain began to fall, making it difficult at times to see the road clearly.
— Donn Byrne & Edwin Cornelius, Jr. "Night Travelers"
[더 높이 올라감에 따라 날씨가 더 추워졌고, 비가 많이 내려 가끔 도로가 제대로 보이지 않았다. → 위 문장에서 As we climbed ~ colder 까지를 **The higher** we climbed, **the colder** it became. 으로 바꿀 수 있음.]

As you become a happier person, the left frontal region of your brain becomes more active. — Rick Hanson & Richard Mendius, *Buddha's Brain: the practical neuroscience of happiness, love & wisdom.*
[여러분이 더욱 행복해지게 됨에 따라 왼쪽 앞부분의 뇌 활동이 더욱 활발해진다.]

다시 말하자면, 쉼표로 분리된 두 개의 절에서 주어가 나타내는 어떤 상황이 동시에 변하거나 달라진다는 뜻을 나타내거나, 변화 가능한 두 가지 양이 서로 체계적으로 관련되어 있음을 나타낼 때 사용된다. 이러한 경우에 두 개의 절이 모두 똑같이 the + 비교급 + 주어 + 동사 ...의 어순을 가지며, 앞에 나오는 절이 부사절의 뜻을 갖는다. 특히 비교급 형태로서 more careful(ly)이나 more money의 경우처럼 more 다음에 형용사나 부사, 또는 명사가 오게 되면 이 전체가 비교급 형태이며, more만 단독으로 비교급 형태가 되지 않는다는 점을 잊지 말아야 한다. 그러므로 위의 문장을 한 예로 들자면, the more cautious 전체가 비교급 형태임에도 불구하고 the more만 단독으로 비교급 형태로 착각하여 *the more you become cautious라고 하게 되면 틀린 표현이 된다.

The stronger the motivation is, **the more quickly** a person learns a foreign language.

[동기가 강하면 강할수록 더 빨리 외국어를 학습하게 된다.]

The more we help others, **the more** we receive in return.

[남을 도우면 도운 것만큼 보답을 받습니다.]

The richer and more powerful they become, **the emptier** they feel inwardly.

— Paramhanda Yogananda, *How to be Happy All the Time*.

[사람들은 더 부유해지고 더 강한 힘을 가질수록 그만큼 더 내적으로는 텅 비어 있다고 느낀다.]

There are many theories about how language works, but **the more** language is studied **the more complex** it seems to become.

[언어의 기능에 대한 이론이 많다. 하지만 언어가 더 많이 연구되면 될수록 그것은 그만큼 더 복잡해지는 것처럼 보인다.]

The more widely we scatter our energies, **the less power** we have left to direct toward any specific undertaking.

— Paramhansa Yogananda, *How to be Happy All the Time*

[우리가 에너지를 더 널리 분산시키면 시킬수록 어떤 특정한 일을 할 수 있는 우리에게 남은 힘은 더 줄어든다.]

Ironically, **the less** you fight with yourself or force yourself to meditate, **the more** you will relax and reach greater stillness.

— Swami Rama, *Meditation and Practice*.

[역설적이지만, 자신과 싸우거나 억지로 명상을 덜 하려고 할수록 그만큼 더 긴장이 풀리고 마음이 더 고요해진다.]

이러한 구조에서 many와 much의 비교급 형태 more가 명사와 같이 쓰일 수 있다.

The more money he makes, **the more useless things** he buys.

[그는 돈을 더 많이 벌면 벌수록 더 많이 쓸모없는 물건을 산다.]

The more things a man is interested in, **the more opportunities** of happiness he has.

[인간이 더 많은 것에 관심을 가질수록 그만큼 행복해질 수 있는 기회가 더 많아진다.]

It's a general moral principle that **the more power** you have over someone,

비교구문(Comparative Constructions) 135

the greater your duty is to use that power benevolently.
— Hanson, Rick. *Buddha's Brain: the practical neuroscience of happiness, love and wisdom.*
[다른 사람들을 통제할 힘이 더 많으면 많을수록 그 힘을 자비롭게 사용할 의무는 그만큼 더 커진다는 것이 일반화된 도덕적인 원칙이다.]

비교급 형태가 be 동사에 대한 보어 역할을 하는 형용사구이면 be 동사가 생략될 수 있으며, 문맥 내용이 명확할 경우에는 주어와 동사 등이 모두 생략되고 오로지 두 개의 the + 비교급 형태만 나타날 수도 있다.[33]

The longer the journey (is), **the more expensive** the ticket (is).
[여행이 길어질수록 표 값은 더 비싸진다.]
'Can I bring some friends to your party?' — 'Of course. **The more the better**.'
['너의 파티에 친구를 몇 명 데리고 가도 돼?' — '물론. 많으면 많을수록 좋지.' → = 'The more people there are, the better the party will be.']
'How do you like your coffee?' — '**The stronger the better**.'
['커피를 어떻게 해드릴까요?' — '진하면 진할수록 더 좋아요.' → = 'The stronger (the coffee is), the better (it is)'.]

19.4.2.5. hotter and hotter 등

hotter and hotter, more and more attractive, less and less interested 따위와 같은 예에서처럼 두 개의 동일한 비교급 형태가 and로 연결되어 끊임없이 '증가하거나 감소하는' 과정이 이루어지고 있다는 점을 나타낸다.

Fewer and fewer families are working on the land these days.
[요즘에는 농장에서 일하는 가정들이 점점 더 줄어들고 있다.]
Things got **worse and worse** as time went on.

---

33 Where the comparative phrase is a predicative AdjP, the verb *be* may be omitted, and in the fronted version it is possible to reduce either the head clause alone or both clauses to just the comparative phrase. — Huddleston & Pullum (2002: 1136).

[세월이 흐름에 따라 상황이 점점 더 악화되었다.]

The air is getting **more and more** polluted.

[공기가 점점 더 오염되고 있다.]

Success grows **less and less** dependent on luck and chance.
— Ernest Hemingway, "Advice to a Young Man"

[성공이 행운과 요행에 의존하는 경향은 점점 더 줄어들고 있다.]

But the last few decades have seen women in **greater and greater** numbers take on the role of chief wage earner as head of a family, or of co-wage earner if she is married.
— Gladys Doty & Janet Ross, *Language and Life in the U.S.A.*

[그러나 지난 수십년간 점점 더 많은 여성들이 가장으로서 주된 임금 근로자 역할을 하거나, 결혼했으면 공동 임금 근로자로서 역할을 담당해 왔다.]

If you owe the company $500 and do not pay it that month, the company adds $6 to $8.50 to the $500. Then you owe from $506 to $508.50. The interest is added every month, so a bill that is not paid gets **bigger and bigger**. — Karl Krahnke, "Plastic Poison"

[회사에 500불의 빚을 지고 그것을 그 달에 갚지 않으면 회사는 그 500불에 6불에서 8.50불까지를 덧붙인다. 그러면 여러분은 506불에서 508.50불까지의 빚을 진다. 매달 이자가 붙어서 갚지 못한 청구서 요금이 점점 더 커진다.]

more and more와 -er and -er 대신에 increasingly를, less and less 대신에 decreasingly를 사용해서 같은 뜻을 전달할 수 있다.

I was becoming **more and more depressed**.
(= 'I was becoming **increasingly depressed**.')

[나는 점차적으로 힘이 빠져가고 있었다.]

Language is becoming **increasingly valuable** as a guide to the scientific study of a given culture.
— Edward Sapir, *Culture, Language and Personality*.

[언어는 특정 문화를 과학적으로 연구하는데 필요한 안내자로서 점점 더 소중한 역할을 하고 있다.]

다음과 같은 예에서는 분사형 increasing이 이와 유사한 뜻을 나타내고 있다.

The number of deaths due to lung cancer is **steadily increasing**.
[폐암으로 인한 사망자수가 꾸준히 증가하고 있다.]

19.4.2.6. more than + 형용사 등

more than, less than, worse than 등이 형용사 앞에 놓여 각각 'very'와 'not very'에 대한 대용 형태로 쓰인다.[34]

I was **more than satisfied** with the pay rise. I was over the moon!
[나는 봉급 인상에 매우 만족했다. 나는 행복감에 젖었다!]
If you are not satisfied with your purchase, we will be **more than happy** to refund your money.
[구입한 물건이 만족스럽지 못하면 저희들은 기꺼이 환불해 드리지요.]
Her tutor was **less than happy** with the examination results. (= not very)
[그녀의 가정교사는 시험 결과에 썩 즐거워하지는 않았다.]
This foot-pump is **worse than useless**.
[이 공기 펌프는 아주 쓸모없다.]

19.4.2.7. 정도 명사의 등급성

서술적으로 쓰인 단수 가산명사나 불가산명사 등 정도 명사의 등급을 나타내는데 비교급 형태의 $\begin{Bmatrix} less \\ more \end{Bmatrix}$ of a ... than ... 구조가 쓰인다.[35] 이것은 예컨대 How much of a fool is he?(그 사람이 얼마나 바보인가?) 따위와 같은 의문문에 대한 대답으로 나타날 수 있는 등급

34　Carter & McCarthy (2006: 766). See also Alexander (1996: 121).
35　[18]　i *Jill's more of a scholar than Tom is.*
　　　　ii *The delay turned out to be less of a problem than we'd expected.*
　　The comparative form *more* and *less* are used in grading count singular heads in predicative NPs: it is a matter of the degree to which Jill is a scholar, and to which the delay was a problem. — Huddleston & Pullum (2002: 1127). See also Quirk et al. (1972: 773, note [b]).

의 문제이다. 즉, 이 명사가 나타내는 등급의 정도를 서로 비교하는 것이다.

 Jill's **more of a scholar than** Tom is.
  [질은 톰보다 더 학자다운 면이 있다.]
Oliver is **more of a liar than** anyone else.
  [올리버는 다른 누구보다도 더 거짓말쟁이다운 면이 있다.]
The delay turned out to be **less of a problem than** we'd expected.
  [지연이 우리의 예상보다 별로 문제가 되지 않은 것으로 드러났다.]
It was **less of a success than** I imagined (it would be).
  [그것은 내가 생각했던 것보다 성공적인 면이 덜했다.]

19.4.2.8. 비교급이 포함된 각종 표현들

1) A is no more B than C (is D)

자주 사용되는 비교 표현들이 약간 있는데, 그 중의 하나로서 A is no more B than C is (D)는 "C가 ...(D) 아니듯이 A도 B가 아니다."라는 뜻을 나타낸다. 이 경우에 D는 이미 앞에 나온 B를 가리키거나, 또는 이와 다른 대상을 가리킬 수 있다. 이러한 구조는 C가 D 아님이 분명하다는 어느 누구도 감히 부인하지 못하는 명백한 사실을 내세워 A가 B 아님을 보다 선명하게 드러내기 위한 표현이다. 예컨대 He's no more your friend than I'm your mother.(내가 너의 어머니가 아니듯이 그 사람도 너의 친구가 아니다.)라는 문장을 보자. 이 문장에서 내가 너의 어머니가 아니라는 점이 분명하다는 점을 내세워 그 사람 역시 너의 친구가 아니라고 하는 점을 명백히 밝히려고 하는 것이다. 특히 이러한 구조가 갖는 수사학적인 효과는 비교하려고 하는 것이라기보다는 오히려 "A는 B가 아니다."라는 '부정'의 뜻을 보다 더 강화하려는 점이다.

 He is **no more** fit to be a priest **than** I am!
 (= 'Just as I am not fit to be a priest, so he is not fit to be a priest.')
  [내가 성직자로서 적임자가 아니듯이 그 사람도 결코 성직자로서 적임자가 아니다.]
A classic survives because the passionate few can **no more** neglect it **than** a bee can neglect a flower.
 — Arnold Bennett, "Why a Classic is a Classic?"

[벌이 꽃을 멀리 할 수 없듯이 열성적인 소수의 사람들도 고전을 멀리 할 수 없기 때문에 고전의 생명이 유지되는 것이다.]

more가 정도 명사(gradable nouns)를 수식할 때도 같은 뜻을 갖는다.

She is **no more** *a fool* **than** you are.
[네가 바보가 아니듯이 그녀도 바보가 아니다. → a fool은 정도 명사임.]

no more ... than의 뜻을 강조하기 위한 변이형(variant)으로 이 대신에 not any more (...) than을 사용할 수 있다.

Work is **no more** the object of life **than** play is.
= Work is **not** the object of life **any more than** play is.
[놀이가 인생의 목적이 아니듯이 노동도 인생의 목적이 아니다.]
Rachel is**n't any more** courageous **than** Saul is.
[사울이 용감하지 않은 것처럼 레이첼도 용감하지 않다.]
Last of all, sign-language is **not any more** truly international **than** speech.
— Mario Pei, *All about Language*.
[마지막으로, 말이 국제적인 것이 아니듯이, 기호 언어도 참으로 국제적인 것이 못 된다.]
It is **unlikely** that Indo-European was **any more** static **than** the languages that are descended from it.
— G. L. Brook, *A History of the English Language*.
[인구어에서 내려온 언어들이 정적인 것이 아니듯이 인구어도 정적인 언어가 아닌 것 같다. → Indo-European = Indo-European family of languages (인구어족). 인구어족은 동쪽으로는 인도에서 서쪽으로는 스페인에 이르기까지의 광대한 지역에서 사용되는 언어들의 계보.]

2) no more than
no more than은 'only'의 뜻이며, not more than은 'at most'(기껏해야)라는 뜻을 갖는다.

Hence the terms *family, ancestor, parent,* and other genealogical expressions when applied to language must be regarded as **no more than** metaphors.

[그러므로 가족, 조상, 부모와 그밖의 계보를 나타내는 표현들이 언어에 적용되면 은유적인 것에 불과한 것으로 여겨지는 것이 틀림없다.]

There were **not more than** a hundred people at the rally.

[집회에 참석한 인원은 기껏해야 100명 정도였다.]

not more ... than은 more ... than의 부정형으로서, no more ... than이나 not any more ... than과 다르다. 이 경우에 more는 부사이거나 정도 명사의 수식어이다.[36]

I am **not more** tired **than** you are.

[나는 너보다 더 피곤하지 않다. → 피곤하기는 둘 다 마찬가지이지만, 종속절의 주어 you가 더 피곤하다는 뜻임.]

Rachel is **not more** courageous **than** Saul is.

[레이첼은 사울보다 더 용감하지 않다.]

3) no less ... than

X no less A than Y는 "X는 Y와 마찬가지로 A하거나 또는 더 A하다."라는 뜻이며, X not less A than Y는 "X는 Y보다 나을지언정 못지않게 A하다."라는 뜻이다.

She is **no less** beautiful **than** her mother.

[그녀는 자기 어머니 못지않게 미인이다. → 본질적으로 보면 딸이 어머니의 아름다움보다 못하지 않으며, 따라서 어머니 못지않게 미인이다, 어머니와 똑같게 미인이라는 뜻임.]

She is **not less** beautiful **than** her mother.

[그녀는 자기 어머니보다 나을지언정 못하지 않은 미인이다. → 어쩌면 어머니 이상으로 딸이 예쁘다는 뜻을 포함하고 있음.]

no less than은 'as $\begin{Bmatrix} many \\ much \end{Bmatrix}$ as'라는 뜻이다. 따라서 no less than fifty는 많다는 점을 강조한다. not less than은 'at least'라는 뜻이다. no fewer than은 no less than과 마찬가지로 숫자가 많음을 강조한다. 격식적인 글에서는 no less than보다 오히려 no fewer than을 쓰이는 편이다.

---

36 Quirk et al. (1985: 1136-1137).

The guide contains details of **no less than** 115 hiking routes.
  [그 안내책자에는 115 개나 되는 등산로에 대한 세부 사항이 들어 있다.]
There were **not less than** a thousand people there.
  [그곳에는 최소한 천명의 사람들이 있었다.]
There were **no fewer than** 150 people at the party.
  [그 파티에는 최소한 150명이 참석했었다.]

4) no + 비교급

no + 비교급 구조는 어떤 대상이 다른 대상보다 비교 요소가 나타내는 특성을 더 갖고 있는 것이 아니라는 점을 강조해서 나타내고자 할 때 사용된다. 따라서 It is no bigger than my little finger.에서 no bigger than은 'as small as'라는 뜻으로서 그것의 크기가 나의 새끼손가락 크기 정도밖에 되지 않음을 나타낸다.

He is **no better than** a thief.
  [그는 도둑놈이나 마찬가지이다. → no better than 은 'almost as bad as ...'의 뜻임.]
At the end of the day the new manager is **no better than** the previous one.
  [모든 점을 고려해 볼 때 신임 경영주는 전 경영주보다 나을 바가 없다. → at the end of the day는 'when everything is considered'라는 뜻임.]
I'm feeling **no worse than** yesterday.
  [기분이 어제와 마찬가지로 좋지 않다.]
Edwin James was **no smarter than** anybody else.
  [에드윈 제임스는 다른 어떤 사람보다 더 영리하지 않았다.]

19.4.3. 최상급 표현

전형적으로 최상급의 뜻을 나타내는 표현으로는 the + 최상급 형태로 나타나는 구조를 들 수 있지만, 뜻으로 보면 최상급은 여러 가지 형태로 나타난다. 즉, 문장 구조에 따라 원급 형태로 나타나거나, 비교급 형태로도 나타나는 예를 얼마든지 볼 수 있다.

19.4.3.1. the + 최상급 형태

1) 최상급 표현은 일정한 수효 안에서 비교 요소와 관련하여 '정도가 가장 높은/ 낮은' 사

람이나 사물 등을 가리킬 때 사용된다. 다시 말하자면, 비교 요소와 관련된 특정한 등급의 양극단, 즉 우등(superiority)과 열등(inferiority)을 나타내는 것으로서, 거의 언제나 특정한 대상에 대하여 말하는 것이기 때문에 최상급 표현은 반드시 the + 최상급 형태로 나타내게 된다.

> John is **the tallest**.
> [존이 가장 키가 크다.]

One of **the most obvious** preconditions for economic growth is a stable government.
> [경제 성장의 가장 명백한 선결조건 중의 하나는 안정된 정부이다.]

This is **the least difficult** problem of them all.
> [이 문제가 그 모든 문제들 중에서 가장 쉽다.]

지시 대상이 명확하면 최상급 다음에 수식어구가 불필요하다. 그러므로 위의 첫 문장은 존이 같은 집단에 속하는 둘 이상의 사람과 비교되고 있다는 점을 청자가 이해하고 있음을 암시한다. 반면에, 비교 관계가 불분명하면 장소나 시간을 나타내기 위해 대개 in으로 시작되는 전치사구가 나타나거나, 그렇지 않으면 사람이나 사물의 무리를 나타내는 of로 시작되는 전치사구를 수반하게 된다. 특히 of-구는 장소나 집단을 나타내는 단수형의 낱말과 같이 쓰이지 않고, 이들의 복수형과 같이 쓰인다. 마지막 예문에서 전치사 of-구가 문두에 놓인 것은 그것이 주제가 되기 때문이다.

> Jobs helped turn it (= Apple) into one of **the most valuable** companies *in the world*. — Voice of America.
> [(스티브) 잡스는 애플사를 세계에서 가장 값어치 있는 회사 가운데 하나로 변모시키는데 기여했다.]

She's **the fastest** player *in the team*.
> [그녀는 그 팀에서 가장 빠른 선수다.]

On that cold evening in 1912, 1,513 people lost their lives in one of **the worst** sea disasters *in history*.
> [1912년 추운 그날 저녁에 1,513명의 사람들이 역사상 최악의 해난 사고 중의 하나로 목숨을 잃었다.]

Marilyn Monroe is **the most famous** *of all American movie queens*.

[마릴린 먼로는 미국의 모든 여배우들 중에서 가장 유명하다.]

She chose **the least expensive** of the hotels.

[그녀는 호텔들 중에서 가장 싼 호텔을 택했다.]

Of all the characteristics of ordinary human nature envy is **the most unfortunate**. — Ernest Hemingway, "Advice to a Young Man"

[평범한 인간성의 모든 특징 중에서 부러워하는 마음을 갖는 것이 가장 불행한 것이다.]

일반적으로 최상급을 사용할 경우에는 주절의 주어가 비교 대상의 무리에 포함된다. 그렇지만 이 주어가 비교 대상의 무리에 포함되지 않을 수도 있는데, 이러한 상황을 전달하는 경우에는 최상급이 쓰이지 않고 비교급 형태가 쓰이게 된다.[37]

Mary's **the tallest** of the four girls.

[메리가 그 네 소녀들 중에서 가장 키가 크다. → 메리는 네 명의 소녀들 안에 포함되기 때문에 최상급 형태가 쓰이고 있음.]

Mary's **taller than** her three sisters.

[메리는 자신의 세 자매보다 더 키가 크다. → 메리는 세 자매에 포함되지 않는 것으로 간주되기 때문에 비교급 형태가 쓰이고 있음.]

다음과 같은 예도 같은 식으로 설명된다.

Alaska is **the largest** of the 50 states.

[알라스카 주가 50 주 중에서 가장 크다.]

---

37 We use a comparative to compare one person, thing, action, event or group with another person, thing, etc. We use a superlative to compare somebody/something with the whole group that he/she/it belongs to.

Compare:
— Mary's **taller** than her three sisters.
  Mary's **the tallest** of the four girls. (NOT ... ~~the taller~~ ...)
— Your accent is **worse** than mine.
  Your accent is **the worst** in the class. (NOT ... ~~the worse~~ ...)
— He plays **better** than everybody else in the team.
  He's **the best** in the team.
— Swan (2005: 115).

Alaska is **larger than** the other 49 states.
[알라스카 주가 다른 49 주보다 크다.]

2) 최상급 표현 다음에 관계사절이 놓여 선행사의 지시 범위를 제한하기도 하는데, 이 절 안에는 ... ever heard/met/read/seen 등을 포함한 현재완료 형태의 동사를 수반하는 경우가 많다.

War and Peace is **the longest** book *(that) I have ever read*.
[『전쟁과 평화』는 내가 여태껏 읽었던 책 중에서 가장 긴 것이다.]
This meeting has been, without doubt, one of **the most useful** *we have had so far*.
[분명히 이번 회의는 우리가 여태껏 가졌던 가장 유익한 회의 중의 한 회의였다.]

최상급 표현 다음에 부정사절이 오면 그 부정사절은 관계사절이 나타내는 뜻과 같다.

She's **the youngest** person *ever to swim* the Channel.
(= ... the youngest person who has ever swum the Channel.)
[그녀는 여태껏 영국 해협을 수영한 사람들 중에서 최연소자이다.]

서수가 최상급을 수반하여 어떤 것이 그 부류 중 거의 모든 다른 것들보다 어떤 특성을 더 많이 가지고 있음을 나타낸다. 예컨대 the second largest mountain이라고 하면 이것은 가장 높은 산을 제외한 다른 어떤 산보다 높다는 뜻이다.[38]

Japan is the main market for our products, and **the next biggest** market is Germany.
[일본은 우리 제품의 주된 시장이며, 그 다음으로 가장 큰 시장은 독일이다.]
Lake Michigan is **the second largest** of the Great Lakes by volume and

---

[38] Ordinal numbers are used with superlatives to indicate that something has more of a quality than nearly all other things of their kind. For example, if you say that a mountain is 'the second highest mountain', you mean that it is higher than any other mountain except the highest one. — Sinclair (1990: 89).

the third largest by surface area, after Lake Superior and Lake Huron.
  [미시간호는 체적으로는 북미의 오대호 중에서 두 번째로 가장 크지만, 표면적으로는 스피리어호와 휴론호에 이어 세 번째로 가장 큰 호수이다. →the Great Lakes는 미국과 캐나다 경계에 있는 에리(Erie), 휴론(Huron), 미시간(Michigan), 온태리오(Ontario), 그리고 슈피리어(Superior) 등 5대 호수를 통틀어서 부르는 명칭.]

Chicago is **the largest** city in the state of Illinois. With over 2.8 million residents, it is **the most populous** city in the Midwestern United States and **the third most populous** city in the USA.
  [시카고는 일리노이 주에서 가장 큰 도시이다. 인구 2,800,000명이 살고 있는 미국 중서부에서 가장 인구가 많은 도시이며, 미국에서 세 번째로 가장 인구가 많은 도시이다.]

아주 격식을 갖춘 영어에서 최상급 형용사가 때로는 수식받는 명사없이 쓰인다. 이 경우에 the를 수반한 최상급 형용사 다음에는 of + 명사구가 놓이게 되는데, 이 명사구는 비교 대상이 되는 것이다.

He made several important discoveries. **The most interesting** *of these* came from an examination of an old manuscript.
  [그는 몇 가지 중요한 발견을 했다. 이 중에서 가장 흥미로운 것은 오래된 원고를 검토하는 데서 생긴 것이다.]

John works **the most diligently** *of all students*.
  [존은 모든 학생들 중에서 가장 부지런히 공부한다.]

3) 최상급 형태가 '양보'의 뜻을 나타낼 때도 있다. 그러므로 최상급 형태가 최상급 그 자체가 흔히 갖는 뜻으로 해석해서 어색하다고 생각될 경우에는 최상급 형태에 양보의 뜻을 나타내는 'even'을 첨가해서 해석해 보면 알 수 있다.

A rabbit's large ears enable it to hear **the slightest** sound.
  [토끼의 귀가 커서 아주 희미한 소리조차도 들을 수 있다.]

He's so thickheaded he can't understand **the simplest** instructions.
  [그는 머리가 너무 나빠서 아주 간단한 설명도 이해하지 못한다.]

I haven't **the vaguest** idea who she is.
  [나는 그녀가 누구인지 전혀 모른다.]

Nixon regards **the slightest criticism** as being tantamount to treason.
[닉슨은 최소한의 비판조차도 반역이나 다를 바가 없다고 생각한다.]

'양보'의 뜻을 나타내는 부사 even이 뚜렷이 나타나기도 한다.

They are often too poor to buy or rent **even the cheapest of houses**.
[그들은 너무 가난해서 가장 값싼 집도 사거나 임대하지 못할 때가 종종 있다.]

19.4.3.2. 정관사의 생략

일반적으로 다음 문장에서처럼 최상급 다음에 명사 또는 명사의 대용어가 있거나, 또는 최상급 형태가 제한을 받아 특정한 것을 가리킬 때는 the가 반드시 있어야 한다.

Which is **the highest** *mountain*?
[어느 것이 가장 높은 산인가? → 최상급 바로 다음에 명사가 놓여 있음.]
Which mountain is **the highest** *one*?
[어느 산이 가장 높은 것인가? → 최상급 다음에 명사의 대용어 one이 놓여 있음.]
This dictionary is **the best** *I can recommend*.
[이 사전은 내가 추천할 수 있는 가장 좋은 것이다. → 최상급이 관계사절의 제한을 받아 특정한 것을 가리키고 있음.]

최상급의 뜻을 나타낼지라도 여러 사람이나 사물을 비교하는 것이 아니라, 같은 사람이나 사물에 대하여 서로 다른 상황과 관련해서 비교할 때에는 최상급 형태에 the가 수반되지 않는다.[39] 다음 두 개의 문장 (21a, b)에서는 최상급 형태에 정관사가 있느냐 없느냐에 따라 뜻이 달라진다.

(21) a. Of these lakes, this one is **the deepest**.
[이 호수들 중에서 이 호수가 가장 깊다.]

---

[39] Nouns with superlative adjectives normally have the article *the*.
The cannot be dropped when a superlative is used with a defining expression.
However, we do not use *the* with superlatives when we compare the same person or thing in different situations. — Swan (2005: 119).

b. This lake is **deepest** at this point.
   [이 호수는 이 지점이 가장 깊다.]

문장 (21a)는 여러 개의 호수들 중에서 이 호수가 가장 깊다고 하는 뜻을 나타내고 있기 때문에 최상급에 정관사가 첨가되었다. 그러나 문장 (21b)에서는 하나의 호수에 대해서 서로 다른 상황을 말하는 것이기 때문에 정관사를 수반하지 않고 있는 것이다. 즉, 문장 (21a)가 This is a deep lake.라는 뜻과 관련된 것이라면, 문장 (21b)는 This lake is deep (at this point).와 관련된 문장이다. 다음과 같은 문장에서도 정관사가 쓰이지 않은 점을 위와 같은 방식으로 설명된다.

He is **happiest** when he was with his family gathered around him.
   [그는 가족들에 둘러싸여 있을 때가 가장 행복하다. → cp. John is **the happiest** *boy* in his class.(존은 자기 학급에서 가장 행복한 소년이다.)는 여러 명의 소년들과 서로 비교하고 있음.]
He's **nicest** when he's had a few drinks.
   [그 사람은 술을 몇 잔 마셨을 때 가장 멋이 있어.]
She works **hardest** when she's doing something for her family.
   [그녀는 가족을 위해 뭔가를 할 때 가장 열심히 일한다.]

위와 같은 경우가 아닐지라도 다음 예에서처럼 최상급이 서술적 위치에 수식받는 명사 없이 독립적으로 놓일 때 관사가 생략될 수 있다.

Which mountain is **(the) highest**?
   [어느 산이 가장 높은가?]
Heating bills are **highest** in (the) wintertime.
   — *Longman Dictionary of English Language and Culture.*
   [난방비가 동절기에 가장 많이 든다.]
You will probably find it **easiest** to sit on the floor if you use a folded blanket to provide padding over the area.
   — Swami Rama, *Meditation and Its Practice.*
   [자리 위에 패딩을 넣으려고 접은 담요를 사용하면 마루 바닥에 앉은 것이 가장 편안하다는 것을 알게 될 것이다. → **padding**: 자리를 보다 편안해지도록 하려고 어떤 물건 안에 넣는

부드러운 물건.]

I've got a lot of friends, but he's **(the) nicest**.

[나에게 친구가 많은데, 그 중에서 그가 가장 멋진 친구야.]

Fingernail growth is **fastest** in November, **slowest** in July, and less rapid at night.

— David Shields, *The Thing about Life is That One Day You'll be Dead*.

[손톱은 11월에 가장 빠르게 자라고, 7월에 가장 느리게 자라며, 그리고 밤에는 자라는 속도가 더 더디다.]

또는 동사를 수식하는 최상급 부사형이 쓰일 때 비격식적인 영어에서 정관사가 생략될 수 있다.

Who climbed **(the) highest**?

[누가 가장 높이 올라갔는가?]

Your joints age over time. Like the brakes in your car, they need regular maintenance to function **best**.

[관절은 시간의 흐름과 더불어 노화된다. 자동차의 브레이크처럼 관절의 기능을 가장 좋게 하려면 꾸준한 관리가 필요하다.]

Aerobic exercises like bicycling or swimming burn fat **fastest**.

— Sue Browder, "Flatten Your Tummy — Forever"

[자전거 타기나 수영과 같은 에어로빅 운동을 하는 것이 지방을 가장 빨리 태운다.]

19.4.3.3. 최상급의 대용형

일부 영어의 구문들 중에는 외형적으로 보면 비교급이나 원급 형태이면서도 사실상 최상급 형태가 갖는 의미를 나타내는 것들이 있다. 최상급 형태 이외에 앞에서 본 비교급이나 원급 표현을 사용해서 최상급과 같은 뜻을 나타낼 수 있다.

(22) a. Love is **the most important** thing in the world.

[사랑은 이 세상에서 가장 중요한 것이다. → 최상급 표현이 최상급의 뜻을 나타냄.]

b. Love is **more important than** any other thing in the world.

[이 세상에서 사랑이 다른 어떤 것보다 더 중요하다. → 비교급 형태가 최상급의 뜻

을 나타냄.]
c. Nothing is **as important as** love.
[사랑만큼 중요한 것은 아무것도 없다. → 원급 형태가 최상급의 뜻을 나타내고 있음.]

다음 예들도 원급 또는 비교급 형태를 이용하여 최상급의 뜻을 나타내고 있다.

Nothing is **so exhausting as** indecision, and **nothing** is **so futile**.
[우유부단한 것처럼 피곤하게 만드는 것이 없고, 또한 쓸모없는 것도 없다.]
There is **nothing as refreshing as** lemon tea.
[레몬차만큼 기분을 상쾌하게 해주는 것은 없다.]
There is **no friend so good as** conscience. — E. Hemingway
[양심처럼 좋은 친구는 없다. 즉, 양심이 <u>가장 좋은</u> 친구라는 뜻임.]
Of all the institutions that have come down to us from the past **none** is in the present day **so disorganized and derailed as** the family.
— Bertrand Russell, *The Conquest of Happiness*.
[과거로부터 우리에게 내려온 모든 제도들 중에서 오늘날 가족 관계만큼 무질서하고 탈선된 것은 아무 것도 없다. 즉, 가족 관계가 무질서와 탈선 정도가 가장 심하다는 뜻임.]

than (any) other ... 는 어느 특정한 것을 같은 집합에 속한 다른 구성원과 비교할 경우에는 other가 필요하지만, 다른 집합에 속하는 것들과 비교할 경우에는 other가 수반되지 않는다.

This play is **better than any other play** I've ever seen.
(= This play is **the best one** (that) I've ever seen.)
[이 연극은 내가 지금까지 본 다른 어떤 것보다 낫다]

이 이외에도 최상급의 뜻을 포함하는 문장 구조에 다음과 같은 예들을 추가로 들 수 있다.[40]

There is **no later** bus **than** this.

---

40 아래 제시된 문장들 중 처음 네 개의 예문은 문용 (2008: 345)에서 발췌했다.

[이보다 늦은 버스는 없다. 즉, 이 버스가 <u>가장 늦게</u> 운행되는 버스라는 뜻임.]
I'll never be **happier**.
[나는 이보다 더 행복해질 수 없을 것이다. 즉, 지금이 <u>가장 행복하다</u>는 뜻임.]
There are few things **better than** reading.
[독서하는 것보다 더 나은 것은 거의 없다. 즉, 독서가 <u>가장 낫다</u>는 뜻임.]
No two brothers could be **more unlike** in character.
[어느 두 형제의 성격도 더 다를 수 없을 것이다. 즉, 그 두 형제의 <u>성격이 가장 다르다</u>는 뜻임.]
No other vessels contributed **more** to Navy Pier's success **than** the lake steamers.
[다른 어떤 선박들도 이 호수의 증기선들보다 네이비 피어의 성공에 더 기여한 것이 없었다. 즉, <u>증기선이 가장 많이 기여했다</u>는 뜻임. → Navy Pier는 미국의 5대 호수의 하나인 미시간 호에 있는 각종 유락 시설이 갖추어진 시카고의 관광 명소임.]
You have all the power you need. There is **nothing greater than** the power of the mind.
— Paramhansa Yoganada, *How to be Happy All the Time*.
[여러분은 필요한 모든 힘을 갖고 있다. 정신력보다 더 위대한 힘은 없다. 즉, 정신력이 가장 위대한 힘이라는 뜻임.]
There is **no better panacea** for sorrow, **no better reviving tonic**, **than** smiles. There is **no greater power** with which to overcome failure **than** a real smile. There is **no better ornament than** a genuine smile. There is **no beauty greater than** the smile of peace and wisdom glowing on your face.
— Paramhansa Yogananda, *How to be Happy All the Time*.
[미소보다 슬픔을 이겨내는 데 더 나은 만병통치약이 없고, 활기를 찾는데 더 나은 강장제가 없다. 실패를 이겨내는 데 진정한 미소보다 더 큰 힘이 없다. 순수한 미소보다 더 좋은 장식품이 없다. 얼굴에서 타오르는 평온과 지혜의 미소보다 더 위대한 아름다움은 없다.]

19.4.3.4. 절대 비교급과 절대 최상급

절대 비교급이란 다른 두 대상을 비교하여 우월이나 열등을 나타내는 것이 아니라, 일정한 등급이나 정도를 나타내는 것이다. 따라서 이것은 than ...으로 나타나는 구체적인 비교의 대상을 전제로 삼지 않는 비교 형태를 말한다.

the younger generation [젊은 세대]

until **further** notice [추후 통보가 있을 때까지]

The **lower** classes of this society should be given ample opportunities to improve themselves.
  [이 사회의 하류층에게도 자신들의 지위를 향상시킬 수 있는 충분한 기회가 부여되어야만 한다.]

The judge set aside the decision of the **lower** court.
  [그 판사는 하급 법원의 판결을 파기했다.]

Higher education has been accessible only to the **upper** class.
  [지금까지 고등교육은 오로지 상류층들만 받을 수 있는 것이었다.]

최상급 형태가 the most ...를 사용하여 셋 이상 사이에서 가장 우등하다/열등하다는 상대적인 최상급의 뜻을 나타내는 것이 아니라, 이번에는 <a most + 명사> 또는 <most + 형용사/부사>의 형태를 취하여 어느 것과 비교하는 것이 아닌 절대적인 최상급의 뜻을 나타낸다. 이러한 경우에 most는 강의어로서 very, highly, extremely와 같은 뜻을 갖는다. 특히 절대 비교급의 경우와 마찬가지로, 절대 최상급의 경우에도 비교 대상이 구체적으로 드러나지 않는다.

Kim is **the most enthusiastic** supporter of the three. [상대적 최상급]
  [그 세 사람 중에서 김 씨가 가장 열성적인 지원자이다.]

Kim is **a most enthusiastic** supporter. [절대적 최상급]
  [김 씨는 매우 열성적인 지원자이다. → 형용사 다음에 명사가 놓여 있으므로 most 앞에 부정관사가 놓여 절대적 최상급의 뜻을 나타내고 있음.]

I received **a most unusual** present from my aunt.
  [나는 고모에게서 매우 특이한 선물을 받았다.]

This book is **most interesting**.
  [이 책은 매우 재미있다. → 형용사가 단독으로 쓰이고 있으므로 most에 부정관사가 수반되지 않고 있음.]

That was **most thoughtful** of you.
  [당신의 그런 행위는 참으로 사려 깊은 것이었습니다.]

19.5. 비교급과 최상급의 뜻을 강화하는 단어들

very good, very happy, very important 따위의 경우처럼 very는 원급 형태와 같이 쓰일 수는 있으나, 비교급 형태하고는 같이 쓰이지 않는다. 대신에 비교급은 much, far, very much, a lot(비격식적), lots(비격식적), any, no, rather, a little, a bit(비격식적), even 따위의 수식을 받는다.

A year seems *much* **longer** to a youngster than to an adult.
[일년이란 세월이 성인들보다 젊은이들에게 훨씬 더 길게 느껴진다.]
Those who face life with a feeling of security are *much* **happier** than those who face it with a feeling of insecurity.
[마음 놓고 인생을 살아가는 사람은 불안하게 인생을 살아가는 사람들보다 훨씬 더 행복하다.]
Is your mother *any* **better**?
[어머니께서는 좀 나은가?]
Your cooking is *even* **worse** than Harry's.
[네가 요리한 것은 해리가 한 것보다 훨씬 더 맛이 없다.]
China and India will soon have *far* **larger** numbers of netizens than any Western nation.
[중국과 인도에는 서방의 어떤 나라보다도 네티즌들의 숫자가 훨씬 더 많아질 것이다. → netizen: someone who uses Internet, especially who uses it in a responsible way(책임감을 가지고 인터넷을 이용하는 사람).]
Anxiety caused by indecision is often *far* **more painful** than the cost of making a mistake.
[결정을 선뜻 내리지 못하는 데서 오는 심리적 불안은 흔히 잘못을 저지른 대가보다 훨씬 더 고통스럽다.]
Researchers have discovered that the trials of life are *far* **less important** than how one deals with them. — Adris Whitman, "Secrets of Survivors"
[연구가들은 인생의 시련이라는 것은 그것이 닥쳐왔을 때 어떻게 대처하느냐 하는 것보다 훨씬 덜 중요하다는 것을 알아냈다.]

quite은 quite better(= 'recovered from an illness': 병이 다 나은)와 같은 표현 이외에서는 비교급과 쓰이지 않는다. any, no, a bit, a lot은 대개 명사 앞에 놓인 비교급을 수식하지 않는다.

more가 복수 명사를 수식할 때, 이것은 much의 수식을 받지 않고 many 따위의 수식을 받는다.

$$\begin{Bmatrix} \textbf{many} \\ \textbf{far} \\ \textbf{a lot} \end{Bmatrix} \textbf{more opportunities}\ [훨씬\ 더\ 많은\ 기회]$$

A college graduate presumably knows *many* more than that.
[대학 졸업자는 그보다 훨씬 더 많은 것을 알 것이다.]

최상급은 much, by far의 수식을 받거나, quite(= 'absolutely'), almost, practically, nearly, easily 따위와 같은 정도부사(adverbs of degree)의 수식을 받을 수 있다.

He's ***much* the most imaginative** of them all.
[그 사람이 그들 모두들 가운데서 단연코 가장 상상력이 뛰어나다.]

The domestic cat is ***by far* the most successful species** in this group. Many of the others, especially the smallest cat, are threatened with extinction due to habitat loss. — Dr. Lucy Spelman, *Animal Encyclopeaia*.
[집에서 기르는 고양이가 이 집단에서 단연코 가장 성공적인 종이다. 다른 많은 것들, 특히 가장 작은 고양이들은 살 곳을 잃고서 멸종 위기에 있다.]

Snowball and Napoleon were ***by far* the most active** in the debates.
— George Orwell, *Animal Farm*.
[스노우볼과 나폴레옹이 논쟁에서 단연코 가장 적극적이었다. → Snowball과 Napoleon은 조지 오웰의 정치 풍자소설인 「동물농장」에 등장하는 젊은 숫돼지의 이름.]

I'm ***nearly* the oldest** in the firm.
[나는 회사에서 거의 나이가 가장 많은 편이다.]

Rangers are ***far and away* the best team** in Scotland.
[레인저스 팀이 스코틀랜드에서 단연코 가장 우수한 팀이다.]

First, some meanings are ***very much more* common** than others.
— G. Leech, *Meaning and the English Verb*.
[첫째, 일부 의미들은 다른 것보다 훨씬 더 보편적이다.]

19.6. 비교절의 생략과 축약

비교구문에서는 주절과 종속절인 비교절이 구조와 내용면에서 상당히 유사하다. 바로 이러한 구조와 내용상에 나타나는 유사성 때문에 **비교구문에서는 as-절과 than-절의 내용에서 주절의 내용과 중복되는 내용이 생략됨으로써 비교절이 축약(縮約: reduction)되거나, 비교절 자체가 완전히 생략되는 것이 '규칙'이지, 결코 예외적인 현상이 아니다.**[41] 예컨대, 다음 두 개의 문장 (23a, b)를 토대로 하여 (23c)와 같은 비교절이 포함된 문장을 끌어낼 수 있다.

(23) a. I spent 100,000 Won.
　　b. You spent 50,000 Won.
　　c. I spent more money than you ({ spent / did }).

(23a, b)에서 동사와 이에 대한 목적어 부분은 서로 같고, 주어 부분과 돈을 쓴 정도는 서로 다르다. 그러므로 than이 이끄는 절에서 주어만 남고 나머지 spent money 부분은 문장의

41　Ellipsis of a part of the comparative clause is likely to occur when that part is a repetition of something in the matrix clause. Since it is normal for the two clauses to be closely parallel both in structure and content, ellipsis is the rule rather than the exception in comparative constructions ....
The most characteristic type of comparative clause, on the other hand, is one which imitates the structure of the matrix clause, and repeats its whole content except for one element, the differing elements providing the contrast. This type of clause, as we see below. allows optional ellipsis and optional substitutions by pronouns and by pro-predication:
James and Susan often go to plays but
(i) James enjoys the theatre more than Susan enjoys the theatre.
(ii) James enjoys the theatre more than Susan enjoys it.
(iii) James enjoys the theatre more than Susan does.
(iv) James enjoys the theatre more than Susan.
(v) James enjoys the theatre more.
— Quirk et al. (1985: 1130-1131); The major distinctive feature of comparative clauses is that they are structurally reduced relative to full main clauses: in varying degrees, material is left understood that would be overtly present in comparable full main clauses. — Huddleston & Pullum (2002: 1106). See also Frank (1993: 267).

표면에 나타나지 않고 있다. 바로 이 문장에서 보는 바와 같이, 종속절인 than-절에서 대립적 관계를 나타내는 부분을 제외하고 문맥을 통해서 '회복 가능한'(recoverable) 부분은 모두 생략되어 결국 (23c)의 than-절처럼 절이 축약될 수 있다.

특히 비교절의 동사가 생략되면 그 이외에 주절의 내용과 중복되는 요소들은 모두 생략되고, 비교하고자 하는 부분만 남게 된다.[42] 따라서 다음 각 문장에서는 모두 대립적인 부분을 제외한 주어와 동사 그리고 비교 요소 등이 모두 생략되었다.

The situation is worse **than *before***.
[상황이 이전보다 더 나빠졌다. → than-절에서 it was 등이 생략되었음.]
Wages are far higher in Guangdong **than *in the rest of China***.
[광동은 중국의 나머지 지역보다 임금이 훨씬 더 높다. → than-절에서 they are 등이 생략되었음.]
You'll find your grandfather is a lot feebler **than *when you last saw him***.
[너의 할아버지께서는 네가 마지막으로 보았을 때보다 몸이 훨씬 더 허약하다는 걸 알게 될 것이다. → than-절에서 he was 등이 생략되었음.]
His illness was much more serious **than *we had thought***.
[그의 병세가 우리가 생각했던 것보다 훨씬 더 심각했다. → than-절에서 thought의 목적어절인 it was 등이 생략되었음.]

그러나 비교 요소와 관련하여 시제상의 차이를 비교하는 경우에는 동사를 생략할 수 없다.

She is much bigger **than *she was then***.
[그녀는 그 당시보다 훨씬 키가 크다. → 동일한 주어의 과거시와 현재시의 키를 비교하고 있음.]
It's darker today **than *it was yesterday***.
[오늘이 어제보다 더 어둡다. → 동일한 주어에 대한 과거시와 현재시의 어두움의 정도를 비교하고 있음.]

---

42 (58) COMPARATIVE ELLIPSIS
The rule of C-Ellipsis optionally deletes the verb in the C-clause under identity with the verb in the main clause. If V → ø, deletion spreads to either side of the verb to all elements which are identical to corresponding elements in the main clause. — Pinkham (1982: 104).

심지어 비교절이 없더라도 문맥에 의해 전달하고자 하는 의미 내용이 명확할 경우에는 비교절 자체가 생략되고 주절만 표출되기도 한다.

> The rich **get richer**; the poor **get poorer**.
>> [부자들은 더 부자가 되고 있는 반면에, 가난한 사람들은 더 가난해지고 있다. → 일반적인 상식에 의해 두 개의 비교급 다음에는 각각 than they used to be rich와 than they used to be poor가 생략된 것으로 볼 수 있음.]
>
> Over the past 2½ years, I've lost 14 pounds, and friends say I **look** five years **younger**.
>> [지난 2년 반 사이에 나의 체중이 14 파운드 줄었다. 그래서 친구들은 내가 5년은 더 어리게 보인다고 말한다.]
>
> People **are more prone** to make mistakes when they are tired.
>> [사람들이 피곤할 때는 실수를 범할 가능성이 더 많다.]
>
> Alexander Lane was the third African American student to enroll at the University; two females **enrolled earlier**, although their names are unknown.
>> [알렉산더 레인은 이 대학에 등록한 세 번째 아프리카계 미국인이었다. 두 명의 여학생이 (그)보다 일찍 등록했지만, 그들의 이름은 알려져 있지 않다.]
>
> The car's running **more smoothly** since it had a service.
>> [서비스를 받으니 자동차가 더 부드럽게 달린다.]
>
> Trying will not always make a catastrophe go away. But it will make it **more endurable** and provide immense satisfaction.
> — Ardis Whitman, "Secrets of Survivors"
>> [노력한다고 해서 반드시 재앙이 사라지는 것은 아니다. 하지만 노력하게 되면 그 재앙은 더욱 참을 수 있을 정도가 되고, 그래서 무한한 만족감을 준다. → 이 문장의 연속체의 두 번째 문장에서 첫 번째 it은 trying을, 그리고 두 번째 it은 a catastrophe를 가리키고 있음.]

비교절의 동사는 그대로 유지되면서 주어만 생략되기도 한다. 이러한 경우에 비교절을 이끄는 than이나 as는 관계대명사와 같은 역할을 담당하고 있음을 암시한다.

> You spent more money **<u>than was intended to be spent</u>**.
>   (= which was intended to be spent.)

[너는 예정됐던 것보다 더 많은 돈을 썼다.]

때로는 비교절에서 생략된 표현 대신에 조동사 do, does, did 따위와 같은 대용형(代用形: pro-form)이 쓰인다. 즉, than-절이나 as-절 다음에 오는 동사가 주절의 동사와 같으면 두 번째 동사 대신에 조동사를 대용형으로 사용한다.

Clara sends money to Houston more often than **Joe sends money to Houston**.
(= Clara sends money to Houston more often **than Joe does**.)
(Baker 1997: 412)
  [클라라는 조우보다 더 자주 휴스톤으로 돈을 보낸다.]
You don't seem to work as hard **as you used to do**.
  [너는 전처럼 열심히 공부하지 않는 것 같구나. → as-절에서 do는 work hard 대신에 쓰인 것임.]
She has more books **than I do**.
  [그녀는 나보다 더 많은 책을 가지고 있다. → do는 have books를 대신하고 있음.]
He knows more **than I did at his age**.
  [그는 내가 그의 나이에 알고 있었던 것보다 더 많이 안다. → did는 단지 know를 대신하는 것뿐만 아니라, 과거시라는 시간상의 차이까지도 나타내고 있음.]
She made more progress **than he did**.
  [그녀는 그 남자보다 더 발전했다. → did는 made progress를 대신하고 있음.]
I ate as much today **as I did yesterday**.
  [나는 오늘 어제 먹은 것만큼 먹었다. → did는 ate를 대신하고 있음.]

제20장

문장의 유형(Types of Sentences)

20.1. 구·절·문장

20.1.1. 구

20.1.1.1. 구 구조

문장의 가장 기본적인 단위는 단어(word)이며, 단어와 단어들이 일정한 규칙에 따라 결합되어 하나의 '구' (phrase)를 이루게 된다. 구에는 문장을 이루는 가장 기본적인 **명사구**(noun phrase)와 **동사구**(verb phrase)를 비롯하여, 여기에 다시 **형용사구**(adjectival phrase), **부사구**(adverbial phrase), **전치사구**(prepositional phrase) 등을 포함하여 모두 다섯 가지 종류의 구가 존재한다.[1] 이러한 용어는 구를 이루는데 가장 중심적인 단어, 즉 '중

---

1 흔히 동명사, 부정사, 그리고 분사가 이루는 구조를 '절' 단위로 보지 않고 '구' 단위로 간주하여 이들을 각각 **동명사구, 부정사구, 분사구**라고 부르기도 하는데, 이렇게 보는 것은 결코 바람직한 관점이 아니라고 본다. 무릇 어떤 구조를 분석할 때에는 그 내면구조(deep structure)를 살펴보지 않고, 오로지 표면구조(surface structure)를 바탕으로 분석하는 것은 결코 바람직하지 않다. 왜냐하면 이와 같은 세 가지 구조에는 공통적으로 동사가 들어 있으며, 그 동사에 따른 주어가 반드시 있게 마련이고, 또한 이 동사가 필요로 하는 다른 요소들이 포함되기 때문이다. 바로 이러한 점을 고려하여 동명사, 부정사, 분사가 만드는 구조를 각각 **동명사절, 부정사절,** 그리고 **분사절**이라고 부르는 것이다. 오늘날의 문법서에서 이러한 구조를 구라고 기술하는 경우는 극히 드물다.

His hobby is **fishing in the sea**.
  [그의 취미는 바다 낚시하는 것이다. → fishing in the sea는 동명사절 자체의 주어가 생략된 것으로서, 여기에는 He fishes in the sea.라는 문장 내용이 들어 있음.]
I make it a rule **to take a walk early in the morning**.
  [나는 아침 일찍 산책하는 것을 규칙으로 삼고 있다. → to take a walk ...은 부정사절로서 이에 대한 주어는 생략되었음. 여기에는 I take a walk early in the morning.이라는 문장 내용이 들어 있음.]
Seen at a distance, the mountain looks very beautiful.

심어'(中心語: headword)가 각각 명사, 동사, 형용사, 부사, 그리고 전치사라는 점에서 비롯된 것이다. 그러므로 명사구에는 반드시 중심어로서 명사가 있어야 하며, 따라서 명사구라고 하는 것이다. 마찬가지로, 동사구에는 동사, 형용사구에는 형용사, 부사구에는 부사, 그리고 전치사구에는 전치사가 하나의 구를 이루는데 있어서 가장 중심적인 역할을 하는 단어로서 존재하게 된다. 물론 전치사구의 경우를 제외하면 이러한 구들이 반드시 둘 이상의 단어들의 집합체가 아니라, 전달하고자 하는 뜻에 따라서는 한 개의 단어로 나타나는 것들도 얼마든지 있다.

구	구조	예
명사구	(한정사 +)(형용사 +) **명사**	those good students, good students, students
동사구	(법조동사 +)(일차적 조동사 +) **동사**	will be doing, should do, am/are/is doing, does
형용사구	(부사 +) **형용사**	very good, good
부사구	(부사 +) **부사**	very rapidly, rapidly
전치사구	**전치사** + 명사구	at table, of importance

The *judge* shouted suddenly.
 [판사는 갑자기 소리를 질렀다. → 주어 위치에 있는 the judge는 명사구임.]
Life ***is* complicated**.
 [세상살이가 복잡하다. → 주어를 제외한 나머지 부분인 is complicated가 동사구임.]
Tickets were **less *expensive*** than I expected.
 [표값이 내가 생각했던 것보다 덜 비쌌다. → less expensive는 형용사구임.]
He went ***there every morning last week***.
 [그는 지난주 매일 오전에 거기에 갔다. → there, every morning, 그리고 last week 세 가지 모두 부사구임.]
The relatives smiled ***at the baby***.
 [친척들은 그 아기를 보고 미소를 지었다. → at the baby는 전치사 + 명사구로 이루어진 전치사구임.]

 [멀리서 보면 그 산은 매우 아름다워 보인다. → seen at a distance는 If it is seen at a distance 라는 완전한 부사절 구조가 비정형절의 하나인 분사절로 축약된 구조임.]

20.1.1.2. 구의 분포

하나의 구는 일정한 기능을 담당하는 문법적인 단위로서 각기 일정한 위치에만 나타난다.[2] 예컨대 명사구는 주어, 목적어, 보어의 위치 등 명사가 놓이는 위치와 거의 같은 위치에 놓인다.[2] 예컨대 (1a-c)와 같은 문장에서

(1) a. Who found _____?
　　b. _____ was seen by everyone.
　　c. They are looking at _____.

밑줄 친 부분에 들어갈 수 있는 것은 오로지 명사구뿐이다. 그러므로 (2a-g) 중에서 명사구에 해당되는 것들만 (1a-c)의 밑줄 친 부분에 들어가게 되며, 이 이외의 다른 어떤 구라도 여기에 들어가게 되면 모두 틀린 문장이 된다.

(2) a. a bird [새]
　　b. the red dress [빨간 드레스]
　　c. have a nice day [즐거운 하루 시간을 보내다]
　　d. with a balloon [풍선을 가지고]
　　e. the woman who was laughing [웃고 있었던 그 여인]
　　f. John [존]
　　g. went [갔다]

(2a-g) 중에서 위 문장 (1a-c)의 밑줄 친 부분에 들어갈 수 있는 것은 a, b, e, f 뿐이다. 즉, (e) the woman who was laughing에서처럼 명사구가 관계사절을 내포하고 있는 이른바 복합 명사구(complex noun phrase)와 (f)의 고유명사 John도 명사구가 들어갈 수 있는 위치에 놓일 수 있기 때문에 모두 명사구의 범주에 포함된다.[3]

또 다음 문장의 예를 보기로 하자.

---

[2] 명사구가 부사적으로 쓰이기도 하는데, 이에 대해서는 본서 제3권 "13.1 부사와 부사구" (→ pgs. 85-88)에서 다루고 있다.

[3] 오늘날 문법에서는 명사구라는 문법범주에 한 낱말로 된 명사를 비롯하여 절 구조로 나타나는 수식어구를 수반한 명사는 물론, 심지어 고유명사나 대명사까지도 포함된다.

(3) The child _____.

이 문장 (3)의 밑줄 친 부분을 채워 완전한 문법적인 문장이 되도록 하려면 동사구가 필요하다. 즉, 주어 역할을 하는 명사구 다음에 놓여 주어에 대하여 서술할 수 있는 술부로서의 역할을 할 수 있는 것은 동사구 뿐이기 때문이다. 그러므로 (4a-g) 중에서 밑줄 친 부분에 들어갈 수 있는 동사구는 a, c, e, f, g이다.

(4) a. saw a clown [광대를 보았다]
    b. a bird [새]
    c. slept [잠잤다]
    d. smart [똑똑한]
    e. ate the cake [그 과자를 먹었다]
    f. found the cake in the cupboard [찬장에서 과자를 찾았다]
    g. realized that the earth was round [지구가 둥글다는 것을 깨달았다]

동사구는 본동사 단독으로 나타나거나, 또는 전달하고자 하는 뜻에 따라 법조동사(modal auxiliary verb)와 일차적 조동사(primary auxiliary verb)들이 등장하기도 한다. 그리고 이 동사구에는 동사의 특성이나 전달하고자 하는 뜻에 따라 명사구, 형용사구, 부사구, 전치사구 따위와 같은 구가 필수적 또는 선택적으로 포함되기도 한다.

> 동사구 → **동사**
> 동사구 → **동사** + 명사구
> 동사구 → **동사** + 부사구
> 동사구 → **동사** + 형용사구
> 동사구 → **동사** + 명사구 + 형용사구
> 동사구 → **동사** + 전치사구
> 동사구 → **동사** + 명사구 + 부사구

이에 따라 (   )를 사용하여 동사구를 간결하게 나타내면 동사구 → **동사** (+ 명사구) (+ 형용사구) (+ 전치사구) (+ 부사구)와 같이 하나로 나타낼 수 있다. 이것은 동사구에는 최소한 동사가 있어야 하며, 그밖에 필요에 따라 다른 유형의 구들이 추가로 등장할 수 있다는 뜻이다.

The price of meat **fell**.
   [고기값이 떨어졌다. → 동사구가 동사 fell 단독으로 놓여 있음.]

It **is snowing**.
   [눈이 내리고 있다. → 동사구가 is snowing이라는 조동사 + 본동사로 이루어졌음.]

The government **stood** *firm*.
   [정부는 의지가 확고했다. → 동사 자체만으로 완전한 동사구를 이루지 못하고, 보어로서 형용사구가 놓여 있음.]

We **found** *it a satisfactory solution*.
   [우리는 그것이 만족스러운 해결책이라는 것을 알았다. → 동사가 목적어로서 대명사 it 과 목적보어로서 명사구 a satisfactory solution을 포함하고 있음.]

The blind man **fell** *into the pond*.
   [그 장님이 연못에 빠졌다. → 동사 fell 다음에 전치사구 into the pond가 선택적으로 놓였음.]

형용사구는 부사 + 형용사 또는 형용사 단독으로 나타나며, be 동사를 비롯한 연결동사 또는 복합타동사 다음에 놓여 보어 역할을 한다.

I've been *terribly* **busy**.
   [나는 엄청나게 바빴다. → 형용사구 terribly busy는 be 동사 다음에 놓여 보어 역할을 하고 있음.]

Some foods will make you **restless**, **agitated**, and **tense**, creating a jittery feeling. — Swami Rama, *Meditation and Practice*.
   [식품들 중에는 먹으면 불안하고, 흥분하게 되고, 긴장하게 되어 결국 신경과민 반응을 일으키게 되는 것도 있다. → 형용사가 단독으로 놓여 복합타동사에 대한 목적보어 역할을 하고 있음.]

부사구는 단독으로, 또는 다른 부사를 수반하거나, 또는 다른 품사에 해당하는 단어가 부사적으로 쓰여 동사, 형용사, 다른 부사 또는 문장 전체를 수식한다.

The lecturer spoke *very* **clearly**.
   [그 연사는 아주 명확하게 말했다. → 부사구 very clearly에서 very는 clearly를 수식하고, 다시 이 둘은 동사 spoke을 수식하고 있음.]

Fortunately, no one complained.
　　[다행히 아무도 불평하지 않았다. → 부사구 fortunately는 문장 전체를 수식하고 있음.]
Perhaps my suggestion will be accepted.
　　[아마도 내 제안이 받아들여질 것이다. → 부사구 perhaps는 법부사로서, 문장의 진술 내용의 사실성의 정도를 나타내고 있음.]

전치사구는 전치사 + 명사구로 이루어진 것으로서, 형용사적 또는 부사적인 역할을 한다. 형용사적으로 쓰인 전치사구는 명사구에 대한 수식어 또는 be 동사에 대한 보어 역할을 한다.

It's a matter **of no importance**.
　　[그것은 전혀 중요하지 않은 문제이다. → 전치사구 of no importance는 형용사적으로 쓰여 앞에 놓인 명사구를 수식하고 있음.]
He is **without a job**.
　　[그는 직장을 잃었다. → 전치사구 without a job는 'jobless'의 뜻.]
They were men **of strong character** and **creative ideas**.
　　[그들은 강인한 성격과 창의적인 생각을 가진 사람들이었다. → of strong character와 creative ideas라는 전치사구는 앞에 놓인 명사를 수식하는 형용사 역할을 하고 있음.]
Seb was still **in high spirits** after winning the race.
　　[세브는 달리기에서 승리하고 난 뒤에도 여전에 힘이 넘쳐흘렀다. → 전치사구 in high spirits는 형용사적으로 쓰여 보어 역할을 하고 있음.]
They always go **to church at Easter**.
　　[그들은 부활절에 항상 교회에 간다. → 두 개의 전치사구 to church와 at Easter 모두 부사적으로 쓰였음.]
Handle this **with care**.
　　[이것을 조심히 취급하라. → 전치사구 with care가 'carefully'라는 뜻을 가지고 부사적으로 쓰이고 있음.]

또는 전치사가 동사 + 전치사의 구조를 이루어 전치사를 수반한 동사(prepositional verb)를 이룬다.

The next chapter **deals** *with* verbs.

[다음 장에서는 동사에 대해서 다룬다.]

They **called** *on* the man.

[그들이 그 사람을 방문했다.]

The remaining questions will be **looked** *into* next time.

[나머지 문제들은 다음에 검토하게 될 것이다.]

20.1.1.3. 구의 시험

문장을 구성하는 단어들의 집합체인 구는 단순히 단어들을 아무렇게나 일렬로 배열해 놓은 것에 불과한 것이 아니다. 오히려 구는 특정한 단어들끼리 문법적으로 자연스럽게 결합되어 일정한 기능을 담당하는 것이다. 그러므로 어떤 단어들의 결합체가 구인가 아닌가 하는 것을 시험하는 방법이 있는데, 이에 따라 그것이 문법적인 단위인 구인가 하는 점을 판단하게 된다. 예컨대 다음 문장 (5)를 예로 삼아 어떤 단어들의 연결체를 구라고 판단할 수 있는 근거를 알아보기로 한다.[4]

---

4 The natural groupings or parts of a sentence are called **constituents**. Various linguistic tests reveal the constituents of a sentence. The first test is the "stand alone" test. If a group of words can stand alone, they form a constituent. For example, the set of words that can be used to answer a question is a constituent. So in answer to the question "What did you find?" a speaker might answer *a puppy*, but not *found a*. *A puppy* can stand alone while *found a* cannot.

The second test is "replacement by a pronoun." Pronouns can substitute for natural groups. In answer to the question "Where did you find *a puppy*?" a speaker can say, "I found *him* in the park." Words such as *do* can also take the place of the entire predicate *found a puppy*, as in "John found a puppy and Bill *did* too." If a group of words can be replaced by a pronoun or a word like *do*, it forms a constituent.

A third test of constituency is the "move as a unit" test. If a group of words can be moved, they form a constituent. For example, if we compare the following sentences to the sentence "The child found a puppy," we see that certain elements have moved:

It was *a puppy* that *the child* found.

A puppy was found by *the child*.

In the first example, the constituent *a puppy* has moved from its position following *found*; in the second example, the positions of *a puppy* and *the child* have been changed. In all such rearrangements the constituents *a puppy* and *the child* remain intact. *Found a* does not remain intact,

because it is not a constituent. — Fromkin et al. (2011: 84-85). See also Kaplan (1989: 208-212).

(5) The child found a puppy.
   [그 어린이가 강아지 한 마리를 발견했다.]

첫째, 어떤 단어들의 집합체가 구가 되려면 그것은 다른 요소들의 도움 없이 홀로 존재할 수 있어야 한다.

Who found a puppy?	— the child	[명사구]
What happened to the child?	— found a puppy	[동사구]
What did you find?	— a puppy	[명사구]

즉, 왼쪽에 놓인 의문문에 대한 짧은 대답으로 나타난 오른쪽의 구조들은 홀로 존재할 수 있기 때문에 모두 문법적으로 옳은 구이다. 그러나 문장 (5)에서 예컨대 child found라든가 found a와 같은 어구는 어떤 질문에 대한 대답으로도 나타날 수 없기 때문에 하나의 구를 이룬다고 말할 수 없다.

둘째, 명사구를 대명사로 바꿀 수 있다. 따라서 다음 문장 (6b)에서 대명사 him은 (6a)에 포함되어 있는 명사구 a puppy를 대신하는 것이다.

(6) a. Where did you find **a puppy**?
   [어디서 강아지를 발견했느냐?]
   b. I found **him** in the park.
   [공원에서 발견했어. → him은 명사구 a puppy를 대신하고 있음.]

또한 대동사(代動詞: pro-verb) do가 동사구를 대신할 수 있다. 따라서 문장 (7)에서 did는 앞에 놓인 동사구 found a puppy를 대신하는 것이다. (6a, b)와 (7)에서처럼 단어들의 집합체가 각각 대명사와 대동사 do로 바꿔 쓸 수 있으면 그 단어의 집합체는 구라고 할 수 있다.

(7) John **found a puppy** and Bill **did** too.
   [존이 강아지를 발견했는데, 빌도 마찬가지였다.]

셋째, 어떤 단어들의 집합체가 구라고 한다면 그것은 하나의 문법적인 단위로서 문장의 다른 위치로 이동(movement)이 가능하다. 따라서 위의 문장 (5)에서 목적어 역할을 하는 명사구 a puppy가 분열문(分裂文: cleft sentence) (8)에서는 초점을 받는 위치로 이동하였으며, 수동태 문장 (9)에서는 주어 위치로 이동하였고, 주어 위치에 있는 the child는 by 다음의 위치로 이동하여 전치사의 목적어 역할을 하는데, 이 요소들이 모두 하나의 구를 이루고 있기 때문에 이동이 가능한 것이다.

(8) It was **a puppy** that **the child** found.　　　　　　　　　　[분열문]
    [그 어린이가 발견한 것은 바로 강아지였다. → 명사구 a puppy가 분열문에서 초점 요소가 놓이는 It was와 that 사이 위치로 이동하였음.]

(9) **A puppy** was found by **the child**.　　　　　　　　　　　　[수동태]
    [강아지 한 마리가 그 어린이에게 발견되었다. → 능동태 문장에서 목적어 위치에 있던 명사구 a puppy가 수동태 문장에서 주어 위치로 이동하고, 주어 위치에 있던 the child가 문장의 맨 마지막 위치 by 다음에 놓였음.]

예컨대 다음과 같은 문장에서

The puppy played **in the garden**.
    [그 강아지가 정원에서 놀았다.]

전치사구 in the garden도 지금까지 위에서 살펴본 바와 같은 세 가지 시험 방법에 따라 하나의 구라고 하는 문법적인 단위라는 사실을 알 수 있다.

'Where did the puppy play?' — '**In the garden**.'
    ['그 강아지가 어디에서 놀았느냐?' — '정원에서' → in the garden은 독립적으로 쓰일 수 있는 구 구조임.]
The puppy played **there**.
    [그 강아지는 거기에서 놀았다. → there가 전치사구 in the garden을 대신해서 쓰일 수 있음.]
In the garden is where the puppy played.
    [정원이라는 곳이 그 강아지가 놀았던 곳이다. → 전치사구 in the garden이 주제가 되기 위하여 하나의 단위로서 문두 위치로 이동이 가능함.]
It was **in the garden** that the puppy played.

[그 강아지가 놀았던 곳은 바로 정원이었다. → 전치사구 in the garden이 하나의 구 단위로서 분열문에서 초점을 받는 위치로 이동하였음.]

이상과 같은 예를 통해서 알 수 있는 것은, **단어들의 집합체로서 구가 되려면 그것은 문법적인 단위로서의 공통된 특성을 가져야 한다는 점이다.** 즉, 위에서 본 바와 같이 그것이 어떤 일정한 문법적 작용의 대상이 될 수 있어야 한다.

20.1.2. 절과 문장

구조적으로 보면, 문장과 절은 같다. 즉, 동사의 특성과 전달하고자 하는 뜻에 따라 문장은 주어 + 동사 등으로 이루어져 있고, 꼭 마찬가지로 절 역시 주어 + 동사 등으로 이루어져 있다. 다만 절이란 등위접속사 또는 종속접속사에 의해 유도되는 반면, 문장은 구성 요소의 하나로 절이 포함될 수 있다는 점이 다르다고 하겠다.

20.1.2.1. 문장

문장(文章: sentence)이란 라틴어의 sententia에서 유래된 것으로, 이것은 문자 그대로 "an utterance that expresses a **feeling** or **opinion**"(생각이나 의견을 전달해 주는 말)을 뜻하는 것이었다.

(10) My back aches.
    [등이 아프다.]
(11) She is the national champion in tennis.
    [그녀는 전국 테니스 선수권자이다.]
(12) Runners need strong legs.
    [달리기 선수는 다리가 튼튼해야 한다.]
(13) My company gave me a raise last week.
    [내가 근무하는 회사에서 지난주에 나의 봉급을 올려주었다.]
(14) English has become the most widespread language in the world.
    [영어는 세계에서 가장 널리 퍼져있는 언어가 되었다.]

오늘날까지도 문장에 대한 완벽한 정의는 없지만, 지금까지의 소박한 정의에 따르면 문장이란 대충 문법 규칙에 따라 (10-14)에서와 같이 **'독립적'**(independent)이고 **'완전한'** (complete) 뜻을 전달하는 인간의 말[5]로서, 일반적으로 주어부와 술부라고 하는 둘 이상의 구들의 집합(a set of phrases)이다. 그러므로 예컨대 (10-14)의 구조들은 모두 완전하고 독립된 뜻을 전달하는 것이므로 문장이다. 다시 말하자면, 이 문장들은 보다 더 큰 문장의 일부가 아닌 그 자체만으로 홀로 존재할 수 있기 때문에 독립적이며, 또한 그 자체만으로도 전달하고자 하는 내용을 충분히 전달할 수 있기 때문에 완전하다고 하는 것이다.

물론 문장이라는 것이 주어 역할을 하는 명사구와 주어에 대하여 술부 역할을 하는 동사구로 이루어지는 것이 정상적이지만, 특정한 상황이 주어지는 경우에는 다음과 같이 한 개의 단어로 이루어지는 문장(one-word sentence)들도 얼마든지 있을 수 있다는 점에 유의하여야 한다.

 Delicious! (맛있네!)
 Fire! (불이야!)
 Bravo! (잘 한다!)
 Stop! (멈춰라!)
 What! (뭐라고!)

20.1.2.2. 절

독립적이고 완전한 문장일지라도 보다 더 큰 문장에 내포되어 그 문장의 일부가 된다면 그것은 더 이상 문장으로서의 지위를 유지하지 못하고 '절'(節 clause)의 지위로 떨어지게 된다. 그러므로 (15a)와 같은 문장이 (15b)에서처럼 종속접속사 that 바로 다음에 놓여 절의 지위로 떨어지게 된다.

 (15) a. They are married.
    [그들이 결혼했어.]
   b. Everybody knows that **they are married**.
    [그들이 결혼한 것을 모두 알고 있다.]

---

5 A sentence is a (relatively) complete and independent human utterance — the completeness and independence being shown by its standing alone or its capability of standing alone, i.e. of being uttered by itself. — Jespersen (1924: 307).

즉, (15b)의 밑줄 친 곳에 독립적이고 완전한 문장 (15a)가 들어가게 되면 이것은 종속접속사 that에 의해 유도됨으로써 결국 명사절이 되어 타동사 knows의 목적어 역할을 하는 목적어절이 된다. 즉, (15a)는 문장이면서 동시에 (15b)에서처럼 더 큰 문장 속에 들어가 문장의 일부로서 역할을 하는 절이 된다.

20.1.2.3. 종속절과 상위절

흔히 주절은 홀로 존재할 수 있으며, 그 자체로서 완전하고 독립된 뜻을 전달해 줄 수 있다고 한다. 그렇지만 이것은 어디까지나 부사절이나 관계사절, 또는 동격절이 내포된 문장에서만 가능하다. 다음과 같은 문장 (16-18)을 보면,

(16) I reject her conclusions.
    [나는 그녀가 내린 결론을 받아들이지 않는다.]
(17) [Although I admire her reasoning,] I reject her conclusions.
    [그녀의 이론은 칭찬하지만, 그녀가 내린 결론은 받아들이지 않는다.]
(18) I reject her conclusions [which have been drawn from this study.]
    [나는 이 연구에서 끌어낸 그녀의 결론을 받아들이지 않는다.]

(16)은 그 자체가 홀로 존재하는 문장이며, 이 완전한 문장이 (17)과 (18)에 내포되어 종속절에 대응하는 주절 역할을 하고 있다. 그러므로 (17), (18)과 같은 문장에서는 주절과 종속절이라는 두 개의 절이 뚜렷이 구분된다. 다시 말하자면, (17)의 although I admire her reasoning과 (18)의 which have been drawn from this study는 종속절이고, 그 나머지는 주절이다.

그러면 다음 문장 (19)와 (20)의 경우에는 어떻게 설명할 수 있겠는가?

(19) The reason is **that he failed again in the test**.
    [그 이유는 그가 또 시험에 떨어졌기 때문이다.]
(20) **That he went away without a word** dissatisfied me.
    [그가 한 마디 말도 없이 가버려서 나는 불만스러웠다.]

(19)와 (20) 두 개의 문장에서 밑줄 친 부분은 모두 종속절이라는 점이 명백하지만, 그 나

머지 부분 the reason is ...와 ... dissatisfied me가 모두 주절인가? 절이라면 문장의 경우와 마찬가지로 주어 + 동사 등을 갖추고 홀로 독립해서 완전한 뜻을 전달할 수 있어야 하는데, 이것은 이 조건을 만족시켜 주지 못하고 있기 때문에 절이라고 말할 수 없게 된다.[6]

더 아나가서 (21), (22)와 같은 두 개의 문장을 보면

(21) **To spend more than you earn** is **to live in perpetual slavery**.
— Paramhansa Yogananda, *How to be Happy All the Time*.
[수입 이상으로 돈을 쓰는 것은 영원히 노예상태로 사는 것이다.]

(22) **What worries me** is **how we're going to pay for all this**.
[나를 걱정하게 만드는 것은 우리가 이 모든 것에 대한 대가를 어떻게 지불하게 될 것인가 하는 점이다.]

이 두 개의 문장의 밑줄 친 부분인 주어와 보어의 위치에 각각 두 개의 종속절이 내포되어 있으며, 이 두 개의 문장에서 종속절을 제외한 나머지는 오로지 is 뿐이다. 이 두 개의 문장에서 남아 있는 is를 종속절에 대응하는 부분을 도무지 주절이라고는 할 수 없다.

바로 이러한 점 때문에 이러한 경우에는 문장을 주절과 종속절이라는 개념으로 설명할 수 없다. 그러므로 이 대신에 상위절(上位節: superordinate clauses)이라는 용어가 쓰이게 된다.[7] 따라서 (19)-(22)와 같은 문장 전체를 상위절이라 하고, 여기에 종속절이 내포되어 있

---

[6] 다음과 같이 Sonnenschein (1916, pt. 1: 40)은 이러한 경우에 종속절을 제외한 나머지 부분이 절은 아니면서도 항상 본동사가 있다고 말하고 있다: 55 The part of a complex sentence which is not subordinate may have a subject and a predicate of its own, and in such cases it is called the main clause of the sentence; for example, '*It is dull in our town* since my playmates left'.

But sometimes the part of a complex sentence which is not subordinate has no subject or no complete predicate of its own; for the subordinate clause may be itself the subject or the object of the complex sentence; for example, 'The Mayor denied *that his offer was binding*' (noun-clause, object of 'denied'); '*That his offer was binding* was denied by the Mayor' (noun-clause, subject of 'was denied'). In such cases the part of the sentence which remained when the subordinate clause is removed is not a clause (cf. § 42); but it always has at least a main verb ('denied', 'was denied').

[7] *I saw this picture when I was in Paris.* (1)
The technical term for what we loosely referred to as 'incorporated clause' above, is SUBORDINATE CLAUSE, or SUBCLAUSE for short. Thus the clause *when I was in Paris* in example (1) of 2.1-2 is a subordinate clause or subclause. This clause constitutes a sentence element in a larger clause, which, in this case, is identical with the whole

다고 말하고 있다. 따라서 (21)은 '주어 + 동사 + 주격보어'로 이루어진 상위절 구조이고, 종속절인 두 개의 부정사절은 각각 주어절과 주격보어절로 분석된다. 그리고 (22) 역시 똑같이 분석된다. 즉, 문두에 놓인 what worries me는 명사적 관계사절로서 주어 역할을 하고, how 이하는 의문사절로서 주격보어 역할을 한다.

다음 문장은 더 복잡하다.

What you said *when I met you yesterday* was incorrect.
(Ek & Robat 1984: 31)
[내가 어제 너를 만났을 때 한 너의 말은 옳지 못한 것이었다.]

주어 + 동사 + 보어의 구조로 된 이 문장은 전체가 상위절이다. 이 문장에는 주어 역할을 하는 종속절 what you said에는 다시 when I met you yesterday와 같은 종속절이 내포되어 있다. 이처럼 what으로 시작되는 절에 when으로 시작되는 또 다른 종속절이 내포되어 있기 때문에 what에서 yesterday까지 절 전체를 다시 상위절이라 한다. 그러므로 결국 상위절 안에 또 다른 상위절, 종속절 안에 또 다른 종속절이 존재하는 셈이다.

20.2. 진술문

진술문(陳述文: declarative sentences)은 특정한 상황과 관련된 '정보'를 전달하는 것이거나, 주어 자신의 견해 등을 나타내는 것이 전형적이다. 이러한 문장은 글로 쓰게 되면 마침표(period)로 끝나며, 말로 하는 경우에는 마지막 부분의 억양을 내려서 말하는 하강조 억양(falling intonation)으로 끝난다.

It's **rain**ing.

구조적으로 보면, 진술문은 항상 주어를 가지며, 일반적으로 주어가 동사 앞에 놓인다.

---

sentence. This larger clause, here with S-P-C-A structure, is called a SUPERORDINATE CLAUSE. We can now say that *I saw this picture when I was in Paris* is a superordinate clause with regard to the subordinate clause *when I was in Paris*. — Ek & Robat (1984: 30). See also Quirk et al. (1985: 990-991) and Aarts (2011: 248-249).

I took the dog for a walk.
   [나는 개를 데리고 산책하러 갔다.]
Each person has his own characteristics.
   [사람마다 각자 자신의 특성을 지니고 있다.]

there로 시작되는 존재문(存在文: existential sentences)이나 here로 시작되는 문장의 주어가 명사구일 때에는 동사와 주어의 어순이 도치된다.

There is a great difference between ideal and reality.
   [이상과 현실 사이에는 커다란 차이가 있다.]
Here are the books you've been looking for!
   [여기에 네가 찾고 있는 그 책들이 있어!]

부정문 · 의문문 · 명령문 등 다른 유형의 문장들은 모두 긍정 진술문을 기본문(basic sentence) 구조로 삼고 여기에 각각 일정한 문장 변형 규칙을 적용해서 만들어지는 것이다. 진술문에서 조작어(造作語: operator) do를 본동사 앞에 두고 진술 내용을 강조할 수 있다.[8]

A little knowledge **does seem** to be a dangerous thing.
   [섣부른 지식은 정말로 위험한 것처럼 여겨진다.]
He had no time or energy to play with his children or talk with his wife, but he **did bring** home a regular salary.
   [그는 자녀들과 같이 놀거나 아내와 이야기를 나눌 시간이나 힘이 없으면서도 봉급은 꼬박꼬박 집에 가져 왔다.]

20.3. 부정문

부정문(否定文: negative sentence)은 neither, nobody, nor, nowhere, never none, not, no, no one, nothing 따위처럼 부정의 의미를 가진 적절한 부정어(negator)를 선택함으로써 진술 내용을 부정하는 문장 구조이다. 이러한 부정문은 어떤 내용이 옳지 않다거나, 어떤 상황이 발생하지 않는다/않았다고 하거나, 또는 사실과 다르다는 내용 등을 나타낸다.

---

8   진술문에 쓰인 조작어 do의 용법에 대해서는 본서 제1권 "5.1.2 do" (→ pgs. 430-431) 참조.

He was busy yesterday. [긍정문]
  [그가 어제 바빴다.]
He was **not** busy yesterday. [부정문]
(= '**It is not the case that** he was busy yesterday.')
  [그가 어제 바쁘지 않았다. 즉, 그가 어제 바빴다고 하는 말은 사실이 아니라는 뜻임.]

부정문은 문장 전체나 문장의 일부를 부정하며, 부정어의 영향이 미치는 범위에 따라 동일한 문장일지라도 전달되는 뜻이 달라지며, 또한 부정의 초점을 문장의 어느 부분에 두느냐에 따라서도 같은 문장이라도 전달하고자 하는 전달 내용이 달라진다.

20.3.1. not-부정

20.3.1.1. 조작어 + not

문장의 진술 내용을 부정하기 위한 한 가지 방법은 부정어 not을 조작어 바로 다음에 첨가하는 것이다. 즉, 긍정문에 조작어 역할을 할 수 있는 be 동사, 완료형 조동사, 또는 법조동사가 있으면 부정어를 조작어 바로 다음에 첨가하기만 하면 된다. 만약 조동사가 여러 개 있으면 맨 앞에 있는 조동사가 조작어 역할을 한다.

It **was** *not* raining.
  [비가 내리지 않고 있었다.]
Unemployment **has** *not* been a major cause of the recent events.
  [실업이 최근에 일어난 사건들의 주된 원인이 아니었다.]
They **could** *not* exist in their present form.
  [그들은 현재의 형태로 존재할 수 없을 것이다.]
He **has** *not* **been working** very hard this semester.
  [그는 이번 학기에 아주 열심히 공부하지 않고 있어.]

조작어 역할을 할 수 있는 be 동사나 조동사가 없으면, 의미상으로 아무런 뜻도 없는 (dummy) 'do'가 긍정문의 동사형에 따라 do, does, did 중 어느 하나로 바꾸고, 동사를 원형으로 변형시키고 not을 이 사이에 첨가시킨다.

I like the salad, but I **do *not* like** the soup.

   [샐러드는 마음에 드는데, 수프는 맛이 없다.]

I **did *not* know** that.

   [그걸 몰랐어.]

20.3.1.2. 부정어의 축약

격식적인 영어가 아니면 대체로 조작어와 부정어가 축약된 형태로 나타난다. 예컨대 is not은 **isn't**, can not은 **can't**와 같은 형태로 축약된다.

is not → isn't	are not → aren't
do not → don't	does not → doesn't
did not → didn't	shall not → shan't
will not → won't	has not → hasn't
have not → haven't	should not → shouldn't, etc.

그렇지만 부정의 뜻을 강조하기 위하여 예컨대 I did **NÓT** say that.에서처럼 부정어 not에 핵강세(核強勢: nuclear *or* heavy stress)를 두는 경우에는 축약되지 않는다.

일부 조작어의 경우에는 부정문에서 주어와 조작어가 축약되어 she is not ...은 she's not으로, I have not finished ...는 I've not finished처럼 축약되는 것을 허용하기도 한다. 이러한 축약 형태는 대개 주어가 대명사로 나타나는 경우에 이루어진다. 이 두 가지 축약된 형태가 격식체 영어에서는 사용되지 않는다.[9]

They **aren't** ready.	— They**'re not** ready.
	[그들은 준비가 되지 않았다.]
She **isn't** coming with us.	— She**'s not** coming with us.
	[그녀는 우리가 함께 가지/오지 않는다.]
He **hasn't** finished.	— He**'s not** finished.[10]

---

9 Quirk et al. (1985: 777). See also Downing & Locke (2006: 22).
10 He**'s not** finished.의 경우, 문맥에 따라서는 He's를 He has 또는 He is의 축약형이라고 생각할 수 있다.

|||[그는 아직 마치지 못했다.]
They **haven't** caught him. — They**'ve not** caught him.
[그들은 그를 붙잡지 못했다.]
She **won't** object. — She**'ll not** object
[그녀는 반대하지 않을 것이다.].
He **wouldn't** notice anything. — He**'d not** notice anything.
[그는 아무것도 알아차리지 못할 것이다.]

not은 또한 동사 이외에 문장의 다른 요소하고도 결합된다. 예컨대, very가 not 다음에 놓여 부정의 의미를 완화시키게 된다. 이런 경우에 very 다음에는 보어로 쓰인 형용사나 형용사 + 명사, 또는 부사가 놓이는데, 이렇게 되면 very가 없는 경우보다 더 정중하고 망설이는 듯한 느낌을 준다.[11] 예컨대 not logical이 논리성이 없다는 뜻을 나타내는 것이라면, not very logical은 어느 정도 논리적인 점은 인정하지만, 완전히 논리적이라고는 할 수 없다는 뜻이 된다.

His attitude is ***not very*** logical.
[그의 태도가 매우 논리적인 것은 아니다.]
He was***n't a very*** good actor.
[그는 아주 뛰어난 배우는 아니었다.]
She shook her head, but ***not very*** convincingly.
[그녀는 고개를 저었지만, 아주 단호하게 젓지는 않았다.]

not-부정문 다음에 neither나 nor가 내포된 문장을 첨가하여 '추가'(addition)의 뜻을 나타낼 수 있는데, 이들이 문두에 놓이면 조작어와 주어의 어순이 도치된다.

He didn't read it; { **neither** / **nor** } did I.
[그가 그것을 읽지 않았는데, 나도 마찬가지다. → 이 대신에 and I did**n't, either**와 같이 나타낼 수도 있음.]

---

[11] 'very' is often used after 'not' to soften the negative meaning of a clause. You can put 'very' in front of an adjective complement, in front of a complement that contains an adjective, or in front of an adverb. This sounds more polite or hesitant than using 'not' without 'very'. — Sinclair (1990: 209).

I haven't been to New York and **neither has** my sister.
[나는 뉴욕에 다녀 온 적이 없는데, 내 누이동생도 마찬가지였다.]
He can't see, **nor could** he hear until a month ago.
[그는 앞이 보이지 않는데, 한 달 전까지 들을 수도 없었다.]

20.3.2. no-부정

1) 동사 이외에 문장의 어느 한 요소를 부정함으로써 문장의 뜻을 부정할 수도 있다. 즉, 구 단위(phrasal level)의 부정에 있어서는 다음과 같은 예에서처럼 주어, 목적어, 또는 보어 따위의 역할을 하는 명사구에 부정 한정사(negative determiner) 'no'를 첨가하여 문장을 부정할 수 있다.[12]

No two words are exactly the same.
[어느 두 단어도 완전히 같은 것은 없다.]
No dogs are permitted here.
[여기에 개는 절대로 들어오지 못합니다. → cp. Dogs are **not permitted here**.]
This English-English dictionary has **no case**.
[이 영영사전에 케이스가 없다.]
Her refusal came as **no surprise**.
[그녀가 거절하는 것이 결코 놀라운 일이 아니었다.]

중심 한정사는 상호 배타적이다.[13] 그러므로 명사 앞에 이미 중심 한정사가 놓여 있으면 다시 중심 한정사 no가 선택될 수 없으므로 이 대신 not이 쓰인다. 특히 not이나 not even 다음에 a 또는 one이 오게 되면 언급되는 대상이 아무것도 없다는 뜻이 된다.

He would say **not a word**.
[그는 한 마디 말도 하려 하지 않았다.]

---

12 no way, no wonder, no sweat 따위와 같은 관용어구들도 부정 한정사 + 명사와 같은 부정어 구조를 갖는다. 또한 no parking, no smoking, no running 따위와 같은 no+ 동명사 형태도 흔히 쓰인다. 부정사절의 부정일 경우에는 부정사 앞에 not을 첨가한다: He decided **not to pay** his income tax this year.
13 이에 대해서는 본서 제1권 "3.9.3 한정사의 결합" (→ pgs. 339-341)을 참조.

He had no criminal record, **not even a** parking ticket.
  [그는 전과 기록이 없었다. 심지어 주차 위반 소환장조차도 없었다.]
Not a (single) house was left standing after the earthquake.
  [지진 발생 후에 단 한 채의 집도 남아 있지 않았다.]

특히 다음과 같은 문장에서 보는 바와 같이, 동사에 부정어가 첨가된 문장 부정 (23a)의 경우와 명사구에 not이 첨가된 구 부정 (23b)의 경우에는 뜻이 서로 다르다.

(23) a. Many of the voters **didn't vote for Bush**.
  [유권자들 가운데 부시에게 투표하지 않은 사람들도 많았다.]
  b. **Not many of the voters** voted for Bush.
  [부시에게 투표하지 않은 사람들이 많았다. 즉, 소수의 사람들만 투표했다.]

부정어 not의 영향이 오로지 동사에만 미치는 문장 (23a)는 부시에게 투표하지 않은 유권자들이 많다는 뜻을 나타냄과 동시에 그에게 투표한 유권자들도 많다는 뜻을 암시해 준다. 그러므로 이 문장 다음에 but many of the voters voted for Bush라는 말을 첨가할 수 있다. 반면에, (23b)에서는 부정의 범위가 처음부터 끝까지 걸쳐 있기 때문에 오로지 부시에게 투표한 유권자가 소수에 불과했다는 뜻만을 전달하고 있다. 바로 이러한 점 때문에 (23a)의 경우와는 달리 (23b)에는 but many of the voters voted for Bush라는 말을 덧붙일 수 없다.

다음 예에서처럼 연결동사에 대한 주격보어로서 명사구가 올 때, no-부정과 not-부정은 서로 다른 뜻을 암시한다.

He is **not a** teacher.
  [그는 선생님이 아니다. → 직업이 선생님이 아니라, 다른 직종에 종사하는 사람이라는 뜻임.]
He is **no** teacher.
  [그는 결코 선생님이라고 말할 수 없다. → 선생님이라고는 하지만, 선생님으로서 갖추어야 할 자질이 부족하여 선생님이라고 말하기 어렵다는 뜻임.]

바로 이와 같은 환경에서 한정사 no는 대개 '정도의 차이를 나타내지 못하는' (nongradable) 명사를 정도의 차이를 나타내는 명사로 전환시켜 그 사람의 특성 또는 자질(feature)의 차이를 나타낼 수 있게 해준다. 이처럼 의미의 대립 관계를 나타내는 예를 몇 개 더 들기로 한다.

I'm **not** a youngster. (= 'I'm not young.') 　　[나는 젊지 않다.]	I'm **no** youngster. (= 'I'm quite old.') 　　[나는 결코 젊은이가 아니다. 즉, 상당히 나이가 많다는 뜻임.]
She's **not** a fool. 　　[그녀는 바보가 아니다.]	She's **no** fool. 　　[그녀는 결코 바보같은 사람이 아니다.]
He's **not** a diplomat. (= 'He's not diplomatic.') 　　[그는 외교관이 아니다.]	He's **no** diplomat. 　　[그는 결코 외교관다운 사람이 아니다.]

그러나 다음 두 문장 중에서 첫 번째 문장은 문법적이지만, 두 번째는 틀린 문장이다. 그 까닭은 a fish와 같은 명사는 정도의 차이를 나타낼 수 없기 때문이다. 즉, 고래들의 특성이나 자질의 차이를 나타낼 수 없는 것이기 때문이다.

A whale is **not a** fish.
　　[고래는 물고기가 아니다.]
→ *A whale is **no** fish.

no good, no different 등 몇 가지 고정된 표현을 제외하면, 부사 no(= 'not any')가 형용사를 수식하는 경우는 no worse, no better behaved, no more awkward, no less important 따위에서처럼 비교급 형태로 나타나는 경우에만 가능하다.

I enjoy tennis, but I'm **no good** at it.
　　[나는 테니스를 즐기는 편이지만, 결코 잘 치지는 못한다.]
She's feeling **no better** this morning.
　　[오늘 아침에 그녀가 조금도 차도가 없다.]
She was **no different** than usual.
　　[그녀는 여느 때와 조금도 다르지 않았다.]

20.3.3. 기타 부정어

no와 not 이외에도 부정적인 뜻으로 해석되기 때문에 그것이 영향을 미치는 영역 안에 비단정형을 허용하는 몇 가지 부사와 한정사가 있다.[14] 즉, 넓게 보면 다음과 같은 단어들은 이른바 부정어에 가까운 것들로서, 뜻으로 보면 부정어이면서도 형태상으로는 그렇지 않은 것들이다.

seldom, rarely, never (빈도부사)
scarcely, hardly, barely (정도부사)
little, few (한정사/정도부사)

이와 같은 단어들이 문장에 쓰이게 되면 문장을 부정하는 것과 같은 효과가 있을 수 있다. 예컨대, 이러한 단어들이 쓰이게 되면 비단정형을 수반하게 될 수 있을 뿐만 아니라, 일반적으로 부가 의문문을 첨가하게 되면 긍정 동사형이 수반된다.

Wealth is **seldom** related to happiness.
   [부유하다는 것이 행복과 관계되는 경우는 거의 없다.]
We **never** dine out.
   [우리는 절대로 외식하는 일이 없다.]
The coast was **barely** distinguishable in the mist.
   [안개 때문에 해안을 거의 분간할 수 없었다.]
I **hardly** *ever* go out these days.
   [나는 요즘 웬만해서는 외출하지 않는다. → 부정어 hardly가 놓였기 때문에 비단정형 ever가 쓰이고 있음.]
They **hardly** have *any* friends here, *do they*?
   [그들은 이곳에 친구가 거의 없지요. 그렇지요? → 부정어 hardly가 놓였기 때문에 부가 의문문에 긍정 동사형 do가 쓰이고 있음.]
Few members have *ever* attended the annual general meeting.
   [연차 총회에 참석한 회원들은 별로 없었다. → few가 놓였기 때문에 비단정형 ever가 선택되었음.]
Little time has he *ever* spent with his family.

---

14 Besides such obviously negative words as n*ot, no, never,* and *nobody,* there are a number of words that have a negative-like interpretation, and for this reason allow nonassertives within their scope. One group of these words includes *hardly, scarcely, few, little, seldom,* and *rarely*. — Baker (1997: 494).

[그는 자기 가족들과 보낸 시간이 별로 없었다.]

부정의 뜻을 가진 다른 부사류와 마찬가지로, 위의 부사들이 문두에 놓이게 되면 문어체에서 주어와 조작어의 어순이 도치된다.

Rarely *does crime* pay so well as many people think.[15]
 [많은 사람들이 생각하는 것처럼 범죄 행위가 크게 득이 되는 경우는 거의 없다.]
Very rarely *do we* ask questions by simply using question intonation at the end of a sentence — *Mike is fixing dinner*? (Berk 1999: 153)
 [우리는 Mike is fixing dinner?와 같은 문장 끝에 단순히 의문문의 억양을 사용하여 의문문을 만드는 경우는 아주 드물다.]
Scarcely ever *was he* without a book.
 [그의 손에서 책이 떠나는 경우는 거의 없었다.]
Little *did* I expect such enthusiasm from so many people.
 [그렇게 많은 사람들이 그처럼 대단한 열정을 보이리라고 별로 생각하지 못했다.]

한정사와 마찬가지로, 이러한 부사들이 명사구에서 문장을 부정하는 효과를 가져 온다. 이러한 경우에는 어순이 도치되지 않는다.

Scarcely any wine has yet arrived, has it?
 [도착한 포도주가 별로 없지요, 그렇지?]
Barely any arms were accumulated before the war.
 [전쟁이 일어나기 전에 별다른 무기 비축이 이루어지지 않았다.]
Little help can be expected from Peter.
 [피터에게서 별다른 도움을 기대할 수가 없다.]

---

15 문장부사로서 문두에 놓일 때, rarely가 긍정적인 뜻을 가질 수 있으며, 이러한 경우에는 어순의 도치가 이루어지지 않는다.
 Rarely, crime pays well. ['On rare occasions, crime pays well.'] (Quirk et al. 1985: 781, note [a])
  [드물기는 하지만, 범죄행위가 큰 이득을 보기도 한다.]
 그러나 다음 문장에서 rarely는 빈도부사이며, 따라서 위 문장과 뜻이 다르다.
 Crime **rarely** pays well.
  [범죄행위가 이득이 되는 경우는 드물다.]

Hardly fifty people were in the vast hall.
[그 넓은 홀에 채 50명도 없었다.]

부정어가 문중에 들어 있지 않더라도 부정의 뜻을 가진 다음과 같은 동사, 형용사, 또는 전치사들은 부정의 뜻을 나타내기 때문에 이러한 단어들이 쓰인 문장에서는 단정형 대신에 비단정형이 쓰이게 된다.[16]

> 동사: avoid, decline, deny, dissuade, doubt, exclude, fail, forget, lack, neglect, prevent, refrain, reject, refuse, stop 등
> 형용사: doubtful, reluctant, unaware, unlikely, sceptical/skeptical 등
> 전치사: above, against, without 등

Still, doctors **doubted** she would *ever* be the same as before.
[그래도 의사들은 그녀가 전과 같지 않을 것이라고 생각했다. → 동사 doubt은 'not believe'라는 부정의 뜻을 갖고 있으며, 따라서 비단정어 ever가 쓰이고 있음.]

Richard **denied** that *anyone* had *ever* offered him *any* money.
[리차드는 어느 누구가 자기에게 돈을 주지 않았다고 잡아뗐다.]

We are **unaware** of *any* hostility.
[우리는 어떠한 적대 감정도 느끼지 못하고 있다.]

We are **reluctant** to do *anything* about it.
[우리는 그 일에 대해서 아무것도 하고 싶은 마음이 없다. → 형용사 reluctant는 'not eager'라는 부정의 뜻을 갖고 있음.]

You cannot look at German history **without** seeing Jewish history.
[독일 역사를 보면 반드시 유태인 역사를 보게 된다. → without seeing은 if you **do not** see ...라는 부정적인 뜻을 내포함.]

The lawyers advised **against** signing the contract.
[변호사들은 그 계약서에 서명하지 말라고 조언했다. → against는 'be not for'(...에 반대하다) 라는 뜻을 갖고 있음.]

His conduct is **above** reproach.
[그의 행동에는 비난의 여지가 없다.]

---

16 Baker (1997: 495).

20.3.4. 단정형과 비단정형

일반적으로 '단정'과 '비단정'이라는 두 가지 개념적인 관점에서 의미를 검토해 볼 필요가 있다. some, someone, somewhere 따위와 같은 형태들을 단정형(斷定形 assertive form)이라고 하는데, 이들은 전형적으로 사실적인 의미를 가지고 긍정문에 쓰인다. 반면에, any, anything, ever 따위와 같은 비단정형(非斷定形 non-assertive form)은 실현되지 않음, 즉 잠재성이라는 의미에서 비사실적인 의미와 연관되기 때문에 전형적으로 의문문·부정문·조건문, 또는 이러한 문장이 나타내는 것과 유사한 뜻을 내포한 문장에 쓰인다.[17] 따라서 다음 표에서와 같이 단정형이 쓰인 하나의 긍정문에 대하여 두 가지 부정문, 예컨대 not ... any 따위의 비단정형이 쓰인 부정문과 no, none, nothing 따위의 부정어가 쓰인 부정문이 생긴다.

몇 가지 단정형과 이에 대응하는 비단정형과 부정어를 열거하면 다음과 같다.[18]

문법적 기능	단정형	비단정형	부정어
한정사	some	any	no
대명사	some	any	none
대명사	something	anything	nothing
대명사	somebody	anybody	nobody

---

17 Quirk et al. (1985: 780); The *any* words (together with *ever* and *yet,* among others) are what we call 'non-assertive' items, as opposed to *some* and its compounds, which are 'assertive'. Assertive forms have **factual meanings** and typically occur in positive declarative clauses. Non-assertive words such as *any* are associated with **non-factual meanings** in the sense of **non-fulfillment** or **potentiality**, which is a feature of negative, interrogative, conditional and comparative clauses, and semi-negative words such as *without* and *hardly*, among others. It is, in fact, the general non-factual meaning, rather than any particular structure which provides the context for non-assertive items to be used. — Downing & Locke (2006: 24). 또한 Baker는 비단정형이 쓰이는 규칙을 다음과 같이 제시하고 있다:
(49) Nonassertive Rule
Nonassertive words are used in situations in which they fall within the scope of a negation, that is, situations in which they have narrower scope than some negative word. — Baker (1997: 491). any와 some 등의 용법에 대해서는 본서 제1권 3.8.2.5 (→ pgs. 304-314) 참조.

18 Quirk et al. (1985: 782).

과정부사	somehow	(in any way)	(in no way)
장소부사	somewhere	anywhere anyplace	nowhere no place
시간부사	sometime(s)	ever	never
시간부사	always	anytime	—
시간부사	already	yet	—
정도부사	to some extent	at all	—
정도부사	somewhat	any (the)	no, (none the)
추가부사	as well, too	either	—

(24) a. We've had **some** lunch. [단정형]

　　　[우리는 점심을 좀 먹었다.]

　　b. We have**n't** had **any** lunch. [비단정형]

　　c. We've had **no** lunch. [부정어]

　　　[우리는 점심을 전혀 먹지 않았다.]

(25) a. He **still** plays golf. [단정형]

　　　[그는 아직도 골프를 친다.]

　　b. He does**n't** play golf **any** { **longer** / **more** }. [비단정형]

　　c. He **no longer plays golf**. [부정어]

　　　[그가 지금은 골프를 치지 않는다.]

(26) a. I can help you **(to some extent)**.

　　　[나는 너를 (어느 정도) 도울 수 있다.]

　　b. I can**'t** help you **at all**.

　　　[나는 너를 전혀 도울 수 없다.]

(27) a. Her mother's coming, **too**.

　　　[그의 어머니도 온다.]

　　b. He mother's **not** coming **either**.

　　　[그의 어머니도 오지 않는다.]

(28) a. He'll meet us **somewhere**.

[그는 우리를 어디선가 만날 것이다.]

b. He wo**n't** meet us **anywhere**.

c. He'll meet us **nowhere**.

[그는 아무데서도 우리를 만나지 않을 것이다.]

(29) a. He **sometimes** loses his patience.

[그는 가끔 인내심을 잃고 화를 낸다.]

b. He does**n't ever** lose his patience.

c. He **never** loses his patience.

[그는 인내심을 잃고 화를 내는 법이 없다.]

그런데 다음 문장의 연속체에서 두 번째 문장이 부정문임에도 불구하고 비단정형 either 대신에 단정형 too가 쓰이고 있다. 그 까닭은 두 번째 문장에 too 대신에 either가 쓰이려면 not ... either처럼 앞에 나온 문장에서 부정어가 먼저 나와야 하는데 그렇지 않았기 때문이다.

I gave him a necktie last year; I **can't** give him a necktie this year $\begin{Bmatrix} \text{*either} \\ \text{too} \end{Bmatrix}$. (문용 2008: 531)

[나는 작년에 그에게 넥타이를 주었는데, 올해에는 줄 수 없다. → = 'That I can give the necktie this year **too** is not the case.']

또한 다음 문장에서도 단정형과 비단정형의 선택을 달리하고 있다. 즉, 긍정문에서는 very much가, 그리고 부정문에서는 much가 쓰인다는 것이다.[19]

He loves you $\begin{Bmatrix} \text{a great deal} \\ \text{very much} \\ \text{*much} \end{Bmatrix}$.

[그는 너를 매우 사랑한다.]

He does**n't** love you $\begin{Bmatrix} \text{much} \\ \text{*very much} \end{Bmatrix}$.

[그는 너를 별로 사랑하지 않는다.]

마지막으로 하나 더 들면 다음과 같이 긍정문에는 (for) a long time이 쓰이는 반면, 부정

---

19 문용 (2008: 515).

문에는 (for) long이 쓰인다.[20]

>We've been friends *for a long time*.
>[우리는 오랫동안 친하게 지내 왔다.]
>Strawberries are **never** in *for long*.
>[딸기철이 절대 오래 가지 않는다.]

부정어 다음에는 비단정형이 하나 이상 나타날 수 있다. 즉, 문장이 부정문이면 대개 문장 전체가 부정의 뜻을 나타내며, 따라서 그 사이에는 비단정형이 연속적으로 나타나게 된다.[21] 예컨대 다음의 첫 번째 문장에서처럼 부정어 never 다음에 anywhere와 yet 등 두 개의 비단정형이 놓이고 있는데, 만약 이 문장이 긍정문이라면 이들은 모두 단정형으로 바뀌게 될 위치이다.

>I've **never** travelled **anywhere** by air *yet*.
>[나는 아직껏 아무데도 비행기로 여행해 보지 못했다. → 부정어 never 다음에 두 개의 비단정어 anywhere와 yet이 놓여 있음.]
>**No one** has *ever* said **anything** to *either* of us.
>[아무도 우리들 중 어느 누구에게도 아무 말도 하지 않았다. → 부정어 no one 다음에 세 개의 비단정어 ever, anything, either가 들어 있음.]
>Shirley does**n't** *ever* give *any* money to *any* of her friends.
>[셜리는 결코 자기의 어느 친구에게도 돈을 한 푼도 주지 않는다.]

비단정형 yet, at all, either에는 이에 대응하는 부정어가 없다. 이들을 제외한 각 쌍의 비단정형과 부정어는 I have **no** money.와 I do**n't** have **any** money.의 경우와 같이 서로 뜻이 같지만, 동일한 문체에서 두 가지 형태 모두 쓰이는 것은 별로 적절하지 못하다. 즉, 부

---

20 (for) long과 (for) a long time의 차이에 대해서는 본서 제3권 "13.8.3.2 시간부사의 위치" (→ pgs. 132-134) 참조.

21 If a clause contains a negative element, it is usually negative throughout, from the occurrence of the negative to the end, or at least until the beginning of a final adjunct. This means that after a negative, the non-assertive forms must normally be used in place of *every* assertive form that would have occurred in the corresponding positive clause. — Quirk et al. (1972: 379).

정어 표현이 보다 문어적이고 격식적인 상황에서 더 많이 쓰이는 반면, not + 비단정형 표현은 보다 구어적이고 관용적이다.

문두에 부정어는 놓일 수 있지만, 비단정형은 놓이지 못한다. 비단정형은 본질적으로 부정어가 아니기 때문에 핵강세를 받는 부정어 대신에 문두에 놓여 부정의 범위가 시작되게 할 수 없다. 다시 말하자면, 부정어는 다음에 놓인 표현에는 영향을 미칠 수 있지만, 부정어 앞부분까지는 영향을 미치지 못하기 때문에 문두에는 비단정형이 올 수 없는 것이다. 예컨대 다음 문장에는 부정어 not 다음에 비단정형 anything이 나타나고 있다.

(30) He will **not** do **anything**.
　　　[그는 어떤 일도 하지 않을 것이다.]

뜻을 고려하지 않는다면 문장 (30)을 수동태로 바꿀 때 (31a)에서처럼 목적어에 해당되는 비단정형 anything을 주어 위치로 이동시켜 이것을 시작으로 하여 만들어진 수동태 문장은 비문법적이기 때문에 이 대신에 (31b)에서처럼 부정어로 시작되는 수동태 문장이 되도록 바꾸어야 한다.[22] 그 이유는, 비단정형 anything은 부정의 범위 안에 있을 때에만 쓰일 수 있는 것임에도 불구하고 부정의 범위 밖에 놓였기 때문이다. 이 문장에서 비단정형이 놓일 수 있는 위치는 바로 not 다음에서만 가능하다. 그렇지만 문장 (31b)에서는 부정어가 문두에 놓여 있어서 부정의 영향이 이 다음 끝까지 미칠 수 있기 때문에 문법적으로 옳은 문장이 되고 있다.

(31) a. *****Anything** will not be done.
　　　b. **Nothing** will be done.
　　　　　[아무 일도 이루어지지 않을 것이다.]

부정어로 시작되는 문법적인 문장과 비단정형으로 시작되기 때문에 문법적으로 틀린 문

---

[22] As the non-assertive forms are not in themselves negative, they cannot initiate the scope of negation by standing in initial position in the place of a nuclear negative form. — Downing & Locke (1992: 182). 다음과 같이 any, anyone 따위가 후치 수식을 받는 경우에는 이들이 not 앞, 심지어 문두의 위치에도 놓일 수 있다:
　Anyone who does that isn't honest.
　　[그런 일을 하는 사람은 누구일지라도 정직하지 못하다.]
그러나 *****Anyone** isn't honest.의 경우처럼 후치수식을 받지 않고 홀로 있는 경우에는 비문법적이다.

장 몇 가지 예를 더 보기로 한다.

문법적인 문장	문법적으로 틀린 문장
None of them arrived. → [그들 중 어느 누구도 도착하지 않았었다.]	***Any** of them $\left\{\begin{array}{l}\text{arrived}\\ \text{didn't arrive}\end{array}\right\}$.
Never say die! → [절대로 죽겠다고 말하지 마라!]	***Ever** say die.
No invitations were sent. → [초대장이 한 장도 발송되지 않았다.]	***Any** invitations weren't sent.
Nobody turned up. → [아무도 오지 않았다.]	***Anybody** didn't turn up.

20.3.5. 부정의 강조

지금까지 본 부정문에 다시 부정의 뜻을 강조하기 위해 부정어 다음에 몇 가지 유형의 어구가 첨가될 수 있다.[23]

부정적인 진술을 보다 강조하기 위해 at all을 첨가한다. 'not ... even a little'이라는 뜻을 가진 이것은 not, no, without, seldom, rarely 등 어떤 부정어 다음에도 쓰일 수 있다.

I didn't understand anything *at all*.
 [나는 어떤 것도 전혀 이해하지 못했다.]
She had **no** writing ability *at all*.
 [그녀에게는 글쓰기 능력이 전혀 없었다.]
The government has done **nothing** *at all* to deal with the problem.
 [정부는 그 문제를 해결하려고 어떤 일도 한 것이 없었다.]
He **hardly** read anything *at all*.
 [그는 읽은 것이 거의 전무했다.]
The situation was **not** *at all* serious.
 [그 상황이 조금도 심각하지 않았다.]
It was late, but they were **not** *at all* tired.

---

23 Sinclair (1990: 216).

[시간이 늦었지만, 그들은 조금도 피곤하지 않았다.]

또 다른 부정의 뜻을 강조하는 것으로서 whatsoever가 사용되는데, 이것은 'at all'이라는 뜻을 갖는다. 명사구에서 no가 한정사로 나타나면 이 명사구 다음에 whatsoever가 놓인다.

He's had **no luck** *whatsoever*.
[그에게는 정말 운이 없었다.]
There's **nothing** *whatsoever* to do.
[그야말로 정말 할 일이 아무것도 없다.]

whatsoever 대신에 whatever도 부정의 뜻을 강조하는데 쓰인다.

The people seem to have no hope $\begin{Bmatrix} whatever \\ whatsoever \end{Bmatrix}$. (Eastwood 2005: 13)
[그 사람들에게는 결코 아무런 희망도 없는 것처럼 보인다.]
There is no scientific evidence *whatever* to support such a view. (Sinclair 1992: 774)
[그러한 견해를 뒷받침해주는 과학적인 근거가 전혀 없다.]
She has shown **no interest** *whatever* in anything scientific.
[그녀는 과학적인 그 어떤 것에도 전혀 아무런 관심도 보여주지 않았다.]

not과 같이 쓰여 부정적 진술을 강조하는 여러 가지 표현에 in the least, the least bit, in the slightest, 그리고 a bit 따위가 있다.

not ... in the least
not ... the least bit
not ... in the slightest
not ... a bit

특히 in the least나 in the slightest가 동사와 같이 쓰일 때 동사 바로 다음에 놓이거나, 동사에 대한 목적어가 있으면 목적어 다음에 놓인다. in the least가 형용사와 같이 쓰이면 이것은 형용사 앞에 놓이지만, in the slightest는 대개 형용사 다음에 놓인다.

He's **not** *in the least* worried.
[그는 조금도 걱정하지 않았다.]
She was**n't** worried *in the slightest*.
[그녀는 조금도 걱정하지 않았다.]
'You must find such long hours very tiring.' — '**Not** *in the least*. I enjoy it.'
['그렇게 오랜 시간은 무척 피곤할 텐데.' — '전혀 그렇지 않아. 난 이 일을 즐기고 있지.']
I do**n't** envy you *in the slightest*.
[난 털끝만큼도 너를 부러워하지 않는다.]
They're **not** *a bit* interested.
[그들은 전혀 관심이 없어.]
Neither of the managers was *the least bit* repentant afterwards.
[그 지배인들 중 어느 사람도 나중에 전혀 뉘우치지 않았다.]

no, nobody, nowhere 따위 앞에는 absolutely를 쓸 수 있다.

There was *absolutely* **nowhere** to go.
[갈 곳이라고는 결코 아무데도 없었다.]
She **did** *absolutely* **no** work
[그는 결코 아무 일도 하지 않았다.].
There's *absolutely* **nothing** more the doctor can do.
[그 의사가 할 수 있는 일이라고는 전혀 없었다.]

20.3.6. 부분 부정과 전체 부정

20.3.6.1. 부분 부정

대개 부분 부정(部分否定: partial negation)은 부정어 not이 all, both, every, each, whole, entire 따위와 같이 전체성(totality)을 뜻하는 대명사, 또는 바로 이 대명사가 한정사 역할을 하여 명사와 결합된 형태로 나타난다. 이런 경우에 이들은 'some'이라는 뜻을 가지고 "모두 ...한 것은 아니다"라고 하는 부분 부정의 뜻을 나타내게 된다.

He could**n't** solve **all** of the problems.
  [그는 그 문제를 모두 풀 수는 없었다. → all이 단독으로 쓰여 대명사 역할을 하고 있음.]
Not all applicants are legally eligible to work in the United States.
  [모든 지원자들이 미국에서 일할 수 있는 법적인 자격을 갖춘 것은 아니다. → all이 다음에 있는 명사와 같이 쓰여 한정사 역할을 하고 있음.]
I do**n't** know **both** of them.
  [나는 그들 둘 다 알지는 못한다.]
Not everybody agrees.
  [모든 사람들이 동감하는 것은 아니다.]
We can**not** travel **every** path. Success must be won along one line.
— E. Hemingway, "Advice to a Young Man"
  [우리는 모든 길로 나아갈 수 없다. 성공은 하나의 길을 따라서 이루어져야만 한다.]

또한 부정어가 always, altogether, entirely, wholly, necessarily 따위와 같은 부사와 결합하게 되면 이들은 'sometimes it is the case and sometimes it is not ...'.(...할 때도 있고, 그렇지 않을 때도 있다.)이라는 부분 부정의 뜻을 나타내는 것이다.

> not + always/altogether/entirely/necessarily/wholly, etc.

He did**n't always** *win* the arguments, but he often was right.
  [그가 항상 논쟁에서 이긴 것은 아니지만, 흔히 옳은 주장을 하기도 했다.]
I do**n't** *agree* **altogether**.
  [나는 전적으로 동감하지는 않는다.]
It is true that some vaccinations are **not entirely** *safe*.
  [일부 백신 주사는 전적으로 안전한 것이 못 된다고 하는 것이 옳다.]
She was**n't absolutely** *convinced* of her usefulness.
  [그녀는 자신이 필요한 존재라는 점을 완전히 확신하지는 못했다.]
Food that looks good does**n't necessarily** *taste good*.
  [보기 좋은 음식이라고 해서 반드시 맛이 좋은 것은 아니다.]

특히 not이 absolutely, altogether, entirely, necessarily 등 '완전성'을 나타내는 부사

들과 같이 쓰이게 되면 보다 정중하거나 덜 비판적인 말처럼 들린다.[24]

위에서 든 예문에서는 명사, 형용사가 not의 범위 안에 들어 있기 때문에 부분 부정의 뜻을 나타내지만, 다음 예문에서는 necessarily가 부정의 범위 밖에 있기 때문에 뜻이 달라진다.[25]

    Crime **necessarily** does**n't** pay. (문용 2008: 529)
    [필연적으로 범죄행위로 얻는 이득이 아무것도 없다.]

all ... not은 애매성을 내포하고 있어서 전달되는 상황에 따라서는 부분 부정이나 전체 부정을 모두 나타낼 수 있다.

    (32) (a) **All** the children did**n't** sleep
         (b) All the children did<u>n't sleep</u>. [= 'All the children failed to sleep.']
         (c) <u>All the children didn't sleep</u>. [= 'Not all the children slept.']

문장 (32a)가 어떤 뜻을 나타내느냐 하는 점은 부정의 범위와 초점에 관련되어 있다. 즉, 이 문장에서 부정의 범위를 (32b)에서처럼 didn't sleep에 한정시킨다면 모든 어린이들이 잠을 못 잤다는 뜻으로 해석되는 반면, 문장 (32c)에서와 같이 밑줄 친 부분, 즉 문장 전체를 부정의 범위에 포함시킨다면 부분 부정을 나타내어 일부 어린이들이 잠을 못 잤다는 뜻으로 해석된다. 그러나 **None** of the children slept.라고 하여 주어를 부정하게 되면 전체 부정의 뜻으로만 해석된다.

20.3.6.2. 전체 부정

전체 부정(全體否定: total negation)은 두 가지 방법으로 나타낸다. 한 가지 방법은, 부정어 not과 비단정형 any, either, anybody, anything 따위를 결합해서 나타내는 것이다.

    I do**n't** know **any** of them.
    [나는 그들 중 어느 누구도 알지 못한다. → 그들 중 아는 사람이 아무도 없다는 전체 부정의

---

24 You can use 'not' with 'absolutely', 'altogether', 'entirely,' 'necessarily' in a similar way. You do this in order to sound more polite or less critical. — Sinclair (1990: 210).
25 문용 (2008: 529).

뜻임.]

I did**n't** see **either** of the teachers.

[나는 그 선생님들 중 어느 누구도 만나지 않았다. → 두 선생님 모두 만나지 못했다는 전체 부정의 뜻을 나타내고 있음.]

또 다른 한 가지 방법은, none, no one, nobody, nothing, neither 따위와 같은 부정어를 사용하여 전체 부정의 뜻을 나타내기도 한다.

I know **none** of them.

[나는 그들을 아무도 모른다.]

Nobody knew what to say.

[무슨 말을 해야 할지 아는 사람이 아무도 없었다.]

No one is born happy.

[태어날 때부터 행복한 사람은 아무도 없다.]

They produced two reports, **neither** of which contained any useful suggestions.

[그들이 두 건의 보고서를 작성했지만, 그 가운데 어느 것에도 유용한 제안이 들어있지 않았다.]

20.3.7. 부정의 범위

부정어(negator)는 비단정형을 지배한다고 말할 수 있다. 바꾸어 말하자면, 비단정형은 부정의 범위(否定範圍: scope of negation) 안에 들어 있을 때, 즉 부정적 표현이 의미에 영향을 미칠 수 있는 범위 안에 있을 때에만 비단정형이 나타날 수 있다.[26] 다음과 같은 예를 보기로 하자.

---

26 A negative item may be said to govern (or determine the occurrence of) a nonassertive only if the latter is within the SCOPE of the negative, *ie* within the stretch of language over which the negative item has a semantic influence. The scope of the negation normally extends from the negative item itself to the end of the clause, but it need not include an end-placed adverbial. In a clause with the clause negator *not* or a negative word such as *never* or *hardly* in the same position after the operator, adverbials occurring before the negative normally lie outside the scope. — Quirk et al. (1985: 787). See also Downing & Locke (1992: 182).

(33) a. I know **some** of them.
　　　　[나는 그들 가운데 몇 사람은 안다.]
　　b. I do**n't** know **any** of them.
　　　　[그들 중에 내가 아는 사람은 아무도 없다.]

긍정문 (33a)에는 단정형 some이 쓰이고 있는 반면, 이 문장을 부정문으로 바꾼 (33b)에는 부정어 not이 쓰였으며, 긍정문에 쓰인 some이 부정문에서 any로 바뀐 것은 이것이 부정어 not의 영향을 받고 있다는 증거를 보여주는 것이 된다. 다시 말하자면, not의 영향이 여기까지 미치고 있다는 뜻이다. 이처럼 부정어의 영향이 어디까지 미치느냐 하는 것이 주어진 문장의 뜻을 해석하는데 중대한 영향을 미치게 된다.

대개 부정의 영향이 부정어 자체로부터 문장의 끝까지 미치지만, 반드시 문장의 마지막에 놓인 부사구까지 영향이 미치지 않아도 된다. 그러므로 다음 두 개의 문장 (34a, b) 모두 부정문임에도 불구하고 각각 단정형 some과 비단정형 any가 쓰여 부정어의 영향이 미치는 범위가 서로 다르다는 점을 보여주고 있다.

문장 (34)-(37)에서 밑줄 친 부분은 부정어의 영향이 미치는 범위를 표시한 것이다.

(34) a. He did**n't** reply to ***any*** of my letters.
　　　　　　<부정의 범위>
　　　　(= 'None of the letters received a reply.')
　　　　[그는 내가 보낸 어느 편지에도 답장을 하지 않았다.]
　　b. He did**n't** reply to ***some*** of my letters.
　　　　　<부정의 범위>
　　　　[그는 내가 보낸 편지 일부에는 답장을 하지 않았다.]

문장 (34a)에서는 밑줄 친 부분이 보여주는 것처럼 부정어 not의 영향이 문장 끝까지 미치고 있기 때문에 비단정형 any가 쓰이고 있다. 반면에 문장 (34b)에 단정형 some이 쓰인 것은 부정어 not이 동사 reply까지만 부정의 영향을 미치고 있어서 이것이 부정의 범위 밖에 놓여 있기 때문이다.

부정의 범위가 문장에서 부사적 요소의 기능과 밀접하게 관련된다. 예컨대 clearly, deliberately, expressly, intentionally, knowingly, on purpose, purposely, willfully 따위와 같은 부사들이 포함된 문장에서 이러한 부사들이 부정어 not 앞에 놓여 있느냐 뒤에 놓여 있느냐에 따라 부정의 범위가 달라지고, 바로 이러한 점 때문에 문장의 뜻이 달라진다.[27] 가령 (35a, b) 두 문장에서 부사 clearly가 문장 (35a)에서는 부정어 not 다음에 놓여 있기 때문에 부정의 범위 안에 포함되어 있어서 양태부사 역할을 담당하고 있음이 분명하다. 그러나 문장 (35b)에서 이것은 부정어 앞에 놓여 있기 때문에 부정의 범위 밖에 있으며, 따라서 태도를 나타내는 일종의 문장부사 역할을 하고 있다. 특히 이러한 부사가 부정어 앞에 놓이느냐, 뒤에 놓이느냐 하는 것이 의미의 차이와 서로 관계가 있을 수 있다.

(35) a. She did**n't explain the problem *clearly***.
 (= '**She didn't explain the problem in a clear way**.')
 [그는 그 문제를 명확하게 설명하지 못했다. → clearly가 부정의 범위 안에 있으므로 이것은 explain을 수식하는 양태부사 역할을 하고 있음.]
 b. She *clearly* did**n't explain the problem**.
 (= '**It is clear** that she didn't explain the problem.')
 [분명한 것은 그녀가 그 문제를 설명하지 않았다는 점이다. → clearly가 부정어 not 의 범위 밖에 놓여 있으므로 문장부사 역할을 하고 있음]

다음 두 개의 부정문 (36a, b)에서도 부정의 범위와 관련해서 부사의 위치에 따라 그 뜻이 달라지고 있다. 이 두 문장에서 뜻이 달라지는 것은 부정의 범위가 다르기 때문이다. 즉, (36a)에서는 부정의 범위가 밑줄 친 n't에서 deliberately까지이고, 이에 따라 의도적으로 한 것이 아니라는 뜻을 나타낸다. 반면에 (36b)에서는 부정의 범위 n't do it에 부사 deliberately가 포함되어 있지 않다.

(36) a. He did**n't destroy the evidence *deliberately***.
 (= 'He did not act deliberately in destroying the evidence.')
 [그는 일부러 그 증거를 없애버린 것이 아니었다. 즉, 그 증거를 없애버렸는데, 예컨대 실수로 했을지도 모른다는 뜻임.]
 b. He *deliberately* did**n't destroy the evidence**.
 (= 'He acted deliberately in not destroying the evidence.')
 [일부러 그는 그 증거를 없애지 않았다. 즉, 그 증거를 없애지 않은 것이 의도적이었음을 뜻함.]

---

27 이러한 부사들은 의지부사(volitional adverbs) 또는 행위 부가어(act-related adjuncts)로 알려져 있다. — Cowan (2008: 95).

다음 문장 (37a, b)에서는 마지막에 놓인 부사구가 부정의 범위에 포함되느냐 아니냐에 따라 뜻이 달라진다.

(37) a. I was**n't listening** *all the time*.
　　　　[나는 처음부터 끝까지 귀를 기울인 것은 아니었다. 즉, 들은 것이 일부였다는 뜻임.]
　　b. I was**n't listening** *all the time*.
　　　　[나는 처음부터 끝까지 귀를 기울이지 않고 있었다. 즉, 잠시도 귀를 기울이지 않았다는 뜻임.]

이 두 문장에서 (37a)에서처럼 부사구 all the time이 부정의 범위에 포함되어 있으면 부분 부정의 뜻이 되지만, 바로 이 부분이 부정의 범위에서 벗어난 (37b)는 전체 부정의 뜻이 된다.

부정의 범위에 문미에 놓인 부사구가 포함 여부에 따른 예를 한 가지 더 들어 보기로 한다.

(38) a. John **hasn't lived there** *for three months*.
　　　　[존이 그곳에 살지 않은지 석 달이 된다.]
　　b. John **hasn't lived there** *for three months*.
　　　　[존이 그곳에 산지 아직 석 달이 안 되었다.]

(38a)는 He [hasn't lived]라는 부정문의 계속 기간이 3개월이라는 뜻으로서, 부사구 for three months는 문장 전체와 관련된다. 반면에 문장 (38b)는 [hasn't lived there *for three months*]라는 동사구를 부정하는 것으로서, 부사구 for three months는 동사가 부정하는 기간을 나타낸다.

20.3.8. 부정의 초점

부정문에서는 부정의 범위와 아울러 부정의 초점(focus)을 받는 위치도 확인할 필요가 있다. 그 까닭은, 특정한 부분에 두는 핵강세는 부정문에서 은연중에 나타나는 의미상의 대립 현상이 바로 이 부분에서 나타나며, 이 부분을 제외한 나머지 부분은 긍정적인 뜻을 갖는 것으로 해석된다는 점을 말해 주기 때문이다. 그러므로 하나의 문장이 핵강세를 받는 위치에 따라 여러 가지 관점으로 다르게 해석된다. 예컨대, 다음 문장에서 어느 부분을 초점 요소로 삼아 거기에 핵강세를 두느냐에 따라 전달하고자 하는 정보 내용이 달라지게 된다.

Your children don't hate school.

이 문장에서 다음과 같이 대문자로 나타낸 부분이 초점 요소로서 핵강세를 받는 부분이면, 바로 이 부분에서 의미의 대립 관계가 나타난다.[28]

YOUR children don't hate school.

이 문장에서 your에 핵강세를 둠으로써 학교를 싫어하는 아이들이 있다면 그들은 다른 사람의 자녀들이지, 네 자녀들은 아니라는 뜻을 나타내고 있다. 이런 식으로 해서 위 문장과 관련해서 your 이외에도 다음과 같이 children, hate, school을 각각 초점 요소로 삼아 여기에 핵강세를 두어 말하게 되면 이에 따라 전달되는 의미 내용이 달라진다.

Your **CHILDREN** don't hate school.
   [→ 다른 사람은 몰라도 너의 자녀들은 학교를 싫어하지 않는다는 뜻임.]
Your children don't **HATE** school.
   [→ 너의 자녀들이 학교에 대하여 어떤 감정을 품고 있기는 하겠지만, 그것이 싫어하는 감정은 아니라는 뜻임.]
Your children don't hate **SCHOOL**.
   [→ 너의 자녀들이 정말로 싫어하는 대상이 있다면, 그것은 학교가 아니라 다른 대상이라는 뜻임.]

특히 부정의 범위와 초점을 받는 위치는 상호 관련되어 있으므로, 부정의 범위에 초점을 받는 부분이 포함된다. 이러한 점에서 볼 때, 부정어의 영향이 미치는 범위를 나타내는 한 가지 방법은 곧 초점을 받는 요소가 놓인 위치에 의한다는 결론에 이르게 된다. 사실상, 달리 부정의 범위를 명확하게 표시하지 못할 때가 종종 있는데, 바로 정보의 초점이 어디에 놓이는가 하는 것으로 부정의 범위를 나타낼 수 있다. 흔한 경우는 아니지만, 한 가지 예로써 (39b)의 경우와 같이 부정의 범위가 종속절까지 확대될 수도 있는데, 이 부분에 대립적인 강조를 하기 위해 하강-상승조 억양(↘↗)으로 말하게 된다.

---

28 Huddleston & Pullum (2002: 796-797). See also Cowan (2008: 96).

(39) a. I did**n't leave HÓME** because I was afraid of my FÀTHer.
　　　　[나는 아버지가 무서워서 집을 나가지 않았다.]
　　b. I did**n't leave home because I was afraid of my FǍTHer**.
　　　　[내가 집을 나간 것은 아버지에 대한 두려움 때문이 아니었다.]

(39a)는 부정의 범위가 home까지이며, 따라서 초점을 받는 부분도 home이다. 글로 나타내는 경우에는 이 점을 명확히 하기 위해 종속절 앞에 쉼표가 첨가될 수 있다. 반면에, (39b)에서는 father에 초점이 두어지고 이 부분을 대립적인 하강-상승조 억양으로 말하게 되며, 따라서 부정의 범위가 자연히 종속절까지 미치게 된다.

또 다음과 같은 문장에는 when-절이 포함되어 있는데, 이 절이 부정의 범위에 포함되느냐 포함되지 않느냐에 따라 뜻이 달라진다.

　She did**n't come to SEE him** when he ÀSKED.
　　　[그가 요청했을 때 그녀는 그를 만나러 오지 않았다.]
　She did**n't come to see him when he ǍSKED**.
　(= 'It was not when he asked that she came to see him.')
　　　[그녀가 그를 만나러 온 것은 그가 요청했을 때가 아니었다.]

20.3.9. 부정어의 어순과 도치

다음 예에서처럼 격식체 영어에서 부정적인 요소가 본래 놓였던 위치에서 문장의 맨 앞으로 이동할 수 있다.

　I have taken *nothing* **from any members of your family.**
　→ *Nothing* **have I taken** from any members of your family.
　　　[나는 너의 가족 어느 누구에게서 아무것도 빼앗지 않았다.]
　Ferguson has *never* **written** a book that was as exciting as this new novel.
　→ *Never* **has Ferguson written** a book that was as exciting as this new novel.
　　　[퍼거슨은 새로 나온 이 소설만큼 흥미진진한 책을 한 번도 쓴 적이 없었다.]

이러한 경우에는 흔히 목적어 역할을 하는 부정의 명사구 또는 부사가 문두에 놓이게 되

고, 동시에 주어와 조작어의 어순이 도치된다.[29]

Not a word **would he** say.
[그는 한 마디 말도 하려고 하지 않을 것이다. → cp. He would not say a word.]
Not a moment **did she** waste.
[한 순간도 그녀는 낭비하지 않았다.]
Not one bottle **did we** leave behind.
[우리는 한 병도 남기지 않았다.]
Never **will I** make the mistake again.
[다시는 절대로 그런 실수를 범하지 않겠다.]
Under no circumstances **will she** return here.
[어떤 경우에도 우리는 이곳으로 돌아오지 않을 것이다.]
Not until yesterday **did he** change his mind.
[어제까지도 그는 마음을 바꾸지 않았다.]
Little time **has he** ever spent with his family.
[그는 식구들과 같이 시간을 보낸 것이 별로 되지 않았다.]
Little **does he** know that the police are watching him.
[그는 경찰이 자신을 감시하고 있다는 사실을 거의 모르고 있다.]
At no time **were we** friends.[30]
[과거에 우리는 친구로 지낸 적이 전혀 없다. → We were friends **at no time**, and neither were our brothers.]

예컨대 not long ago 따위와 같은 어구는 문두에 놓여 있어도 어순이 도치되지 않는다.

---

29 마지막 세 개의 문장을 제외한 모든 예문들은 Quirk et al. (1985: 779)에서 인용하였음. See also Baker (1997: 493) and McCawley (1988: 558).
30 at no time의 경우와 달리, in no time은 'very quickly or soon'이라는 뜻으로서, 부정적인 뜻을 갖지 않기 때문에 어순이 도치되지 않는다:
   We were friends **in no time**.
   [우리는 순식간에 친구지간이 되었다.]
   In no time { *were we / we were } friends.
   [→ in no time에는 부정의 뜻이 없으므로 이것이 문두에 놓이더라도 어순의 도치가 이루어지지 않으며, 어순이 도치되면 틀린 문장이 됨.]

이것은 "얼마전"이라는 뜻을 나타내는 것에 불과한 표현이지, 이 자체가 다음에 놓인 문장 내용에 아무런 영향도 미치지 않기 때문이다.

>There was a rainstorm **not long ago**.
>→ **Not long ago** there was a rainstorm.
>>[얼마 전에 폭풍우가 몰아닥쳤다.]

only는 어느 정도 부정적이다. 따라서 only가 주어 역할을 하는 명사구에 초점을 두는 경우 이 명사구 다음에 비단정형이 올 수 있다.

>**Only** two of us had **any** experience in sailing.
>>[우리들 가운데 항해 경험이 있는 사람은 오직 두 명뿐이다. → 부정적인 뜻을 내포하고 있는 only 다음에 비단정형 any가 놓여 있음.]

또한 only가 문두에 있는 주어 이외의 다른 요소에 초점을 주는 경우, 주어와 조작어의 어순이 가끔 도치될 수 있기는 하지만, 반드시 도치되어야 하는 것은 아니다.[31]

>**Only on Sundays** *do they* eat with their children.
>>[일요일에만 그들이 자녀들과 같이 식사를 한다.]
>**Only in Paris** *do we* find bars like this.
>>[파리에서만 이러한 술집을 볼 수 있다.]
>**Only his mother** *will he* obey.
>>[오로지 자기 어머니에게만 그가 복종할 것이다.]

위의 마지막 문장은 다음 예에서처럼 주어와 동사의 어순이 바뀌지 않고 있다.

>**Only his mother** he will obey.
>(= 'It's only his mother that he will obey.')
>>[그가 복종할 사람은 자기 어머니뿐이다.]

---

31 And when it (= *only*) focuses on a fronted initial element other than subject, it may occasionally (but need not) take subject-operator inversion. — Quirk et al. (1985: 781).

그렇지만 이 두 개의 문장 모두 다소 오래된 표현 방식이고, 이러한 뜻을 나타내고자 하는 경우에는 He will **only** obey his mother.가 더 적절할 것이다.

20.4. 의문문

의문문(疑問文: interrogative sentences)은 갖가지 다양한 정보를 얻고자 하는 경우에 사용되는 문장 유형으로서, 묻는 사람이 얻고자 하는 정보 유형에 따라 yes/no 의문문·wh-의문문·부가 의문문·수사 의문문·반향 의문문 등 여러 가지 의문문의 유형으로 세분된다.

20.4.1. yes/no 의문문

20.4.1.1. 기본 구조

1) yes/no 의문문은 청자로부터 예상되는 대답에 yes 또는 no가 포함되기 때문에 붙여진 명칭이다. 즉, 이것은 대충 'Is it (not) the case that ...?'(...은 사실인가/사실이 아닌가?)이라고 풀어 쓸 수 있을 것이다. 다시 말하자면, yes/no 의문문은 청자로부터 yes라고 대답할지, no라고 대답할지 예상할 수 없는 것이기 때문에 '중립적인'(neutral) 물음이 된다.

'Are you going to the party?' — '**Yes** (I am).'
　　　　　　　　　　　　　　　'**No** (I'm not).'
[파티에 참석하느냐?' — '예, 참석합니다./아니오, 참석하지 않아요.']

때로는 법조동사를 내포하는 yes/no 의문문이 다른 용법으로 쓰이기도 한다. 다음 예에서처럼 제안·요구·제의·초대 등 다양한 뜻을 나타내기도 한다.

Shall we go there? [제안]
　[우리 거기에 갈까?]
　{ **Can** / **Could** } you write the address down for me, please? [요구]
　[주소를 좀 써주실 수 있겠어요?]
'**Can** I carry something for you?' — 'No, it's ok, thanks.' [제의]

['뭘 좀 갖다 줄까?' — '아니. 괜찮아, 고마워.']
'**Would** you like to come to a party?' — 'Yes, I'd love to.' [초대]
['파티에 참석할 수 있겠어?' — '그래. 기꺼이 가고말고.']
'**May** I use your phone?' — 'Yes, of course.' [허가의 요청]
['전화 좀 써도 돼?' — '응. 물론 써도 되지.']

그렇지만 yes/no 의문문에 대한 대답에 yes, no가 암시될 뿐, 반드시 겉으로 드러난 대답 자체에 yes, no가 포함되어야만 하는 것은 결코 아니다.

'Do you read in bed?' — '**Sometimes**.'/'**Never**.'
['너는 잠자리에서 책을 읽느냐?' — '가끔 그래.'/'전혀 그렇지 않아.' → Yes, I **sometimes** read in bed. 또는 No, I **never** read in bed.에서 각각 Sometimes와 Never를 제외한 나머지 부분이 생략되었음.]
'Do you like Michael Jackson?' — '**I think he's wonderful**.'
['마이클 잭슨을 좋아하니?' — '아주 훌륭하다고 생각해.']
'By the way, do you want to see my wedding photos?' — '**Sure**.'
['그런데, 내 결혼사진을 보고 싶어?' — '물론이지.']

물론 이상과 같은 yes/no 의문문 형식으로 이루어진 대화의 질문에서 yes/no 이외의 표현으로 대답하고 있지만, 이 대답의 이면에는 yes/no가 갖는 뜻이 깔려 있다. 즉, 'sometimes'라는 대답은 yes에 준하는 약한 긍정적인 내용이 포함된 대답인 반면, 'I think he's wonderful.'이나 'Sure'는 yes가 갖는 강한 긍정적인 대답을 나타내는 것이다. 이와 반대로, 'Never'는 no에 대응하는 강한 부정적인 대답을 나타내는 것이다.

2) yes/no 의문문에서는 진술문의 주어와 조작어의 어순이 도치된다. 이때 조작어로 쓰이는 것은 be, have, can/must/will 따위, 또는 do/does/did이다.

(1) 진술문에 be 동사가 있는 경우에는 be 동사가 조작어 역할을 하여 주어 앞으로 전치(前置: fronting)되어 조작어 be + 주어 ...?의 어순으로 바뀐다. 즉, be 동사가 주어와 주격보어를 연결시키는 연결동사(linking verb)이거나, **be able to**, **be going to**, **be to**, **be** + 과거분사/현재분사 따위와 같은 구조에 나타나는 be 동사가 의문문을 만드는데 필요한 조작어 역할을 한다.

You were at the library then.

→ ***Were you*** at the library then?
　　[그때 도서관에 있었니?]
Was the house still being built?
　　[그 집이 계속 건축 중이었는가?]
Was she able to finish in time?
　　[그녀가 시간 안에 마칠 수 있었는가요?]
Are you doing anything tomorrow?
　　[내일 무슨 일을 하게 됩니까?]
Are you to report tomorrow?
　　[내일 보고하게 됩니까?]

(2) 진술문에 can, may, will 따위와 같은 법조동사나 have/has, had와 같은 완료형 조동사가 있으면 이들이 조작어로서 주어 앞으로 전치됨으로써 조작어 + 주어 + 본동사 ...?의 어순으로 도치된다.

You can call back tomorrow.
→ ***Can you call*** back tomorrow?
　　[내일 다시 전화를 걸어줄 수 있겠니?]
Would you like to come over for dinner Saturday night?
　　[토요일 저녁에 저녁 식사하러 집으로 오시겠습니까?]
Has Alice gone home?
　　[앨리스가 집에 갔나?]

(3) 진술문에 be 동사, 법조동사, 또는 완료형 조동사가 없으면 본동사가 주어의 인칭과 시제에 따라 do/does/did + 원형 동사로 바뀐다. 예컨대 동사의 과거형 **walked**는 **did + walk**로 바뀌고, 주어가 3인칭 단수이고 현재시제를 나타내는 현재형 **walks**는 **does + walk**라는 형태로 바뀌게 된다. 이 중에서 조작어 do, does, did를 주어 앞으로 전치시켜 조작어 + 주어 + 본동사 ...?의 어순으로 배열함으로써 원하는 yes/no 의문문이 만들어지게 된다.

He ***studied*** late last night.
→ He ***did study*** late last night.
→ ***Did he study*** late last night?

[그가 어젯밤 늦게까지 공부했느냐?]

He + *likes* Dickens.

→ ***Does he like*** Dickens?

[그가 디킨스를 좋아하느냐?]

Do most Japanese women wear kimonos when they get married?

[대부분의 일본 여성들이 결혼할 때 기모노를 입습니까?]

Does anyone have a question?

[누가 질문할 사람 있어요?]

Did you go to school there?

[거기서 학교에 다녔느냐?]

대화체에서는 의문문의 주어를 인칭대명사로 하고, 이 대명사가 가리키는 대상을 명백히 하기 위하여, 문장의 끝에 명사구를 두기도 한다.[32]

Has **she** caught a cold, **your mother**?

[그녀가 감기에 걸렸어? 너의 어머니께서.]

Does **he** play football, **your brother**?

[그가 축구를 해? 너의 동생이.]

Is **it** all right, **that coffee**?

[그것이 괜찮아? 그 커피 말일세.]

3) 의문문은 화자가 기대하는 대답의 유형에 따라 물음의 방향이 달라질 수 있다. 즉, 상대방으로부터 부정적인 대답이 나올 것으로 기대하게 되거나, 상대방의 대답이 긍정적일지 부정적일지 모를 때, 즉 중립적인 상황에서는 any, anybody, ever, yet 따위와 같은 비단정형이 의문문에 포함된다.

Do you know **any** of the teachers here? (<You know **some** of the teachers here.)

[여기에 계신 선생님들 중에 아는 분이 계시니?]

---

32 Alexander (1996: 250). Huddleston & Pullum (2002: 1411)은 이처럼 앞에는 대명사가 쓰이고, 문장이 모두 끝난 뒤에 쉼표로 분리되어 이 대명사에 대한 구체적인 대상을 가리키는 명사구가 놓이는 것을 우측전위(右側轉位: right dislocation)라고 한다.

Are you doing **anything** tomorrow? (<You are doing **something** tomorrow.)

[내일 무슨 일을 하게 되는가?]

Has she finished eating **yet**? (<She has finished eating **already**.)

[그녀가 식사를 이미 마쳤는가?]

그러나 의문문이 순수한 물음을 뜻하는 것이 아니라, 상대방이 yes라고 대답할 것으로 예상되는 '긍정 지향적인'(positive oriented) 의문문, 즉 긍정적인 대답을 하리라고 기대/예상하면서 묻는 의문문에는 방금 위에서 제시된 비단정형 대신에 some, somebody, always, already 따위와 같은 단정형이 쓰이게 된다. 기대되는 대답 유형에 따라 단정형과 비단정형이 쓰인 다음 각 쌍의 문장들을 비교하여 보기로 한다.

Did **anyone** call last night?

[어젯밤에 누구한테서 전화 왔었니? → 전화를 한 사람이 있었는지 없었는지 모르고 묻는 순수한 물음이기 때문에 상대방이 어떻게 대답할지 알 수 없음.]

Did **someone** call last night?

[어젯밤에 누구한테서 전화 왔었지? → 전화 왔었다고 상대방이 긍정적으로 대답하리라고 기대함. 그러므로 이 문장은 대충 'Is it true that someone called last night?'이라는 뜻임.]

Is the bank open **yet**?

[지금 은행 문이 열렸는가? → 지금 은행 업무 시간인지 아닌지 모르고 묻는 순수한 의문문임.]

Has she finished eating **already**?

[그녀가 식사를 이미 마쳤지? → 그녀가 식사를 마쳤을 것이라고 생각하고 긍정적인 대답을 기대하는 경우.]

20.4.1.2. 진술 의문문

yes/no 의문문은 주어와 조작어의 어순이 도치되는 것이 일반적이지만, 특히 말로 하는 경우에 일반적인 진술문과 마찬가지로 주어 + (조)동사의 어순으로 나타나는 다음과 같은 진술 의문문(declarative question)의 예를 가끔 볼 수 있다. 이러한 의문문은 문장의 마지막 부분에서 상승 억양(上乘抑揚: rising intonation)으로 말함으로써 의문문의 효과를 나타내는 것으로서, 질문하는 내용과 관련하여 화자가 긍정 또는 부정적인 확인을 예상하는

것이다.³³

>'I just got back from San Francisco.' — 'You had a good time there?'
>>['이제 막 샌프란시스코에서 돌아왔어.' — '거기서 즐거웠지?']
>
>You've got the tickets?
>>[표를 샀다고요?]
>
>You're working late tonight?
>>[오늘 밤에 늦도록 일을 한다고?]

긍정형 의문문은 긍정 지향성(positive orientation)을 갖기 때문에, 즉 긍적적인 대답을 기대하기 때문에 단정형 some, something 따위 이외에는 허용하지 않는다.

>So you admit **something** is wrong?
>>[그래서 뭔가 잘못됐다고 인정하는 것이로군?]
>
>**Somebody** is with you?
>>[누가 같이 있군요?]

이와는 달리, 부정형 의문문은 부정 지향성(negative orientation), 즉 부정적인 대답이 나오리라고 기대하게 된다. 예컨대 빈 쇼핑백을 들고 오는 사람을 향하여 다음과 같은 물음을 할 수 있다.

>The shops weren't open?
>>[가게 문을 안 열었어?]

특히 부정 의문문이 '부정 지향적인'(negative oriented) 뜻을 나타내는 경우에는 부정어 다음에 any, anybody, anything 따위와 같은 비단정형만을 허용하게 된다.

>You didn't get **anything** to eat?
>>[먹을 것을 아무것도 사지 않았어요?]
>
>You want nothing to eat **yet**?

---

33   Leech & Svartvik (2002: 132).

[아직은 아무것도 먹고 싶지 않은가요?]

Nobody ever stays at your place?

[아무도 너의 집에 있지 않는가?]

이와 같은 어순의 의문문은 아래 (   )에 제시된 예에서처럼 의문사로 시작되는 의문문에서는 허용되지 않는다.

Where **are you** going? (*Where **you are** going?)

20.4.1.3. yes/no 부정 의문문

yes/no 부정 의문문은 동사가 부정형으로 나타나는데, 이러한 문장 구조에서 부정형은 조작어 + 주어 + not의 형식으로 나타나는 완전형(full form)과 예컨대 does not은 doesn't, is not은 isn't, can not은 can't 따위의 경우처럼 조작어와 부정어가 한 단어로 결합된 축약형(reduced form)으로 나타난다.

Doesn't she live in the dormitory?
[그녀가 기숙사에 살고 있지 않는가?]
Didn't John tell you that I was coming?
[내가 온다는 걸 존이 네게 말하지 않았느냐?]
Can't you drive straight?
[운전을 똑바로 할 줄 모르는가?]

조작어와 부정어 not을 축약하지 않은 완전형으로 나타나는 구조 Does she **not** live in the dormitory?는 아주 격식적이며, 대개 일상적인 말에서는 사용되지 않는 편이다. 그러나 never나 seldom 따위와 같은 부정어는 축약될 수 없는 형태이다.

Have they **never** invited you home?
[그들이 너를 집으로 초대해 본 적이 없단 말이냐?]

yes/no 부정 의문문은 진술하고 있는 내용과 관련해서 이전에 화자 자신이 갖고 있던 긍

정적인 생각이 나중에 밝혀진 새로운 증거 때문에 결국 그 대답이 부정적이라는 점을 암시한다. 즉, 처음에 화자 자신이 지녔던 예상은 화자의 희망이나 소원과 동일시되는 경향이 있으므로, 예상이 빗나간 부정 지향적인 의문문은 종종 놀라움·충격·짜증스러움·분노 따위와 같은 화자 자신의 태도가 나타나게 된다.[34] 다음의 부정 의문문 (40)은 바브가 9시 강의가 끝나고 나서 기숙사 방에 들어왔을 때 당시 시간으로 봐서는 방을 같이 쓰는 친구가 틀림없이 강의를 듣고 있어야 할 것으로 예상되는 시간임에도 불구하고 기숙사 방에 있는 것이 놀랍다고 하는 상황을 나타내는 것이라고 할 수 있다.

(40) What are you doing here? **Aren't** you supposed to be in class now?
[여기서 뭘 하고 있지? 너 지금 강의 시간이 아닌가?]

몇 가지 예를 더 들어 보면 다음과 같다.

Aren't you ashamed of yourself?
[너 자신이 부끄럽지 않니? → 대충 마땅히 부끄러워 할텐데, 이제 보니 그렇지 않은 것 같다는 뜻을 내포하고 있음.]

Haven't we met before?
[우리가 전에 만나지 않았던가요? → 전에 만났다고 짐작하는데도 불구하고 상대방이 모르는 체하는 것을 보면서 하는 말임.]

Didn't you pay the light bill?
[전기 요금을 납부하지 않았어? → 전기 요금을 이미 납부한 것으로 생각했는데, 전기 공급

---

[34] One might suppose that *yes-no* questions with a negative form assume a negative answer. In fact, such questions have a mixture of positive and negative bias:

Have**n't** you had bréakfast yet? ('Is it really true that you haven't had breakfast? I thought you would have had it by now!')   [1]

Ca**n't** you drîve straight? ('I thought you could, but apparently you can't!')   [2]

As the examples suggest, this construction usually expresses some degree of surprise (or even annoyance). The speaker, it implies, would normally assume the positive, but now expects the negative. Thus a situation in which you would say [1] might be: you visit Mary at 10.30 a.m. and find that she is still preparing breakfast. Your earlier (and normal) assumption is that she has had breakfast; your later assumption (when you see her preparing breakfast) is that she hasn't. — Leech & Svartvik (2002: 133). See also Alexander (1996: 255), Quirk et al. (1985: 808-809), Swan (2005: 345-346), Baker (1997: 463), Huddleston & Plum (2002: 883-884), and Cowan (2008: 62-63).

을 중단시키겠다는 통보를 받았을 때 할 수 있는 말임.]
What's the matter with you? **Didn't** you see that stop sign?
[웬일이니? 그 정지 신호를 보지 못했느냐? → 정지 신호가 있는 곳에 다다르면서도 자동차를 정지시키지 않는 것을 보고 놀라서 하는 말임.]

yes/no 부정 의문문이 쓰이는 또 다른 환경은, 화자가 청자로부터 실제로 긍정적인 대답을 들으리라고 확신하고, 또한 긍정적인 대답을 강요하는 경우이다. 그러므로 이런 유형의 부정 의문문은 특히 법정에서 반대 신문(cross-examination)을 하거나, 기자회견을 하는 경우에 자주 들을 수 있는 문장 유형이다.[35]

Didn't it seem strange to you that your employer sent you home early on the night of the fire?
[화재가 발생하던 날 밤에 주인이 당신을 일찍 집으로 보내준 것이 이상하지 않았는가? → 일찍 귀가시킨 것이 이상했다고 청자가 대답하도록 유도하는 물음임.]
Didn't you state in your acceptance speech at the convention that you were strongly in favor of a tax cut?
[전당대회에서 수락 연설을 할 때 세금 삭감을 강력히 지지한다고 말씀하시지 않았어요?]
'What currency is used in Japan?' — 'I'm not sure. **Isn't** it the yen?'
[일본에서 어떤 통화가 쓰이지?' — '잘 모르지만, 엔화가 아닌가?']
'**Don't** you remember that holiday we had there last year?' — 'Yes, I do.'
[작년에 우리가 그곳에서 즐겼던 그 휴가가 기억나지 않니?' — '아니, 기억하고 있어.']

이 모든 예에서 질문자가 분명히 시사하는 바는 오로지 긍정적인 대답이 적절하다고 하는 점이다. 반면에 긍정적인 대답이나 부정적인 대답이 모두 가능할 것으로 여겨지는 상황에서는 부정 의문문이 사용되지 않는다. 그러므로 재크가 책을 돌려주었는지 모르는 경우에는 **Did** Jack return the book?과 같은 의문문이 적절하다.
마지막으로, 부정 의문문은 정중한 제의와 제안을 하는 경우에도 쓰일 수 있다.

Wouldn't you like some more salad?
[샐러드를 좀 더 드시지 않겠습니까?]

---

35 Baker (1997: 462).

Isn't this a good point to end the meeting?
[여기서 회의를 끝내는 것이 좋지 않을까요?]

Won't ...?와 Couldn't ..?는 요구를 나타낼 수 있다.

Won't you lend me your bike? I promise you I'll look after it.
[자전거를 좀 빌려줄 수 있어요? 잘 관리하겠다고 약속하지요.]
Couldn't you postpone your meeting until next Thursday?
[다음 주 목요일까지 회의를 연기할 수 없어요?]

20.4.2. wh-의문문

20.4.2.1. wh-의문문의 구조

1) wh-의문문(wh-question)은 물음의 대상이 되는 어느 한 가지 초점 요소를 다음과 같은 의문대명사, 의문한정사 + 명사, 또는 의문부사 등 의문사(question words)로 바꿔, 이것을 문두의 위치에 두고, 이미 알려져 있는 나머지 요소들은 yes/no 의문문에서와 같은 어순으로 배열한다. 의문사가 바로 다음에 명사를 수반하여 그 명사의 지시 범위를 한정하는 경우에, 그것은 의문 한정사(interrogative determiner) 역할을 하게 된다.

> 의문사: how, where, when, why, who, whose, whom, what, which
> 의문 한정사 + 명사: whose + 명사, what + 명사, which + 명사

    She phoned the police.   [진술문]
    → Did she phone **the police**?   [yes/no 의문문]
        (→ **who(m)**
    → **Who(m)** did she phone?   [wh-의문문]
        [그녀가 누구에게 전화를 걸었지?]

의문사, 또는 의문 한정사 + 명사가 주어이면 어순의 변화가 없다. 특히 의문 한정사 + 명사는 하나의 문장 요소이므로 분리되지 않고, 항상 의문사가 놓이는 문두의 위치에 함께 놓인다.

<u>**His son**</u> fell into the river yesterday. [진술문]
(→ who, whose son)

→ $\begin{Bmatrix} \textbf{Who} \\ \textbf{Whoes son} \end{Bmatrix}$ fell into the river yesterday? [wh-의문문]

[어제 누가/누구의 아들이 강에 빠졌습니까?]

He married **his friend's sister**. [진술문]
(→ **whose sister**)

→ **Whose sister** did he marry? [wh-의문문]

[그가 누구의 여동생과 결혼했지?]

전치사의 목적어가 의문사로 바뀌어 문두의 위치로 전치될 때, 격식체 영어에서는 전치사가 문두의 의문사 앞에 놓이지만, 비격식적인 영어에서는 문미의 본래 위치에 남아 좌초(坐礁: stranding)된다.[36]

On what did you base your prediction? [격식적임]
What did you base your prediction **on**? [비격식적임]

[너의 예언은 무엇을 토대로 한 것인가?]

대개 전치사가 그 자신이 지배하는 목적어와의 관계가 긴밀한가, 아니면 동사와의 관계가 긴밀한가에 따라 전치사가 놓이는 위치가 달라진다. 예컨대 **At what time** did you go?와 같은 경우에는 전치사가 시간 명사와의 관계가 보다 긴밀하기 때문에 전치사가 의문사와 같이 이동하는 것이 바람직스럽다고 하겠다. 그러나 **What** did you **look up**?(무엇을 쳐다보았느냐?)의 경우에는 전치사 up이 동사와 보다 긴밀한 관계를 갖기 때문에 동사와 같이 놓인다. 그러나 짤막한 의문문에서는 전치사가 의문 한정사 앞에만 놓인다.

'I'm going to buy a car.' — '**With whose** money?'

['자동차를 사려고 하고 있어.' — '누구 돈으로?']

2) wh-의문문은 문장의 특정한 요소를 확인하는 의문문으로, 전형적으로 화자와 청자가 어떤 사건이나 상태에 관련된 명제 내용에 대한 지식을 서로 알고 있다고 가정할 때 사용된다. 즉, 문장의 어느 한 요소를 모를 뿐, 나머지 부분에 대해서는 화자와 청자가 공통적

---

36 전치사의 좌초에 대해서는 본서 제3권 "14.8 전치사의 좌초" (→ pgs. 198-203) 참조.

으로 알고 있다는 전제하에 그 모르는 부분과 관련된 의문사를 써서 의문문이라는 문장 구조를 이용하여 묻는 것이다. 이러한 경우에 화자/청자가 모두 알고 있는 이 명제를 전제된 '배경'(presupposed background)으로 하고, 의문사로 묻는 부분은 의문문의 '전경'(前景: foreground)이 되는 것이다. 예컨대, What did he buy ＿＿＿ yesterday?라고 하면 이 질문을 하는 화자는 물론, 청자도 그 사람이 어제 무엇을 샀다는 사실은 알고 있다. 다만 청자는 그 사람이 산 물건이 무엇인지 알고 있다고 생각되는 반면, 화자는 이 부분을 모르기 때문에 바로 이 부분을 확인하기 위하여 묻는 의문문이다. 바로 이처럼 의문문에 나타나 있지 않은 요소가 wh-의문문에서 물음의 초점이 되는데, 이것은 전형적으로 주어, 목적어, 동사는 물론 시간, 장소, 양태, 이유 등을 나타내는 부사를 가리킨다. 즉, 명사구, 전치사구, 동사구, 또는 부사구 등 원칙적으로 문장의 어떤 요소라도 물음의 초점 위치에 놓일 수 있다.[37] 예컨대 다음과 같은 진술문에 나타난 (a-f)의 밑줄 친 모든 문법적인 요소들을 물음의 초점으로 하는 wh-의문문을 만들 수 있다.

<u>Yesterday</u> <u>Mary</u> <u>sneakily</u> gave <u>a kiss</u> <u>to John</u> <u>in her father's barn</u>.
   (a)   (b)   (c)   (d)   (e)   (f)
[어제 메리가 자기 아버지의 농장 건물에서 존에게 몰래 키스를 했다.]

Who gave John a kiss?　　　　　　　　　　　　　　(=Mary, 주어)
[누가 존에게 키스를 했습니까?]

What did Mary give to John?　　　　　　　　　(=a kiss, 직접목적어)
[메리가 존에게 무엇을 주었습니까?]

To whom did Mary give a kiss?　　　　　　　(=to John, 간접목적어)
[메리가 누구에게 키스를 했느냐?]

How did Mary give John a kiss?　　　　　　　(=sneakily, 양태부사)
[메리가 존에게 어떻게 키스를 했느냐?]

37　WH-questions, also called **constituent questions**, are used typically when the speaker assumes that they and the hearer share the knowledge of a proposition concerning an event/state. That proposition is thus part of the presupposed background, the **pragmatic context** within which the WH-question is transacted. However, the speaker is still missing one element — information chunk — in the proposition. That missing element is then made the **interrogative focus** of the WH-question, typically pointing to the subject, object, verb, predicate, adverb, indirect object, time, place, manner, reason, etc. In principle, any constituent of the clause — a noun phrase, a prepositional phrase, a verb phrase or an adverb — may be placed under interrogative focus. — Givón (1993: 252).

When did Mary give John a kiss?   (= yesterday, 시간부사)
[메리가 언제 존에게 키스를 했느냐?]
Where did Mary give John a kiss?   (= in her father's barn, 장소부사)
[메리가 어디서 존에게 키스를 했느냐?]
Whose barn was it?   (= Mary's father's, 한정사)
[그것은 누구의 농장 건물이었느냐?]

문장에서 명사구로 대답되는 경우 이외에도 문장 전체, 동사구와 동사, 부사적 보어, 또는 부사절도 wh-의문문의 초점 요소가 될 수 있다. 그러므로 위에서 제시된 문장 전체와 관련된 내용을 하나의 문장으로 다음과 같이 물을 수 있다.

What happened?
[무슨 일이 있었는가? → 어떤 사건이 발생했음을 전제로 하는 물음으로, 대답으로 나오는 내용 전체가 질문을 하는 화자에게 초점이 되는 내용이 됨.]
What did Mary do?
[메리가 무슨 일을 했는가? → 메리가 어떤 행위를 했다는 점을 전제로 하는 물음으로, 주어를 제외한 나머지 부분 전체가 신정보가 됨.]
What did Mary do to John?
[메리가 존에게 무슨 행동을 했는가? → 메리가 존에게 어떤 행위를 했다는 점을 전제로 하고 있으며, 동사 부분에 해당되는 요소가 신정보에 해당됨.]
What did Mary decide to do?
[메리가 무슨 행동을 하기로 결정했는가? → 메리가 어떤 행위를 하겠다고 결정했음을 전제로 하는 물음.]
Why did Mary give John a kiss?
[어째서 메리가 존에게 키스를 했는가? → 메리가 존에게 키스한 이유가 있음을 전제로 하고 있음.]

20.4.2.2. 간접 의문문

1) 예컨대 다음과 같은 문장은 직접 의문문(direct question)이다.

What did you see there?

[거기서 무엇을 보았느냐?]
Does it have air conditioning?
[그것에 냉방 장치가 되었는가?]

이러한 의문문이 진술문이나 다른 의문문 등의 일부로 나타나게 되면 그것은 더 이상 '의문문'이라는 독립된 문장의 지위에서 '**의문사절**'(interrogative clause)이라고 하는 절의 지위로 바뀌어 문장의 어느 한 가지 요소가 되어 일정한 문법적인 기능을 담당하게 된다. 바로 이러한 의문사절이 내포된 문장을 간접 의문문(indirect question)이라 한다.

That man caused the accident. [진술문]
(→ **Who**)
→ **Who** caused the accident? [직접 의문문]
　　　[누가 그 사고를 냈습니까?]
→ Tell me **who caused the accident**. [간접 의문문]
　　　　　[의문사절]
　　　[누가 그 사고를 냈는지 말하라. → who 이하의 의문사절은 타동사 tell의 직접목적어 절 역할을 하고 있음.]

독립된 직접 의문문이 의문사절로 바뀌게 되면 의문사를 제외한 나머지 부분의 어순은 진술문과 같은 어순으로 바뀐다. 즉, 직접 의문문에서 주어 앞으로 이동되었던 조작어 역할을 하는 be 동사나 조동사는 진술문에서 놓이는 위치, 즉 주어 다음에 놓이게 된다. 그리고 의문문을 만들기 위해 조작어로 도입되었던 do, does, did는 없어지는 대신 이들이 나타냈던 시제와 수에 따른 형태는 본동사가 나타내게 되지만, 마지막 문장에서처럼 부정 의문사절에서는 이런 조작어들이 do not/don't, does not/doesn't, did not/didn't의 형태로 남아 있게 된다.

Where **was** the key?
→ **Where the key** *was* perplexed her.
　　　[그 열쇠가 어디에 있느냐 하는 점이 그녀를 당황케 했다. → 직접 의문문의 어순인
　　　*Where was the key perplexed her.는 비문법적임.]
Why **did** it **happen**?
→ **Why it** *happened* is not clear.

[어째서 그런 일이 발생했는지 분명치 않다. → 직접 의문문의 어순이 그대로 나타난 *Why did it happen is not clear.는 비문법적임.]

Who occupies the house varies from one society to another.

[누가 집을 소유하느냐 하는 것은 사회마다 다르다. → 의문사 자체가 의문문의 주어일 때에는 간접 의문문에서 어순의 변화가 없음.]

What his plans are I am quite ignorant of.

[그의 계획이 어떤 것인지 나는 전혀 모른다. → 전치사 of의 목적어인 의문사절 what his plans are가 이 문장에서 주제가 되어 문두의 위치로 이동하였음.]

I fully realize **why you did it**.

[네가 왜 그 일을 했는지 나는 잘 안다.]

This dictionary has many examples of **how words are used**.

[이 사전에는 단어들의 용법에 따른 예들이 많다.]

What they puzzles me is **why they didn't take her advice**.

[그들이 나를 당황케 하는 것은 왜 그들이 그녀의 조언을 받아들이지 않았는가 하는 점이다.]

전후 문맥에 의해 의문사절의 내용이 아주 명백한 경우에는 특히 구어체 영어에서 예컨대, He asked why ( ).와 같이 의문사를 제외한 절의 나머지 부분이 생략될 수도 있다.

Why are the lights turned off? — I'm not supposed to say **why**.
(Halliday & Hasan 1976: 212)

[왜 전기가 꺼졌는가? — 그 이유를 말할 수 없을 것 같네요. → why 다음에는 the lights are turned off가 생략되었음.]

2) yes/no 의문문에는 의문사가 없기 때문에 이 공백을 채우기 위하여 간접 의문문으로 만들 때에는 종속접속사 whether나 if를 사용한다. 따라서 $\begin{Bmatrix} \text{whether} \\ \text{if} \end{Bmatrix}$를 문두에 두고 yes/no 의문문을 진술문의 어순으로 바꾸되, 부정 의문문이 아니면 yes/no 의문문에서 쓰였던 조작어 do는 없어지고 주어 다음에는 be 동사, (법)조동사 + 본동사, 또는 적절한 형태의 본동사가 놓인다. ask, discuss, find out, forget, (not) know, (not) notice, wonder; doubtful, not clear 따위와 같은 동사, 형용사가 쓰이는 경우에는 if나 whether가 간접 의문사절을 유도한다.

You have met George Lamb. [진술문]

→ Have you met George Lamb?   [직접 의문문]

→ { whether / if } you have met George Lamb.   [의문사절]

→ I wonder { whether / if } you have met George Lamb.   [간접 의문문]

[네가 조오지 램을 만났는지 모르겠군.]

특히 다음과 같은 문장에서 의문사절을 이끄는 종속접속사는 whether가 필수적이다. 즉, 목적어절로서 문두의 위치로 전치되는 경우, 주어절인 경우, 또는 be 동사에 대한 주격보어절, 전치사의 목적어절인 경우에.

The test of a great book is *whether* we want to read it only once or more than once.   [주격보어절]

— Lafcadio Hearn, "On Reading"

[훌륭한 책인가 아닌가 하는 것을 시험하는 것은 한 번만 읽고 싶어 하느냐 한 번 이상 읽고 싶어 하느냐 하는 점이다.]

The only remaining question is *whether or not* we can raise the money.   [주격보어절]

[이제 남은 유일한 문제는 우리가 모금을 할 수 있느냐 없느냐 하는 점이다.]

Whether a country should have nuclear weapons *or not* should be a question of ethics, not of politics.   [주어절]

[한 나라가 핵무기를 보유해야 하느냐 그렇지 않느냐 하는 점은 윤리 문제이지, 정치 문제는 아닐 것이다.]

This raises the question as to *whether* we should abandon the plan.   [전치사의 목적어절]

[이 점이 우리가 계획을 포기해야 하느냐 하는 문제를 불러일으키고 있다.]

***Whether* we will be affected by these changes** is not yet clear.   [주어절]

→ **It is not yet clear *whether* we will be affected by these changes**.

[우리가 이러한 변화들의 영향을 받게 될지 아직은 불분명하다.]

It is debatable ***whether* this policy has caused unemployment**.   [주어절]

[이 정책 때문에 실업이 야기되었는지는 논란의 여지가 있다.]

***Whether* we can really help you**, I don't know yet.   [목적어절]

[우리가 정말로 너를 도울 수 있을지 아직은 모르겠어. → 목적어절이 주제가 되어 문두의

위치로 이동하였음.]

doubtful이나 not clear와 달리, clear는 의심의 여지가 없이 오로지 긍정적인 뜻만을 전달하는 단어이기 때문에 이것이 같이 쓰이는 경우에는 if나 whether가 이끄는 간접 의문사절이 쓰이지 못하고, 대신에 that-절이 수반된다.

It is clear $\begin{Bmatrix} \text{that} \\ \text{*whether} \end{Bmatrix}$ he will come.

위의 예문에서 보듯이, whether는 바로 다음이나 절의 마지막 위치에 or not을 수반할 수 있지만, if가 선택되면 반드시 절의 마지막에만 or not이 놓일 수 있다.

I don't know *if* he's telling the truth *or not*.
 [그가 진실을 말하고 있는지 아닌지 모르겠다.]

3) yes/no 의문문과 wh-의문문이 서로 연결되어 하나의 의문문을 이루는 경우에 이 두 개의 의문문이 결합하는 방식에는 두 가지가 있다.

(41) a. Do you suppose? + Who did I see last week at the races?
  b. Who **do you suppose** I saw last week at the races?
   [지난주 경마대회에서 내가 누구를 만났다고 생각하느냐?]
(42) a. Do you know? + Where is the nearest bank?
  b. **Do you know** where the nearest bank is?
   [가장 가까운 은행이 어디 있는지 아느냐?]

(41b), (42b)에서와 같은 두 가지 유형의 의문문으로 바꾸려면 다음과 같은 의문사 있는 의문문, 즉 wh-의문문에서 의문사를 제외한 나머지 부분을 진술문의 어순으로 바꾼다.

Where is the office? → **where** the office is
What did he buy? → **what** he bought

의문사로 시작되는 (41b)와 같은 의문문 형식은 [의문사] + [의문사 없는 의문문] + [의문사를 제외한 나머지 부분의 진술문 구조]의 어순으로 이루어진 것이고, 의문사가 없는 의문문으로 시작되는 (42b)와 같은 의문문 형식은 [**의문사 없는 의문문**] + [**의문사 + 나머지 부분의 진술문 구조**]의 어순으로 이루어진 것이다.

이 두 가지 의문문의 결합 방식은 질문에 대한 대답의 유형에 따라 결정된다고 하겠다. 즉, yes/no, 또는 이에 준하는 표현을 첨가하여 대답할 수 있으면 (42b)와 같은 의문문 형식이 된다. 예컨대, Do you know?와 Where does he live?를 하나의 의문문으로 합치게 되면 "너는 그가 사는 곳을 알고 있느냐?"라고 묻는 의문문은 되지만, "너는 그가 어디에 살고 있다고 알고 있느냐?"라고 묻는 의문문은 성립되지 않는다. 그러므로 이 두 개의 의문문을 **Do you know where he lives**?라고 하는 하나의 의문문으로 결합된다.

Could you tell me where the bank is?
[은행이 어디 있는지 말씀 좀 해주시겠습니까?]
Do you know when the first train gets in?
[첫 열차가 언제 도착하는지 알고 있는가?]
Can I ask you how much you're getting paid for the job?
[그 일을 해서 얼마를 받는지 물어봐도 될까요?]
Do you understand what I'm saying?
[내 말을 알아듣겠니?]

그러나 yes/no로 대답하는 의문문이 아니면 의문사로 시작되는 (41b)와 같은 의문문 형식이 된다. 예컨대, Do you think?와 What is he?를 결합하게 되면 "그 사람의 직업이 무엇이라고 생각하느냐?"라고 하는 질문이 될 것이고, 이에 대해서는 I think he is a doctor. 따위와 같은 대답을 하게 되지만, *Yes, he is a doctor. 와 같은 대답은 불가능하다. 그러므로 이 두 개의 의문문을 결합하여 ***Do you think** what he is?와 같은 하나의 의문문이 만들어지는 것이 아니라, What **do you think** he is?(그 사람이 뭘 하는 사람이라고 생각하느냐?)와 같은 문장으로 만들어지게 된다.

대개 의문사 없는 의문문에 believe, guess, imagine, suppose, think와 같은 동사들이 포함되어 있으면 의문사로 시작되는 의문문으로 결합된다.

Who **do you think** is the most handsome boy in the class?
[학급에서 누가 가장 멋진 학생이라고 생각합니까? → cp. Who is the most hand-

some boy in the class?]

What **do you think** was the author's intention in this passage?

[이 구절에서 필자의 의도가 무엇이었다고 생각합니까? → cp. What was the author's intention in this passage?]

"What **do you think** you're doing?" shouted one of the guards.

["뭘 하고 있다고 생각해?" 하고 경비원 중 한 사람이 외쳤다. → cp. What are you doing?]

Which question **did you think** was most difficult?

[어느 문제가 가장 힘들다고 생각했느냐? → cp. Which question was most difficult?]

When **do you suppose** they'll arrive?

[그들이 언제쯤 도착할 것 같은가? → cp. When will they arrive?]

20.4.3. 부가 의문문

20.4.3.1. 부가 의문문의 구조

1) 부가 의문문(附加疑問文: tag question)은 짤막한 의문문 형식으로서, <긍정/부정형 조작어 + 대명사 주어?>의 구조를 이루어 진술문 다음에 쉼표로 분리되어 첨가된 의문문의 한 가지 유형이다. 이것은 문어영어보다 구어영어에서 훨씬 더 많이 사용되는 문장 형식이다.

You like him, **don't you?**

[너는 그 남자 좋아하지. 안 그래?]

2) 부가 의문문은 긍정 진술문 + 부정 부가 의문문 형식과 부정 진술문 + 긍정 부가 의문문 형식 등 두 가지 유형이 일반적이다.

<u>You like oysters</u>, **don't you?**　　　　　　　　[긍정 진술문] + [부정 부가 의문문]

[너는 새우를 좋아하지, 안 그래?]

<u>It's not warm</u>, **is it?**　　　　　　　　　　　　[부정 진술문] + [긍정 부가 의문문]

[따뜻하지 않지, 그렇지?]

20.4.3.2. 부가 의문문의 조작어

부가 의문문에 쓰이는 조작어로는, be 동사나 조동사가 진술문에 있으면 이것이 조작어로서 그대로 부가 의문문에 복사(copying)되지만, be 동사나 조동사가 없으면 진술문의 동사형에 따라 부정문이나 의문에서처럼 조작어 do, does, did 중 어느 한 가지 형태로 나타낸다. 여기에 다시, 진술문이 긍정형이면 부가 의문문은 부정형이 되고, 진술문이 부정형이면 부가 의문문은 긍정형이 된다.

He's the one you wish to speak to, **isn't he**?
   [그 사람이 네가 말하고 싶은 사람이지, 안 그래?]
It's not the first time he has failed to turn up, **is it**?
   [이번이 그가 처음으로 오지 않은 것이 아니지, 그렇지?]
George has spent a lot of money gambling, **hasn't he**?
   [조오지가 도박을 하면서 돈을 많이 썼지. 안 그래?]
An air stewardess must know several languages, **mustn't she**?
   [비행기 여승무원은 여러 나라 언어를 알아야 한다. 그렇지 않니?]
They don't know what's going on, **do they**?
   [그들은 무슨 일이 벌어지고 있는지 모르지. 그렇지?]
The sky looks threatening, **doesn't it**?
   [하늘이 위협적으로 보이지, 안 그래? → be 동사나 조동사가 없기 때문에 일반동사가 3인칭 단수형이므로 이 대신 조작어 does를 사용하고 있음.]

진술문에 부정의 뜻을 가진 빈도부사 never, rarely, seldom 따위가 나타나기도 하는데, 이렇게 되면 부가 의문문에는 긍정형의 조작어가 나타난다.

She has never seen snow, **has she**?
   [그녀는 눈을 본 적이 없지. 그렇지?]
Jack **seldom goes** out, **does he**?
   [재크는 좀처럼 외출하지 않지. 그렇지?]

특히 부가 의문문을 하강조 억양으로 말하는 것은 화자 자신의 생각에 대하여 청자로부터 그 생각에 동의를 구하는 것이므로 I think, I suppose, I expect 등이 진술문에서 상위절의 주어와 동사이고, 이 다음에 that이 이끄는 절이 종속절로 등장하게 된다. 이러한 점 때문에 부가 의문문도 종속절에 맞춰 나타내야 한다.

'I suppose **coal fires aren't** very convenient, **are they**?' — 'They certainly aren't.'
[연탄 화로가 아주 편리하지는 않을 것 같은데. 그렇지?' — '물론 편리하지 않지.']
I think **he left** before lunch, **didn't he**?
[그가 점심 식사 전에 떠났다고 생각되는데. 안 그래?]
I imagine **there's** a drugstore near here, **isn't there**?
[이 근처에 약국이 있을 것 같은데. 안 그래?]

아래 문장의 부가 의문문으로 긍정형 is he?로 나타난 것은, 이 문장의 주절에 놓인 부정어 not은 원래 종속절에 있던 것이기 때문이다. 즉, 원래는 I think he's not generous.라는 문장이었다. 그런데 상위절의 동사가 think일 경우에는 종속절의 부정어 not이 주절로 전이(transferring)되기 때문에 원래의 문장에 따라 부가 의문문이 긍정형으로 나타나게 된 것이다.

I don't think **he's** generous, **is he**?
[나는 그 사람이 너그럽지 못하다고 생각해. 그렇지?]

used to의 용법에는 문제가 생기게 되는데, 의문문을 만들거나 부가 의문문을 첨가할 때 유일한 방법은 did를 사용하는 것이다.[38]

Did you **used to** attend Purdue?
[퍼듀 대학에 다녔었느냐?]
You **used to** attend Purdue, ***didn't* you**?
[퍼듀대학에 다녔었지, 안 그런가?]
She *used to* go out with Paul, ***didn't* she**?
[그녀는 늘 포올과 데이트를 했었지, 안 그런가?]

---

38 Berk (1999: 157).

20.4.3.3. 부가 의문문의 주어

부가 의문문의 주어는 진술문의 주어가 인칭대명사이면 그 인칭대명사가 그대로 복사되지만, 그 주어가 명사형이면 이 명사를 대신하는 인칭대명사 형태로 나타난다.

He's the one you wish to speak to, *isn't* **he**?
[그 사람이 네가 대화를 하고 싶어하는 사람이지, 안 그래?]
Science is your favorite subject, *isn't* **it**?
[과학이 네가 가장 좋아하는 과목이지, 안 그래?]

everybody, nobody, somebody와 같은 부정대명사가 주어이면, 부가 의문문의 주어는 they이다.

Everybody seemed to enjoy themselves, *didn't* **they**?
[모든 사람들이 즐거워하는 것 같았다, 그렇지 않은가?]
Nobody will agree to that, *will* **they**?
[그것에 동의하는 사람이 없을 것이다. 그렇지?]
Somebody should be told, *shouldn't* **they**?
[누군가에게 말을 해야 한다, 그렇지 않은가?]

진술문의 주어가 지시대명사 this, that이면 부가 의문문의 주어는 it이다.

That's the postman, *isn't* **it**?
[저 분이 우체부이지, 안 그런가?]
This *is* the last bus, *isn't* **it**?
[이것이 마지막 버스이지, 안 그래?]
$\begin{Bmatrix} \text{This} \\ \text{That} \end{Bmatrix}$ suit *is* expensive, *isn't* **it**?
[이/그 옷은 비싸지, 그렇지 않니?]

20.4.3.4. 부가 의문문의 억양과 의미

앞서 말한 두 가지 유형의 부가 의문문은 다시 진술문의 진술이 긍정이냐 부정이냐, 그리고 부가 의문문을 상승조 억양(rising intonation)으로 발음하느냐, 하강조 억양(falling intonation)으로 발음하느냐에 따라 네 가지로 나누어진다. 이에 따라 화자가 긍정적인 가정을 하느냐 부정적인 가정을 하느냐, 그리고 청자로부터 중립적인 기대를 하게 되느냐, 또는 긍정적인 기대를 하게 되느냐 부정적인 기대를 하게 되느냐에 따라 다음과 같이 네 가지 유형으로 결합된다.[39]

	진술문	부가 의문문	억양	가정	기대
(43) a.	긍정형	부정형	상승조(↗)	긍정적	중립적
b.	부정형	긍정형	상승조(↗)	부정적	중립적
c.	긍정형	부정형	하강조(↘)	긍정적	긍정적
d.	부정형	긍정형	하강조(↘)	부정적	부정적

a. 긍정적 가정 + 중립적 기대: (43a)에서와 같이, 진술문을 긍정형으로 나타내고. 부가 의문문의 조작어를 부정형으로 하여 상승조 억양(↗)으로 말을 하게 되면 화자는 긍정적 가정을 하고 부가 의문문에 대하여 청자로부터 중립적인 기대를 하게 된다. 즉, 자신의 진술에 대하여 긍정적 가정을 하면서 부가 의문문을 첨가하여 물었을 때 화자는 청자가 어떤 대답을 할지 예상할 수 없게 된다.

---

[39] **A tag question** always appears (following a comma when written) as the sole interrogative element in an otherwise noninterrogative sentence. A tag question's purpose is to get the listener to confirm or deny what the speaker has just stated in the (noninterrogative) "assumption" part of the sentence. There are four types of combinations involving assumptions and tag questions. Two combinations contain — in the assumption — **positive statement verbs** and thus have positive assumptions, but the other two combinations contain — again in the assumption — **negative statement verbs** and thus have negative assumption. If the tag itself is spoken with a **rising intonation**, the speaker is actually in doubt as to how the tag will be answered. But if the tag is spoken with a **falling intonation**, the speaker fully expects that the tag will elicit a confirmative response in which the respondent will agree with the speaker's assumption. — Teschner & Evans (2007: 64-65).

Ruth knows about the meeting tomorrow, ↗ **doesn't she**?

[루스가 내일 회의에 대하여 알고 있지요, 그렇지 않은가요?]

화자가 이전에 아무런 의심도 품지 않았던 내용에 대하여 갑자기 의심이 생기는 경우에는 이러한 억양으로 질문을 하게 된다. 즉, 루스가 내일 개최되는 회의에 대하여 알고 있었다는 점에 대하여 사전에 아무런 의심도 없었다는 점을 가정하는 것이다. 따라서 이러한 억양으로 말하게 되면 화자는 청자에게 자신의 말이 옳은지 틀렸는지 확인을 요청하는 역할을 하는 것이다. 그러므로 이러한 억양으로 하는 말은 대충 'I think Ruth knows about the meeting tomorrow. Am I right?'(나는 루스가 내일 회의에 대해 알고 있다고 생각하는데, 내 생각이 맞습니까?)라는 뜻을 포함하는 것이다.

b. 부정적 가정 + 중립적 기대: 또한 (43b)에서처럼, 진술문과 부가 의문문을 각각 부정형과 긍정형으로 하고, 부가 의문문을 상승조 억양으로 말하게 되면 부정적인 가정과 더불어 중립적인 기대를 하게 된다. 예컨대, We **aren't** late, **are we**?(우리 늦지 않았지. 그렇지?)는 늦지 않았을 것이라고 생각하다가 갑자기 늦었을지도 모른다는 생각이 떠올랐을 때 하는 형식으로, I don't think we are late. Am I right?(늦지 않은 것으로 생각하는데, 맞나요?)라는 뜻을 포함하고 있다.

때로는 상승조 억양이 놀라움을 나타내기도 한다. 즉, 다음과 같은 문장은 화자가 그들의 집에 중앙난방 장치가 되어 있지 않다는 점에 대하여 놀랍다고 하는 것으로 대충 Don't they have central heating?(그들의 집에 중앙난방 장치가 없단 말이냐?)이라는 부정 의문문과 뜻이 비슷하다.

They **have** central heating, ↗**don't they**? Everyone has central heating nowadays.

[그들의 집에 중앙난방 장치가 되어 있지. 안 그래? 모든 집에 중앙난방 장치가 되어 있는데.]

c. 긍정적 가정 + 긍정적 기대: 부가 의문문에 대한 또 다른 가능한 억양은 하강조 억양, 즉 끝 부분에서 급격히 억양이 떨어진다는 것이다. 즉, 다음 문장을 (43c)에서처럼 진술문이 긍정형이고, 이에 따르는 부정형 부가 의문문을 하강조 억양(↘) 구조로 말하게 되면,

The weather's nice today, ↘ **isn't it**?

[오늘 날씨가 좋지요, 안 그래요?]

이 문장은 화자가 확신하지 못하는 내용을 확인하고자 하는 것이 아닐 뿐만 아니라, 청자에게 정보를 전달하고자 하는 것도 아니다. 대신에, 이 문장은 화자가 청자로부터 동의를 끌어내려고 하는 것이다. 즉, 화자가 오늘 날씨가 화창하다는 생각을 하면서 동시에 자신의 생각에 대하여 청자의 동의를 얻고자 하는 것이다. 바로 이러한 점 때문에 이 말은 'I think the weather's nice today; please confirm that.'(오늘 날씨가 좋다고 생각하는데, 이 생각을 좀 확인해 주십시오.)이라는 뜻을 함축하고 있다.

'Napoleon was born in Corsica, **wasn't he**?' — 'Yes, he was.'
[나폴레옹이 코르시카 섬에서 태어났지. 안 그래.' — '맞았어.']
'We don't want to have an accident, **do we**?' — 'Certainly not.'
[우리는 사고가 나는 것을 원치 않아. 그렇지?' — '물론 원치 않지.']

d. 부정적 가정 + 부정적 기대: 다음 문장을 보자.

You **didn't get** good marks, **did you**?
[너는 점수를 잘 받지 못했지, 그렇지?]

이 문장을 (43d)와 같은 억양, 즉 하강조 억양으로 말하게 되면 화자는 청자가 좋은 점수를 받지 못했으리라고 가정하면서 이에 대하여 청자에게 부정적인 동의를 구하는 것이다. 그러므로 이 문장은 'I believe you didn't get good marks; please confirm that.'(나는 네가 점수를 잘 받지 못했으리라 생각하는데, 확인 좀 해달라.)이라는 뜻을 내포하는 것이다.
　이상과 같은 두 가지 유형이 영어의 부가 의문문으로서 가장 보편적이다. 흔하지는 않지만, 세 번째 유형으로 문두에 so, oh, well now 따위와 같은 담화 표지어가 첨가되고, 진술문과 부가 의문문을 모두 긍정형으로 하여 상승조 억양으로 발음하게 되면 이것은 주어진 상황이나 방금 한 말을 토대로 하는 결론이나 추론(inference)을 나타내는 것으로, 새로 알게 된 사실에 대한 화자의 놀라움이나 관심을 반영하는 것이 된다.

So you **believe in** democracy, ↗ **do you**?
[그래서 네가 민주주의의 가치를 인정하는구나. 그렇지?]

'Annabelle **is** out in her new sports car.' — '*Oh*, she'**s bought** one, ↗ **has she**?' — 'Yes, she got it yesterday.'

['애너벨이 자기 새 스포츠카를 타고 나갔어.' — '오, 그녀가 자동차를 샀군. 그렇지?' — '그래 어제 샀어.']

20.4.4. 선택 의문문

1) 선택 의문문(選擇疑問文: alternative question)은 등위접속사 or를 사용하여 중립적인 뜻을 나타내는 두 개의 의문문으로 이루어진 것으로서, 흔히 다음과 같은 형식의 모든 의문문에 적용된다.

Did Mary arrive on the 1:00 plane, *or* is she coming on the 3:00 plane?
[메리가 1시 비행기로 도착했는가, 3시 비행기로 오는가?]
Did Mary arrive on the 1:00 plane *or* on the 3:00 plane?
[메리가 1시 비행기로 왔는가, 3시 비행기로 왔는가?]
Which plane did Mary arrive on — the 1:00 plane *or* the 3:00 plane?
[메리가 어느 비행기로 왔는가? — 1시 비행기인가, 3시 비행기인가?]

이 두 가지 유형의 선택 의문문이 갖는 한 가지 공통점은 가능한 대답들을 나열하고 청자로 하여금 이 중에서 어느 하나를 선택하도록 한다는 것이다. 그러므로 선택 의문문은 표현된 둘 이상의 명제 내용 가운데 어느 하나만 사실이라는 점을 전제로 한다. 예컨대, Are you **a democratic** *or* **a republican**?(너는 민주당원이냐, 공화당원이냐?)이라는 선택 의문문은 청자가 공화당원 아니면 민주당원 둘 중의 하나만 사실이며, 다른 것은 배제된다는 점을 암시한다.

2) 위의 예문에서 보듯이, 선택 의문문에는 의문사가 없는 선택 의문문과 의문사가 있는 선택 의문문 등 두 가지 유형이 있다.

(1) 의문사가 없는 선택 의문문은 억양에서만 yes/no 의문문과 다르다. 즉, 마지막 항목을 제외한 나열된 각 선택 항목에 별개의 핵강세를 두어 상승조 억양(↗)으로 말하고, 마지막 항목은 하강조 억양(↘)으로 말한다.

'Would you rather study ↗ physics or ↘ chemistry next semester?'

— 'Chemistry, I think.'

[다음 학기에 물리를 공부하고자 하는가, 화학을 공부하고자 하는가?' — '화학을 공부할까 하지.']

'Would you like ↗ coffee, ↗ tea, or ↘ cocoa?'
— 'Coffee, please.'

[커피를 마시겠는가, 차를 마시겠는가, 아니면 코코아를 마시겠는가?' — '커피 주세요.']

Do you want to stay a bit longer or would you prefer to go home?
[좀 더 있고 싶은가, 아니면 집에 가는 쪽을 택하겠는가?]

특히 선택 의문문은 yes/no 의문문과 문법적인 구조가 동일하지만, 억양이 다를 뿐만 아니라, 이에 대한 대답도 다르다. 즉, 이러한 의문문에 따른 예상되는 대답은 단순히 yes, no가 아니고, 질문 그 자체에서 대답을 찾을 수 있다.

의문사 없는 선택 의문문과 yes/no 의문문은 억양이 다르다. 만약 이 두 가지 의문문에 수반되는 억양의 차이를 무시한다면 의미상의 오해가 발생할 수 있다.

'Shall we go by ↗ bus or ↘ train?'   [선택 의문문]
— 'By bus.'

[버스로 갈까, 열차로 갈까?' — '버스로 가자.' → 선택 의문문의 경우에는 마지막 요소를 하강조 억양으로 발음하게 됨.]

'Shall we go by ↗ bus or ↗ train?'   [yes/no 의문문]
— 'No, let's take the car.'

[버스나 열차로 갈까?' — '아냐, 승용차로 가자.' → yes/no 의문문의 경우에는 마지막 요소까지 상승조 억양으로 발음하게 됨.]

3) 의문사가 있는 두 번째 유형의 선택 의문문은 실제로 두 개의 의문문을 합쳐서 이루어진 것이다. 즉, wh-의문문이 앞에 나오고, 이다음에 생략된 선택 의문문이 수반된다. 그러므로 다음 문장 (44a)는 (44b)를 축약해서 생긴 것으로 생각할 수 있다.

(44) a. Which ice-cream would you like? **Chocolate, vanilla, or strawberry**?
b. Which ice-cream would you like? **Would you like chocolate, vanilla, or strawberry**?

[초콜릿 아이스크림, 바닐라 아이스크림, 딸기 아이스크림 중에서 어떤 아이스크림

을 먹고 싶은가?]

20.4.5. 수사 의문문

1) 수사 의문문(修辭疑問文: rhetorical question)이란 구조적으로는 의문문의 형식으로 표출되지만, 기능적으로는 의문문이 아니라는 점에서 감탄 의문문과 비슷하다. 그러나 수사 의문문은 정상적인 yes/no 의문문처럼 상승조 억양으로 발음하는 반면, 감탄 의문문은 하강조 억양으로 발음한다. 이것은 청자로부터 어떤 응답을 하리라고 기대하지 않으면서 화자 자신의 어떤 강한 주장을 하기 위해 사용된다.

2) 수사 의문문은 yes/no 의문문 형식과 wh-의문문 형식으로 표출된다.

(1) 긍정문 형식으로 나타나는 yes/no 수사 의문문은 강한 부정적 주장을 하는 것과 같고, 반대로 부정형 yes/no 수사 의문문은 강한 긍정적 주장을 나타낸다.

Can **anyone** replace a mother's love?
[어머니의 애정을 대신할 수 있는 사람이 있는가? → 어느 누구도 어머니의 애정을 대신할 수 있는 사람이 없음을 강하게 주장하는 말임.]

Just because you've failed the first test, is that **any** reason to give up?
(= Surely, no — that is no reason to give up.)
[1차 시험에 불합격했다고 해서 그것이 네가 포기하는 어떤 이유가 되는가? → 결코 포기할 이유가 되지 못한다는 강한 부정적인 뜻을 나타내고 있음.]

Didn't I tell you it would rain?
[비가 온다고 말하지 않았던가? → 비가 온다고 말했다고 하는 뜻을 포함하고 있음.]

Haven't I done enough for you?
[내가 너를 위해 할만큼 충분히 하지 않았는가? → 너를 위해 이미 할만큼 충분히 했다는 긍정적인 뜻을 나타내는 것임.]

Do you know what time it is?
[지금 몇 시인 줄 알아? → 시간이 (상당히) 늦었다고 나무라는 뜻임.]

(2) wh-의문문 형식의 수사 의문문도 있다. 이것 역시 부정형은 강한 긍정을, 긍정형은 강한 부정적인 뜻을 암시하는 것이다.

Who knows?

(= 'Nobody knows.')

　　[누가 알겠는가? → 아무도 모른다는 강한 주장]

Who can foretell the world will end?

　　[이 세상의 종말을 누가 예언할 수 있겠는가? → 아무도 예언할 수 없다는 뜻.]

What difference does it make?

　　[그게 무슨 중요성이 있겠는가? → 아무런 중요성도 없다는 뜻.]

$\begin{Bmatrix} \text{why} \\ \text{how} \end{Bmatrix}$ should ...?는 제안·요구·지시 등을 공격적인 태도로 거절하는 뜻을 나타내는데 쓰인다.

Why should we bother waiting any longer?

　　[왜 우리가 더 기다려야 하는가? → 기다릴 필요가 없다는 뜻을 암시함.]

'Don't touch that!' — 'Why shouldn't I?'

　　(= 'I have a perfect right to.')

　　['그것 건드리지 마라!' — '왜 내가 만져서 안 되는가?' → 내가 만질 수 있는 권리가 있음을 암시하고 있음.]

'What time does the film start?' — 'How should I know?'

　　['영화가 몇 시에 시작하지?' — '그걸 내가 어떻게 알아?']

20.4.6. 반향 의문문

　반향 의문문(反響疑問文: echo question)은 방금 화자가 말한 진술 내용을 제대로 알아듣지 못했기 때문에 다시 듣고자 하는 경우이거나, 또는 진술 내용이 너무나 뜻밖의 말이라고 생각하는 경우에 여러 가지 형식으로 그 진술 내용의 일부 또는 전부를 되풀이해서 묻는 의문문 형식을 말한다. 이런 의문문에는 방금 들은 내용의 일부 또는 전부를 되풀이하는 방식의 반향 의문문과 의문문에 대한 의문문의 두 가지 유형으로 크게 나누어진다.

　1) 앞서 말한 내용을 되풀이하는 반향 의문문은 방금 들은 내용을 확인하는 방법으로서, 들은 내용의 일부 또는 전부를 되풀이해서 묻는 형식이다. 가장 간단한 유형은 방금 들은 내용의 일부 또는 전부를 되풀이하면서 마지막 부분을 상승조 억양으로 하여 진술문의 어순으로 묻는 yes/no 의문문 형식이다.

'I didn't like that meal.' — '**You didn't like it**?'
  ['그 식사 맛이 없었어.' — '맛이 없었다고?']
'I'm getting married.' — '**You're getting married**?'
  ['나 결혼해.' — '너 결혼한다고?']
'The Browns are emigrating.' — '**Emigrating**?'
  ['브라운 씨 가족들이 이민간데.' — '이민간다고?']
'Switch the light off.' — '**Switch the light off**?'
  ['전깃불을 끄라.' — '전깃불을 끄라고?']

전달하고자 하는 뜻을 명확히 하기 위해 반향 의문문 앞에 Did you say ...?를 첨가할 수 있으며, 예컨대 Switch the light off, **did you say**?(전깃불을 끄라고 말했습니까?)라는 부가절을 첨가하기도 한다.

방금 들은 내용에서 못 들었거나 이해하지 못한 부분을 의문사로 바꿔 이 부분에 핵강세를 두고, 나머지 부분을 그대로 되풀이해서 상승조 억양으로 물을 수도 있다.

'Just look at **that**.' — 'Take a look at **what**?'
  ['저것 좀봐.' — '무얼 보라고?']
'She's invited **thirteen people** to dinner.' — 'She's invited **how many**?'
  ['그녀가 만찬에 열세 명을 초대했어.' — '몇 명을 초대했다고?']

이러한 형식 대신에 의문사로 시작되는 정상적인 의문문 형식의 wh-반향 의문문으로도 물을 수 있다.

'It cost **five dollars**.' — '**How much** did it cost?'
  ['그 물건 값이 5달라였지.' — '값이 얼마였다고?']

동사나 동사로 시작되는 문장의 일부를 물을 때에는 이 부분을 묻기 위하여 (do) what?이 사용되며, 대개 놀라움을 나타낸다.

'I'll **pay for it**.' — 'You'll **what**?'
  ['내가 낼게.' — '뭐라고요?']
'She **set fire to the garage**.' — 'She **did what**?'

['그녀가 차고에 불을 질렀어.' — '그녀가 뭘 했다고?']
'I **got up at 4 o'clock** this morning.' — 'You **did what**?'
['나 오늘 새벽 네 시에 일어났어.' — '뭘 했다고?']

2) 상승조 억양으로 방금 들은 의문문을 그대로 되풀이해서 물을 수 있다. 즉, 상대방으로부터 질문을 받고 어순이 도치된 정상적인 의문문으로 재차 물을 수 있다.

'Where are you going?' — '**Where am I going**? Home.'
['어디 가고 있니?' — '어디 가고 있느냐고? 집으로 가고 있지.']
'What does he want?' — '**What does he want**? Money, as usual.'
['그가 원하는 것이 뭐지?' — '그가 무엇을 원하느냐고? 보통 때처럼 돈이지.']
'Do squirrels eat insects?' — '**Do squirrels eat insects**? I'm not sure.'
['다람쥐가 곤충을 먹는가?' — '다람쥐들이 곤충을 먹느냐고? 잘 모르겠는데.']

3) 상대방의 말에 주의와 관심을 기울이고 있음을 보여주기 위하여 종종 짤막한 질문이 이루어진다. 흔히 관심의 표시로써 Oh, yes?, Really?라고 말하거나, <긍정/부정형 조작어 + 대명사 주어?>와 같은 표현이 수반된다. 이런 의문문 구조는 방금 들은 말에 관심을 갖고 있다는 표시일 뿐, 정보를 요청하는 것이 아니다.

'We had a lovely holiday.' — '**Did you**?' — 'Yes, we went …'
['즐거운 휴가였어.' — '정말?' — '그래. 우린 …에 갔었지.']
'I've got a headache.' — '**Have you**, dear? I'll get you an aspirin.'
['머리가 아픈데.' — '그래요, 여보? 아스피린을 사올게요.']
'I don't understand.' — '**Don't you**? I'm sorry.'
['모르겠는데.' — '그래? 유감인데.']
'John likes that girl next door.' — 'Oh, **does he**?'
['존이 이웃집 그 아가씨를 좋아하지.' — '아, 그래?']

20.5. 명령문

20.5.1. 명령문의 기본 구조

1) 명령문은 주로 2인칭에 대하여 지시적인(directive) 내용을 전달하는 문장이다. 즉, 어떤 행위를 하도록 아주 명백한 명령이나 지시를 하는 것을 말한다.[40]

가장 기본적인 명령문의 구조는 진술문에서 나타나는 주어는 생략되고 동사를 원형으로 하는 것이다.

Go away.
　[가거라.]
Look at me.
　[나를 보아라.]
Be persistent in pursuing your dreams.
　[끊임없이 꿈을 향해 나아가라.]
Don't touch an electrical appliance with wet hands.
　[젖은 손으로 전기 기구를 만지지 마라.]
Fight with all your might, but if nothing more can be done, accept fate with courage. — Jennifern Mann, "Unforgettable Peggy Mann"
　[최선을 다해서 싸워라. 그래도 안 되면 용감하게 운명을 받아들여라.]

명령문의 구조는 원형 동사를 기본으로 하고, 동사가 갖는 특성과 전달하고자 하는 뜻에 따라 목적어, 보어, 또는 부사적 요소 등을 수반할 수 있다. 예컨대 동사가 be 동사이면 다음에는 형용사 또는 명사 보어나 장소의 부사구를 수반하게 되며, 타동사이면 목적어와 보어 등을 수반하게 되며, 이밖에 전달하고자 하는 뜻에 따라 적절한 부사적 요소들을 수반할 수 있다.

Take her to dinner.

---

[40] While the imperative occurs in all types of discourse, it is especially common in situations in which a speaker or writer is giving explicit instructions or directions. — Berk (1999: 148).

[그녀를 저녁 식사하러 데리고 가라.]
Feel free to call me any time.
[내게 언제든지 맘대로 전화해라.]
Stop at the traffic lights.
[교통 신호등에서 멈춰라.]
Pass me the scissors.
[그 가위 좀 줘.]
Make yourself comfortable.
[편안히 하십시오.]

2) 명령문은 상대방으로 하여금 어떤 행동을 하도록 지시하는 것이다. 바로 이러한 점 때문에 명령문에는 '상태적'(stative) 의미를 가진 동사나 형용사는 쓸 수 없고, 동사나 be 동사의 보어로 쓰인 형용사는 반드시 '동적'인(dynamic) 뜻을 나타내는 것이라야 한다. 다시 말하자면, 동사나 형용사가 나타내는 행위가 주어의 의지에 따라 주관적인 '통제가 가능한'(controllable) 것이라야 한다.

Open the door!
[문을 열어라!]
Read the instructions carefully.
[설명서를 자세히 읽어라.]
Be expert.
[전문가가 되어라.]
Be brief. If you go into much detail people will get bored.
[짧게 하라. 너무 세밀하게 하면 사람들이 지루하게 된다.]
Be a man!
[용기를 내라!]
Always be kind to others.
[항상 다른 사람들에게 친절을 베풀어라.]
Be careful not to jump to conclusions.
[성급한 결론을 내리지 않도록 주의를 기울여라.]

3) 명령문의 부정형, 즉 부정 명령문을 만들 때는 대개 조작어 do와 not이 축약되지 않고

do not과 같이 개별적인 형태로 나타나거나, 이 둘이 축약된 don't ...와 같은 형태를 명령형 동사 앞에 둔다. 특히 **Don't be late!**(지각하면 안돼!)의 경우처럼 be 동사가 있는 경우의 부정 명령문에서는 not이 보통 부정문에서와 달리 be 다음에 놓이지 않고, be 동사 앞에 놓인다.

Do not expect quick results when you start learning a language.
  [언어를 배우기 시작할 때 성급한 결과를 기대하지 마라.]
When reading new, unfamiliar material, **do not plunge** directly into it.
  [잘 모르는 새로운 자료를 읽을 때는 바로 그 속으로 뛰어들지 마라.]
Fostering the desire for luxuries is the surest way to increase misery. **Do not be** the slave of things or possessions.
  — Paramhansa Yogananda, *How to be Happy All the Time*.
  [사치품을 갖고자 하는 욕망을 키우는 것은 가장 확실하게 불행을 증가시키는 방법이다. 물건, 즉 소유물의 노예가 되지 마라.]
Don't go out to work on an empty stomach.
  [공복 상태로 일터로 나가지 마라.]
Don't allow yourself to be ruled by emotion.
  [감정의 지배를 받지 않도록 하라.]
Don't be a slave to custom.
  [습관의 노예가 되지 마라.]

명령문의 주어가 나타나는 경우에 이에 따르는 동사는 항상 축약형으로만 나타나며, 이와 반대로 축약되지 않은 형태 do not을 쓰려면 주어는 나타나지 않아야 한다.

Don't you run!
  [너 뛰면 안돼! → cp. **Do not** run!]

not 대신에 never가 쓰이기도 한다. 이 경우에는 조작어 do가 쓰이지 않는다.

Never *be* late again!
  [다시는 절대 지각하면 안돼!]
Whatever you do, **never** *quit*.

[무슨 일을 하든 절대로 단념하지 마라.]

Never *put* your trust in a stranger

[절대로 낯선 사람을 믿지 마라.]

Never *get* angry. **Never** *allow* yourself to become the victim of another's anger. — Paramhansa Yoganada, *How to be Happy All the Time.*

[절대 화내지 마라. 다른 사람이 화를 낸다고 그에 따라 자신도 화를 내는 일이 없도록 하라.]

부정 명령문에 첨가되는 부가 의문문은 대개 will you?이고, 하강조 억양(falling intonation)으로 말한다.

Don't make a noise, **will you**?

[떠들지 마라. 그래 주겠니?]

Don't forget, **will you**?

[잊지 마라, 그래 주겠니?]

20.5.2. 명령문의 주어

20.5.2.1. '이해된' 주어

1) 전형적으로 명령문의 경우에 외형적으로는 주어가 나타나지 않지만, '묵시적'으로 인식 가능한 '이해된' 주어(understood subject) you가 있다. 즉, 어떤 행위를 하도록 지시를 받는 가장 명백한 사람은 말을 듣는 사람으로, 문법적으로 여기에 해당되는 사람은 2인칭 단수 또는 복수형 you로 실현된다. 특히 명령문의 이해된 주어가 2인칭 단수 또는 복수 you라는 점은 다음과 같은 명령문을 보면 알 수 있다.

(45) a. Defend $\begin{Bmatrix} \text{me} \\ \text{*you} \\ \text{him} \\ \text{us} \\ \text{them} \end{Bmatrix}$.

b. Defend $\begin{Bmatrix} \text{*myself} \\ \text{yourself} \\ \text{yourselves} \\ \text{*himself} \\ \text{*ourselves} \\ \text{*themselves} \end{Bmatrix}$.

(45a)에서 *Defend you.가 틀린 까닭은 명령문의 주어가 you라는 점을 말해 준다. 왜냐하면 영어에서는 주어와 목적어가 동일한 대상을 가리키게 되면 그 목적어는 반드시 재귀대명사라야 하기 때문이다. 그러므로 위의 문장 (45a)에서 *Defend you.를 Defend **yourself**.(자신을 방어하라.)로 고쳐야 한다. 반면에, (45a)에서 나머지 경우에는 defend의 이해된 주어가 you이기 때문에 목적어로서 you 이외의 다른 인칭대명사들은 모두 허용된다. (45b)에서는 명령문의 이해된 주어가 you이기 때문에 목적어로서 동일한 대상을 가리키는 재귀대명사 yourself와 yourselves는 허용되지만, 다른 재귀대명사 형태는 재귀대명사 형성 규칙에 어긋나기 때문에 허용되지 않는다.

명령문과 재귀대명사의 변형: yourself/yourselves

You defend you.

↓   ↓

        yourself/yourselves (먼저 재귀대명사화 규칙이 적용되어 목적어 you를 재귀대명사로 바꿈)

↓

∅ (나중에 명령문에서 주어가 생략됨)

명령문의 주어가 you라고 하는 또 다른 근거는 부가 의문문의 주어로서 you가 첨가되거나, 또는 강의어구 (of) your own을 첨가할 수 있다는 점에 의해서도 명백히 드러난다.[41]

Sit down, *will **you***?

---

41 In its unmarked or more typical form, the Imperative has no Subject. The reason for this is that the most obvious recipient of a directive to carry out an action is the addressee, syntactically filled by the second person singular or plural *you*. The fact that *you* is the implicit Subject of an imperative clause can be demonstrated by the addition of (i) a tag question, (ii) the pronoun yourself/yourselves, (iii) the intensifying phrase *of your own*. In all these cases, no other pronominal form can occur. — Downing & Locke (1992: 194-195).

[앉아 주겠니?]

Be a bit more careful, *can't you*?

[좀 더 주의할 수 없겠니?]

Buy a house *of your* own!

[네 명의로 된 집을 사거라!]

Use *your* own toothbrush!

[네 칫솔을 사용해라!]

명령문에 첨가되는 부가 의문문에는 will you? would you? won't you? can('t) you? could(n't) you? 따위가 있다. can't you?나 couldn't you?와 같은 부정형 부가 의문문은 보다 더 강한 감정적 색채(emotional coloring)를 나타낸다.

또한 다음 예문에서처럼 부가 의문문에 조작어로서 현재형 can, will이 쓰이느냐, 이에 대한 과거형 could, would가 쓰이느냐 하는 점은 정중성의 차이라고 생각된다. 즉, 보다 정중하게 나타내는 경우에는 현재형보다 과거형을 선택하게 될 것이다.

Give me a hand, {can / could} you?
Wait here for a moment, {will / would} you?

긍정 명령문에 핵강세를 받는 Dó를 명령형 동사 앞에 첨가하여 말하게 되면 설득이나 강요하는 뜻을 나타내게 된다. do의 이러한 용법은 명령문에 주어가 없거나, let's로 시작되는 명령문에 국한된다.

Dó have some tea.

[어서 차를 좀 마셔라.]

Dó stop lecturing me!

[제발 내게 훈계하지 마라!]

Dó be careful.

[제발 좀 주의해.]

20.5.2.2. 명시적 주어

반면에 명령문에서 잠재적인 행동주로서 문법적인 주어가 나타난다. 즉, 지시받은 행위를 누가 하느냐 하는 점을 명백히 밝히기 위하여 2인칭 대명사 you를 '명시적'(explicit) 주어로 삼을 수 있다. 특히 2인칭 주어 you는 대립적이거나 강조적인 뜻을 나타내며, 여기에 종종 노여움이 포함되는 등 화자의 강압적인 태도가 표출되기도 한다.

You stay here until I come back.
[너는 내가 돌아올 때까지 여기에 있어라.]
You go on ahead and get the tickets!
[네가 가서 표를 사오너라!]
You keep quiet!
[너 계속 가만히 있어라!]

주어 you가 수반된 명령문은 진술문과 동일하지만, 명령문의 주어 you는 강세를 받지만 진술문의 주어 you는 강세를 받지 않는다.
또는 3인칭 주어가 구체적으로 나타나기도 한다.

Jane stay here and **Bill** come with me.
[제인은 여기에 있고, 빌은 나와 같이 가자.]

어떤 집단 구성원들이나 그 가운데 구체적으로 밝혀지지 않은 어느 한 사람이 어떤 행위를 하기를 바랄 때에는 3인칭 주어 everybody, somebody, nobody가 사용되는데, 주어와 동사 사이에 단수 또는 복수의 수의 일치(數一致: number agreement)가 이루어지지 않는다.

Somebody call a doctor.
[누가 의사를 불러 와라. → 진술문이라면 동사 형태가 calls가 되겠지만, 명령문이기 때문에 주어가 3인칭 단수임에도 불구하고 동사에 -s가 첨가되지 않음.]
Nobody say a word!
[아무도 말하지 마시오!]

Everybody stand still!⁴²

[모두 가만히 서!]

그렇지만, 주어가 복수이면 동사형은 직설법과 명령법에서 동일하기 때문에 오로지 억양, 휴지(pause), 제스처, 보편적인 느낌 등 대화가 이루어지는 상황에 의해서만 애매성을 없앨 수 있다.⁴³

Ticket-holders come this way!
[표를 가진 사람들은 이리로 오십시오! → 직설법 문장이라면 '표를 가진 사람들이 이리로 온다.'라고 해석될 것이다.]

Those in agreement raise their hands!
[동의하는 사람들은 손을 드십시오! → 직설법 문장이면 '동의하는 사람들은 손을 들고 있네!' 라고 해석된다.]

All change.
[전원 갈아타시오.]

All employees come to my office in five minutes.
[전 종업원들은 5분 이내에 내 사무실로 오시오.]

Passengers on flight number 8015 to Jeju please proceed to gate number 17.
[제주행 비행기 8015 편 승객들은 17번 게이트로 정렬하십시오.]

---

42 특히 명령문의 주어로 쓰인 everybody는 'all of you'라는 뜻으로 해석된다. 바로 이러한 점 때문에 부가 의문문의 주어로서 you가 쓰이며, 문장의 다른 곳에서 이것을 가리키는 대명사로서 you가 나타난다.

　　Everybody stand still, **will you**?
　　('All of you stand still.')
　　　　[모두 가만히 서. 그래 주겠니?]
　　Everybody close **your** eyes.
　　　　[모두 눈을 감으시오.]
　　Everybody cross **yourself** when **you** go up the aisle.
　　　　[통로를 걸어 올라갈 때에는 모두 십자를 그으십시오.]
　　— Huddleston (1984: 361). See also Stockwell et al. (1973: 138-139).

43 Downing & Locke (2006: 193).

20.5.3. let-명령문

let이 사용된 명령문에는 두 가지 구조, 즉 let과 -'s가 한 단어로 축약된 형태 let's ... (= let us)와 permit, allow의 뜻을 갖는 let이 -'s와 축약되지 않고 목적어로서 명사나 대명사의 목적격 형태를 수반하는 형태로 구별되어야 한다.

Let's ...
Let your elder brother/me/us/him ...

1) 1인칭 명령문은 let + 목적격 형태의 주어 + ...로 이루어질 수 있다. 특히 주어가 we이면 화자와 청자가 포함되는 명령문으로서, 사실상 '명령'을 나타내는 것이라기보다 오히려 '제안'(suggestions)을 나타내는 경우가 많다.

Let me see now. Do I have any money on me?
　[어디 보자. 내게 돈이 있는가?]
Let me think a moment.
(= I must reflect for a moment.)
　[잠시 생각해 보자.]
Let us all work hard.
　[우리 모두 열심히 일하자.]

그러나 let me ...를 제외하면 let us가 대화체의 변이형으로 Let's wait.에서처럼 축약된 형태로 나타난다.

Let's *meet* outside the library.
　[도서관 밖에서 만나자.]
I don't think we'll succeed, but **let's *try*** anyway.
　[성공하지 못할 것 같지만, 아무튼 노력해 보자.]
Let's *be* careful.
　[신경을 쓰자.]

let's에는 명시적 주어가 없으므로 이러한 문장에는 명시적 주어로 3인칭 (대)명사를 별도로 나타낼 수 있다.

 Let's everybody take a deep breath.
  [모든 사람들에게 심호흡을 하게 하자.]
 Let's all five of us go in his car.
  [우리 다섯 사람 모두 그의 자동차로 가자.]
 Let's **you and I paint** the kitchen this weekend.
  [너와 내가 이번 주말에 부엌에 페인트칠을 하자.]

 2) 화자나 화자와 다른 제삼자가 어떤 행위를 하도록 허가를 청자에게 요청하는 경우라면 let이 축약되지 않고 let me/us/him/the man 따위와 같이 쓰이고, 이다음에 동사가 나타나게 된다.

 I know the place well, so **let me be** your guide.
  [제가 그 지역을 잘 알고 있으니 제가 안내해 드리지요.]
 Let your interests be as wide as possible.
  [가급적이면 여러분의 관심의 범위를 넓히도록 하시오.]
 Let each man decide for himself.
  [각자 스스로 결정하도록 하지요.]

 3) 부정형을 만들 때, 축약형 let's의 부정형으로는 Let's not ...이 Don't let's ...보다 상대적으로 격식적이다.(특히 Don't let's ...는 미국영어에서 표준영어로 여겨지지 않는다.) 축약되지 않은 let-명령문의 부정형은 Don't let ...처럼 don't를 let 앞에 둔다.

 Don't let your attention wander.
  [너의 주의가 산만해지지 않도록 하라.]
 Don't let the desire for money rule your life.
  [돈에 대한 욕구가 너의 인생을 지배하지 않게 하라.]
 Let's not stay here any longer.
  [더 이상 여기 머무르지 말자.]
 Don't let's get angry.
  [화를 내지 맙시다.]

20.5.4. 정중성의 정도

1) 상대방에게 어떤 행위를 하도록 명령이나 요구 등을 하는 경우에는 아주 노골적인(direct) 명령문 형식에서부터 노골적인 태도가 아주 약하게 느껴지는 의문문의 형식 등에 이르기까지 아주 다양하다. 그리고 이 사이에 정중성(politeness)의 정도가 다르게 나타나는데, 그것은 진술문, 의문문, 그리고 명령문 형식 중 어느 것으로 나타내느냐, 법조동사의 사용 여부, 그리고 역사적으로 보아 법조동사 형태가 현재형인가 과거형인가 등에 따라 정중성의 정도가 달라진다. '물 한 잔 달라.'고 하는 명령의 뜻을 나타내는 다음과 같은 문장들을 배열된 순서를 따라서 보면, 밑으로 내려갈수록 더 정중한 표현으로 여겨지고, 위로 올라갈수록 더 정중하지 못한 표현으로 여겨진다.[44]

A glass of water.	(생략된 명령문)
Give me a glass of water.	(명령문)
I want a glass of water.	(진술문)
I'll have a glass of water.	(현재형 법조동사가 있는 진술문)
I'd like a glass of water.	(과거형 법조동사가 있는 진술문)
Do you have a glass of water?	(의문문)
Can you give me a glass of water?	(현재형 법조동사가 있는 의문문)
Could you give me a glass of water?	(과거형 법조동사가 있는 의문문)

이상과 같은 예를 통해서 보면,

(1) 명령문보다 진술문이 정중하고, 의문문이 가장 정중하며,
(2) 법조동사가 있는 것이 없는 것보다 더 정중하고,
(3) 현재형보다 과거형 법조동사가 쓰인 경우가 더 정중하다.[45]

---

44 Celce-Murcia & Larsen-Freeaman. (1999: 234).
45 According to the subjects in Carrell and Konnecker's study, sentence mood contributes the most to the order of the politeness hierarchy: interrogative—most polite; declarative—next most polite; imperative—least polite. Presence of modals contributes next to politeness; modals don't add much to the politeness of the already-very-polite interrogative, but they do contribute more to the politeness of the not-as-polite declarative. Finally, if the modal is in historically past tense, this adds a small additional degree of politeness. — Celce-

2) 또한 Give me a glass of water.라고 말하는 것보다 please와 같은 부사를 첨가하게 되면 보다 정중하게 여겨진다.

Please give me a glass of water.
Give me a glass of water, **please**.

또한 조작어 do를 첨가하는 경우에도 단순한 명령문보다 정중하게 여겨진다.

Have a good time.　　— **Do** have a good time.
　　　　　　　　　　　　[정말 재미있는 시간을 보내세요.]
Come in　　　　　　— **Do** come in.
　　　　　　　　　　　　[어서 들어오세요.]

kindly가 첨가된 명령문 형식도 보다 정중한 명령이 되게 한다.

Kindly return one copy of the letter to me.
　　[저에게 그 편지 사본 한 부를 돌려보내 주십시오.]

또한 위의 맨 마지막의 경우처럼 법조동사의 과거형이 내포된 의문문에 다시 please나 kindly를 첨가해서 나타냄으로써 노여워하고 있다는 사실을 드러내지 않으면서 보다 정중하게 요구하게 된다.

Would you kindly stop making that noise?
　　[그렇게 떠들지 말았으면 참으로 고마울 텐데요.]

20.5.5. 명령문의 의미

문자 그대로 명령문은 '명령'을 하는 것이라고 하지만, 좀더 구체적으로 보면 여러 가지 다양한 뜻을 전달한다고 하겠다.

Murcia & Larsen-Freeman. (1999: 234).

1) 명령(commands, orders)/요구(demands)
화자는 자신이 말한 내용을 청자가 실행할 것으로 기대한다. 이 경우에 청자가 실행에 옮기지 않으면 어떤 조치가 취해지리라고 예상하게 된다.

Get out of my way!
[비켜라!]
Keep off the grass.
[잔디에 들어가지 마라.]

2) 요청(request)
청자가 반드시 진술 내용에 따라 행동할 것으로 기대하지는 않으며, 화자가 도움을 요청하는 것이기 때문에 이러한 명령문에는 대개 please, 또는 will you?, would you?와 같은 부가 의문문이 첨가되기도 한다.

Please help me finish this.
[이 일을 마치도록 도와주시오.]
Shut the door, **will you**?
[문 좀 닫아주시겠어요?]
Kindly lower your voices.
[목소리를 좀 낮춰주시오.]

3) 조언(advice), 추천(recommendation), 경고(warning)
화자는 청자 자신에게 이익이 되는 어떤 일을 하기 위해 주의를 기울이도록 지시하는 것이다. 지시 내용을 따르냐 않느냐 하는 것은 조언, 추천, 또는 경고를 듣는 사람의 의지 여하에 달려 있다.

Keep your options open.
[결정하기 전에 모든 가능성을 열어두어라.]
Don't put all your eggs in one basket.
[계란을 모두 한 바구니에 담지 마라. 즉, 성공하려면 절대로 한 가지에 또는 한 가지 행동에만 의존하지 말라는 뜻.]
Watch your head. That doorpost is a little low.

[머리 조심해. 문 옆 기둥[문설주]이 좀 낮아.]

4) 지시(instruction)

지시의 목적은 다음의 처음 세 개의 문장에서처럼 청자로 하여금 어떤 목표를 달성하도록 하는 것이다.

Insert a cassette as illustrated with it labelled side facing you.
  [예시된 대로 표지가 있는 부분을 너의 쪽으로 하여 카세트를 삽입하라.]
Take the first road on the right after the post office.
  [우체국을 지나 오른쪽의 첫 도로를 타시오.]
Shake the bottle well before taking the medicine.
  [약을 먹기 전에 병을 잘 흔들어라.]

다음과 같은 명령문은 설명적 지시(expository directive)를 나타낸다. 이러한 류의 지시는 특히 글에서 갖가지 종류의 설명적인 담화에서 사용되는데, 독자로 하여금 적극적으로 논의에 참여하도록 하는 지시이다.

Compare these figures with those shown in Table I above.
  [이 수치와 위의 표 1에 나타난 수치를 비교해 보라.]
Take the airline industry, for example.
  [항공 산업을 예로 들어 보자.]

5) 초대(invitation)

명령문이 청자에게 초대하는 역할을 할 수 있다. 초대 내용은 화자와 청자 모두에게 이익이 돌아가거나, 이들 중 어느 한 사람에게만 이익이 돌아갈 수 있다. 그렇지만 청자가 반드시 초대를 수락하리라고 기대할 수는 없다.

Drop by after work, and we'll discuss it in more detail.
  [퇴근 후에 잠시 들러라. 그러면 이 문제를 더 상세히 논의해 보자.]
Have another piece of cake.
  [케이크를 한 조각 더 먹어라.]
Bring your family too if you like.

[괜찮다면 가족들도 데리고 오너라.]

6) 허가(permission)

어떤 행위를 하도록 허락을 한다. 어떤 행위의 허락은 화자가 기꺼이 하는 것이 아니라, 허가할 힘이 있다는 점을 나타낼 따름이다.

Yes, go ahead.
　　[예, 어서 그렇게 하십시오.]
Knock at the door] Come in.
　　[노크 소리를 듣고: 들어오세요.]

20.6. 감탄문

20.6.1. 감탄문의 기본 구조

감탄문(感歎文: exclamatory sentence)은 제시되는 상황에 대하여 '놀라움'(amazement)과 같은 화자의 강한 주관적인 감정적 반응을 나타내는 문장으로, 일반적으로 what이 이끄는 구조와 how가 이끄는 구조로 나누어진다. 바로 이 다음에는 강조되는 요소가 놓여 감탄어구(exclamatory phrase)를 이룬다. 그리고 감탄어구 다음에는 주어 + 동사 ... 등 나머지 요소들이 진술문의 어순으로 놓인다.

What a fine singer she is!
　　[그녀가 얼마나 멋진 가수인가! → a fine singer가 감탄어구로서 강조되는데, 이것은 be 동사에 대한 주격보어 역할을 하는 것임. 따라서 이 문장은 She is a very fine singer. 라는 진술문이 감탄문으로 나타낸 것임.]
How slow this train goes!
　　[이 열차가 참으로 속도가 느리구나! → 정도부사 how 다음에 부사 slow가 강조 요소로 놓여 goes에 대한 수식어 역할을 하고 있음.]

주어가 강조 요소이면 how나 what 바로 다음에 주어 + 동사 ...의 어순으로 놓이지만, 이러한 구조는 드문 편이다.

How few understood the problem!
 [이 문제를 이해한 사람이 참으로 적구나! → 이 문장은 진술문 **Few** understood the problem.에서 나온 것이며, 여기서 few는 주어임.]
What a lot of people live here!
 [참 많은 사람들이 이곳에 사는구나! → 진술문 **A lot of people** live here.에서 나온 문장으로 a lot of people이 주어 역할을 하고 있음.]

주어 이외의 강조 요소로 등장하는 것은 주격보어, 목적어, 부사류 등이다.

What **a book** he has written! [타동사의 목적어]
 [참으로 대단한 책을 썼군!]
How **delightful** her manners are! [주격보어]
 [그녀의 예절이 참으로 유쾌하군!]
How **quickly** you eat! [부사류]
 [너는 참으로 빨리 먹는구나!]
What **a long time** we've been waiting! [부사류]
 [참 많이 기다렸네!]

전치사의 목적어도 강조 요소가 될 수 있다.

What **nice shoes** you've on! [전치사 on의 목적어]
 [참 좋은 신발을 신었구나!]

20.6.2. how-감탄문

how로 시작되는 감탄문 구조의 한 가지는 how + 형용사/부사 (+ 주어 + 동사 + ...)!로 이루어진다. 감탄문을 이끄는 how는 정도부사(degree adverb)로서 how wonderful ...!, how quickly ...! 따위의 경우처럼 바로 다음에 놓인 '정도의 차이를 나타낼 수 있는' 형용사나 부사를 수식한다. 이러한 구조에 놓인 형용사는 동사에 대한 주격보어 역할을 하는 것이고, 부사는 동사에 대한 수식어 역할을 하는 것이다.

How **lucky** you are to have such a library!

[그렇게 좋은 서재를 갖고 있다니 얼마나 행운아인가! → to have such a library는 형용사 lucky에 대하여 이유를 나타내는 부정사절임. cp. You are lucky to have such a library.]

　How **tall** they are!
　　[그들의 키가 참으로 크구나!]
　How **quickly** it grows!
　　[그것이 참 빠르게 자라는구나!]

how가 동사가 갖는 뜻 그 자체의 정도를 강조하게 되면 'to a remarkable $\begin{Bmatrix} \text{extent} \\ \text{degree} \end{Bmatrix}$; greatly'라는 뜻이 부가되며, 구조적으로는 how 바로 다음에는 주어 + 동사 ...의 요소들이 놓이게 된다. 물론 이처럼 how의 수식을 받을 수 있는 동사는 대개 admire, appreciate, hate, love, prefer, regret 따위와 같은 감정 표현과 관련해서 정도의 차이를 나타낼 수 있는 것이라야 하며, 그렇지 못한 동사 hit, kill, read, sleep 따위를 수식하는 감탄문은 만들지 못한다.[46]

　*How he **killed** the rat!
　　[→ kill은 정도의 차이를 나타낼 수 없는 동사이므로 감탄문을 만들지 못하기 때문에 비문법적임.]
　How I **hate** the winter!
　　[내가 얼마나 겨울을 싫어하는가! → 'I hate the winter to a great extent/degree.'라고 풀어 쓸 수 있음.]
　How they **deceived** her!
　　[그들이 얼마나 크게 속였던가!]
　How he **snores**!
　　[그 사람이 참으로 요란하게 코골이를 하는구나!]

주어나 목적어, 보어 역할을 하는 명사구를 강조하고자 하는 경우에는 how 다음에 형용사 + 단수 가산명사로 이루어진 명사구가 놓인다. 이 경우에 부정관사는 형용사와 명사 사이에 놓이게 된다.

46　문용 (2008: 507).

How sad *a* thing it was that he should be forced to go!
[그가 할 수 없이 가야만 했다니 얼마나 슬픈 일이던가! → how a sad thing...!이라고 하지 않음.]
How wonderful *an* ocean mist is on a hot day!
[무더운 날에 참으로 멋진 바다 안개로군!]

what-감탄문의 경우와 달리, how-감탄문에 단수 가산명사가 수반되면 이 명사는 반드시 형용사와 부정관사를 수반하여야 한다. 그러므로 다음과 같은 문장들은 모두 비문법적이다.

*How beautiful **the doll** she has!
[→ how로 시작되는 감탄어구에서 명사가 부정관사가 아닌 정관사를 수반하였기 때문에 틀렸음. How beautiful **a doll** she has!]
*How beautiful **dolls** she has!
[→ how로 시작되는 감탄어구에 포함된 명사가 복수형으로 쓰였기 때문에 틀렸음. How beautiful **a doll** she has!]

how가 불가산명사를 수반할 때에는 반드시 수량 한정사 little이나 much가 이 앞에 있어야 하며, 복수 가산명사를 수반할 때에는 many 또는 few와 같이 쓰이게 된다.

How much time we wasted!
[우리가 얼마나 많은 시간을 낭비했던가!]
How few people smoke these days!
[요즘에는 담배를 피우는 사람이 참으로 적구나!]

20.6.3. what-감탄문

what-감탄문을 이끄는 what은 전치 한정사로서 반드시 다음에 명사구가 오는 경우에만 쓰인다. 이 명사구는 (형용사를 수반하여) 단수 가산명사, 복수 명사, 또는 불가산명사로 이루어진다. 특히 단수 가산명사가 오는 경우에는 how-감탄문의 경우와 달리 부정관사 + (형용사) + 명사의 어순으로 놓이게 된다. 특히 what 다음에 놓인 명사구는 such가 이끄는 명사

구와 같은 구조를 이룬다.[47]

What **a loathsome creature** he is!
　[그가 얼마나 귀찮은 존재인가! → **such** a loathsome creature.]
What **a beauty** she is!
　[그 여자는 참으로 미인이구나! → **such** a beauty.]
What **fools** we were not to see the traps!
　[우리가 얼마나 바보였으면 그 덫을 보지 못했을까! → **such** fools.]
What **beautiful hair** that girl has!
　[저 소녀의 머리가 참으로 예쁘네! → **such** beautiful hair.]

20.6.4. 감탄문의 축약

문맥 내용이 명확할 경우에는 how-감탄문이나 what-감탄문이 감탄어구(exclamative utterances)만 나타날 뿐, 주어 + 동사는 밝혀지지 않기도 한다. 예컨대, What a terrible meal!(참 형편없는 식사였어!)은 it was 따위와 같은 주어와 동사가 생략된 것으로 이해할 수 있다.

How stupid!
　[얼마나 어리석은 사람인가!]
How wonderful!
　[참으로 놀랍군! → 어떤 멋있는 장면을 보면서 외치는 말임.]
How incredibly unlucky!
　[참으로 믿기 어려운 불운이로군!]
What adorable curtains!
　[참으로 마음에 드는 커튼이로군!]
What marvellous weather!
　[정말 화창한 날씨로군!]
What an idiot!
　[참으로 기막힌 바보로군!]

47　Baker (1995: 470).

What beautiful music!
  [참으로 감미로운 음악이네!]
What a ridiculous price!
  [참으로 터무니없는 가격이네!]
What nonsense!
  [참으로 허튼소리이군!]
What a strange thing for him to say!
  [그가 말하는 것이 얼마나 이상한 일인가!]

또한 that-절, 부정사절, 그리고 동명사절이 내포된 다음과 같은 문장들은 한편으로는 주어와 동사가 생략된 구조라고 볼 수 있다.

(46) a. What a nuisance **having to do them all again**!
  [그 모든 일을 다시 해야 하는 것이 얼마나 귀찮은가!]
b. How strange **that nobody noticed the error**!
  [아무도 그런 실수를 알아채지 못했다는 것이 얼마나 이상한 일인가!]
c. What a coincidence **that they were on the same bus**!
  [그들이 같은 버스를 탔다는 것이 참으로 우연한 일이군!]
d. How nice **to see you**!
  [만나게 되어 얼마나 좋은지 몰라!]

문장 (46a-d)는 감탄어구와 종속절 사이에 시간 관계에 따라 it $\left\{\begin{array}{c}\text{is}\\ \text{was}\end{array}\right\}$가 생략된 것으로 간주된다. 따라서 이 문장에 나타난 종속절은 모두 외치된(extraposed) 주어절 역할을 한다. 한 예로서 (46c)는 원래 감탄어구 다음에 주어절 that they were on the same bus가 외치되고, it was가 생략된 것이다. 다시 말하자면, 원래 이 문장은 What a coincidence it was **that they were on the same bus**!였는데, it was가 생략된 구조로 볼 수 있다는 것이다.

그러나 단지 뜻으로만 본다면, 이 문장들은 동사만 생략되었다고 말할 수 있다. 예컨대 (46d)는 To see you **is** very nice.라고 풀이되겠는데, 이 문장에서 바로 동사 is가 생략되었다는 것이다.

20.6.5. 감탄 의문문

감탄 의문문(感歎疑問文: exclamatory questions)은 외형적인 구조는 yes/no 부정 의문문 형식이지만, '감탄적인' 주장을 나타내는 효과를 갖는다. 전형적으로 yes/no 의문문의 경우와 달리, 감탄 의문문은 문장의 마지막 부분을 상승조 억양 대신에 하강조 억양으로 말한다.

Well, <u>isn't that a coincidence</u>! I never expected to meet you here!
　　(='What a coincidence that is!')
　[야, 정말로 우연의 일치이네! 여기서 너를 만나리라고 생각하지 못했어!]
Doesn't it smell delicious!
　[냄새가 참 향기롭군!]
Hasn't she grown!
　[그녀가 참 많이 자랐네!]

이러한 감탄 의문문은 강한 느낌을 갖고 있는 어떤 상황에 대하여 청자의 동의를 구하고자 할 때 사용되는 것으로, 부정문의 구조이면서도 강한 긍정적인 의미를 포함하고 있다.[48]

특히 이와 같은 부정형 감탄 의문문은 부정문 형식을 취하면서도 긍정적인 뜻을 갖기 때문에 긍정형으로도 바꾸어 쓸 수 있다. 이 경우에는 문두에 놓인 조동사와 주어에 강세를 두고, 마지막에 하강조 억양을 둔다. 부정 의문문처럼 보이는 감탄문과 달리, 긍정형의 감탄문 형식은 청자로부터 특별한 반응을 요구하지 않는다.[49]

Has she grown!
　[그녀가 많이 자랐구나!]
Look at that little dog; is he a sweetie!
　[저 강아지 좀 봐. 정말 귀엽지!]

48　Although these utterances (= exclamatory questions) are not in any way requests for information, they are like questions in calling for some response from the hearer. The kind of response they solicit is an emphatically enthusiastic affirmative answer. ― Baker (1997: 469).
49　Baker (1997: 469).

20.6.6. 감탄절

감탄문이 보다 더 큰 문장의 일부로 쓰이게 되면 감탄절이 되어 주어, 목적어, 보어, 또는 형용사의 보충요소 등 문장 요소(sentence element)가 되기도 한다. 간접 의문문에서와 달리, 감탄문이 문장 요소로서 감탄절로 바뀌더라도 어순에 아무런 변화도 일어나지 않는다.

Melissa was aware **what a difficult task she faced**.
[멜리사는 자신이 얼마나 어려운 문제에 직면해 있는가 하는 것을 알았다. → cp. 이 문장에서 감탄절은 본래 What a difficult task she faces!에서 나온 것으로서, 더 큰 문장 안에서 형용사 aware의 보충 요소 역할을 하고 있음.]

They (= North Korea) know for sure **how affluent South Korea is**.
[그들(= 북한)은 남한이 얼마나 풍요로운가 하는 것을 잘 알고 있다. → 감탄절이 타동사 know의 목적어절 역할을 하고 있음.]

You can imagine **how surprised I was**.
[내가 얼마나 놀랐는지 너는 짐작할 수 있을 거야. → 감탄절이 타동사 imagine의 목적어 역할을 하고 있음.]

Look at **what a mess you've made**!
[네가 얼마나 어질러 놨는지 보아라! → 감탄절이 전치사의 목적어 역할을 하고 있음.]

20.7. 존재문

20.7.1. 존재문의 구조

1) 존재문(存在文: existential sentence)이란 there[50]로 시작해서 비존재문 형식으로 된

---

50 두 가지 there, 즉 **장소부사 there**와 일종의 **대명사 there**가 있다. 장소부사 there는 직시적(deitic)이기 때문에 대체로 손가락으로 무엇을 가리키는 제스쳐와 관련된 위치에 주의를 기울이도록 한다. 그러나 대명사 there는 존재문을 유도할 뿐 아무런 뜻도 없다. 또한 장소부사 there는 [ðɛə]로 발음되는 반면, 대명사 there는 [ðə]로 발음된다:
  THERE is the little boy who looks after the sheep.　　　　　　　　　[장소부사 there]
  　[저기 그 꼬마 양치기 소년이 있다.]
  There is a little boy who looks after the sheep; his name is Little Boy Blue.　[대명사 there]
  　[양치기 어린 소년이 있는데, 그 애의 이름은 리틀 보이 블루야.]
  대명사 there가 쓰일 경우에는 be 동사와 부정어 not을 단축된 형태로 나타나는데, 장소부사 there가

문장의 주어인 '막연한 대상'을 나타내는 명사구, 즉 부정 명사구(indefinite noun phrase)와 be 동사의 어순이 도치되어 이루어진 문장이다. 이러한 문장에서는 정보의 공백(information vacuousness) 때문에 생길 수 있는 자연스럽지 못한 문장이 생기는 것을 방지하기 위하여 대개 부정 명사구 다음에는 시간이나 장소를 나타내는 부사구를 비롯하여 전달하고자 하는 뜻에 따라 적절한 어구들이 첨가되기도 한다.

> 비존재문: 부정 명사구 + BE 동사 (+시간/장소 부사구)
> → 존재문: There + BE 동사 + 부정 명사구 (+시간/장소 부사구)

Some books were on the shelf.　　　　　　　　　　　　　[비존재문]
→ There *were some books* on the shelf.　　　　　　　　　[존재문]
　　[서가에 책이 몇 권 있었다.]
A fly is in my soup.　　　　　　　　　　　　　　　　　　[비존재문]
→ There *is a fly* in my soup.　　　　　　　　　　　　　　[존재문]
　　[내 수프에 파리 한 마리가 있다.]

존재문의 동사가 진행형이나 완료형이거나, 또는 수동형이면 be 동사와 -ed/-ing 분사형은 부정 명사구를 사이에 두고 분리되어 '불연속적'(discontinuous)으로 나타난다.

There **is** a storm **coming**. (<A storm **is coming**.)
　　[폭풍이 닥쳐오고 있다. → 부정 명사구 a storm이 진행 동사형 is와 coming 사이에 놓여 있음.]
There**'s** a new novel **displayed** in the window.
(<A new novel **is displayed** in the window.)
　　[새로 나온 소설책이 진열장에 전시되고 있다.]
There**'s been** a handbag **stolen** in the department store.
(<A handbag **has been stolen** in the department store.)
　　[백화점에서 가방이 도난당했다.]

쓰이면 이를 허용하지 않는다. 그러므로 다음 두 번째 문장은 비문법적이다.
　There **isn't** a little boy who looks after the sheep.
　*There **isn't** the little boy who looks after the sheep.

존재문은 주로 부정 명사구로 나타나는 대상의 '존재'(existence)를 나타내는 것이다. 그러므로 be 동사 다음에 놓이는 부정 명사구는 something, somebody/-one, nothing, nobody, none 따위와 같은 부정대명사로 나타나거나, 또는 a/an, (a) few/ little, several, some, a lot of, many, no, plenty of 따위와 같은 막연한 대상을 가리키는 한정사를 수반한다. 또는 복수 명사나 불가산명사 형태가 나타난다.

There's **nobody** here to see you.
[이곳에는 너를 만나려는 사람이 아무도 없다.]
There are **quite a few species of animals** in danger of extinction.
[상당히 많은 종류의 동물들이 멸종 위기에 처해 있다.]
There was **a long debate** in parliament on the question of capital punishment.
[의회에서 사형 문제에 대하여 오랜 시간 동안 토론이 벌어졌다.]
There are **some friends** I have to see today.
[오늘 내가 만나봐야 할 친구들이 몇 명 있다.]
There were **a number of issues** that he wanted to discuss.
[그가 토론을 벌이고 싶어 하는 문제들이 많았다.]

20.7.2. 존재문의 문법성

there를 사용한 존재문 구조를 사용하게 되면 예컨대, ***An after-life is.**, ***Is an after-life?**와 같이 비문법적인 문장이 만들어지는 것을 피할 수 있을 뿐만 아니라, 틀린 문장은 아니라고 하더라도 A map is on page five.와 같이 적어도 자연스럽지 못한 영어 문장을 아주 자연스러운 영어 문장이 만들어지도록 하는 방편이 될 수 있다.[51]

---

51 It has often been pointed out that a sentence like *A map is on page five* does not normally occur in English. The form *There is a map on page five* is more acceptable. In this sentence, the subject *a map* gives new information, and this is supported by the use of the indefinite article, which often indicates new information. The unusual nature of the sentence *A map is on page five* is obviously connected with the fact that a nominal group expressing new information appears in subject position, a position which is usually reserved for nominal groups conveying information which has already been introduced. The *there* sentence offers the grammatical possibility of allowing the rhematic (= informationally-new) element to appear in the typical position, i.e. after the finite verb. —

There is **an after-life**.

[내세(來世)가 있다. →*An after-life is. 라고 할수 없음.]

Is there an after-life?

[내세라는 것이 있는가?]

Following the graduation ceremony, there was **a party**.

[졸업식이 있고 난 후에 파티가 열렸다. →*..., a party was.는 비문법적임.]

There are **good teachers and bad teachers**.

[세상에는 좋은 선생님들이 있는가 하면 좋지 않은 선생님들도 있다. →*Good teachers and bad teachers are.는 틀린 문장임.]

There was **an accident** on the freeway last night.

[어젯밤 고속도로에서 사고가 발생했다. →*An accident was on the freeway last night.은 틀린 문장임.]

특히 부정 명사구가 '물리적인 실체'(physical entity), 즉 우리의 눈으로 볼 수 있는 대상을 나타내는 것이면 비존재문과 존재문 형태가 모두 문법적인 문장이 된다.[52]

A spot is on your nose.

→ There is **a spot** on your nose.

[네 코에 얼룩이 묻어 있다.]

A hole is in my jacket.

→ There is **a hole** in my jacket.

[나의 재킷에 구멍이 나 있다.]

Two copies of Sue's thesis are on my desk.

Erdmann (1990: 61); An English sentence like this one impossible but rare:

A storm is coming.

The natural way of saying this is to begin the sentence with an unstressed *there* and to postpone the indefinite subject (*a storm*):

There's a storm coming.

This is called a sentence with **introductory** *there*, which is a very common type of construction.

— Leech and Svartvik (2002: 297-298).

52 When the indefinite NP denotes a physical entity, both constructions are felicitous, but ....
Huddleston & Pullum (2002: 1397).

→ There are **two copies of Sue's thesis** on my desk.
   [내 책상 위에 스우가 쓴 논문 2부가 있다.]

이런 경우에 비존재문 형식에 대하여 문법성이 의심스럽다는 생각을 갖는 문법학자도 있다. 그러므로 위에서 말한 두 가지 조건이 충족되는 경우에는 존재문으로 나타내는 것이 무난하다고 하겠다.

반면에 부정 명사구가 '추상적 존재'(abstract entity), 즉 우리의 눈으로 볼 수 없는 대상을 나타내는 것이면 일반적으로 존재문 형식이 요구된다. 그러므로 부정 명사구가 문두에 놓인 비존재문 형식의 문장은 비문법적이다.[53]

***Plenty of room** is on the top shelf.
→ There is **plenty of room** on the top shelf.
   [꼭대기 선반에는 충분한 공간이 있다. → 이 문장에서 room은 'space'의 뜻을 가진 추상명사임.]
***Sincerity** was in her voice.
→ There was **sincerity** in her voice.
   [그녀의 목소리에서 성실성이 엿보였다.]
***A small problem** seems to be here.
→ There seems to be **a small problem** here.
   [여기에 사소한 문제가 있는 것 같다.]
***A cure** is for that disease.
→ There is **a cure** for that disease.
   [그 병의 치료법이 있다.]

20.7.3. 존재문에서 there의 지위

(47a)에서처럼 비존재문에는 주어가 하나밖에 없지만, (47b)에서와 같이 이 문장을 존재문 형식으로 바꾸게 되면 결국 두 개의 주어, 즉 이중주어(double subject)가 존재하게 되는 셈이다.

---

[53] ..., but when it(= the indefinite NP) denotes an abstract entity, the existential is generally required. — Huddleston & Pullum (2002: 1397). 村田勇三郎 (1982: 311).

(47) a. **No one** was waiting.
　　b. **There** was **no one** waiting.
　　　[기다리는 사람이 아무도 없었다.]

즉, 존재문 (47b)에서는 no one과 there를 모두 주어라고 하는데,[54] no one을 '논리적인' 주어(logical subject), there를 '문법적인' 주어(grammatical subject)라고 한다. 특히 존재문을 이끄는 there를 일종의 문법적인 주어라고 부르는 이유는 아래의 (1)-(3)에서와 같이 there의 문법적인 작용이 일반적인 주어와 동일하게 작용하기 때문이다.

1) 예컨대, **He is** diligent.에 대한 yes/no 의문문이 **Is he** diligent?로 나타나는 것과 달리, 존재문을 yes/no 의문문으로 전환하는 경우에는 논리적인 주어와 be 동사의 어순이 바뀌는 것이 아니라, 문법적인 주어 there와 be 동사의 어순이 도치된다.

There was nobody in the classroom.
→ **Was there** nobody in the classroom?
　　[교실에 아무도 없었습니까? → 의문문에서 was와 논리적인 주어 nobody가 바뀌지 않고, was와 문법적인 주어 there의 어순이 바뀜.]

마찬가지로, He is가 He's, You are가 You're 등으로 주어와 동사가 축약되어 나타나듯이, 존재문에서도 문법적인 주어와 이에 따른 동사가 축약되어 there's, there're와 같이 나타난다.

2) 비존재문에 부가 의문문을 첨가할 때 대명사를 부가 의문문의 주어로 삼듯이, 존재문에 부가 의문문이 첨가될 때 그 주어 역할을 하는 것은 앞에 놓인 존재문에 나타난 논리적인 주어의 대명사 형태가 아니라, there이다.

Sally can speak French, **can't she**?
　　[샐리가 불어를 말할 줄 알지. 안 그래? → Sally의 대명사형 she가 부가 의문문의 주어가 됨.]
There are many families at the zoo, { *aren't they / aren't there }?
　　[동물원에 많은 가족들이 나와 있지. 그렇지 않니? → 부가 의문문의 주어로서 논리적인 주어인 대명사 형태 they가 아니라, 문법적인 주어 there가 쓰이고 있음.]

3) 타동사의 목적어 역할을 하는 that-절 안에 있는 주어가 다시 상위절의 목적어 위치로

이동할 수 있다. 즉, 주어 위치에서 목적어의 위치로 이동할 수 있다. 예컨대 다음 문장 (48a)에서 believe의 목적어 역할을 하는 that-절의 주어 he가 (48b)에서처럼 that-절을 넘어 상위절의 동사 believe에 대한 목적어 위치로 이동하고 있다. 이렇게 되면 that-절은 부정사절로 바뀌게 된다.

(48) a. I believe **that he will succeed**.
　　　b. I believe **him** to succeed.
　　　　　[나는 그 사람이 성공할 것으로 믿는다.]

이와 마찬가지로, that-절에서 주어 위치에 there가 왔을 때도 (49b)에서처럼 there가 이동하여 위의 문장 (48b)에서 him이 놓인 위치에 놓일 수 있다. 바로 이러한 점에서 there도 일반적인 주어와 동일한 문법적인 기능을 담당한다고 하겠다. 이렇게 되면 결국 (49a)와 같은 비문법적인 문장을 피할 수 있다.

(49) a. *I want **that there will be no misunderstanding about this**.
　　　　　[→ want는 부정사절을 목적어로 취하는데, 이 문장에서는 want의 목적어로서 that-절이 놓였기 때문에 비문법적인 문장임.]
　　　b. I want **there** to be no misunderstanding about this.
　　　　　[이 문제와 관련해서 아무런 오해도 없었으면 한다.]

동사 want는 that-절을 목적어로 삼을 수 없기 때문에 문장 (49a)는 비문법적이다. 그러나 이 문장에서 that-절의 주어 위치에 있는 there를 that을 넘어 want 바로 다음 위치로 이동시키고 that-절을 to-부정사절로 바꾸게 되면 (49b)와 같은 문법적인 문장이 되는데, 이렇게 되면 there가 부정사 to be의 주어 역할을 하게 되는 것이다. 그러므로 여기서 there는 예컨대 I want **him** to be more serious.(그가 좀 더 진지하게 행동했으면 한다.)에서 him과 문법적인 기능이 일치하는 것이다.

　want의 경우에는 that-절을 목적어로 삼을 수 없는 반면, 이 대신에 expect가 상위절의 동사로 쓰이고, 이에 대한 목적어로서 that-절이 놓인 다음의 문장도 마찬가지이다. 이 문장에서 expect는 want의 경우와 달리 that-절을 목적어로 삼을 수 있으며, that-절의 주어 there가 expected 바로 다음으로 이동하고, that-절은 부정사절로 바뀐 것이다.

We hadn't expected **there** to be over a hundred people at the meeting.
(Huddleston & Pullum 2002:: 1392)
[우리는 그 회의에 100명 이상이 참석하리라고 예상치 못했었다.]

또한 다음 두 개의 문장 (50a, b)의 관계도 마찬가지로 설명할 수 있다. 다만 (49a)와 (49b)의 경우에는 there가 "주어 위치에서 목적어 위치로" 이동하였다. 그러나 (50a, b) 두 문장의 관계에서는 there가 "주어 위치에서 주어 위치로" 이동하였다. 즉, that-절의 주어 위치에서 상위절의 동사 seems에 대한 주어 위치로 이동한 것이다.

(50) a. It seems that *there* $\begin{Bmatrix} \text{has been} \\ \text{was} \end{Bmatrix}$ a mistake.
b. **There** seems to have been a mistake.
(Huddleston & Pullum 2002: 1392)
[실수가 있었던 것 같다.]

이와 마찬가지 이유로, let-명령문이나 동명사절, 분사절에서도 there가 일종의 주어 역할을 할 수 있다.

Let **there** be no repetition of this behavior.
[이런 행동이 되풀이되지 않도록 하라. → let으로 시작되는 명령문에서 1, 3인칭 주어가 놓이는 위치에 there가 놓이고 있음.]
I was disappointed at **there** being so little to do.
[나는 할 일이 별로 없다는 점 때문에 실망했다. → 동명사절의 주어 역할을 하고 있음.]
There being no further business, the meeting adjourned at 11:15.
[더 논의할 일이 없으므로 회의는 11시 15분에 산회되었다. → 분사절의 주어가 놓여야 할 위치에 there가 놓여 있음.]

20.7.4. 존재문의 구조적 유형

존재문은 일반적으로 비존재문에 대응하는 것이기 때문에 비존재문에 나타나는 동사 형태가 그대로 존재문에 나타난다. 따라서 존재문에 나타난 동사에 따라 여러 가지 문장 구조를 이루게 된다. 즉, 주어(S)와 동사(V)를 비롯하여 목적어(O), 보어(C), 그리고 부사류(A)를 수반한 문장 구조로 나타날 수 있다. 예컨대 Something is causing her distress.(뭔가 그녀에게 고통을 안겨 주고 있다.)라는 문장은 <주어 + 동사 + 간접목적어 + 직접목적어> 구조로 이루어져 있다. 이 문장은 존재문이 이루어질 조건을 충족시켜 주고 있기 때문에 There is something causing her distress.와 같은 존재문으로 나타나게 되는데, 이와 같은 구조로 바뀌더라도 문장을 구성하는 요소들이 갖고 있던 본래의 문법적인 기능에는 아무런 변화도 발생하지 않게 된다.

There's someone coming. (SV)
　[어떤 사람이 오고 있다. → < Someone is coming. (주어 + 동사로 이루어진 문장).]
There were several windows open. (SVC)
　[여러 개의 창문이 열려 있었다. → < Several windows were open. (주어 + 동사 + 보어로 이루어진 문장).]
There are many strict rules of conduct in our way of life. (SVA)
　[우리의 인생살이에는 많은 엄한 행동 규범들이 있다. → < Many strict rules of conduct are in our way of life. (주어 + 동사 이외에 부사류가 필수적으로 첨가되어 있음).]
There are lots of people getting jobs. (SVO)
　[직장을 구하는 사람들이 많다. → < Lots of people are getting jobs. (주어 + 동사 + 목적어로 이루어진 문장).]
There have been two bulldozers knocking the place flat. (SVOC)
　[두 대의 불도저가 평탄 작업을 해오고 있다. → < Two bulldozers have been knocking the place flat. (주어 + 동사 + 목적어 + 보어로 이루어진 문장).]

이러한 문장들이 수동태로 변형되기도 한다.

There has been a whole box stolen.　　　　　　　　　　　　　(SV수동)
　[상자 하나가 통째로 도난당했다. → <A whole box has been stolen.]
There'll be no shops left open.　　　　　　　　　　　　　　　(SV수동C)
　[문을 연 가게가 하나도 없을 것이다. → <No shops will be left open.]

There must be **something** *wrong*.과 같은 문장은 어디서 온 것인지 구조가 애매하다. 다시 말하자면, 문법적으로 틀린 비존재문 *Something wrong must be.에서 만들어진 것인지, 아니면 Something must be wrong.이라는 SVC 구조의 문장에서 만들어진 것인지 분명치 않다. 이와는 달리, There was **something** *strange* about her.(그녀에게 뭔가 이상한 점이 있었다.)라는 문장은 전적으로 *Something strange about her was.라는 비문법적인 문장에서 만들어진 것으로 여겨진다.

20.7.5. 존재문의 담화적 기능

일반적으로 신정보에 해당되는 부분이 문두에 놓이지 않는 것이 영어의 일반적인 경향이다. 그러므로 막연한 존재를 나타내는 주어가 문두에 놓여야 하는 비존재문을 피하기 위하여 영어에서는 아무런 뜻도 없이 쓰인 there를 문두에 두고, 막연한 존재를 나타내는 부정 명사구를 be 동사 다음에 두어 이것이 초점을 받게 한다. 다시 말하자면, 처음에는 문장을 there로 시작하고, 이것이 다음에 신정보가 나온다는 점을 예고해 주는 것이 곧 존재문의 표현 방식이다. 그러므로 다음 두 개의 문장 (51a, b)를 비교해 보면 (51a)는 신정보를 나타내는 부정 명사구 a book이 문두에 놓였기 때문에 어딘가 자연스럽지 못하다는 인상을 준다. 바로 이러한 점을 피하기 위하여 there를 문두에 두고 신정보에 해당되는 부정 명사구 a book이 be 동사 다음에 놓인 (51b)가 아주 자연스러운 문장이 된다.[55]

(51) a. ***A book*** is on the table.

---

55 We mentioned earlier this sentence:
 A unicorn was in the garden.
 The subject slot contains *a unicorn,* which is clearly new information. Usually the new information occurs as a predicate and follows a subject referring to something familiar. But there is no such subject available here. What happens if the new information noun phrase *a unicorn* is placed after the verb? The result is a sentence that might, with appropriate modifications, have been grammatical in Anglo-Saxon but is not grammatical in modern English:
 *was a unicorn in the garden
 Since the clause is finite, some constituent must fill the subject position. What is used is the filler word *there,* which is always unstressed (unlike the stressed *there* indicating location):
 There was a unicorn in the garden.
 The sentence has the same propositional content as our first example, but it marks more prominently as new information the noun phrase *a unicorn*. This filler *there*, sometimes called *existential there,* generally occurs when the noun phrase that would otherwise be subject is an indefinite noun phrase expressing new information. It provides a useful way to announce that what follows is going to be new. ― Jacobs (1995: 179).

b. **There is *a book*** on the table.
  [테이블 위에 책 한 권이 있다.]

20.7.6. 존재문의 동사

1) 존재문의 동사로는 단연코 be 동사가 가장 많이 사용되지만, 결코 be 동사만 쓰이는 것은 아니다. 전달하고자 하는 보다 구체적인 뜻에 따라 존재 · 출현 · 이동 따위의 뜻을 가진 다른 자동사들의 무리가 이런 문장에 쓰일 수 있다.[56]

a. 존재/위치동사: exist, live, dwell, stand, lie, remain, etc.

There **exist** several alternatives.
  [달리 여러 가지 선택의 여지가 있다.]
There **remain** many problems.
  [남은 문제들이 많다.]
Once upon a time there **lived** an old king who had three beautiful daughters.
  [옛날 아름다운 세 딸을 가진 나이 많은 왕이 살았다.]
At the edge of the forest there **dwelled** a troll.
  [그 숲 가장자리에 상상의 동물이 살았다. → troll: 아주 크거나/작은 사람같이 생긴 스칸디나비아의 이야기에 나오는 상상의 동물.]

b. 도착/출현동사: appear,[57] arise, arrive, develop, emerge, ensue, happen, occur, etc.

There **comes** a time in everyone's life when a big decision has to be made.
  [모든 사람의 일생에 있어서 중대한 결심을 해야 할 때가 온다.]
Just as she lit the old candle, there **appeared** a strange face in the window.

---

56 Celce-Murcia & Larsen-Freeman (1999: 449). See also Cowan (2008: 140).
57 부정 접두사가 첨가된 disappear나 vanish와 같은 동사는 '출현"이라는 뜻에 상반되기 때문에 존재문을 만들지 못한다:
  *There **disappeared** a man in front of us.
    [우리들 앞에서 한 남자가 사라졌다.]

[오래된 초에 불을 붙이자마자 곧 유리창에 낯선 얼굴 모습이 보였다.]
There **appears** to have been a nasty accident.
[불쾌한 사건이 일어났던 것처럼 보인다.]
There **arose** a conflict.
[갈등이 생겨났다.]

c. 이동/방향동사: approach, come, run, walk, fly, gallop, go, etc.

There **comes** a time in everyone's life when you need to take a stand.
[모든 사람의 삶에서는 확고한 입장을 취할 필요가 있을 때가 온다.]
Along the river there **walked** an old woman.
[강을 따라 한 노파가 걸어갔다.]

2) 존재문의 동사가 나타내는 수(number)는 논리적인 주어에 일치하여야 한다. 그러므로 논리적인 주어가 단수이면 동사도 단수라야 하고, 복수이면 복수동사가 수반되어야 한다.

There *is a book* on the table.
There *are* **some books** on the table.

그러나 화자들 사이에서는 논리적인 주어가 복수형임에도 불구하고 문법적인 주어 there에 일치시켜 is로 나타나는 예들을 볼 수 있다. 특히 be 동사가 there와 축약된 형태로 나타나는 경우에는 논리적인 주어가 단수형이든 복수형이든 관계없이 단수형으로 나타나는 예들을 볼 수 있다. 비격식적인 말에서 논리적인 주어의 수에 관계없이 이렇게 쓰이는 경향이 지배적이지만, 표준영어는 아니다.

There**'s problems** here.
[여기에 문제들이 있다.]
There**'s too many term papers** for this course.
[이 코스에는 학기말 보고서가 너무 많다.]

20.8. 분열문

20.8.1. 분열문의 구조

1) 분열문(分裂文: cleft sentence)이란 It $\begin{Bmatrix} \text{is} \\ \text{was} \end{Bmatrix}$ ... that .... 라는 구조를 이용하여 (52a)와 같은 하나의 문장이 각각의 동사를 가지고 (52b)에서처럼 둘로 쪼개어진 문장에 붙여진 명칭이다.[58] 예컨대 (52a) I saw her a few days ago.에서 a few days ago가 신정보이면 이것을 초점 요소로 삼아 분열문을 만들면 (52b)와 같다.

(52) a. I saw her **a few days ago**.
　　　　[나는 며칠 전에 그녀를 만났다.]
　　b. It was **a few days ago** that I saw her.
　　　　[내가 그녀를 만난 것은 바로 며칠 전이었다.]

분열문 구조는 신정보이기 때문에 초점을 받는 부분과 청자/독자도 이미 알고 있는 기정사실을 나타내는 전제(前提: presupposition)가 되는 절, 즉 전제절[59] 등 두 부분으로 이루

---

[58] 대개 우리나라 시중에 나와 있는 문법책에서는 이러한 문장 구조를 아무런 설명도 없이 단순히 <강조구문>이라 부르고 있으며, 또한 It is/was ... that ....에서 is/was 다음에 놓일 수 있는 내용이 신정보이든 구정보이든 관계없이 어떤 요소라도 놓일 수 있는 것처럼 설명하고 있다. 이러한 용어 사용과 문법 기술 방식은 이와 같은 문장 구조를 이해함은 물론, 그 사용에도 전혀 아무런 도움도 주지 못한다는 점에 유의하여야 한다.

[59] 일부 국내외의 문법서에서 분열문 구조를 관계사절에 포함시켜 다루고 있다. 그렇지만, 문두에 놓인 it이 특정한 대상을 가리키는 것이 아니며, be 동사 다음에 놓이는 초점 요소가 명사구 (대명사와 고유명사를 포함), 부사구, 전치사구, 부사절 등 다양하게 나타난다는 점을 고려한다면 분열문 구조를 관계사절과 동일한 것으로 취급하는 것은 바람직하지 않다. Baker (1997: 445-446) 역시 이러한 문장 구조를 관계사절이라고 분석하는 것은 보통의 관계사절에 대한 분석과 일치하지 않는다고 지적하고 있다:
　(70) a. It was Velma [that you reported to the commissioner].
　　　b. It must have been Tony [who(m) you sent to the commissary].
　　　　⋮
The second idea that we might consider is one that would allow us to view the bracketed sequences as missing-phrase constructions. This idea is that the bracketed sequences in (70) are just ordinary relative clauses modifying *Velma* and *Tony*, respectively. The main problem with such an analysis is that it is not consistent with what we have established previously about relative clauses. If the bracketed sequences in (70a) actually were a relative clause, the *that* which introduces it would indicate that it was restrictive rather

어진다. 다시 말하자면, be 동사 다음에는 청자/독자에게 아직 알려지지 않은 정보, 즉 신정보로서 초점(焦點: focus)을 받는 요소가 놓이게 되고, that이 이끄는 절은 청자/독자에게 이미 알려진 구정보로서 전제절이 된다.

$$\text{It} \begin{Bmatrix} \text{is} \\ \text{was} \end{Bmatrix} + \text{초점 요소} + \underline{\text{that-절}}$$
$$\qquad\qquad\qquad\quad\text{(신정보)} \qquad\quad \text{(구정보로서 전제절)}$$

초점을 받는 요소는 신정보로서 독자/청자에게 새롭고 중요한 내용이다. 바로 이러한 점 때문에 정보의 전달상 청자/독자가 이미 알고 있어서 중요하지 않은 요소는 결코 초점을 받을 수 없게 된다. 가장 대표적인 한 예로, **Why** were you absent yesterday?라는 의문문에 대하여 I was absent **because of the heavy rain**.이라고 할 수 있는데, 이 문장을 분열문 구조로 나타내면 It was **because of the heavy rain** that I was absent yesterday. (내가 어제 결석한 이유는 바로 큰 비가 내렸기 때문이다.)가 된다. 그러나 as나 since로 시작되는 이유절은 신정보를 전달하는 것이 아니기 때문에 초점 요소가 되지 못한다.[60]

외형적으로 보면, 분열문 구조는 It is pretty obvious that he's crazy about you.(그가 너를 무척 사랑하는 것이 아주 명백하다.)와 구조가 똑같은 것처럼 보인다. 그러나 이 두 가지 문장에서 각각 It $\begin{Bmatrix} \text{is} \\ \text{was} \end{Bmatrix}$ 와 that을 생략하게 되면 다음과 같이 두 개의 문장 (53a, b) 구조가 분명히 다르다는 점을 쉽게 알 수 있다. 즉, (53a)처럼 나타낸 분열문 구조의 경우에는 이 부분을 생략하더라도 여전히 완전한 문장으로 남게 되지만, 문장 (53b)에서는 he's crazy about you.가 완전한 문장이므로 문두에 놓인 pretty obvious가 이 문장에서 담당할 아무런 역할도 없기 때문에 결국 문법적으로 틀린 문장이 된다.

(53) a. (It was) **a few days ago** (that) **I saw her**.
   [며칠 전에 내가 그녀를 보았다.]

---

than nonrestrictive. But having this clause modifying *Velma* would violate the prohibition against having proper nouns modified by restrictive relative clauses. In this example, it would force us to say that the sequence *Velma that you took to the meeting* could be a well-formed noun phrase. Sentence (76) confirms that in fact it cannot be.

(76) *Velma that you took to the meeting returned your call.

60 이유절을 이끄는 종속접속사 because와 as/since의 차이에 대해서는 18.5.5 "이유절" (→ pgs. 62-66)참조.

b. *(It was) **pretty obvious** (that) **he's crazy about you**.
> [그가 너를 무척 좋아한다는 것이 아주 명백했다. → 이 문장에서 it was와 접속사 that을 모두 생략하게 되면 비문법적인 문장이 되며, 전혀 뜻이 통하지 않음.]

또한 (53a)의 경우에는 전제절 역할을 하는 that-절을 문장의 맨 앞으로 이동시키면 문법적으로 틀린 문장이 되지만, (53b)에서는 주어 역할을 하는 외치된 that-절을 다시 문두의 위치로 이동시키더라도 여전히 문법적인 문장이 된다.

***That I saw her** was a few days ago. (= 53a)
That he's crazy about you was pretty obvious. (= 53b)

전달하고자 하는 내용에 따라 분열문의 구조를 yes/no 의문문, wh-의문문, 감탄문, 그리고 종속절 형식으로 바꿀 수 있다.

***Was it* for this** that we suffered and toiled?
> [우리가 고통을 당하고 괴로워하는 것은 바로 이 때문이었던가? → 분열문이 yes/no 의문문으로 바뀌었음.]

What *is it* that distinguishes one from the other?
> [어느 하나를 다른 것과 구별되게 하는 것은 바로 무엇인가? → 본래 문장의 주어가 초점 요소가 된 것이며, 이것이 의문사 what으로 바뀌어 문두에 놓였음.]

What a glorious bonfire it was you made!
> [네가 만든 것이 참으로 아름다운 모닥불이로구나! → it was 다음에 놓일 초점 요소가 감탄 어구로서 문두에 놓였으며, 전제절을 이끄는 that이 생략되었음.]

He told me that **it was because he was sick** that they decided to return.
> [그들이 돌아가기로 결정한 것은 바로 그가 아팠기 때문이라고 그가 나에게 말했다. → 분열문 구조가 직접목적어 역할을 하는 that-절에 포함되어 있음.]

2) 분열문에서 동사는 전달하고자 하는 뜻에 따라 여러 가지 서로 다른 시제형으로 나타날 수 있으며, 또한 법조동사를 수반할 수 있다.

It **was** a red wool sweater that I bought.
> [내가 산 것은 바로 빨간 양모 스웨터였다.]

It *seems to be* John that owns that house.
　[저 집을 갖고 있는 사람은 존인 것 같다.]
It *may be* his father that you're thinking of.
　[네가 생각하고 있는 사람은 바로 그의 아버지이겠지.]
It *must have been* Tony who(m) you sent to the commissary.
　[네가 물자 보급소로 보낸 사람은 토니임에 틀림없었겠지.]

3) 전제절을 이끄는 접속사로는 일반적으로 that이 쓰이지만, 가끔 which가 이를 대신해서 쓰이기도 한다. 또한 초점 요소가 사람을 가리키는 명사일 경우에는 이 대신에 who가 쓰이기도 하며, 초점 요소가 시간과 장소를 나타내는 부사류이면 이에 따라 각각 when과 where가 that을 대신하는 예도 가끔 볼 수 있다.[61] 그러나 that 이외의 것들은 대개 비격식적인 경우에 쓰이는 것이다.

The President is just a figurehead. It's **the party leader** *who* has the real power.
　[대통령은 명목상의 국가 원수일 뿐, 실권을 쥐고 있는 사람은 바로 당수이다.]
It is you *who*, through the law of cause and effect that governs your actions, ordered yourself to be punished or rewarded.
　— P. Yogananda, *How to be Happy All the Time*.
　[여러분의 행위를 지배하는 인과법칙에 의해 자신이 처벌을 받거나 보상을 받도록 명하는 사람은 바로 여러분이다.]
It is **the whole system** *which* is at stake.
　[현재 위기에 처한 것은 전반적인 제도이다.]
It was **late in the afternoon** *when* I woke up.
　[내가 잠에서 깬 것은 바로 늦은 오후였다.]

61　Baker (1997: 449)는 전제절을 이끄는 wh-어로서 that과 who/whose/whom 이외에 which, where, when이 쓰이는 것은 자연스럽지 못하다고 말하고 있다: Surprisingly, though, other *wh* words that serve well in restrictive relatives are not as natural in clefts.
　　(86) a. ?It is this car [*which* I want you to sell].
　　　　　(Compare: It is this car [*that* I want you to sell].
　　　　b. ?It was on Tuesday [*when* the schedule was announced].
　　　　c. ?It was in Boston [*where* they held the tea party].
　　　　　(Compare: It was in Boston [*that* they held the tea party].

그러나 that 이외에 이처럼 which, when, where가 쓰이는 것에 대하여 문법성이 의심스럽다고 하는 문법학자도 있다.

4) 이전의 담화 내용을 토대로 하여 분열문에서 전제절의 내용이 '회복 가능한'(recoverable) 것이면 그것은 생략되기도 한다.

A: Who finished off the biscuits?

[누가 비스켓을 다 먹어버렸지?]

B: I don't know; **it certainly wasn't me**.

[모르겠는데. 분명히 나는 아니야. → A의 말을 통해 구정보에 해당되는 전제절 that finished off the biscuits이 생략되었음을 알 수 있음.]

I cannot tell you what they bought as a present, but you can rest assured that **it was not a pipe**.

[그들이 선물로 무엇을 샀는지 너에게 말할 수 없지만, 분명한 것은 파이프는 아니었어. → 전후 문맥 내용을 토대로 전제절 that they bought as a present가 생략되었음을 알 수 있음.]

But if there is ever going to be a lasting peace on the Korean peninsula, the person who will deserve the Nobel Peace Prize won't be Trump. **It will be south Korea's president, Moon Jae-in**.

[그러나 한반도에서 영원한 평화가 지속된다면 노벨 평화상을 받을만한 사람은 트럼프 대통령이 아니다. 노벨 평화상을 받을 사람은 바로 남한의 대통령 문재인일 것이다. → 세계적 석학이면서 Bill Clinton 행정부에서 노동장관을 지낸 로버트 라이시(Robert Reich: 1946. 06. 24-) 미국 UC 버클리 정책대학원 교수가 2018년 5월 국제회의 참석차 한국에 체류하는 동안 facebook에 올린 문재인 대통령에 대한 평가의 글에서 인용. 마지막 문장에서는 전제절인 that will deserve the Nobel Peace Prize가 생략되어 있음.]

20.8.2. 초점 요소

분열문에서 초점 요소가 되는 부분은 대립적인 것이다. 그러므로 초점 요소가 놓이는 위치에는 초점 요소만 나타나기도 하지만, 초점을 받는 요소와 대립적인 내용이 not ... but ..., 또는 ..., not ... 따위와 같은 어구에 의해 유도되어 문장에 표출되기도 한다.[62]

---

62 The main function of the *it*-cleft is to mark **contrastive focus**. The contrast is very often implicit, as in *Tuesday* (not another day), *the women*, not *the men*; but the contrast may

It was ***not greed but ambition*** that drove him to crime.
  [그가 범죄를 저지르게 만든 것은 탐욕 때문이 아니라 야심 때문이었다. → 초점 요소가 not ... but에 의해 대립적으로 나타나 있음.]

Among some peoples it is ***the mother's brother rather than the actual father*** who has the voice of authority as far as the upbringing is concerned.
  [일부 민족의 경우, 양육 문제에 관한 한 권한을 가진 사람은 친아버지가 아니라 오히려 어머니의 남동생이다. → 초점 요소가 A rather than B의 형식에 의해 대립적으로 나타나 있음.]

It is ***philosophy, not science,*** that teaches us the difference between right and wrong and directs us to the goods that befit our nature.
  — Mortimer J. Adler, "Philosophy in an Age of Science"
  [우리에게 옳고 그름의 차이를 가르쳐 주고, 우리의 성품에 맞는 여러 가지 선한 행위를 하도록 이끌어주는 것은 철학이지, 과학이 아니다. → 초점 요소가 A not B의 구조로 대립적으로 나타나 있음.]

It is ***spiritual poverty, not material lack***, that lies at the core of all human suffering. — P. Yogananda, *How to be Happy All the Time*.
  [인간이 겪는 모든 고통의 중심에 놓여 있는 것은 물질이 부족한 것이 아니라, 정신적인 빈곤이다.]

It is ***not our passing thoughts or brilliant ideas but our everyday habits*** that control our lives.
  — Paramhansa Yoganada, *How to be Happy All the Time*
  [우리의 삶을 지배하는 것은 우리의 순간적인 생각이나 명확한 생각이 아니라, 일상적인 생활 습관이다.]

It is**n't the nicotine** that causes cancer — it's **the tar**.
  [암을 유발하는 것은 니코틴이 아니라, 타르이다. → it's the tar 다음에는 that causes cancer가 생략되었음.]

초점 요소는 '유일한' 것을 가리키는 것이라야 한다. 초점 요소로서 두드러지게 돋보이게 할 수 있는 것은 다른 것과 대립적인 관계를 가진 유일한 대상이라야 하기 때문이다.[63] 그러므로 다음 문장은 모두 문법에 어긋난 것이다.

---

be made explicit, as in *It's the person, not the business,* who is registered for VAT. — Downing & Locke (2006: 250).

63 Fraser (1971: 156).

*It was ***even* John** who shot James.
*It was ***even* a table** that she repainted.
*It was ***even* at 5 p. m.** that the bell chimed.

분열문에서 초점 요소로 등장하는 것은 that 다음에 놓인 전제절에서 주어나 목적어 역할을 하는 명사구, 부사적 수식어구, 심지어 절 구조 등이다.

It was **Miller's philosophy** that he read most sympathetically.
[그가 아주 감명깊게 읽은 것은 밀러의 철학 서적이었다. → 타동사 read의 목적어가 되는 명사구가 초점 요소가 되고 있음.]

It is **the possible repercussion** that I am afraid of.
[내가 염려하는 바는 바로 반발이 생길지도 모른다는 점이다. → 초점 요소는 of의 목적어 역할을 하는 것임.]

It was **there** that he wrote his *Science and the Modern World* (1925).
— Morton White, *The Age of Analysis*: *20th Century Philosophers*.
[그가 1925년에 자신의 「과학과 현대 세계」라는 책을 쓴 것은 바로 그곳에서였다. → 장소를 나타내는 부사구 there가 초점을 받고 있음.]

It was **through dialogue** that we will be able to reach peace.
[우리가 평화를 이룩할 수 있는 것은 바로 대화를 통해서이다. → 양태부사 역할을 하는 전치사구 through dialogue가 초점을 받고 있음.]

It is **doing something better than other people** that makes us unique.
[우리를 유일한 존재로 만드는 것은 바로 다른 사람들보다 어떤 일을 더 잘 해내는 것이다. → 동사 makes의 주어 역할을 하는 동명사절이 초점 요소로 쓰였음.]

It's **whether I can go or not** that I'm not sure of.
[내가 확신하지 못하는 것은 내가 갈 수 있느냐 그렇지 않으냐 하는 점이다. → 전치사 of의 목적어인 종속절 whether-절이 초점 요소 역할을 하고 있음.]

It is **how you play the game** that matters.
[중요한 점은 바로 어떻게 경기를 하느냐 하는 것이다. → matters의 주어 역할을 하는 절이 초점 요소의 역할을 하고 있음.]

주격보어가 초점 요소가 되려면 전제절의 동사가 become이거나, be 동사가 'become'이라는 뜻으로 쓰인 것이라야 한다.

It was **a lawyer** that he eventually ***became***.

[그가 결국 어떤 사람이 되었느냐 하면 변호사가 되었지.]

그러나 형용사구를 비롯하여 부정사절이나 분사절은 분열문에서 초점 요소가 되지 못하기 때문에 다음 문장들은 모두 비문법적이다.[64]

*It is **fond of Martha** that Harry seems to be .　　　　[형용사구]
[해리가 마사를 좋아하는 것 같다. → cp. Harry seems to be **fond of Martha**.]
*It was **to steal his brother** that Harry tried .　　　　[부정사절]
[해리가 하고자 한 것은 자기 동생을 훔치려고 한 것이었다. → cp. Harry tried **to steal his brother**.]
*It is **stealing apples** that Julia caught Frank .　　　[현재분사 형태의 동사구]
[줄리아가 프랭크를 붙잡은 것은 사과를 훔칠 때였다. → cp. Julia caught Frank **stealing apples**.]

장소나 시간 등을 나타내는 부사들의 경우와 달리, carefully, regretfully 따위와 같이 한 개의 단어로 나타나는 양태부사(adverbs of manner)는 초점 요소가 되지 못하지만, with care나 with regret 따위와 같이 이와 동일한 내용을 나타내는 전치사구는 초점 요소로 허용된다.

It was { **with care** / ***carefully*** } that Donna removed the wrapping.
[도나가 바로 신중하게 포장을 뜯었다.]
It was { **with regret** / ***regretfully*** } that Joe fired Pete.
[조우는 유감스러운 마음으로 피트를 해고했다.]

20.8.3. 의사 분열문

1) 의사 분열문은 일반적으로 관계대명사 what이 이끄는 명사적 관계사절이 주어이고, 이다음에 be 동사와 이에 대한 주격보어로 이루어진 문장 구조이다. 이 경우에 명사적 관계

64　Baker (1997: 447-448).

사절은 전제절로서 청자/독자도 이미 알고 있는 구정보에 해당되는 부분이고, 보어 역할을 하는 부분은 신정보로서 초점을 받는 요소가 된다.

---

what + 주어 + 동사 (+ . . .) is/was _____.
(구정보로서 전제절)　　　　　　　(신정보로서 초점 요소)

---

(54) a. We want Watney's.
　　　　[우리는 와트니즈 맥주를 원한다. → Watney's = a make of beer: 와트니즈 제품의 맥주.]
　　b. What we want is **Watney's**.
　　　　[우리가 원하는 것은 와트니즈 맥주이다.]

(54a)와 같은 문장을 토대로 하여 의사 분열문 구조로 나타내면 (54b)와 같다.[65] (54b)에서 what we want는 전제절로서, 청자/독자도 내가 원하는 것이 있다는 것을 알고 있다. 다만 원하는 대상이 무엇인지를 모르는데, 이 문장에서 Watney's는 청자/독자에게 신정보로서 초점을 받는 부분이다. 이러한 관계를 나타내는 의사 분열문은 담화상에서 '제외적'이라는 뜻을 암시한다. 그러므로 (54b)는 It's ONLY Watney's that we want, and no other.와 같이 풀어 쓸 수 있다. 만약 이 문장을 It is **Watney's** that we want.와 같은 분열문으로 나타내면 이번에는 '...이 아니라, 바로 ...이다'라고 하는 대립' 관계를 암시하게 된다.

　구정보를 나타내는 관계사절과 신정보 역할을 하는 be 동사에 대한 주격보어의 어순이 도치되기도 한다.

What upset me most was *his rudeness*.

65　(54a, b)에서처럼 의사 분열문은 이에 대응하는 분열문 구조가 아닌 문장이 있지만, 모든 문장들의 경우에 서로 대응 관계를 갖는 것은 아니다. 다음과 같은 경우에는 왼쪽의 의사 분열문과 이에 대응하는 비분열문의 관계가 아니며, 따라서 오른쪽 문장들은 모두 문법적으로 틀린 것이다:

의사 분열문	비분열문으로서 틀린 문장
What I object to is that he lied.	*I object to that he lied.
What I like about her is that she always means what she says.	*I like about her that she always means what she says.

― Huddleston & Pullum (2005: 254).

~ *His rudeness* was **what upset me most**.

　　[나를 가장 불쾌하게 만든 것은 그의 무례한 행동이었다.]

　신정보가 문두에 놓이게 되면 이것은 강조하는 힘이 더 강하게 된다. 그 까닭은, 주어가 놓이는 위치는 보다 돋보이게 하는 위치이고, 또한 대개 신정보가 구정보보다 앞에 놓이리라고 예상하지 않게 되는데, 바로 신정보가 구정보보다 앞에 놓인 것이 놀랍다고 하는 점 때문이다.

　오로지 어느 한 가지 행위만 한다는 점을 뚜렷이 부각시키고자 할 경우에는 all (that) ... 로 시작되는 의사 분열문을 만들 수 있다.

All he did was **shake hands and wish me good luck**.

　　[그가 한 일은 단지 악수를 하고 나에게 행운을 빈 것뿐이었다.]

All she ever does is **make jam**.

　　[그녀가 늘 하는 일이란 잼을 만드는 일뿐이다.]

　2) 의사 분열문에서는 전달되는 의미 내용 때문에 인간 명사구를 제외한 모든 명사구가 신정보로서 초점을 받을 수 있다. 즉, what으로 시작되는 전제절이 사람을 뜻하는 것이 아니기 때문에 이에 대한 보어로서 사람을 가리키는 명사구는 불가능하다.

*What kicked the ball was **John**.

　　[→ '공을 찬 **것**은 John이었다.'라는 말은 전혀 의미가 통하지 않는다. 그러므로 이 문장은 It was John that kicked the ball.이라는 분열문, 또는 The person who kicked the ball was John.과 같은 문장으로 바꿔야 함.]

What North Korea needs is **food**.

　　[북한이 필요로 하는 것은 식량이다.]

What is occurring now is **not a crisis of capitalism, but of industrial society itself**.

　　[지금 진행 중인 것은 자본주의의 위기가 아니라, 산업사회 자체의 위기이다.]

Rivalries and hatreds between groups are nothing new. What is new is **the fact that technology has brought these groups too close together or comfort**.

　　[집단간의 적개심이라든가 증오심은 전혀 새로운 것이 아니다. 정말 새로운 것은 과학 기술

덕택에 이들 집단이 편안하게 살 수 있도록 아주 긴밀한 관계를 가져왔다는 사실이다.]

From these few examples, it must be obvious that we cannot ascribe anything like "fixed" meanings to words. What we actually encounter much of the time are **meanings that are variable and that may have wandered from what their etymologies suggest.**

[몇 개 안 되는 이 예에서 단어에 "고정된" 의미가 없다는 점이 명명백백하다. 실제로 우리가 흔히 접하는 것은 변하기 쉽고, 또한 어원적 의미에서 벗어났을지도 모르는 의미이다.]

This is their third unsuccessful test. What it shows is **that they are still having enormous difficulties with the long-range missiles.**

[이번이 그들 (= North Korea 북한)이 실패한 세 번째 시험이다. 이같은 일이 보여주는 바는 그들이 장거리 미사일과 관련해서 아직도 엄청난 어려움을 안고 있다는 점이다.]

In fact, the arms and legs are not really important in meditation. What is important is **that the spine be correctly aligned.**

—Swami Rama, *Meditation and Its Practice*.

[사실상 명상을 할 때에는 팔과 다리는 실제로 중요하지 않다. 중요한 것은 척추를 똑바로 세우는 일이다. → 초점 요소 역할을 하는 that-절의 동사로서 원형 동사 be가 쓰인 것은 what-절의 내용이 '요구'의 뜻을 나타내고 있기 때문임.]

분열문의 경우와 달리, 의사 분열문은 행위(actions)를 초점 요소로 삼을 수 있다. 행위에 초점을 두고자 하는 경우에는 명사적 관계사절의 마지막 동사로서 do의 적절한 형태를 사용한 what ... do/does/did/ doing/done을 전제절로 하고 to-부정사절 또는 원형 부정사절이 신정보로서 초점을 받을 수 있게 할 수 있다. 특히 전제절의 동사 do가 동작을 나타내는 것이기 때문에 이를 구체적으로 나타내는 신정보에 내포된 부정사절의 동사는 반드시 동적 동사라야 한다. 그러므로 예컨대 I want to see her.와 같은 문장에서 무엇을 초점 요소로 삼느냐에 따라 다음과 같은 두 가지 유형의 의사분열문을 만들 수 있다. (55a)에서는 명사구도 초점 요소가 될 수 있는 반면, (55b)는 초점 요소로서 동사구는 올 수 있어도 명사구는 올 수 없다.

(55) a. What I want is **to see her**.
   [내가 원하는 것은 그녀를 만나는 일이다.]
   b. What I want to do is **(to) see her**.
   [내가 하고 싶은 일은 바로 그녀를 만나는 일이다.]

> what + 주어 + do/does/did … (to-)부정사절.
>   (구정보로서 전제절)   (신정보로서 초점 요소)

David lost his job and was short of money, so **what he did** was **(to) sell his flat and move in with his brother**.
  [데이비드는 직장을 잃고 돈도 떨어졌기 때문에 그가 한 것은 아파트를 팔고 자기 동생과 같이 산 것이었다.]

What Henry has done is **develop a better mousetrap**.
  [헨리가 한 일은 보다 나은 쥐덫을 개발해 낸 것이다.]

What Brenda is doing is **changing the oil**.
  [브렌다가 지금 하고 있는 일은 바로 기름을 교환하고 있는 것이다. → 이 문장은 Brenda is changing the oil.에서 유래된 것이며, 전제절의 동사는 is changing으로 현재 진행형이지만, 신정보로 나타난 부분은 동명사절임.]

초점 요소에 부정사절이 오는 경우에 그 동사는 동적동사라야 한다.

*__What I did__ was **know the answer**.
  [내가 한 일은 그 해답을 알아낸 것이었다. → 이 문장에서 know 대신에 예컨대 find out과 같은 동적동사를 선택하면 맞는 문장이 됨.]

분열문의 경우와 달리, 의사 분열문에서는 부정사절은 물론 형용사구도 초점 요소로 등장할 수 있다.

I heard the boss was a little annoyed with Nick for being late. No, she wasn't "a little annoyed." What she was was **furious**!
  [나는 닉이 지각했다고 해서 사장께서 좀 화가 났다는 말을 들었다. 아냐. 사장께서는 "좀 화가난" 것이 아니야. 사장께서는 어떤 상태였느냐 하면 아주 화가 났었지!]

심지어 문장 전체가 초점 요소가 될 수 있다. 그러므로 예컨대 The car broke down.이라는 문장 전체 내용이 신정보일 경우에는 이것을 초점 요소로 삼아 다음과 같은 의사 분열문을 만들 수 있다.

What happened was **that the car broke down**. (Swan 2006: 107)
[무슨 일이 일어났느냐 하면 그것은 곧 자동차가 고장났다는 것이었다.]

제21장

생략과 대용(Ellipsis and Substitution)

21.1. 생략·대용·전제절

전후 문맥 내용을 토대로 하여 전달하고자 하는 내용이 명확한 경우에는 문장의 일부를 **생략**(省略: ellipsis)하거나, 문장 내용의 일부를 보다 간단한 다른 표현으로 나타내는 이른바 **대용**(代用: substitution)이라는 현상이 있는데, 이러한 현상은 영어 학습자들이 내용을 이해하는데 어려움을 겪게 하는 요인이 되기도 한다. 영어 학습자들은 가급적 전달하고자 하는 내용을 실제 문장에 나타나는 것보다 더 명확하게 표현되기를 기대하기 때문에 문장의 일부가 생략되거나, 그 자리에 예컨대 do, it, one, this, that, do so, do it, do that 따위와 같은 문법적인 **대용형**(代用形: pro-form)을 사용하게 되면 그것이 무엇을 뜻하는 것인지, 무엇을 가리키는 것인지 혼란스러워 하는 수가 있다.

그렇지만 하나 이상의 문장들이 연속적으로 연결되어 어떤 정보 내용을 전달하는 경우에는 절과 절, 문장과 문장이 아무렇게나 연결되는 것은 결코 아니다. 이들은 하나의 연결 고리에 의해 논리적으로 긴밀하게 연결되어 있어서,[1] 앞에 나온 문장이나 절에서 언급된 내용이 다음 문장이나 절에서 부분적으로 반복되어 나타나게 된다. 바로 이와 같은 경우에는 전달 내용이 애매해지지 않는 경우에는 반복해서 나타나는 문장의 일부를 생략하거나, 대용형으로 나타내는 것이 모든 언어의 일반적인 현상이다. 예컨대, 다음에 예시하는 두 개의 문장 (1a, b)는 각각 생략과 대용 현상이 일어나고 있는 한 가지 예가 된다.

(1) a. Sorry I *shouted at you*. I didn't intend **to**.   (생략)
    [너에게 고함을 질러서 미안해. 그럴 생각이 없었어.]
  b. I wanted to *jump*, but I just couldn't **do it**.   (대용)
    [껑충 뛰고 싶었지만, 사실은 그렇게 할 수 없었어.]

---

[1] 이러한 현상을 '응집'(凝集: cohesion)이라 한다.

생략과 대용이라는 문법적 작용이 이루어지려면 연속적으로 나타나는 문장이나 절에서 '같은 것을 가리키는'(coreferential) 대상이 있어야 하고, 따라서 의미와/또는 형태가 '회복 가능한'(recoverable) 것이라야 한다. 그러므로 위에 예시한 두 개의 문장 중 (1a)에서는 문맥 내용으로 보아 to 다음에는 앞에 놓인 문장에 나타난 shout at you가 생략되었으며, 이것을 to 다음에 두게 되면 그대로 생략된 부분이 회복된다. (1b)에서 do it은 앞에 놓인 절에 나타난 jump의 대용형으로 쓰인 것이다. 이처럼 생략과 대용 현상은 I didn't intend to.나 I just couldn't do it.의 경우처럼 단독으로 존재하는 문장(이나 절)에서는 일어나지 않고, 반드시 **선행사**(先行詞: antecedent)라고 할 수 있는 동일한 지시대상이 이전의 문장이나 절에 나타나야 한다. 말하자면, 이전의 (또는 가끔 뒤에 나오는) 문장이나 절에서 언급된 내용을 전제로 삼아 뒤따라오는 문장이나 절에서 이것과 동일한 지시 대상을 생략하거나, 다른 표현으로 대치시키는 것이 일반적이다. 그러므로 위의 문장 (1a, b)에서 shout at you와 jump는 각각 뒤에 놓인 절의 to 와 do it에 대한 선행사 역할을 하는 요소이고, 이들이 포함되어 있는 절을 **전제절**(前提節: presupposed clause)이라 한다.

이상에서처럼 생략과 대용이라는 두 가지 문법적 장치는 곧 문장과 문장, 절과 절이 논리적으로 긴밀하게 관련되어 있음을 나타내주고, 이처럼 긴밀한 연관 관계가 있음으로 말미암아 전달하고자 하는 내용을 보다 간결하게 표출할 수 있는 효과를 얻게 된다.

21.2. 생략

생략이란 말과 글에서 표출하고자 하는 내용을 전달하는데 일반적으로 필요한 정도의 정보만을 제시하고, 전제절에 나타난 내용과 동일한 내용을 문장의 표면상에서 삭제시키는 것을 말한다. 이처럼 전달하고자 하는 메시지의 일부 내용이 생략됨으로 말미암아 구조적으로 공백(gap)이 발생하여 결국 문장이 표면적으로는 불완전해지기는 하지만, 나머지 요소만으로 전달하고자 하는 정보 내용에 보다 더 관심을 집중시킬 수 있다.

생략에는 언어 외적인 상황에 따른 생략, 문법적인 지식을 통해서 알 수 있는 구조적 생략과 문법적 기능에 따른 생략 등 크게 세 가지 유형이 있다.

21.2.1. 상황적 생략

상황적 생략(situational ellipsis) 현상은 대화가 이루어지는 상황을 비롯하여, 언어 외적인 문맥에서 문장 요소의 일부가 생략되는 것을 말한다. 예컨대 Get it?은 상황에 따라 Did you **get it**? ('Did you get the letter/the shopping?'(그 편지를/시장본 물건을 받았느냐?)) 또는 Do you **get it**? ('Do you understand?'(무슨 말인지 알겠는가?))이라는 문장에서 생략된 것으로 이해할 수 있을 것이다.[2]

바로 이와 같은 경우에는 다음과 같이 진술문을 비롯해서 의문문 등 여러 가지 문장 구조에서 상황에 따른 생략 현상이 나타나고 있다. 이러한 문장에서는 주로 주어 역할을 하는 인칭대명사와 조작어를 비롯하여 다양한 문법적 요소들이 일상 대화체의 문장에서 생략될 수 있다.

21.2.1.1. 진술문에서의 생략

1) 1인칭 주어가 생략될 수 있다.

　A: What time is it?
　B: **(I)** Don't know.
　　　[A: 몇 시지? B: 모르겠는데. → 문두에서 주어 I가 생략되었음.]
　(I) Beg your pardon.
　　　[용서해 주세요.]
　(I) Told you so.
　　　[내가 그렇게 말했지 않아.]

특히 I told you so.는 'I warned you about what would happen, but you wouldn't listen to me.'는 좋지 못한 일이 발생했을 때, 이미 이런 일이 발생할 것이라고 말했는데도 이 말에 귀를 기울이지 않아서 그로 말미암아 문제가 발생했다는 뜻을 나타내는 데 쓰이는

2　We have already seen that some types of ellipsis are not dependent on the linguistic context for their interpretation. In such cases, the interpretation may depend on knowledge of a precise extralinguistic context. For example, *Get it?* in one situation might be understood to mean the same as *Did you get it?* (*eg* 'Did you get the letter/shopping etc?'), and in another situation *Do you get it?* (*ie* 'Do you understand?'). Similarly, *Told you so* might be expanded in one context to *I told you so*, and in another to *We told you so*. In still other contexts, the exact words ellipted might be unclear. The term SITUATIONAL ELLIPSIS can apply to such cases of weak ellipsis, and also to other cases where it happens to be quite clear what has been omitted; *eg* only *it* can be the ellipted subject in *Looks like rain*. — Quirk et al. (1985: 895).

관용적인 표현이다.

A: Mommy, I've broken my train.
B: **I told you so**. You shouldn't have tried to ride on it.
[A: 엄마, 열차를 망가뜨렸어요. B: 내가 뭐랬어. 그걸 타려고 하지 말았어야 했잖아.]

위와 같이 주어가 생략된 구문에서는 대개 think, reckon, hope, like, love, wonder, suppose 따위와 같이 정신 작용을 나타내는 동사들이 절을 목적어로 수반하기도 한다.

Don't know **what to say**.
[뭐라고 말해야 좋을지 모르겠네.]
Think **I'll go now**.
[이제 갈까 한다.]
Like **your new car**.
[너의 새 자동차가 맘에 드는데.]
Wonder **what they're doing**.
[그들이 뭘 하고 있는지 궁금한데.]
Hope **he's there**.
[그가 거기에 왔으면 좋겠는데.]

2, 3인칭 주어 you, he, she, they, it을 비롯하여 심지어 형식주어(formal subject) 역할을 하는 there까지도 생략될 수 있다.

A: **(You)** Want to go out for pizza?
B: Don't feel like it. How about ordering in?
[A: 피자 사러 가고 싶은가? B: 가고 싶은 생각이 없어. 집에서 주문하면 어때?]
(He/She/They) Can't play at all.
[(그는/그녀는/그들은) 전혀 연주를 못해.]
(Your mother) Doesn't look so well today.
[(너의 어머니께서) 오늘 아주 건강한 것 같지 않구나.]
(It) Looks like rain.
[비가 올 것 같다.]

(It) Doesn't matter if you don't get the best grades.
[최고 등급을 못 받아도 괜찮아.]
(There) Should be a screwdriver on the bench.
[벤치에 드라이버가 있을 것 같은데.]

다음과 같은 상황에서처럼 Serves you right.은 바람직하지 못한 어떤 행동을 하지 말라고 말했는데도 불구하고 결국 그런 행동을 한 점 때문에 비난을 받아 마땅하다는 뜻을 전달할 때 사용되는 표현이다.

A: She kicked me!
B: **Serves you right**, teasing her like that.
[A: 그녀가 나를 찼어요! B: 그것 봐라. 그녀를 그렇게 괴롭혔으니 당연하지.]

2) 주어와 조작어까지 생략될 수 있다. 1인칭 대명사 주어와 조작어 역할을 하는 be 동사가 생략될 수 있다.

(I'm) Sorry I couldn't be there.
[미안하지만 거기 가지 못할 것 같아.]
(I'm/We're) afraid not.
[그렇지 못할 것 같은데요.]

We are afraid not.과 같은 완전한 문장에서 주어 we만 생략될 수 없다. 단수 대명사가 주어일 때도 마찬가지이다. 따라서 Afraid not은 사용 가능하지만, Am afraid not은 사용 불가능하다고 생각하는 사람들이 많다.[3]
다음 문장에서는 it is가 생략되었다. 이러한 문장에서 생략된 it은 특정한 대상을 가리키는 것이 아니라, 형식주어 역할을 하는 것이다.

(It's) Good to see you.
[만나게 되어 기쁘다.]
(It's) Odd he won't help us.

---

[3] Quirk et al. (1985: 897).

[그가 우리를 돕지 못하게 될 것이라는 점이 이상하다.]

(It's) No use worrying.

[걱정해도 소용없어.]

(It's) No wonder she's late.

[그녀가 늦는 것은 조금도 이상하지 않아.]

다음 문장에서 생략된 there is의 경우에도 there가 일종의 형식주어이다.[4]

(There's) No problem about leaving so early.

[그렇게 일찍 떠나도 문제될 것이 없어.]

1인칭 주어와 be 동사 이외의 조작어가 생략될 수 있다.

(I have) Never seen anything like it!

[그런 것은 본 적이 없어!]

(I'll) See you later.

[나중에 만나자.]

(We've) Seen that before, haven't we?

[우리 전에 그걸 보았지, 안 그런가?]

21.2.1.2. 의문문에서의 생략

1) yes/no 의문문에서 문두에 놓인 주어와 조작어로서의 be 동사가 생략될 수 있다. 이처럼 주어와 조작어가 생략되면 생략된 문장은 문두에 주격보어 또는 부사적 부가어(adjunct)가 남게 된다.

(Are you) Happy?

[행복해?]

(Is it) Hot?

[뜨거워?]

---

4 존재문의 이중주어에 대해서는 20.7.3 (→ pg. 257) 참조.

생략되는 조작어가 be, do, 또는 have의 어느 한 가지 형태이면 나머지 생략된 문장의 문두에는 비정형 동사(nonfinite verbs)가 놓일 수 있을 뿐만 아니라, 때로는 부사류(adverbials)가 놓일 수도 있다.[5]

(2) a. **(Do you)** Want some?
 [좀 필요해?]
 b. **(Are you)** Feeling any better?
 [기분이 좀 나은가?]
 c. **(Have you)** Ever driven a Ford?
 [포드 자동차를 운전해 봤어?]

생략된 문장의 문두에서 어떤 조작어가 생략되었는가 하는 것은 생략이 이루어진 문장에 동사가 있으면 그 동사에 의해 알 수 있으며, 이에 따라 생략된 조작어를 쉽게 회복시킬 수 있다. 예컨대, 위 문장 (2a)에서 want는 do와 같이 쓰여 yes/no 의문문을 만들며, (2b)에서 feeling은 조작어로서 be와 같이 쓰여 진행형을, 그리고 (2c)에서 driven은 have와 같이 쓰여 현재완료 형태를 만든다는 점을 알 수 있다.

그러나 문장에 나타난 동사 그 자체만 보아 어떤 조작어가 생략되었는지 단정짓기 어려울 때도 있다. 예컨대 문두의 위치에서 생략이 이루어진 다음 문장에서는 생략된 조작어가 어떤 것인지 쉽게 판단할 수 없다.

(?)Tell me where Elizabeth Street is, please?
 [엘리자베스 거리가 어디인지 말씀해 주시겠습니까?]

이 문장에서는 문두의 ( )에 would you 또는 could you 따위가 생략되었다고 볼 수 있을 것이다.

특히 조작어만 생략될 수도 있다. yes/no 의문문에서 주어가 강세를 받아야 하는 경우에는 주어 앞에 놓인 조작어는 생략되더라도 주어는 생략되지 않는다.[6] 예컨대, (Are) **You**

---

5 Quirk et al. (1985: 898).
6 There are also elliptical yes-no questions in which, although the operator is omitted, the subject is pronounced. This will be the case if, for any reason, the subject is stressed. ― Quirk et al. (1985: 898).

hungry?에서처럼 주어가 강세를 받게 될 때에는 수어가 생략될 수 없게 된다.

 (Is) **Anything** the matter?
  [무슨 문제가 있는가?]
 (Has) **Joanna** done her homework?
  [조안나가 숙제를 했는가?]
 (Does) **Anybody** want soup?
  [스프 필요한 사람 있어요?]

21.2.2. 구조적 생략

구조적 생략(structural ellipsis)이란 문법적 지식에 의해 문장의 어떤 요소가 생략될 수 있음을 뜻한다. 이처럼 특정한 요소가 생략되었을 때 생략된 그 요소는 순전히 문법적 지식을 통해서만 식별 가능한 것이다.[7]

1) 구조적 생략의 대표적인 예 가운데 하나로서 특정한 경우에 목적어절을 이끄는 종속접속사 that의 생략을 들 수 있다.[8]

 I believe **(that)** you are mistaken.
  [나는 네가 잘못했다고 믿는다.]

2) 선행사 역할을 하는 명사구를 수식하는 관계사절에서 주격 관계대명사와 be 동사가 생략될 수 있다.[9]

 The police are interviewing a man **seen just after the robbery**.
  [경찰은 강도 사건이 일어난 직후에 목격된 사람과 면담하고 있다. → 관계사절 who was seen ...에서 주격 관계대명사와 be 동사가 생략되었음.]
 Who's the girl **dancing with your brother**?

---

[7] There is no clear dividing line between situational ellipsis and structural ellipsis, where the ellipted word(s) can be identified purely on the basis of grammatical knowledge. — Quirk et al. (1985: 900).
[8] 본서 제3권 "16.7 that의 생략"(→ pgs. 390-399)을 참조.
[9] 본서 제3권 "17.6 관계사절의 축약"(→ pgs. 450-460) 참조.

[너의 형과 춤추고 있는 그 아가씨가 누군가? → the girl who is dancing ...에서 who is가 생략되었음.]

Please let me have all the tickets **available**.

[있는 표를 전부 주세요. → all the tickets which are available에서 which are가 생략되었음.]

3) 전치사구를 이끄는 일부 전치사가 생략될 수 있다. 즉, 비격식체 영어에서 요일이나 날짜를 나타내는 전치사구를 이끄는 전치사 on과 문미에 놓인 시간의 지속을 나타내는 전치사구를 이끄는 전치사 for가 생략되기도 한다.

The Club meets **(on) Monday evenings.**

[클럽에서는 월요일 저녁에 모임을 갖는다.]

Melissa was born **April 14, 1981**, to a 16-year-old girl who played saxophone in the high school band.

— Peter Panepento, "Side by Side" (*Reader's Digest*, July 2007)

[멜리사는 1981년 4월 14일에 고등학교 밴드부에서 색소폰을 부는 16세 소녀에게서 태어 났다. → April 14 앞에 전치사 on이 생략되었음.]

We're staying there **(for) another three weeks.**

[우리는 3주일을 더 머물게 된다.]

비격식적인 대화에서는 전달하고자 하는 뜻이 명확하면 장소를 나타내는 전치사구에서 좌초된(stranded) 전치사가 생략되기도 한다.

They have no place **to go (to)**.

[그들은 갈만한 마땅한 곳이 없다. → 좌초된 전치사 to가 장소 표현에서 가끔 생략되기도 함. 원래 to **go to** a place에서 명사구가 부정사 앞으로 이동하여 수식을 받는 구조로 바뀌었음.]

A: Do you like Tokyo?

B: Yes, it's a very safe place **to live**. (Carter & McCarthy 2006: 469)

[A: 도쿄가 마음에 들어? B: 그렇지요. 살기에 매우 안전한 곳이지요. → a ... place to live **in**에서 좌초된 전치사 in이 생략되었음.]

위와 같은 예에서는 전치사의 생략이 문체에 따라서 선택적으로 이루어지지만, afraid, aware, sure 따위와 같은 형용사 다음에 명사구가 오는 경우에는 예컨대 afraid **of** a dog와 같은 경우처럼 형용사와 명사구가 전치사 of를 이용하여 연결되어야 하지만, 이러한 형용사 다음에 명사구가 아니라 that-절이 오게 되면 전치사가 반드시 생략된다.

His brother is really **afraid of** dogs.
[그의 동생은 정말로 개를 두려워한다. → afraid와 명사 dogs가 전치사 of에 의해 연결되고 있음.]

I'm **afraid (that)** you'll just have to wait.
[기다려야만 될 것 같은데. → afraid 다음에 that이 생략된 명사절이 놓였기 때문에 전치사 of가 생략되어야 함.]

4) 비교절에서. 특히 비교절에서는 주절과 종속절의 내용이 상당히 동일하기 때문에 종속절에서는 생략이 아주 일반적으로 일어난다.

John listens to music more often than Bill (**listens to music often**).
[존은 빌보다 더 자주 음악을 듣는다.]

21.2.3. 기능적 생략

기능적 생략(functional ellipsis)은 문법적으로 예측 가능한 문장의 위치에서 일어난다. 즉, 앞에 놓여 있거나, 간혹 뒤에 놓인 전제절의 선행사를 토대로 삼아 이와 동일한 문법적 기능을 담당하는 문장 요소의 반복을 피하기 위하여 생략 현상이 일어나게 된다. 특히 생략이 이루어지는 경우에 전제절에 나타난 형태에 아무런 변화 없이 그대로 생략되는가 하면, 전달하고자 하는 뜻에 따라서는 시제 형태에 변화가 생길 수도 있다.

21.2.3.1. 명사구에서 명사의 생략

전제절에서 동일한 대상을 가리키는 선행사가 있으면 전치 수식어를 수반한 명사구에서 명사가 생략될 수 있다. 만약 명사구가 후치 수식어를 수반하고 있으면 그 후치 수식어까지도 생략될 수 있다.

이러한 구조에서 전치 수식어 역할을 하는 것으로는 대개 these, any, each, all, both, either, neither, no 따위와 같은 직시어(直示語: deictic), John's와 같은 소유어, 그리고 one, two, three ..., the first, the next three 따위와 같은 수사(numerals) 등이다.

> When an Englishman learns another European language, he is usually struck by a number of resemblances between the foreign *language* and **his own.**
> — G.L. Brook, *A History of the English Language*.
>> [영국인이 유럽의 다른 언어를 배울 때 그는 대개 외국어와 자기나라 언어 사이에 유사한 점이 많다는 점에 직면하게 된다. → his own 다음에는 language가 생략되었음.]
>
> Those are **Helen's gloves**, and **these (gloves)** are mine.
>> [저것은 헬렌의 장갑이고, 이것은 내 것이다. → these 다음에는 gloves가 생략되었음.]
>
> A gram of carbohydrates contains only four *calories*, whereas a gram of fat contains **nine**. — Sue Browder, "Fatten Your Tummy — Forever"
>> [1 그람의 탄수화물에는 고작 4 칼로리밖에 들어 있지 않지만, 1 그람의 지방에는 9 칼로리가 들어 있다. → nine 다음에는 calories가 생략되었음.]
>
> Naturalists have spent many years searching for *ivory-billed woodpeckers*, but only **a few** have been sighted.
>> [박물학자들은 수년간 상아빛 부리 딱따구리를 찾았으나, 불과 몇 마리밖에 보이지 않았다. → a few 다음에는 ivory-billed woodpeckers가 생략되었음.]

첫 번째 문장에서 his own language는 명사구이며, 명사구의 중심어 language가 생략됨으로써 대신 own이 생략된 명사 language의 역할을 담당하고 있다. 이처럼 명사구의 중심어 역할을 하는 명사가 생략되면 생략이 일어나기 이전에 이 명사의 전치 수식어 역할을 하던 요소가 이 명사를 대신하는 역할을 하게 된다.

> *My own camera*, like **Peter's**, is Japanese.[10]
>> [피터의 카메라와 마찬가지로 나의 카메라도 일본 제품이다. → Peter's가 이 다음에 생략된 명사 camera의 역할까지 하고 있음.]

---

10 Peter's **camera**에서 이미 앞에 나온 명사 camera가 생략되고 속격 형태만 홀로 독립적으로 존재하는 것을 "독립 속격"이라 한다. 이에 대해서는 본서 제1권 "1.6.6 독립 속격" (→ pgs. 106-108) 참조.

생략과 대용(Ellipsis and Substitution)

Ask John to bring *some large envelopes*, if there are **any**.
[존에게 큰 봉투 있으면 몇 장 가져오라고 하라. → any 다음에 envelopes가 생략되었음.]

I was unable to answer *the first two questions*, but **the last two** were easy enough.
[나는 처음 두 문제에는 대답할 수 없었지만, 마지막 두 문제는 상당히 쉬웠다. → the last two 다음에는 questions가 생략되었음.]

The first expedition to the Antarctic was quickly followed by **another two**.
[최초의 남극 탐험에 곧 이어 2차에 걸친 또 다른 탐험이 뒤따랐다. → expedition to the Antarctic이 생략되었지만, another two 다음에 놓아야 하기 때문에 복수형 expeditions to the Antarctic으로 바뀌어야 함.]

You can't tax *one set of people* without taxing **the other**.
[한 집단의 사람들에게 세금을 부과하게 되면 반드시 다른 집단의 사람들에게도 세금을 부과해야 한다. → 명사 set와 더불어 후치 수식어 of people까지 생략되었음.]

Jack has *two pictures of Rockefeller Center*, and Agatha has **three**.
[재크는 록펠러 센터의 그림 두 점을 갖고 있고, 아가사는 3점을 갖고 있다. → three 다음에는 pictures of Rockefeller Center가 생략되었음.]

또는 명사구에서 전치 수식어로서 색채 형용사, 또는 형용사의 비교급과 최상급 형태가 쓰이기도 하는데, 이 경우에도 명사가 생략되면 이들이 생략된 명사의 역할을 하게 된다.[11]

'I'd like to buy *this red tie*.' — 'I think **the green** suits you.'
['난 이 빨간 넥타이를 사겠어.' — '초록색 넥타이가 어울릴 것 같은데.' → 명사 tie가 생략됨으로써 the green이 생략된 명사 tie의 역할까지 하고 있음.]

You take *the red card* and I'll take **the blue**.
[네가 빨간 카드를 택하면 나는 파란 카드를 택하겠다.]

Although Helen is *the oldest girl in the class*, Julie is **the tallest**.
[헬렌이 학급에서 제일 나이가 많지만, 줄리는 가장 키가 크다. → the tallest 다음에 girl이 생략됨으로써 최상급 형태 자체가 명사 역할까지도 하고 있음.]

---

11 The head of a NG (noun group) is not often realised by an elliptical adjective, the commonest being adjectives of colour, and superlatives usually preceded by *the*.
— Downing & Locke (1992: 456).

He writes good *novels*, but this is **the best so far.**
　　[그는 훌륭한 소설을 쓰지만, 지금까지 쓴 것 중에서 이것이 가장 훌륭하다.]

위의 예에서는 모두 앞에 놓인 전제절의 명사구를 선행사로 하여 두 번째 절에서 생략이 이루어지고 있다. 반면에 극히 예외적인 현상이지만, 다음 문장에서는 앞에 놓인 명사구에서 명사의 생략이 이루어지는 것은 뒤에 놓인 전제절의 명사구에 이것을 가리키는 명사가 있기 때문이다.

Her first was bad enough, but this second *husband* is an absolute bore.
(Quirk et al. 1985: 901. note [c])
　　[그녀의 첫 남편은 상당히 고약한 사람이었지만, 두 번째 이 남편은 아주 따분한 사람이다.
　　→ her first 다음에 husband가 생략된 것은 뒤에 놓인 husband를 가리킴.].

21.2.3.2. 술부에서의 생략

문장은 주어와 술부(述部: predicate)로 이루어지는데, 술부의 생략은 일반적으로 주어 부분을 제외한 나머지 부분, 즉 술부 전체가 생략되는 것이다. 이러한 유형의 생략은 흔히 일어나는 것이 아니고, 비교절이나 등위절, 또는 물음에 대한 응답 등 특정한 구문에서만 일어난다.

I *finished the exam* at the same time as **George**.
　　[나는 조오지와 같은 시간에 시험을 마쳤다. → George 다음에 finished the exam이 생략되었음.]
I *finished the exam* first, then **George**.
　　[내가 제일 먼저 시험을 마쳤고, 다음으로 조오지가 마쳤다.]
A: Who *finished the exam first*?
B: **George**.
　　[A: 누가 제일 먼저 시험을 마쳤느냐? B: 조오지입니다.]

그러나 위와 같은 경우에 일어나는 생략이 종속절에서는 일어나지 않는다. 그러므로 종속절에서는 술부의 생략 대신에 do를 대용형으로 사용하게 된다.

I finished the exam $\left\{\begin{array}{l}\text{*when George}\\ \text{when George did}\end{array}\right\}$.

[나는 조오지가 시험을 끝냈을 때 나도 끝냈다. → 종속절이 놓인 경우에는 생략이 일어나지 않고, 대용형 did가 쓰이고 있음.]

21.2.3.3. 서술의 생략

1) 서술(敍述 predication)은 주어와 조작어를 제외한 문장의 나머지 부분을 말한다.[12] 전제절에 나타난 어구들의 반복을 피하기 위하여 동사와 이에 수반되는 요소들, 즉 서술 부분은 생략되고 주어와 be, have, can, will, would 따위와 같이 조작어 역할을 하는 조동사만 남을 수 있다.

She says she's **finished**, but I don't think she **has**.
[그녀는 일을 다 마쳤다고 하지만, 마치지 못했을 것으로 생각해.]
'The children **are noisy** again.' — 'They always **are**.'
['애들이 또 시끄럽군.' — '그 애들은 늘 그렇지.']
A man who makes a lot of money is a clever fellow; a man who **does not**, **is not**. No one likes to be thought a fool.
— Bertrand Russell, *The Conquest of Happiness*.
[돈을 많이 버는 사람은 영리한 사람이지만, 돈을 많이 벌지 못하는 사람은 영리하지 못하다. 바보로 여겨지고 싶은 사람은 아무도 없다. → 두 번째 문장에서는 두 개의 서술 부분, 즉 make a lot of money와 a clever man이 생략됨.]
Opponents of this theory maintain that the mistakes made by children **are corrected** and have no permanent effect on the development of a language. No doubt many of them **are**, but it seems reasonable to look for the expla-

---

12 문장은 **주어**(subject)와 **술부**(predicate)로 나누어지며, 술부는 주어를 제외한 나머지 부분이다. 술부에 조작어(operator) 역할을 할 조동사가 있으면 그것을 제외한 부분을 **서술**(predication)이라 한다. 만약 조동사가 없으면 술부와 서술 부분이 동일하게 된다. 그렇지 않으면 대개 하나의 문장에서 술부는 조작어 역할을 하는 조동사와 본동사 등으로 이루어지지만, 예컨대 아래와 같은 문장에서 might have been being은 조동사로서 조작어 역할을 하는 might와 나머지 조동사 have been being으로 이루어졌으며, questioned by the police는 서술 부분이다:
He *might* have been being questioned by the police.
[그가 경찰의 심문을 받고 있었을지도 모른다.]

nation of sound-change in mistakes made by the users of a language.
— G. L. Brook, *A History of the English Language*.

[이 이론을 반대하는 사람들은 어린이들이 범하는 실수는 고쳐지는 것이며, 따라서 언어 발달에 지속적인 영향을 미치지 않는다고 주장한다. 의심의 여지없이 그들이 범하는 실수 중에서 많은 것들은 고쳐지지만, 한 언어의 사용자들이 범하는 실수에서 음변화의 원인을 설명하는 것이 타당할 것 같다. → many of them are 다음에 corrected가 생략되었음.]

Plastics and rubber won't **conduct electricity**, but copper **will**.

[플라스틱과 고무는 전기를 전도하지 않지만, 구리는 전도한다.]

'Would any of you **like to come with me to Venice**?' — 'I **would**.'

[너희들 중 아무라도 나와 같이 베니스에 가고 싶은가?'— '제가 같이 가고 싶어요.']

Ordinary riches can **be stolen from a man**. Real riches **cannot**. In the treasury house of your soul, there are infinitely precious things that may not be taken from you.
— Suzanne Chazin, "What You didn't Know about Money and Wealth"

[보통의 재산은 도난당할 수 있지만, 진정한 재산은 그렇지 않다. 여러분의 영혼이라는 보물 창고에는 여러분에게서 빼앗을 수 없는 아주 소중한 것들이 있다.]

She **walked all the way here in the snow** but she really **shouldn't have**.

[그녀는 눈을 맞으며 줄곧 이곳으로 걸어왔는데, 사실 그렇게 하지 말았어야 했어.]

조동사가 여러 개 있을 때는 술부를 대신하기 위하여 문장에 표출되는 조동사의 수를 선택하는 경우가 가끔 있다.

'Have you **been drinking**?' — 'No, I **haven't (been)**.'

['줄곧 술을 마셨니?'— '아니. 마시지 않았어.']

'**Is** Ella **staying for lunch**?' — 'Yes, I think she **will (be)**.'

['엘라가 점심때까지 있게 되는가?'— '그래. 난 그렇게 생각해.']

be 동사가 전제절에서 본동사이거나, 수동태의 조동사일 때 법조동사 뒤에서 be 동사를 생략하게 되면 의미상 오해가 생길 수 있으므로 생략하지 않는다.

Shannon isn't **a great footballer** now and, in my view, never **will be**.

[샤논이 지금 훌륭한 축구선수가 아니며, 내가 보기에는 절대로 훌륭한 축구 선수가 되지

못할 것이다.]
The book was **delivered within a week**. The shop had said it **would be**.
[그 책이 일주일 이내에 배달되었다. 서점에서 그럴 것이라고 말했었다.]

2) 생략절의 주어는 전제절에 나타난 주어가 그대로 유지되면서 시제가 다르고, 또한 표출되는 상황이 발생할 가능성에 대한 화자의 느낌이 다르다는 점을 나타내기 위하여 조동사의 선택이 달라지기도 한다. 여기에 덧붙여, 긍정과 부정의 대립이 생길 수도 있다.

I'm sure he would **help** *you*, if he **could**.
[형편이 닿으면 그가 너를 도와주리라고 확신해. → 전제절에는 조동사 would가 놓여 있는 반면, 전제절의 뜻과 다르다는 점을 나타내기 위하여 생략절에는 could가 쓰이고 있음.]

I've **learned** quite a lot, though perhaps not as much as I $\begin{Bmatrix} \text{might have} \\ \text{should have} \end{Bmatrix}$.
[생각했던 것만큼은 아니겠지만, 나는 상당히 많이 배웠어.]

Peter and James **are likely to vote in favor**, but John certainly **won't**.
[피터와 제임스는 찬성 투표를 하겠지만, 존은 그렇지 않을 것이 확실해.]

The porter should have **checked** the parcels, but he **didn't**.
[수위가 소하물을 검사했어야 했는데, 그렇지 않았다.]

3) 서술 부분의 생략에서 선택적으로 쓰인 부사구가 제외되기도 한다. 예컨대 다음의 첫 번째 문장에서 보는 바와 같이, 전제절의 부사구 today와 생략절의 부사구 in 1900s가 시간적으로 서로 대립적인 관계라는 점을 명백하게 하려면 생략절의 서술 부분의 생략에서 부사구는 제외되어야 한다.

There are **more hungry people in the world today** than there **were in 1900s**.
[오늘날 전 세계의 굶주린 사람들이 1900년대보다 더 많다. → there were 다음에 (more) hungry people in the world가 생략되었음.]

A: He is **working late this week**.
B: Yes, he **was last week**, too.
[A: 그가 이번 주에 늦게까지 일하고 있다. B: 그래요. 지난주에도 늦게까지 일하고 있었지요. → 서로 대립적인 역할을 하는 부사구는 생략될 수 없고, 다만 같은 뜻을 나타내는 서술 부분인 working late만 생략되었음.]

Many people do not **register as a donor for religious reasons**, but others **do not because of simple negligence**.

[많은 사람들이 종교적인 이유 때문에 기부자로서 등록을 하지 않지만, 다른 사람들은 단지 게을러서 등록하지 않는다. → 두 번째 절에서 전제절에 나온 register as a donor는 생략되었지만, 두 번째 절에 나타난 전치사구 because of simple negligence는 앞에 놓인 절에 나타난 전치사구와 대립적으로 쓰였기 때문에 생략될 수 없음.]

21.2.3.4. 의문문에서의 생략

1) yes/no 의문문에 대하여 yes, no로 시작되는 완전한 문장 형식으로 대답하지 않고, 질문 속에 이미 나타난 내용, 즉 구정보는 생략되고 전달하고자 하는 내용에 따라서는 신정보에 해당되는 정도부사나 문장부사 단독으로 대답할 수 있다.

Do you think they're important?
   [그것들이 중요하다고 생각하는가?]
— **Maybe** they're important.
— **Maybe**.

이러한 질문과 대답에서 질문 자체에 나온 구정보에 해당되는 내용은 생략하고 단순히 Maybe.라고만 대답하더라도 전달하고자 하는 내용에 별 다른 차이가 없을 것이다. 다음과 같은 예에서도 마찬가지이다.

'Do you think you could keep your mouth shut if I was to tell you something?' — '**definitely**.'
   ['내가 뭐라고 말한다해도 계속 입을 다물고 있을 수 있다고 생각하는가?' — '물론이지.']
'Do you enjoy life at the university?' — 'Oh, yes, **very much**.'
   ['대학생활이 즐겁니?' — '그래. 무척 즐거워.']
'Is she sick?' — '**Not exactly**.'
   ['그녀가 아픈가?' — '분명히 아니야.']
'Could you help me?' — '**Possibly**.'
   ['도와줄 수 있겠니?' — '가능할 것 같은데.']

2) 문맥이 명확하기만 하면 불과 몇 개의 단어만으로 또 다른 의문문을 만들 수 있다. 이러한 유형의 짤막한 의문문은 놀라움을 나타내거나, 또는 어떤 제안을 할 때 사용되는 경우들이 많다.

'Could you please come to Ira's right away and help me out?' — '**Now**? **Tonight**?' — 'It's incredibly important.'
[지금 곧 이라의 집에 와서 나를 도와줄 수 있겠니?' — '지금? 오늘 저녁에?' — '굉장히 중요해.']

He drank the water and handed me the glass. '**More**?' — 'No, that's just fine.'
[그는 물을 마시고 나서 컵을 나에게 넘겨주었다. '더 마실래?' — '아니. 됐어.']

3) wh-의문문의 경우에는 더 많은 문장 요소들이 생략되어 결국 의문문을 이끄는 의문사를 제외한 나머지 요소들이 모두 생략되기도 한다.[13] 따라서 의문사가 단독으로 의문문을 이루거나, 또는 간접 의문문에서 단독으로 의존 의문사절을 이룰 수 있다. 예컨대, 'There's someone coming.'이라는 말을 들은 대화의 상대방은 '**Who** is coming?'이라고 묻는 대신에 단순히 의문사 하나만 사용하여 'Who?'라고 물을 수 있다. 이와 같은 상황에서는 단독으로 나타난 의문사가 대개 핵강세(nuclear stress)를 받는다.

'There's someone coming.' — '**Who**?' — 'I don't know. It's too dark and there's snow falling.'
[누가 오고 있네.' — '누구지?' — '모르겠어. 날이 너무 어둡고 눈이 내리고 있어.' → 의문사가 단독으로 의문문을 이루고 있음.]

'But I'm afraid there's more.' — '**What**?'
[하지만 더 있는 것 같은데.' — '뭐가?' → 의문사 what이 단독으로 의문문을 이루고 있음.]

'It's opening on the 31st of this month.' — '**Where**?' — 'At the Railway Hotel.'
[그것은 이달 31일에 문을 연다.' — '어디서?' — 'Railway Hotel에서.']

---

13 (89) Optionally delete the part of the question that follows the questioned phrase, if there is a sentence earlier in the discourse that duplicates the meaning of this second part of the question. — Baker (1997: 523).

They said they'd ring but I've no idea **when**.

[그들이 전화를 걸겠다고 말했는데, 언제 전화할지 몰라. → when 다음에 의존 의문사절의 나머지 요소 they will ring이 생략되었음.]

We know that John moved to Massachusetts, but we haven't been able to determine $\begin{Bmatrix} \text{when} \\ \text{why} \\ \text{how long ago} \end{Bmatrix}$.

[우리는 존이 마사추세츠 주로 이사갔다는 건 알고 있지만, 시점/이유/기간은 알 수 없었어. → 의문사 다음에는 의문사절의 나머지 부분 he moved to Massachusetts가 생략되었음.]

He would build an aquarium if only he knew **how**.

[그는 수족관을 만들 줄 알기만 하면 그것을 만들 것인데. → how 다음에 to build an aquarium이 생략되었음.]

4) wh-의문문에 대답을 할 때 완전한 문장으로 대답하지 않고 한 개의 단어나 어군으로 대답할 수 있다. 이렇게 함으로써 의문문에 표출된 내용의 반복을 피할 수 있게 된다. 따라서 다음과 같은 질문과 대답에서 이미 질문에서 언급된 부분인 구정보에 해당되는 부분은 생략되고 전적으로 신정보만 표출되어 있다. 예컨대, 어떤 사람이 'What is your favorite color?'라는 물음에 대하여 'My favorite color is blue.'라고 완전한 문장으로 대답하는 대신 보통 'Blue'처럼 한 단어로 대답할 수 있다.

'How do you feel?' — '**Strange**.'

[기분이 어떤가?' — '이상해.']

'How long have you been out of this country?' — '**About three months**.'

['이 나라를 떠난 지 얼마나 됐는가?' — '석 달쯤 됐어.']

'When did she get home?' — '**Yesterday morning**.'

['그녀가 언제 집에 돌아왔는가?' — '어제 아침에.']

'When are you coming back?' — '**Tuesday**.'

['언제 돌아오게 되니?' — '화요일에 돌아가게 돼.' → 신정보에 해당되는 부분을 제외한 나머지 전체가 생략되어 있음.]

'He said that he wanted to help me.' — 'Yes, I know (**that he wanted to help you**).'

['그가 나를 도와주고 싶다고 하더군.' — '그래요. 알고 있어요.']

21.2.3.5. 종속절에서의 생략

종속절에서는 항상 주절과 공통적인 정보나 문법적인 요소들이 있는 것은 아니다. 바로 이러한 점 때문에 등위절에서보다 종속절에서는 제한된 범위에서 생략 현상이 일어난다. 종속절에서 가장 일반적으로 일어나는 생략 현상은 정형절이 단축됨으로써 일어나는 비정형절이나 무동사절에서 나타난다.[14] 특히 일부 부사절에서 주어와 be 동사가 생략되는 예들을 볼 수 있다.

비정형절:

Although exhausted by the climb, he continued his journey.
　[등산을 해서 녹초가 되었지만, 그는 여행을 계속했다. → 양보절에서 접속사와 비정형동사 exhausted 사이에 he was가 생략됨.]
That dog is very dangerous **when provoked**.
　[그 개는 화나게 만들면 아주 위험하다. → 시간절에서 when과 provoked 사이에 it is가 생략되었음.]
When ordering, please send $1.50 for postage and packing.
　[주문할 때는 우편요금과 포장비로 1달러 50센트를 보내십시오.]

마지막 문장은 when-절의 주어와 주절의 주어가 동일하고, 동시에 when-절이 '...할 때는 언제든지'라는 반복적으로 발생하는 상황을 전달하고자 하는 것이면 when-절을 종속접속사를 수반한 –ing 분사절 구조로 나타낼 수 있다. 따라서 이 문장의 종속절 when ordering은 when you order에서 온 것이다. 이에 대해서는 본서 제2권 10.8.1.1(접속사가 이끄는 분사절 → pgs. 401-403)과 18.5.3.1(종속접속사와 절 유형 → pgs. 42-46)에서 이미 취급되었다.

무동사절:

While at Oxford, she was active in the dramatic society.
　[옥스퍼드 대학 재학 시에 그녀는 연극회에서 활동했다. → 시간절에서 while과 at Oxford 사이에 she was가 생략됨.]
The plane was hijacked **while on a flight to Delhi**.
　[그 비행기는 델리로 비행 도중에 납치되었다. → 시간절에서 while과 on 사이에 it was

14　비정형절과 무동사절에 대해서는 "18.2 부사절의 유형" (→ pgs. 28-33) 참조.

가 생략됨.]

A man of few words, Uncle George declined to express an opinion.
> [말이 별로 없는 분이라서 조오지 아저씨는 의견을 내놓지 않으려고 했다. → 앞에 놓인 이유절 As he was a man of few words에서 접속사 + 주어가 생략되고 was가 being으로 바뀐 비정형절이 되고, 더 나아가 여기에서 being까지 생략되어 결국 무동절로 바뀌었음.]

21.2.3.6. 등위구조에서의 생략

and, but, or와 같은 등위접속사에 의해 등위적으로 연결된 표현에서 반복되는 갖가지 어구가 흔히 생략된다. 이때 생략되는 것은 앞에 나온 것을 지시하는 것이거나, 또는 뒤에 나오는 것을 지시한다. 다음 예에서 보는 바와 같이, 등위적으로 연결되는 명사 앞에 놓인 공통된 수식어, 또는 공통으로 나타나는 술부가 생략될 수 있다.

these men and **(these)** women
> [이 남자들과 (이) 여자들]

ripe apples and **(ripe)** pears
> [익은 사과와 (익은) 배 → 두 번째 형용사 ripe이 생략되면 뜻이 애매해질 수도 있음. 즉, 앞에 놓인 형용사 ripe이 apples만 수식하는지 pears까지 수식하는지 애매할 수 있음.]

antique **(furniture)** or modern furniture
> [옛 가구 또는 현대식 가구]

The food **(is ready)** and the drinks are ready.
> [음식과 음료수가 준비되었다.]

Phil **(washed the dishes)** and Sally washed the dishes.
> [필과 샐리가 설거지를 했다.]

등위적으로 연결된 두 개의 절에서 전제절의 주어와 생략이 이루어지는 두 번째 절, 즉 생략절의 주어가 같으면 생략절의 주어가 생략된다.

The headmaster did not like us and **the headmaster** seldom gave us any praise.
> ~ **The headmaster** did not like us and **he** seldom gave us any praise.
> ~ **The headmaster** did not like us and seldom gave us any praise.

[교장은 우리를 좋아하지 않았으며, 우리에게 거의 아무런 찬사도 보내지 않았다. → 마지막에 놓인 생략절에서 주어가 생략되었음.]

John has read the book or **(he)** has seen the film.
[존이 그 책을 읽었거나, 아니면 그 영화를 봤다.]

등위적으로 연결된 두 개의 절에서 이 두 개의 절의 주어와 동시에 동사를 제외한 마지막에 놓인 어구가 같으면 동사를 생략할 수 있는데, 이를 중략(中略: gapping)이라 한다.

I **work** in a factory and Sam **works** in an office.
~ I **work** in a factory and Sam, in an office.
[나는 공장에서 일하는데, 샘은 사무실에서 일한다.]

Pete **must eat** meat, and Fred, bread.
[피트는 고기를 먹어야 하는데, 프레드는 빵을 먹어야 한다. → Fred 다음에 must eat이 생략되었음.]

이러한 중략 규칙은 등위접속사에 의해서 등위적으로 연결되는 경우에만 적용되고, 종속접속사로 연결되는 경우에는 적용되지 않는다.[15] 그러므로 다음 중 두 번째 문장은 비문법적이다.

Joe knows that I **work** in a factory and Sam, in an office.
[나는 공장에서 일하는데, 샘은 사무실에서 일한다는 것을 조우가 알고 있다. → that-절 안에 있는 두 개의 등위절 중 두 번째 등위절 Sam **works** in an office.에서 works가 생략된 이른바 중략 현상이 나타나고 있음.]

*Joe knows that I **work** in a factory and that Sam, in an office.
[→ 등위접속사 and가 I work in a factory와 Sam work in an office를 연결하는 것이 아니고, that이 이끄는 두 개의 종속절을 이끄는 것이기 때문에 틀린 문장임.]

바로 이와 같은 이유 때문에 다음의 두 번째 문장도 틀린 문장이다.

Sam **called** Pam because Willis **called** Phyllis.

---

15 Baker (1997: 518).

[윌리스가 필리스에게 전화를 걸었기 때문에 샘이 팸에게 전화를 건 것이었다.]
*Sam **called** Pam because Willis, Phyllis.
[→ 종속절에서는 중략이 이루어지지 않기 때문에 틀린 문장임.]

등위절에서 이루어지는 중략에 대해서는 본서 제3권 15.4.3((조동사) + 본동사)에서 이미 다루었기 때문에 여기서는 더 이상 다루지 않는다.

21.2.3.7. to-부정사절에서의 생략

to-부정사절에서도 생략이 이루어진다. 즉, to + 동사 원형 ...으로 이루어진 부정사절 구조에서 부정사 표지어 'to'를 제외한 나머지 전체가 생략되고, 남아 있는 to가 부정사절에 대한 대용형 역할을 하게 되는데, 이러한 것을 대부정사(代不定詞: pro-infinitive)라 한다. 특히 마지막 예에서처럼 대부정사형 to마저도 생략될 수 있다.

I wanted to **come with you**, but I won't be able **to**.
   [나는 너와 함께 가고 싶었으나, 그렇게 할 수 없을 것이다. → to 다음에 올 come with you가 생략되었음.].
I was planning to **see you tomorrow** and I would still like **to**.
   [나는 내일 너를 만날 계획을 하고 있었으며, 아직도 만나고 싶다. → to 다음에 see you tomorrow가 생략되었음.]
You can **have one of these cakes** if you like **(to)**.
   [원한다면 이 케이크 하나를 먹어라. → have one of these cakes를 대신하는 대부정사 형태에서 to까지도 생략되었음.]

이처럼 부정사절에 나타나는 생략과 대부정사절에 대해서는 이미 본서 제2권 8.9(대부정사절 → pgs. 258-262)에서 자세히 다뤘으므로 여기서는 더 이상 다루지 않기로 하겠다.

21.3. 대용

대용(代用: substitution)이란 전제절에 표출된 선행사인 단어나 어구, 심지어 절이 뒤에 이어지는 절에 반복해서 나타나게 되는 상황에서 그것이 그대로 반복해서 등장하게 되거나 생략되지 않고 오히려 이 대신에 보다 간단한 다른 표현으로 바꿔 나타내는 것을 말한다.[16] 무릇 어떤 언어든 앞에서 말한 내용이 다음 절이나 문장에서 반복되어야 하는 경우에 그 표현을 그대로 사용하지 않고, 가급적 전달하고자 하는 내용을 그대로 유지하면서 다른 표현, 즉 대용형을 사용하여 간결하게 나타냄으로써 전후 관계가 긴밀하게 관련되어 있음을 나타내게 된다. 즉, 의미론적으로 서로 같은 지시 대상(reference)을 문법적으로 동일한 기능을 담당하는 대용형으로 나타내게 된다.[17]

영어에서는 전제절의 선행사로 나타난 명사, 동사, 부사, 또는 절 등이 뒤따르는 절이나 문장에서 재차 반복되어 나타나야 할 경우에는 대용형으로 간단하게 나타낼 수 있다.

대용이 나타나는 위치는 두 가지이다. 이미 앞에 나온 것을 대신하는 전방 조응적(anaphoric) 대용과 뒤에 나오는 것을 대신하여 나타나는 후방 조응적(cataphoric) 대용 등 두 가지이다. 후방 조응적 대용 현상은 전방 조응적 대용 현상에 비하면 훨씬 그 빈도가 떨어진다. (3a)에서 두 번째 문장에 나타난 one은 앞 문장에 나온 axe를 가리키므로 전방 조응적 대용형이다. 반면에, (3b)에서 조건절에 등장한 one은 뒤에 나온 결과절에 등장하고 있는 a screwdriver를 가리키기 때문에 후방 조응적 대용형이다.

(3) a. My **axe** is too blunt. I must get a sharper **one**.

---

16 When substitution occurs, a substitute form is used instead of repeating a word, phrase or clause which occurs elsewhere in the text. — Carter & McCarthy (2006: 248); Substitution, as its name suggests, is a relation between pro-form and antecedent whereby the pro-form can be understood to have 'replaced' a repeated occurrence of the antecedent. A major test of substitution, therefore, is whether the antecedent can be copied, without change of meaning, into the position taken by its pro-form substitute. For example *one* substitutes *for a first prize* in [1], as the equivalence of [1], grammatically and semantically, with [1a] shows:

　Bill got *a first prize* this year, and I got *one* last year.　　　　　　　　[1]
　Bill got *a first prize* this year, and I got *a first prize* last year.　　　　[1a]

It is clear that the pronoun *one* is grammatically and semantically equivalent to *a first prize* in [1], but it is also clear that it does not refer to the same prize as does *a first prize*. In other words, the substitution relation between a pro-form and its antecedent is not necessarily a relation of coreference. — Quirk et al. (1985: 863).

17 The principle distinguishing reference from substitution is reasonably clear. Substitution is a relation between linguistic items, such as words or phrases; whereas reference is a relation between meanings. In terms of the linguistic system, reference is a relation on the semantic level, whereas substitution is a relation on the lexicogrammatical level, the level of grammar and vocabulary, or linguistic 'form'. — Halliday & Hasan (1976: 89).

[내 도끼가 너무 무디다. 그래서 보다 날카로운 것을 사야겠다. → one은 앞에 이미 나온 axe를 가리키는 전방 조응적 대용어로 쓰인 것임.]

b. If you're ever looking for **one**, there's **a screwdriver** in that drawer.

[혹시 드라이버를 찾고 있다면 저 서랍 속에 있어. → one은 뒤에 나온 a screwdriver를 가리키는 후방 조응적 대용어로 쓰인 것임.]

대용형은 이들이 대신하게 되는 단위들, 즉 명사구, 부사류, 술부와 서술, 그리고 절과 문장에 따라 살펴보게 된다.

21.3.1. 명사(구) 대용형

21.3.1.1. 인칭대명사

명사(구)는 가장 일반적으로 주어, 목적어, 보어로서의 정보를 전달한다. 그러므로 바로 이러한 역할을 하는 위치에서 대용형으로서 광범위하게 대명사, 특히 인칭대명사를 사용한다. 인칭대명사 중에서 I와 you는 대개 대화의 직접적인 상황에서 대화의 당사자를 지시하는 것이기 때문에 앞에 나온 어떤 명사(구)를 대신하지 않는다. 이와는 달리, 명사(구, 절)에 대한 대용형으로서 가장 명백한 것은 3인칭 대명사뿐이다. 따라서 대용형은 주어, 목적어, 또는 보어라고 하는 문법적인 기능에 따라 여러 가지 격형(格形: case forms)을 사용하게 된다.

Cindy was by far the best speaker, and so everyone expected that **she** would win the prize.

[신디가 단연코 가장 뛰어난 연사였으므로, 모든 사람들이 그녀가 상을 받게 되리라고 예상했다. → 인칭대명사 she는 앞에 나온 명사 Cindy의 대용형으로 쓰였음.]

David opened a door. 'Here's **your room**. I'm afraid **it**'s a bit untidy.' **He** picked **a dirty handkerchief** off the floor and stuffed **it** in a drawer.

[데이비드는 문을 열었다. '이것이 네 방이야. 방이 좀 정돈이 안 된 것 같아.' 그는 더러운 손수건을 마루에서 집어서 서랍에 집어넣었다. → 두 개의 it은 각각 앞에 나온 your room과 a dirty handkerchief를 가리키며, he는 앞에 나온 David를 가리키는 대용형으로 쓰이고 있음.]

Dr Solway took the student's blood pressure that day. **He** also examined

his lungs and heart. (Quirk et al. 1972: 678)

[솔웨이 박사께서는 그날 그 학생의 혈압을 측정했고, 폐와 심장도 검사했다. → 두 개의 대명사 he는 Dr Solway, his는 the student's에 대한 대용형으로 쓰였음.]

21.3.1.2. 부정대명사

1) 다음은 부정대명사들이다.

> some, none, any, few/fewer/fewest, many/more/most, little/less/least, much, several, enough, all, both, each, either, neither, half, etc.

이들은 모두 한정사 + 명사로 이루어진 명사구에 대한 대용형으로 쓰일 수 있다. 다음 문장을 보자.

When **the children** entered, **each** was given a small present.
[그 어린이들이 들어왔을 때 그 어린이들 각자가 조그마한 선물을 받았다.]

이 문장에서 each는 앞에 나온 the children을 가리키는 것이 아니라, 이 어린이들을 포함하여 각각의 어린이들을 가리키는 것이다. 그러므로 이 문장에서 each는 each child 또는 each of the children이라는 뜻이다. 다음 예들의 경우도 같은 식으로 설명된다.

Proust and **James** are great novelists, but I like Tolstoy better than **either**.
[프루스트와 제임스는 위대한 소설가이지만, 나는 그 어느 사람보다 톨스토이를 더 좋아한다. → either는 문맥 내용에 따라 either of them (= Proust and James)의 대용형으로 쓰였음.]

Some equipment has been damaged, but **none** has been lost.
[일부 장비들이 파손되었지만, 분실된 장비는 없었다. → none은 문맥 내용을 따라 no equipment 또는 none of the equipment의 대용형으로 쓰이고 있음.]

You told me there were three **pictures by Van Gough** in the exhibition. But I didn't see **any**.
[전시장에 반 고흐의 그림 세 점이 있다고 네가 나에게 말했는데, 나는 한 점도 보지 못했다. → any 다음에는 pictures by Van Gough가 생략되어 이에 대한 대용형으로 쓰였음.]

Her cousins go to the same school as she did, and **all** want to become doctors.

[그녀의 사촌들이 그녀와 같은 학교에 다니며, 모두 의사가 되고 싶어 한다. → all은 all (of) her cousins에 대한 대용형으로 쓰이고 있음.]

2) 문맥이 뚜렷하면 막연한 단수 가산명사의 반복을 피하기 위하여 one이 쓰인다. 복수 가산명사에 대한 대용형으로는 ones가 쓰이는데,[18] 단수형과 달리 반드시 전치 수식어 또는 후치 수식어를 수반하여야 한다.

'Can I get you **a drink**?' — 'It's ok, I've already got **one**.'

['내가 한 잔 사줄까?' — '좋아. 벌써 한 잔 했어.' → one이 앞에 나온 명사구 a drink에 대한 대용형으로 쓰이고 있음.]

'Is this your **umbrella**?' — 'No, mine's the big **one**.'

['이것이 네 우산이냐?' — '아냐. 내 것은 큰 것이야.']

I think his best **poems** are **his early ones**.

[나는 그의 가장 훌륭한 시는 초기시라고 생각해. → one의 복수형 ones가 전치 수식어를 수반하여 앞에 나온 복수 명사 poems에 대한 대용형으로 쓰이고 있음.]

People who smoke aren't **the only ones** affected by lung cancer.

[담배를 피우는 사람들이 유일하게 폐암에 걸리는 사람은 아니다.]

보다 정확히 말하자면, one과 ones는 명사구에 대한 대용형일 뿐만 아니라, 명사구의 일부에 대한 대용형으로도 쓰인다.

A: Do you need **a knife**?

B: Yes, I need **one**.

[A: 칼이 필요해? B: 그래, 필요하지. → 명사구 a knife의 대용형으로 one이 쓰였음.]

Do you prefer a white **car** or a black **one**?

[흰색 자동차를 좋아하니, 아니면 검정색 자동차를 좋아하니? → 대용형 one은 앞에 나온 명사구 a white car를 대신하는 것이 아니라, 이 명사구의 일부 car를 대신하고 있음.]

---

18 대용형 one(s)에 대해서는 본서 제1권 3.8.2.1(→ pgs. 277-283) 참조.

21.3.1.3. the same

1) the same은 동일한 것(identity)을 가리키는 명사구에 대한 대용형이 아니라, 유사한 것(similarity)에 대한 대용형으로서, 다음 예에서 명사구의 대용형으로 쓰인다.

> A: Can I have **a cup of black coffee with sugar**, please?
> B: Give me **the same**, please.
> [A: 설탕을 넣은 블랙커피를 한 잔 주세요. B: 저도 같은 것으로 주세요.]

B의 대답에 나온 the same은 A의 말에서 언급된 a cup of black coffee with sugar 바로 그것을 대신하는 것이 아니라, 이와 유사한 것을 가리키는 것이다. 다음 예에서도 마찬가지이다.

> Charles is now **an actor**. Given half a chance I would have been **the same**.
> [찰스는 지금 배우야. 절반의 기회만 주어졌더라면 나도 배우가 되었을 것이다. → the same은 앞에 놓인 문장의 an actor와 같은 명사구의 대용형으로 쓰이고 있음.]
> 'Winter **is always so damp**.' — '**The same** is often true of summer.'
> ['겨울에는 항상 습기가 아주 많아.' — '여름에도 자주 그렇지.' → the same은 앞에 놓인 문장에서 대립적으로 나타난 winter를 제외한 나머지와 유사한 것에 대한 대용형으로 쓰였음.]

때로는 연결동사에 대한 주격보어 역할을 하는 형용사구나 전치사구의 대용형으로 쓰이기도 한다.

> 'John sounded **rather regretful**.' — 'Yes, Mary sounded **the same**.'
> ['존의 말이 다소 실망스러워하는 것처럼 들렸다.' — '그래. 메리의 말도 마찬가지였어.' → the same은 연결동사 sounded의 주격보어로서, 앞에 나온 형용사구 rather regretful에 대한 대용형으로 쓰이고 있음.]
> Yesterday I felt **under the weather**, and today I feel **the same**.
> [어제는 몸 상태가 좋지 않았는데, 오늘도 마찬가지이다. → the same은 연결동사 feel의 주격보어로서, 앞에 나온 형용사적으로 쓰인 전치사구 under the weather를 가리키는 대용형으로 쓰이고 있음.]

다음과 같은 경우는 the same이 절 대용형으로 쓰인 예가 된다.

> The others think **we should give up the idea**, and I think **the same**.
> [다른 사람들은 모두 우리가 그 생각을 버려야 한다고 생각하는데, 나도 같은 생각이지. → the same은 앞에 놓인 종속절 we should ... the idea의 대용형으로 쓰였음.]

2) the same이 타동사 do를 수반한 do the same은 이미 앞에서 말한 행위에 대한 대용형으로 쓰일 수 있다. do likewise도 이와 같은 뜻으로 쓰인다.

> When the mayor **lifted his glass to drink**, everyone else **did the same**.
> [시장이 마시려고 술잔을 들자 다른 사람들도 모두 그렇게 했다. → did the same은 lifted the glass to drink의 대용형으로 쓰였음.]
>
> 'That noise really **unnerves** me.' — 'Yes it **does the same** to me too.'
> ['그 소음이 정말 신경 쓰이게 하는군.' — '그래. 나에게도 마찬가지야.' → does the same은 unnerves의 대용형으로 쓰였음.]
>
> My bank manager **bought shares in the canal company**. Why don't you **do likewise**?
> [나의 은행 지점장께서 운하 회사의 주식을 샀어. 너도 그렇게 해보면 어때? → do likewise는 buy the shares in the canal company의 대용형으로 쓰이고 있음.]

21.3.2. 부사 대용형

장소부사 here와 there, 시간부사 now와 then과 같은 것들은 이미 앞에서 말한 긴 부사적 표현에 대한 대용형으로 쓰인다.

> Between London and Oxford there is **a famous inn called the George and Dragon**. **Here** we stopped for lunch.
> [런던과 옥스퍼드 사이에 George and Dragon이라고 하는 유명한 여관이 있는데, **이곳에서** 우리는 점심을 먹으려고 멈췄다.]
>
> If you look **in the top drawer**, you'll probably find it **there**.
> [맨 위 서랍을 들여다보면 그것이 거기에 있을 거야.]
>
> I bought this house **ten years ago**. Of course, I didn't realize **then** that it

was the best investment I had ever made.

  [10년 전에 이 집을 샀어. 물론 그 당시에는 이 집을 산 것이 내가 지금까지 한 투자 중에서 가장 잘한 것이라는 점을 깨닫지 못했지.]

21.3.3. 서술 대용형

21.3.3.1. do

1) do는 문장에서 주어와 조동사를 제외한 서술 부분에 대한 대용형으로 쓰일 수 있다. 이러한 경우에 서술부란 본동사와 이에 대한 보어, 목적어 등을 모두 포함하는 부분이다.

A: John is going to **give Mary a scarf for her birthday**.
B: Oh, but I **did**.
  [A: 존이 메리에게 생일 선물로 목도리를 주려고 한다. B: 아, 하지만 나는 주었어.]
Not many people **smoke fifty cigarettes a day**, but I know a few who **do**.
  [하루에 담배를 50개비 피우는 사람이 많지는 않지만, 그렇게 하는 몇 사람을 알고 있다.]
He never really **succeeded in his ambition**. He might have **done**, had it not been for the restlessness of his nature.
  [사실상 그는 결코 큰 뜻을 이루지 못했다. 불안정한 성품이 아니었더라면 그는 그 큰 뜻을 이루었을지도 모른다.]

이 세 개의 문장에서 did와 do, 그리고 done은 각각 서술 부분인 'gave Mary a scarf for her birthday', 'smoke fifty cigarettes a day', 그리고 succeeded in his ambition에 대한 대용형으로 쓰이고 있다.

특히 do는 동적동사는 물론, fall, lose, like, remember, think, own 따위와 같이 주어의 의지가 깃들어 있지 않은 이른바 '자발성이 없는'(involuntary) 행위나 상태를 나타내는 동사에 대한 대용형으로도 쓰인다.

She **lost her money**. I wasn't surprised that she **did**.
  [그녀는 돈을 잃어버렸다. 나는 그녀가 돈을 잃어버린 것을 놀라워하지 않았다. → lost her money에는 주어의 의지가 깃들어 있지 않음.]
A: You think Joan **already knows**? — B: I think everybody **does**.

[A: 너는 조안이 이미 알고 있다고 생각하지? — B: 모든 사람들이 알고 있다고 생각해. → know는 상태동사임.]

He imagines that people don't **like him**, but they **do**.

[그는 사람들이 자기를 싫어한다고 생각하지만, 사람들은 그를 좋아해. → like는 상태동사임.]

대용형 do의 사용 범위에서 조동사는 제외된다. 이러한 점은 다음 문장에서 확인되는데, 여기서 대용형 do는 그 자신의 조동사 will을 수반하고 있다.

'John has not **finished his essay** yet.' — 'Oh, but he will **do** tomorrow.'

['존이 아직 에세이를 마치지 못했어.' — '그래. 하지만 내일은 마칠 거야.']

이 예문을 통해서 관찰되는 또 다른 한 가지 사실은, 대개 대용형 do의 범위에는 부사구도 포함되지만, 생략절에서 대용형 다음에 전제절의 부사구와 서로 대립되는 부사구가 나타나는 경우에는 전제절의 부사구는 대용형 do의 범위에서 제외되어야 한다는 점이다.

A: Does Granny **look after the children** *everyday*?
B: She can't **do** *on weekends*, because she has to go to her own house.

[A: 그래니가 매일 애들을 돌봅니까? B: 주말에는 집에 가야 하기 때문에 돌보지 못하지요.]

응답 B에 나타난 대용형 do 다음에 부사적인 역할을 하는 전치사구 on weekends가 놓여 있기 때문에 do의 대용 범위에 전제절의 부사구 everyday가 포함되지 않는다. 만약 이 대화의 응답 B에서 do 다음에 부사구가 없다면 do의 대용 범위에는 전제절에 나타난 부사구까지 포함된 것으로 보게 되며, 따라서 do는 명백히 look after the children everyday에 대한 대용형이라야 한다.

2) 비교절에서는 do가 대용형으로 쓰여 '대조'(contrast)를 나타낸다.

She **earns** more money than I **do**.

[그녀는 나보다 더 많은 돈을 번다.]

Do you **go there** as often as your father **did**?

[너는 네 아버지가 과거에 그랬던 것처럼 자주 거기에 가느냐?]

John is **smoking** more now than Mary **is doing**.

[지금 존은 메리보다 담배를 더 많이 피우고 있다.]

대용형 do는 가끔 after, before, if, when이 이끄는 부사절에도 나타난다.

You'll finish well before I **have done**.
[너는 내가 마치기 훨씬 앞서 마칠 것이다.]
We renewed our annual subscription after you **did**.
[우리는 너 다음에 연간 구독권을 갱신했다.]
He rose early, as he had always **done**.
[늘 그랬듯이 그는 일찍 일어났다.]

3) 술부의 동사와 이에 수반되는 부사구의 관계가 긴밀한 경우, 즉 동사가 나타내는 특정한 행위가 특정한 부사구와 밀접하게 관련되기 때문에 그 부사구가 반드시 있어야 할 경우에는 do가 동사의 대용형으로 쓰이지 않는다.[19]

(3) a. She's never **lived** in England.
   [그는 영국에서 살아본 적이 없다.]
b. *She's **done** in France.

문장 (3b)가 틀린 이유는, 대용형 done이 lived만을 대신하기에는 장소 부사구와의 관계가 너무 긴밀하기 때문이다. 즉, 이 문장에서처럼 동사 live가 'to reside'(거주하다)라는 뜻으로 쓰이게 되면 당연히 장소 기능을 가진 부사구가 나타날 것으로 기대하게 된다. 따라서 이것은 구조적으로 이와 관련된 요소를 수반하지 않고는 대용형을 쓸 수 없기 때문이다.

그렇지만 동사 live가 쓰인 문장일지라도 다음과 같은 경우는 상황이 다르다.

You can't **live on** what they would pay you. You could **do** on twice as much, may be. (Halliday & Hasan 1976: 120)
[너는 그들이 지급하려는 보수를 가지고는 살아갈 수 없어. 아마 그 두 배이면 살아갈 수 있을 거야.]

---

19 Halliday & Hasan (1976: 120).

이 경우에는 live가 이 다음에 놓인 요소를 절대로 필요로 하는 것이 아니기 때문에 live에 대한 대용형 do가 나타나더라도 문법적으로 어긋나지 않는다.

또한 다음과 같은 한 쌍의 문장 (4a, b)를 비교하여 보자.

   (4) a. She's never **sung** in England.
         [그녀는 영국에서 노래를 불러본 적이 한 번도 없다.]
      b. She has **done** in France.
         [그녀는 프랑스에서 노래를 불렀다.]

(3a, b)의 경우와 달리, (4a)에서 동사 sing은 반드시 장소를 나타내는 부사구를 요구하는 것이 아니기 때문에 (4b)에서처럼 대용형 do가 쓰일 수 있는 것이다. 다시 말해서, 동사 sing은 장소 기능을 가진 부사구와의 관계가 live의 경우처럼 긴밀하지 않기 때문에 이를 대신하는 대용형을 사용해서 나타낼 수 있는 것이다.

마찬가지로, 다음의 문장 (5a)에서도 동사 put이 반드시 장소를 나타내는 부사구를 필요로 하기 때문에 put them 에 대한 대용형으로 do를 쓴 (5b)는 틀린 문장이다. 반면에, 문장 (6a)에서 동사 cut은 장소를 나타내는 부사구와 긴밀한 관계를 갖는 것이 아니기 때문에 문장 (6b)에서처럼 이 대신에 대용형 do를 쓸 수 있다.

   (5) a. You mustn't **put them** on the table.
         [식탁에 그것을 두어서는 안돼.]
      b. *You can **do** on the table.
         [→*...You can **do** (= **put them**) on the table이라고 할 수 없음.]
   (6) a. You mustn't **cut them** on the table.
         [테이블에서 그것을 잘라서는 안돼.]
      b. You can **do** on the bench.
         [의자에서는 할 수 있어. → do는 cut them의 대용형으로 쓰였음.]

21.3.3.2. do so

대용형 do so는 한 단위로서 대개 핵강세를 받는 본동사 do와 강세를 받지 않는 so로 이루어진 것이다. 바로 이 때문에, DO는 기본형 do를 비롯하여 does, did와 같은 정형동사형과 done, doing과 같은 비정형동사형[20] 등 다양한 형태로 나타난다. 이것은 술부 또는 서술부분을 대신하는 것으로,[21] 전달하고자 하는 전제절의 주어와 동일한 주어가 동일한 행위를 한다는 점을 나타낼 때 사용된다.[22]

They planned to reach the top of the mountain, but nobody knows if they **did so**.
 [그들은 그 산 정상에 오르려고 계획했지만, 아무도 그렇게 했는지 모르고 있다. → did so는 reached the top of the mountain에 대한 대용형으로 쓰이고 있음.]

Factories could get along without industrial robots before, but they cannot **do so** now.
 [예전에는 공장들이 산업용 로봇이 없어도 잘 가동될 수 있었지만, 지금은 그것 없이는 잘 가동될 수 없다. → do so는 get along without industrial robots의 대용형으로 쓰이고 있음.]

Many people who overeat **do so** for psychological reasons rather than from hunger.
 [과식하는 많은 사람들이 배고프기 때문이 아니라 심리적인 이유 때문에 과식을 한다. → do so는 overeat에 대한 대용형으로 쓰이고 있음.]

The wish to acquire more is admittedly a very natural and common thing; and when men succeed in this they are always praised rather than con-

---

20 doing so가 정형의 진행형으로 나타나거나, 동명사절 형식일 경우에는 so doing으로 도치될 수도 있다:
 Roberts was rounding up the cattle. When asked why he **was so doing**, he replied: Orders are orders.
  [로버트가 가축들을 한 곳으로 모으고 있었다. 왜 그렇게 하는지 질문을 받았을 때 그는 "명령은 어디까지나 명령이다." 라고 대답했다.]
 The rescue crew attempted to land a helicopter on the platform; but the fire and the fierce wind prevented them from **so doing**.
  [구조대원들은 발착 플랫폼에 헬리콥터를 착륙시키려고 했지만, 화재와 강풍으로 착륙이 불가능했다.]

21 The combination of pro-form *do so*, seen as a unit, acts as a substitute for a predicate or predication, and contains the main verb *do*, rather than the operator *do*. We therefore find that the combination occurs not only in the finite form of *does so, do so,* and *did so,* but also in nonfinite forms following a modal, *be,* or *have,* or in infinitive and *-ing* participle clauses. — Quirk et al. (1985: 875).

22 We use *do so* mainly to refer to the same action, with the same subject, that was mentioned before. — Swan (2005: 149).

demned. But when they lack the ability to **do so** and yet want to acquire more at all costs, they deserve condemnation for their mistakes.
— Niccolo Machiavelli (translated by George Bull), *The Prince*.
[더 많은 것을 얻고자 하는 소망은 분명히 아주 자연스럽고 흔한 일이다. 그래서 인간이 소망하는 것을 성공적으로 얻게 되면 비난을 받는 것이 아니라, 언제나 찬양을 받는다. 그러나 그럴 능력이 없으면서도 모든 희생을 무릅쓰고 더 많은 것을 얻고자 한다면 그들은 자신들이 저질은 과오에 대한 비난을 받아 마땅하다. → do so는 succeed in this에 대한 대용형으로 쓰였음.]

Nor do I deny that money, up to a certain point, is very capable of increasing happiness; beyond that point, I do not think that it **does so**.
— Bertrand Russell, *The Conquest of Happiness*.
[또한 나는 돈도 어느 정도까지는 행복을 상당히 증진시킬 수 있는 힘이 강하다는 점을 부인하지 않는다. 그러나 그 정도를 벗어나면 돈이 행복을 증진시키지 못한다고 나는 생각한다. → does so는 is capable of increasing happiness에 대한 대용형으로 쓰이고 있음.]

do so는 격식적인 영어에서 아주 일반적으로 쓰이지만, 덜 격식적인 환경에서는 so가 생략되기도 한다. 특히 법조동사나 완료시제 앞에서 so가 생략될 수 있다.[23]

'Will this program work on your computer?' — 'It **should do**.'
['이 프로그램이 너의 컴퓨터에서 쓸 수 있을까?' — '그렇겠지.']
I told you that I'd finish the work by today, and I **have done**.
[나는 오늘까지 그 일을 마치겠다고 말했으며, 그래서 다 마쳤어.]

그러나 do가 (7a, b)에서처럼 부정사나 동명사와 같은 비정형동사 형태로 나타나거나, (7c, d)에서처럼 전제절과 달리 부사구를 수반하고 있는 경우에는 do so가 쓰인다.[24]

(7) a. They avoid analysis and, when compelled **to do so**, make inappropriate generalizations.
[그들은 분석을 회피하지만, 불가피하게 분석을 해야 할 때는 적절치 못한 규칙을 만

---

23 The *do so* construction is somewhat formal, and in general there is an alternative ellipsis of the predication (cf 12.59) which is preferred in informal use. — Quirk et al. (1985: 876).
24 Huddleston & Pullum (2002:).

든다.]

b. For instance, a base metal could perhaps be turned into gold. The chief aim of the chemists was to find a way **of doing so**.
[예를 들면, 비금속을 금으로 변화시킬 수 있을 것이다. 화학자들의 주된 목표는 그렇게 하는 방법을 찾아내는 것이었다.]

c. She agreed to help, but she **did so** *reluctantly*.
[그녀는 도와주겠다고 했지만, 마지못해 그렇게 했다. → 두 번째 절, 즉 생략절에 나타난 reluctantly는 양태를 뚜렷이 밝히는 것으로, 전제절에 이와 대립을 이루는 요소가 없음.]

d. Those who take part **do so** *at their own peril*.
[참석하는 사람들은 위험을 무릅쓰고 그렇게 한다. → 생략절에 나타난 부사구 at their own peril과 대립적인 부사구가 전제절로서의 관계사절에 나타나지 않음.]

21.3.3.3. do so, do it, do that

1) 서술 대용형으로서의 do so와 마찬가지로, 본동사 do가 it 또는 that과 결합된 do it과 do that이 서술 부분에 대한 대용형으로 쓰인다. do so와 do that은 오로지 행위동사나 과정동사에 대한 대용형으로만 쓰이며, do it은 동작주가 나타나는 것을 전제로 해서 행위동사에 대한 대용형으로 쓰인다. 그렇지만 do so는 격식을 갖춘 영어에서 쓰이는 예가 아주 많으며, 비격식적인 영어에서는 이 대신에 do it이나 do that을 쓸 수 있다.

A: Rover is scratching the door.
B: Yes, he always { **does so** / **does it** / **does that** } when he wants attention.

[A: 로버가 문을 긁고 있다. B: 그래요. 그는 관심을 끌고자 할 때는 항상 그 짓을 한다.]

Mr. Brown goes to the hospital for treatment every week: in fact, he has been { **doing so** / **doing it** / **doing that** } ever since I have known him.

[브라운 씨는 치료받으러 매주 병원에 간다. 사실상, 그는 내가 알기 시작한 때부터 그렇게 해왔다.]

Ray told me to put in a new battery. I { **did so** / **did it** / **did that** }, but the radio still didn't work.

[레이가 나에게 배터리를 새로 끼워 넣으라고 했다. 그렇게 했는데도 여전히 라디오가 작동되지 않았다.]

2) do so, do it, 그리고 do that을 좀 더 자세히 비교해 보면 다소 다른 용법상의 차이가 있다.

(1) 먼저 do so와 do it의 차이를 비교하여 보자.

(8) a. Martin is painting his house. I'm told he **does it** every four or five years.

[마틴이 자기집에 페인트칠을 하고 있다. 그가 4, 5년마다 집에 페인트칠을 한다고 들었다.]

b. Martin is painting his house. I'm told this is merely because his neighbor **did so** last year.

[마틴이 자기 집에 페인트칠을 하고 있다. 이것은 단지 자기 이웃이 지난해에 그렇게 했기 때문이다.]

이 두 문장 (8a, b)에서 do it과 do so를 서로 바꿔 쓸 수 있을 것이다. 그러나 (8a)에서는 두 개의 절에서 동일한 행위, 즉 마틴이 자기 집에 페인트를 칠하는 행위가 기술되고 있기 때문에 do it이 더 바람직스럽다. 반면에, (8b)에는 단순히 동일한 일반적인 유형의 행위, 즉 집에 페인트를 칠하는 행위를 나타내고 있기 때문에 오히려 do so가 더 바람직스럽다.[25]

특히 do so와 do it은 모두 행위동사를 수반한다는 점에서는 동일하지만, do it은 주어가 동작주(agent)를 나타내는 것이라야 한다는 점에서는 다르다.

When the tree fell, it $\begin{Bmatrix} \text{did so} \\ \text{*did it} \end{Bmatrix}$ with a loud crash.

[나무가 쓰러질 때 요란하게 부딪치는 소리를 내면서 쓰러졌다.]

이 문장에 do so는 가능하지만, do it을 쓰게 되면 비문법적인 문장이 된다. 그 까닭은 do it을 가리키는 동사 fall이 동작을 나타내기는 하지만, 주어 it (= the tree)이 동작주가 될 수 없는 것이기 때문이다.

---

25 Crymes (1968: 68).

(2) 이번에는 do it과 do that을 비교하여 보자. 이 두 가지 대용형은 타동사 do가 갖는 대용형으로서의 기능과 대명사(it, that)가 전제절에 놓인 어느 요소를 가리키는 '동일 지시적'(coreferential) 기능이 결합된 것이다. 즉, do it과 do that은 '대용'과 '지시'라는 두 가지 기능의 결합체이다.

그렇지만 do so에서 so와 마찬가지로, do it에서 it은 전혀 강세를 받지 않는다. 반면에, do thát에서 목적어 that은 반드시 강세를 받으며, 표출되는 행위가 어느 정도 대립적인 초점을 받는다. 그러므로 예컨대, 다음 문장 (9a)의 A, B 대화에서는 사표를 제출했다는 정보가 이미 알려져 있다는 점을 토대로 do it을 사용해서 그 이유를 묻고 있다. 이와 대조적으로, do that이 쓰인 문장 (9b)는 사표를 제출했다는 점이 신정보에 해당되는 것이다.[26]

(9) a. A: I've sent in my resignation.

B: Why did you **do it**?

[A: 사직서를 제출했어. B: 왜 사직서를 제출했지?]

b. A: I've sent in my resignation.

B: Why did you **do that**?

[A: 나는 사직서를 제출했어. B: 왜 그렇게 했어.]

다음 예들도 마찬가지이다.

They questioned Jill for over an hour before letting her go: I hope they don't **do that** to me.

[그들은 질을 풀어주기 전에 한 시간 이상이나 신문을 했다. 그들이 나에게는 그렇게 하지 말았으면 하는데.]

A: I've dropped some sauce on my suit.

---

[26] The *it* of **do it** (like the *so* of **do so**) is unstressed, while the *that* of **do that** readily takes stress, giving contrastive focus on the action concerned. Compare, for example:

[54] i A: *I've sent in my resignation.* B: *Why did you do it?*

ii A: *I've sent in my resignation.* B: *Why did you do that?*

The exchange in [i] is likely to occur in a context where the possibility of A's resigning is already in the air. B's question, with stress on *do*, then asks why A went through with it. The exchange in [ii], by contrast, is likely in a context where the issue of A's resigning is new. — Huddleston & Pullum (2002: 1534).

B: Never mind. I've **done that**.

[A: 옷에 소스를 좀 쏟았어. B: 염려 마라. 나도 그랬는데.]

21.3.4. 절 대용형: so와 not

so와 not은 흔히 that-절에 대한 대용형으로 쓰인다.

21.3.4.1. 절 대용형: so

so는 특정한 동사의 직접목적어 역할을 하는 긍정형의 that-절에 대한 대용형 역할을 한다. 예컨대, 다음 각 쌍의 문장에서 says의 직접목적어 역할을 하는 that-절의 대용형으로 so가 쓰이고 있다. 특히 so에 대한 선행사 역할을 하는 것은 문장 전체일 경우가 많다.

A: She's going to be the next president.
B: Everybody **says so**.
= Everybody says **that she's going to be the next president**.
[그녀가 차기 회장이 될 것이라고 모든 사람들이 말한다.]
A: Is there going to be an earthquake?
B: The newspaper **says so**.
= The newspaper says **that there is going to be an earthquake**.
[지진이 일어날 것이라고 신문에 보도되었더군.]

be afraid 다음에, It appears/seems 다음에, 또는 대개 '느낌'이나 '견해'를 나타내는 동사, 또는 '말하다'(saying)라는 뜻을 가진 동사 다음에 so를 첨가하여 that-절의 대용형 역할을 하게 할 수 있다.[27]

---

[27] accept, admit, agree, be certain, claim, doubt, hear, intend, know, promise, suggest, be sure 따위와 같은 동사들은 대용형 so를 수반하지 않는다.
  Liz will organize the party. She **promised** that she would.
  [리즈는 파티를 준비할 것이다. 그가 그렇게 하겠다고 약속했다. → *She **promised so**.는 틀린 문장임.]
  The train will be on time today. I'**m sure** (that) it will.
  [오늘 열차가 정시에 도착할 것이다. 틀림없어. → *I'**m sure so**.는 틀린 문장임.]

> appear, assume, believe, expect, guess, hope, imagine, presume, reckon, say, seem, suppose, suspect, tell(간접목적어를 수반하여), think, trust, etc.

A: Can I borrow the car?
B: I **suppose so**.
　　　[A: 자동차 빌릴 수 있을까? B: 그래도 되겠지.]
A: You're in love with Rita, aren't you?
B: I **thought so**.
　　　[A: 너는 리타와 사랑하는 사이이지. 안 그래? B: 그렇게 생각했어.]
Paul will be home next week — at least we **hope so**.
　[폴이 다음 주에 집에 있을 것이다. 적어도 그렇기를 바라고 있어.]
Jack hasn't found a job yet. He **told me so** yesterday.[28]
　[재크가 아직 직장을 구하지 못했다. 어제 그가 내게 그렇게 말하더군.]
Oxford is likely to win the next boat race. All my friends **say so**.
　[옥스퍼드 팀이 이다음 보트 경주에서 이길 것 같다. 내 친구들 모두 그렇게 말하는구나.]
Many people believe that the international situation will deteriorate. My father **thinks so**, but I believe not.
　[국제상황이 악화될 것이라고 믿는 사람들이 많다. 나의 아버지 생각도 그렇지만, 난 그렇게 믿지 않아.]

　say와 tell은 so와 that을 수반할 수 있지만, 뜻은 다르다. 즉, so는 대화의 당사자가 방금 한 말의 '내용'(content)에 관심을 기울이는 것이라고 한다면, that은 '실제로 한 말'(actual utterance) 자체에 질문의 초점을 두는 경우이다.[29]

　이와 같이 '확실성'(certainty)이나 '의심'(doubt)을 나타내는 문장에서는 대용형으로 so를 쓸 수 없고, I am sure they are., I am sure of it., I doubt if they are. 또는 I doubt it 따위와 같은 표현이 쓰인다.

28　He told me so yesterday.와 21.2.1.1에서 관용적으로 쓰인 (I) told you so.는 구별되어야 한다.

29　[c] There is sometimes a contrast between *so* and *it/that* as pro-forms following verbs such as *believe* and *say*:

I {can't / don't} believe {it / that}. [on receiving a piece of news; NOT *I can't believe so]
I really believe so. [confirming an opinion]
(A: Come in!)

A: Jane's crazy.

B: Who **says so**? A: Dr. Banister.

   (=Who claims that Jane's crazy?)

    [A: 제인이 미쳤어. B: 누가 그렇게 말하지? A: 배니스터 박사께서.]

A: Jane's crazy.

B: Who **said that**?

   (= Who said 'Jane's crazy?')

A: I did.

    [A: 제인이 미쳤어. B: 누가 그 말을 했어? A: 내가 했지.]

know 다음에는 일반적으로 that-절에 대한 대용형이 쓰이지 않는다. 그러나 지시어 that 이 첨가되어 청자가 방금 들은 말이 새로운 사실이 아님을 암시한다.

A: You're late.

B: I know *or* I know **that** (already).

    [A: 늦었는데. B: (벌써) 알고 있어.]

so가 that-절에 대한 대용형으로만 쓰이는 것이 아니라, 주격보어 또는 목적보어 역할을 하는 형용사(구)나 명사구에 대한 대용형으로도 쓰인다.

She's pretty *clever*, but her sister is less **so**.

B: { Who sáys *so*? [= Who gives permission?]
    Who said *thát*? [= Who said, 'Come in'?]

In such cases *it/that* refers to an actual utterance, while *so* refers to the content of an utterance. — Quirk et al. (1985: 881 note [c]); The fact that *so* replaces a *that*-clause entails that *so* is often used with a verb of saying in utterances that are concerned with the credibility of a statement (i.e. with the authority for the statement).

  e.g. Harry is gay. — Who says so? — Jenny does.

    The way you drive, it won't be long before you have an accident. Everybody says so.

a. The above examples should be compared with the following:

  e.g. Harry is gay. — Who said that? — I did. (*Who said that?* = 'Who pronounced those words?')

— Declerck (1991: 271). See also 문용 (2008: 634).

[그녀는 꽤 영리하지만, 그의 동생은 덜 영리하다. → so는 전제절의 선행사 clever를 가리키는 것으로 be 동사의 보어 역할을 하는 것임.]

He is very *happy* to have found a job — **the more so** because none of his friends have managed to find one. (= He is **the more** happy because ...)

[그는 직장을 구해서 아주 기뻐하고 있다. 그의 친구들 중 어느 누구도 직장을 구할 수 없는 상황이라서 더욱 그렇다. → so는 생략된 happy에 대한 대용형으로서, 생략된 be 동사의 보어 역할을 하는 것임.]

The work is rather *tedious*. At least, I find it **so**.

[그 작품은 좀 지루하다. 적어도 그 작품이 그렇다는 걸 알고 있다. → so는 복항타동사의 목적보어 tedious의 대용형임.]

If he's *a criminal*, it's his parents who have made him **so**.

[그가 범죄자라면 그렇게 만든 사람은 바로 그의 부모님이다. → so는 복항타동사에 대한 목적보어 역할을 하는 명사구 a criminal에 대한 대용형임.]

21.3.4.2. so + 주어 + 동사

so + 주어 + 동사의 어순으로 이루어지는 짤막한 응답에서 so가 절 대용형으로 쓰인다. 예컨대 believe, hear, gather, understand, imagine, realize, say, tell, see, hoped, thought 따위와 같은 동사를 포함하는 이러한 구조는 'I knew before you told me.'(네가 말하기 전에 이미 알고 있었어.)라는 뜻이 내포되어 있음을 암시한다.[30]

A: There's going to be a holiday tomorrow.
B: **So I hear**.
  (= I hear **there's going to be a holiday tomorrow**.)
    [A: 내일은 쉬는 날이 될 것이다. B: 그렇게 들었어.]
A: The factory is going to close.
B: **So I understand**.
  (= I've heard that news, too.)
    [A: 그 공장이 문을 닫게 됩니다. B: 그렇게 알고 있어.]

---

[30] We can use **so** in a similar way in short answers with verbs such as **appear** (after 'it'), **believe, gather, hear, say, seem, tell** (e.g. So she tells me), **understand**. However, with the verbs, the pattern implies 'I knew before you told me'. — Hewings (1999: 156).

It's going to be a cold winter, or **so the newspaper says**.

[추운 겨울이 되겠네. 아니, 신문에 그렇게 보도되었더군.]

'The government has announced the date of the general election!' '**So I gather**.'

['정부에서 총선거 날짜를 발표했어!' '나도 알고 있어.']

I'm in trouble. — **So I see**.

[내게 문제가 생겼어.— 알고 있어. → *I see **so**.는 비문법적임.]

The chairman is in bad spirits. — **So I've noticed**.

[의장께서 기분이 안 좋은 상태다. — 그렇게 알았어.]

이상과 같은 예에서, **I hear**, **I understand** 따위에서처럼 전달동사와 인식동사들이 과거의 일을 나타내고 있음에도 불구하고 현재시제 또는 현재완료 동사형이 쓰이고 있다는 점에 유의하여야 한다.[31]

21.3.4.3. 절 대용형: not

위에 열거된 동사들의 목적어 역할을 하는 that-절에 대한 부정 대용형으로 not이 쓰이는데, so와 달리 이것은 대개 핵강세(nuclear stress)를 받는다.

A: Has the news reached home yet?

B: I'm afraid NÓT.

   (= I'm afraid **the news has not reached home yet**.)

    [A: 집에 벌써 소식이 왔는가? B: 그런 것 같지 않은데.]

A: Is the Socialist Party offering anything new in its statement?

B: It would **appear not**.

    [A: 사회당에서 성명서에 어떤 새로운 내용을 발표할 것인가? B: 그럴 것 같지 않은데.]

It's no use waiting any longer. ~ I **guess not**.

[더 이상 기다려봐야 소용없어. ~ 그럴 것 같아.]

Is there enough money? — I **fear/think not**.

[돈이 충분한가? — 그렇지 않을 것 같은데/그렇지 않을 거야.]

---

[31] 자세한 내용은 본서 제2권 6.4.2.4 (2) (→ pgs. 41-43) 참조.

부정의 전이(否定轉移: transferred negation)[32]가 이루어지는 동사들의 부정형은 다음 예에서 B에 나타난 것처럼 두 가지로 나타낼 수 있다. 한 가지 구조는 **부정형 동사 + so**이고, 다른 하나는 **긍정형 동사 + not**으로 나타나는 등 두 가지 구조로 나타날 수 있다.

A: I don't suppose there'll be any seats left.
B: No, I **don't suppose so**.
B: I **suppose not**.
  [A: 빈 좌석이 없을 것 같아요. B: 예. 없을 것 같아요.]

그러나 believe, expect, imagine, think 따위와 같이 부정의 전이가 이루어지는 동사들은 부정형으로 '부정형 동사 + so'의 구조를 더 즐겨 사용하며, 긍정형 동사에 not을 사용하는 것은 격식적이다. 반면에, 부정의 전이 현상이 일어나지 않는 assume, be afraid, guess, hope, presume, suspect 따위와 같은 동사들은 긍정형 동사 + not 구조를 수반한다.

A: Had she taken a wrong turning?
B: She did**n't think so**.
  [A: 그녀가 회전을 잘못했었는가? B: 그녀는 그렇게 생각하지 않았다.]
A: Is this picture worth of a lot of money?
B: I'**m afraid not**.
  [A: 이 그림은 값이 많이 나가는가? B: 그럴 것 같지 않은데.]
A: There's no use waiting any longer.
B: I **guess not**.
  [A: 더 기다려 봐야 소용없어. B: 그럴 것 같아.]
A: Do you think we'll be late?

---

32 '부정의 전이'란 목적어 역할을 하는 that-절 안에 포함되어 있는 부정어 not이 상위절의 위치로 이동하여 나타나는 현상을 말한다. 때문에 이 대신에 '부정어의 상승(negative raising)이라고도 한다. 다음 예에서 생략된 that-절에 포함된 not이 상위절의 동사 think의 위치로 이동하는 것을 말한다. 부정어가 전이되더라도 그 뜻에는 변함이 없다.
I think he is **not** honest.
I do**n't** think he is honest.
  [나는 그가 정직하지 않다고 생각한다.]
이처럼 부정의 전이를 허용하는 동사에는 believe, expect, imagine, suppose, think 등이 있다.

B: I **hope not**.
   [A: 우리 늦을까? B: 늦지 말았으면 하는데.]

say와 tell 등 '말하다'라는 뜻을 가진 동사는 부정형 동사 + so의 구조로만 나타난다.

They want to buy the house, although they did**n't say so** directly.
   [노골적으로 말하지는 않았지만, 그들은 그 집을 사고 싶어 한다.]

그러나 이 동사의 수동형은 두 가지로 나타날 수 있지만, 뜻에 차이가 있다.

A: Will he come?
B: **I was not told so**.
   (= 'I was **not told** that he would come.')
   [A: 그가 올까? B: '그가 온다는 **말을 듣지 않았다**.']
B: **I was told not**.
   (= 'I was told that he would not come.')
   [B: 그가 **오지 않을 것이라는** 말을 들었다.]

if-절에서도 so와 not이 각각 긍정과 부정의 절 대용형로 나타난다.

I might be away next week. **If so**, I won't be able to see you.
                         (= If I might be away next week, ...)
   [다음 주에는 출타하게 될지도 몰라. 그렇게 되면 너를 만날 수 없을 거야.]
A: Will he come?
B: **If not**, we'll be on our own tonight.
   (= If he does not come, ...)
   [A: 그가 올까? B: 그렇지 않으면 오늘밤에 우리끼리만 있게 될 거야.]

상대방의 말에 대한 응답으로 하는 말에서, 전달하고자 하는 내용에 대한 (불)확실성이나 (불)가능성을 나타내기 위해 화자의 느낌이나 심적인 태도 등을 나타내는 법부사(法副詞: modal adverbs)로서 maybe, perhaps, possibly 따위 다음에 so를 첨가하여 긍정의 뜻을 가진 전제절을 대신하게 하거나, apparently, certainly, of course, perhaps, probably, surely 다음에 not을 첨가하여 부정의 전제절을 대신하게 할 수 있다.[33]

A: Did you open my letter?
B: **Certainly not**.
  (= 'Certainly I did not open your letter.')
    [A: 내 편지 열어보았니? — B: 천만에. → certainly not이 전제절에 대한 부정적인 뜻을 나타내고 있음.]

Perhaps so, thought Anthony, but then — **Perhaps not**.
  [안토니는 아마 그럴 것이라고 생각하다가 나중에는 그렇지 않을 것이라고 생각했다.]

A: Are you going to accept their offer?
B: **Probably not**.
  [A: 그들의 제안을 받아들일 생각인가? B: 그렇지 않을 거야.]

A: Did they get permission from the Dean?
B: **Probably so**.
  [A: 그들이 학장으로부터 허가를 받았는가? B: 그랬을 것이다.]

A: Do you plan to have children?
B: **Definitely not**.
  [A: 자녀를 둘 계획인가? B: 전혀 그렇지 않아.]

21.3.5. so + 주어 + 조작어

yes로 시작되는 짤막한 대답 대신에 서술 대용형 역할을 하는 so로 시작되는 짤막한 응답을 사용할 수 있다. 즉, 강세를 받는 só로 시작해서 **só + 대명사 주어 + 조작어**의 어순으로 이루어진 구조를 사용하여 우리가 어떤 내용을 들었기 때문에 그 내용이 사실이라는 점을 알 수 있다고 말하고자 할 때 사용된다. 특히 그 내용이 사실이라는 점에 대하여 동의한다는 뜻과 더불어 놀라움의 감정이 드러나는 경우에 이와 같은 구조가 사용된다.[34]

---

33 Broughton (1990: 292). 법부사에 대해서는 본서 제3권 13.11.1 (→ pgs. 159-160) 참조.
34 *So* **as a substitute form WITHOUT inversion** is fronted to express emphatic confirmation:
  [A] (You've spilled coffee on your dress.)
  [B] | Oh dèar, | so I hàve. | (speech)
  [A] (It's raining hard outside.)

You asked me to leave, and **so I did**.
  (= and I DID leave)

[네가 나보고 떠나라고 해서 내가 그랬어. → so I did는 'Indeed I did.'라는 뜻임.]

'This glass is cracked.' — '**So it is**. I hadn't noticed.'

['이 유리잔에 금이 갔어.'—'그렇군. 몰랐는데.']

A: Jill has misspelt our name.
B: **So she has!**

[A: 질이 우리 이름의 철자를 틀리게 썼네. B: 그렇구나!]

그런데 위와 같이 'So + 주어 + 조작어'로 이루어진 짤막한 대답 대신에 'Yes + 주어 + 조작어'로 이루어진 짤막한 대답도 가능하지만, 두 가지 대답이 쓰이는 상황이 다르다. 따라서 이다음에 첨가될 수 있는 내용도 달라진다.

A: Your bike's been moved.
B: (i) **So it has**.
　 (ii) **Yes, it has**.

[A: 네 자전거가 없어졌네. B: (i) 그렇구나. (ii) 그래. 알아.]

응답 (Bi)는 상대방의 말을 듣고서 비로소 자신의 자전거가 없어졌다는 사실을 알게 되었다는 놀라움의 뜻을 내포하고 있다. 그러므로 이 응답 다음에 I wonder who did it.(누가 가져 갔지.)라는 말을 추가할 수 있을 것이다. 반면에, (Bii)와 같은 응답은 이 자전거가 없어진 사실을 이미 알고 있었다는 뜻을 포함한다. 따라서 이 응답 다음에는 Philip borrowed it this morning.(필립이 오늘 아침에 빌려 갔어.)과 같은 말을 덧붙일 수 있다.[35]

[B] | So it is. |
The *so*-construction here expresses the hearer's surprise at discovering that what the speaker says is true. As with emphatic affirmation in general, the nucleus comes on the operator, not on the subject. — Leech & Svartvik (2002: 216). See also Hewings (1999: 156) and Huddleston & Pullum (2002: 1538).

35　Hewings (1999: 156; 2005: 124).

21.3.6. so + 조작어 + 주어

21.3.5에서 본 것과 유사한 구조로서 문두에는 so가 놓이고, 그 다음에는 조작어와 주어의 어순으로 도치된 'so + **조작어** + **주어**'의 구조가 있다. 아래의 마지막 두 개의 문장에서처럼 전제절 안에 조작어 역할을 할 수 있는 조동사가 없으면 do, does, did 중 어느 한 가지가 조작어 역할을 한다. 이러한 구조의 표현은 방금 전제절에서 상대방이 말한 바로 그 내용이 또 다른 사람이나 사물에도 똑같이 적용된다는 점을 말하고자 하는 경우에 자주 쓰인다. 이러한 구조에서 so는 대용형이 아니라, 일종의 '추가적'(additive) 초점부사[36]로서 'too, also'라는 뜻을 갖는 것이다.

Karen has exceeded the speed limit, and **Bill has** *exceeded the speed limit* <u>too</u>. = ... { **so has Bill** / **Bill has too** }.

　[카렌이 속도위반을 했는데, 빌도 속도위반을 했다.]

Louise can dance beautifully, and **so can her sister**.

　[루이즈가 춤을 멋있게 추는데, 그의 언니도 그렇다.]

Both Iraq and North Korea received IAEA technical assistance even though Iraq was secretly working on nuclear bombs and **so, probably, was North Korea**.

　[이라크가 비밀리에 핵폭탄을 연구하고 있었으며, 북한도 마찬가지였겠지만, 이라크와 북한 모두 국제원자력기구로부터 기술 지원을 받았다.]

Average incomes have risen recently, but **so have prices**.

　[최근에 평균 임금이 올랐지만, 물가도 마찬가지이다.]

A: I got caught up in the traffic.

B: **So did I**.

　(= 'I also got caught up in the traffic.')

　　[A: 나는 교통체증으로 옴짝달싹하지 못했다. B: 나도 그랬어.]

Teresa really dislikes romance novels and **so does Alec**.

　[테레사가 사실상 로맨스 소설을 싫어하는데, 알레크도 그렇다.]

Coffee shops are usually less expensive and less dressy than fine restaurants. **So are pizza places, pancake houses, sandwich shops and family**

36　추가적 초점부사에 대해서는 본서 제3권 13.12.2 (→ pgs. 166-169) 참조.

restaurants.

— Nancy Church & Anne Moss, *How to Survive in the U.S.A.*

[대개 커피점은 화려한 식당들보다 가격이 싸고 또 덜 화려하다. 피자점, 팬케잌점, 샌드위치점, 그리고 가족 식당들도 마찬가지이다.]

이와 반대의 뜻을 나타내기 위하여 부정문 다음에 오는 문장에 not ... either를 사용하여 부정적인 반응을 추가할 수 있다. 또한 이 대신에 neither나 nor를 문두에 두고 다음에 주어와 조작어의 어순이 도치된 $\begin{Bmatrix} \text{neither} \\ \text{nor} \end{Bmatrix}$ + **조작어** + **주어**의 구조를 쓸 수 있다.

I haven't finished and you have**n't** (finished) **either**.

= ... $\begin{Bmatrix} \text{neither} \\ \text{nor} \end{Bmatrix}$ **have you**.

[나는 마치지 못했는데. 너도 마찬가지이다.]

A: I wouldn't like to live in this climate.

B: **Neither would we**.

[A: 우리는 이런 기후에서 살고 싶지 않다. B: 우리도 마찬가지이다.]

She doesn't like them and **nor does Jeff**.

[그녀는 그들을 좋아하지 않는데, 제프도 그렇다.]

I cannot go, **nor do I want to**.

[나는 갈 수도 없고, 가고 싶지도 않다.]

제22장

화법(Narration)

22.1. 화법의 유형

화법(話法: narration)이란 A라는 사람이 행한 말을 B라는 사람이 듣고서 B라는 사람이 다시 전달자(reporter)로서 이 말을 C라는 사람에게 전달하는 방식을 말하는데, 이처럼 A의 말을 B가 듣고, B가 다시 C에게 전달하는 경우에는 일반적으로 다음과 같은 두 가지 방법을 사용하게 된다.

직접화법(直接話法: direct speech)
간접화법(間接話法: indirect speech *or* reported speech).

22.1.1. 직접화법과 간접화법

직접화법이란 A가 원래 한 말을 B가 조금도 바꾸지 않고 들은 그대로 되풀이해서 C에게 전달하는 방식이다. 즉, 전달자 B가 A라는 사람의 위치에 있는 것처럼 말을 하는 방식이다. 때문에 A의 말은 인용부호(" ... ")[1] 안에 넣어 그대로 전달하게 된다. 반면에, 간접화법이란 A로부터 들은 말을 전달자 B가 자신의 관점에서 전달되는 시간과 장소 등과 관련된 상황에 따라 적절하게 '내용'(content)을 바꿔 C에게 전달하는 방식을 말한다. 요약하자면, **직접화법은 A로부터 들은 '말'(words)을 그대로 전달하는 것이고, 간접화법은 A로부터 들은 말의 '뜻'(meaning)을 전달하는 것이다.** 이 두 가지 화법 중에서 직접화법이 때로는 좀 더 '극적인'(dramatic) 효과를 나타내는 반면, 간접화법은 대화 내용을 말로 전달할 때 쓰인다.[2]

---

[1] 직접화법에서 A의 말을 인용부호 안에 넣을 때, **단일 인용부호**('...')와 **이중 인용부호**("...") 두 가지가 모두 쓰이는데 (Carter & McCarthy 2006: 807), 여기서는 이중 인용부호로 통일하고자 한다.

[2] In direct speech we repeat the original speaker's exact words:

He said, "**I have lost my** umbrella." (직접화법)

['우산을 잃어버렸어.'라고 그가 말했다.]

→ He said that **he had lost his** umbrella. (간접화법)

[그는 우산을 잃어버렸다고 말했다.]

직접화법에서 인용부호 안에 놓인 I have lost my umbrella.는 A가 직접 B에게 전달한 말이고, 주어 I는 화자 A를 뜻한다. 이 말을 한 마디도 바꾸지 않고 원래의 말을 그대로 C에게 전달하는 것이 직접화법이다. 반면에, 간접화법에서는 직접화법에 나타났던 주어 I가 전달절의 주어 he와 동일한 사람이므로 he로 바뀌었으며, 시제의 일치 규칙(→ 22.3.1 참조)에 따라 직접화법에 쓰인 have lost가 간접화법에서는 had lost로 바뀌었다.

화법은 다른 사람의 말은 물론, '생각'(thoughts)을 전달하는 데에도 쓰인다.

"This report is unsatisfactory," **she thought to herself**.

["이 보고서는 마음에 들지 않아." 라고 그녀는 혼자 생각했다.]

He said, 'I have lost my umbrella.'
… In indirect speech we give the exact meaning of a remark or a speech, without necessarily using the speaker's exact words:
He said (that) he had lost his umbrella.
… Indirect speech is normally used when conversation is reported verbally, though direct speech is sometimes employed here to give a more dramatic effect.
— Thomson & Martinet (1986: 269); When we report people's words, thoughts, beliefs, etc, we can give the exact words (more or less) that were said, or that we imagine were thought. This kind of structure is called 'direct speech' (though it is used for reporting thoughts as well as speech).
So he said, 'I want to go home,' and just walked out.
She asked, 'What do you want?'
And then I thought, 'Well, does he really mean it?'
We can also make somebody's words or thoughts part of our own sentence, using conjunctions (e.g. *that*), and changing pronouns, tenses and other words where necessary. This kind of structure is called 'indirect speech' or 'reported speech'.
So he said that ***he wanted to go home****, and just walked out.*
She asked ***what I wanted****.*
And then I wondered ***whether he really meant it****.*
— Swan (2005: 246-247). See also Quirk et al. (1985: 1020-1021) and Carter & McCarthy (2006: 805).

"I must go and see Lynn," **Marsha thought**.

["린을 만나러 가야지." 하고 마사가 생각했다.]

"I'll have to get a new bulb for this lamp," **thought Peter**.

["이 램프에 맞는 새 전구를 사야겠다." 하고 피터가 생각했다.]

22.1.2. 화법의 구조

직접화법 형식의 문장은 두 부분으로 이루어진다. A의 말을 B에게 전달하는 전달절(傳達節: reporting clause)과 인용부호 안에 놓인 피전달문(被傳達文: reported sentence)으로 이루어진다. 이 두 부분은 쉼표(,)로 분리되는 것이 보통이지만, 가끔 미국영어에서는 콜론(:)으로 분리되기도 한다.[3] 그리고 전달절에 나타나는 동사를 전달동사(傳達動詞: reporting verb)라고 한다.

<u>I said</u>, "I'm going out."
(전달절) (피전달문)

["나는 외출할 것이다." 라고 내가 말했다.]

The premier replied: "I have no intention of resigning."

["나는 사임할 생각이 없다." 라고 수상께서 대답했다. → 전달절과 피전달문이 콜론으로 분리되었음.]

She said: "I need more money."

[그녀는 "나는 돈이 더 필요하다." 라고 말했다.]

전달동사로서 assure, convince, inform, notify, persuade, remind, tell, warn 등이 등장하게 되면 다음과 같은 문장에서처럼 A의 말을 전달받는 청자 B가 문장 표면에 나타나게 된다.[4]

He said **to me**, "This book is very interesting to me."

["이 책은 내가 읽어보니 참 재미있다." 라고 그가 내게 말했다. → 전달절에 청자 to me가 나타나 있음.]

---

3 Alexander (1996: 284).
4 Yule (2006: 152).

→ He told **me** that the book was very interesting to him.

"She has gone home."

→ He told **me** that she had gone home.

[그녀가 집에 갔다고 그가 내게 말했다.]

"You will be paid."

→ I assured **them** that they would be paid.

[그들이 보수를 받게 될 것이라고 나는 그들에게 확신시켜 주었다.]

직접화법을 간접화법으로 전환할 때, 직접화법에서 인용부호 안에 놓인 피전달문은 간접화법에서 피전달절(reported clause)로 기능이 바뀌어 전달동사에 대한 목적어절 역할을 하게 된다.[5] 따라서 다음의 두 번째 문장, 즉 간접화법으로 바꾼 문장에서 that이 이끄는 절은 피전달절로서 전달동사 said에 대한 목적어절 역할을 하고 있다.

She said, "**Ed is a bore**."

→ She said **that Ed is a bore**.

[에드가 남을 지루하게 만드는 사람이라고 그녀가 말했다.]

간접화법에서 say, tell 따위와 같은 일부 전달동사에 대한 목적어절을 이끄는 종속접속사 that은 흔히 생략될 수 있다. 특히 덜 격식적인 경우에는 that이 흔히 생략되는 반면, 격식적인 문맥일수록 that이 생략되지 않는다.[6] 따라서 boast, complain, explain, object,

---

[5] 간접화법에서 피전달절로서의 that-절은 목적어절이 되고, 수동태로 바꾸면 외치된 주어절이 되며, 또한 의사 분열문(pseudo-cleft sentence)에서는 보어절이 된다:

She said, "Ed is a bore."
- → She said **that Ed is a bore**.   [목적어절]
- → It was said **that Ed is a bore**.   [외치된 주어절]
- → What she said was **that Ed is a bore**.   [보어절]

[6] 1.30 In formal situations, and particularly in writing, 'that'-clauses without 'that' are relatively rare — the more formal the context, the more likely you are to find 'that' used wherever it can be. In less formal situations, there is often no 'that' after the reporting verbs 'say', 'tell', or 'think'. 'That'-clauses without 'that' are less often found with reporting verbs that give more information about the original speaker, the way of speaking, or the reasons for speaking. These are verbs such as 'complain', 'maintain', and 'whisper'. — Thompson (1994: 10).

point out, protest 따위와 같은 동사들 다음에서는 생략되지 않는다.[7]

"I don't like my hair in this style."
→ She *said* **(that)** she didn't like her hair in that style.
　　[그녀는 자신의 머리 모양이 마음에 들지 않는다고 말했다.]
"I know the place well because I used to live there," he explained.
→ He *explained* **that** he knew the place well because he used to live there.
　　[그는 그곳에 살았기 때문에 잘 안다고 설명했다.]
"I could read when I was three," she boasted.
→ She *boasted* **that** she could read when she was three.
　　[그녀는 세 살 때 글을 읽을 수 있었다고 자랑했다.]
"It rained yesterday and most of last week."
→ The workman *pointed out* **that** it had rained the day before and most of the previous week.
　　[그 전 날과 전 주일 대부분의 날에 비가 왔다고 인부가 지적했다.]

22.1.3. 화법에 쓰이는 동사들

다음과 같은 동사들이 흔히 직접화법에서 전달동사로 쓰인다.

(a) say (tell은 say보다 사용 빈도가 떨어짐)
(b) 진술문을 이끄는 동사: announce, observe, point out, remark, report
(c) 의문문을 이끄는 동사: ask, demand, inquire, query
(d) 발화 상황과 관련성이 있는 그밖의 전달동사(verbs of communication): affirm, answer, argue, beg, boast, declare, interrupt, object, repeat, urge, warn
(e) 또 다른 함축적인 뜻이 포함된 발화동사(verbs of uttering): bark, bleat, complain, cry (out), exclaim, grumble, hiss, mumble, mutter, shout (out), snarl, stammer, twitter, whisper, yell

마지막 (e) 그룹에 속하는 동사들은 엄격히 말해서 발화동사는 아니지만, 말할 때 어떻

7　Thomson & Martinet (1986: 269).

게 말하느냐 하는 뜻이 포함된 단어들이다. 예컨대 chuckle, laugh, smile, grin, giggle, twinkle; sob, wail; breathe, pant; gasp와 같은 '양태' (manner)를 수반하는 행동동사(behavioral verbs)들이 첨가된다.[8]

"What do they want?," **snarled** Weinstein.
["그들이 무엇을 원하지?" 하고 바인스타인이 날카로운 어조로 말했다.]
"Come on, lads," Tommy **yelled**.
["소년들아, 힘을 내라." 라고 토미가 소리를 질렀다.]
"Should I wait for them or go on?" he **wondered**.
["그들을 기다려야 할지, 계속해야 할지" 그는 어쩔 줄 몰랐다.]
"Generals," they **alleged**, "never retire; they merely fade away."
["장군들은 결코 은퇴하는 것이 아니라, 사라질 뿐이다." 라고 그들이 주장했다.]
"Come closer," he **breathed**.
["좀 더 가까이 오너라." 하고 그가 속삭이듯이 말했다.]

이처럼 단어 자체에 '양태'의 뜻이 깃들어 있는 동사들이 있는가 하면, 다음과 같은 예에서는 전달동사가 양태의 뜻을 나타내는 전치사구나 부사구와 함께 나타나기도 한다.

He **replied with disgust**, "Most of them were too young."
["그들 대부분이 너무 나이가 어리다." 라고 그는 싫은 어조로 대답했다.]
"I have some good news," she **whispered in a mischievous way**.
["좋은 소식이 있어," 하고 그녀는 장난기가 섞인 어조로 속삭였다.]
"I've got the keys!" he **announced triumphantly**.
["내가 열쇠를 갖고 있어!" 하고 그가 의기양양하게 말했다.]

---

8 When a speaking event is reported via DIRECT SPEECH forms, it is possible to include many features that dramatize the way in which an utterance was produced. The quotative frame can also include verbs which indicate the speaker's manner of expression (e.g. *cry, exclaim, gasp*), voice quality (e.g. *mutter, scream, whisper*), and type of emotion (e.g. *giggle, laugh, sob*). It can also include adverbs (e.g. *angrily, brightly, cautiously, hoarsely, quickly, slowly*) and descriptions of the reported speaker's style and tone of voice. — Yule (2011:274). See also Thomson & Martinet (1986: 277).

22.1.4. 전달절의 위치

직접화법에서 전달절은 피전달문 앞에 놓이는 것이 일반적이지만, 피전달문 다음에 놓이기도 한다.

Tom said, "I've just heard the news."
~ "I've just heard the news," **Tom said**.
["방금 그 소식을 들었어."라고 톰이 말했다.]

특히 전달절이 피전달문 뒤에 오게 되고, 피전달문이 감탄문이거나 의문문이면 피전달문 다음에 쉼표를 붙이지 않는다.

'Where can I get a taxi?' **John asked**.
['어디서 택시를 탈 수 있을까?' 하고 존이 물었다. → 의문부호 다음에 쉼표가 붙어 있지 않음.]
'Go away!' **said Mr Tomkins angrily**.
[꺼져버려! 하고 톰킨스 씨가 화를 내며 말했다. → 감탄부호 다음에 쉼표가 붙어 있지 않음.]

또는 전달절을 사이에 두고 피전달문이 분리되어 불연속적으로 나타나기도 하는데, 이런 경우에는 분리된 피전달문 각각에 인용부호가 첨가된다.

"Your need," **he said**, "is for a man who really loves you."
["네가 필요로 하는 것은 진정으로 너를 사랑하는 사람이다."라고 그가 말했다.]
"My brother," **said Anna**, "is a student."
["내 동생은 학생이야."라고 안나가 말했다.]
"If I had the instruction manual," **said Bill**, "I would know what to do."
["만일 내가 안내서를 갖고 있다면 무엇을 해야 할지를 알 것인데." 하고 빌이 말했다.]

전달절이 피전달문 다음에 놓이거나 삽입되어 있는 경우에, 전달절이 단순히 주어 + 동사로 되어 있고, 주어가 명사이면 전달동사와 주어의 어순이 도치되기도 한다. 특히 주어가 수식어를 수반하여 길어지게 되는 경우에는 어순의 도치가 보편적이다. 그러나 주어가 대명사이면 어순이 도치되지 않는다.

"The radio is too loud," $\begin{Bmatrix} \text{Elizabeth complained} \\ \text{complained Elizabeth} \\ \text{she complained} \end{Bmatrix}$.

["라디오가 너무 시끄럽다." 라고 엘리자베스가 불평을 했다.]

"I don't have enough money for a ticket," **replied Jack**.

["표를 살만한 돈이 없어." 라고 재크가 대답했다.]

"Where's this train going?" **asked the lady sitting beside me**.

["이 열차가 어디로 가고 있지요?" 라고 내 곁에 앉아 있는 부인이 물었다.]

"Shut up," **Thomas said to her**.

["문을 닫아라." 라고 토마스가 그녀에게 말했다.]

"Excuse me," **he said to them**. "This man needs a drink."

["미안합니다만, 이 분이 무얼 마시고 싶어 합니다." 라고 그가 그들에게 말했다.]

"Pleased to meet you," **he said with a smile.**

["만나게 되어 기쁘다." 라고 그가 미소를 지으며 말했다.]

"It's a documentary on green sea turtles," **I said**.

["그것은 녹색 바다 거북이에 관한 다큐멘터리야." 라고 내가 말했다.]

22.2. 화법의 전환

A라는 사람이 어느 한 시점과 장소에서 행한 말이나 생각을 B가 전달할 때 대개 다른 시간에, 그리고 다른 장소에서 C에게 전달한다. 바로 이러한 점 때문에 직접화법에서의 피전달문에 나타난 주어로부터 말을 전달하는 사람 쪽으로 관점이 바뀌게 되며, 직접화법을 간접화법으로 전환할 때에는 필요에 따라 피전달문의 내용에 몇 가지 변화가 생기게 된다.[9]

Bill: **I don't like this** party. **I want** to go home **now**.
Peter: Bill said that **he didn't like the** party, and that **he wanted** to go home **right away**.

[빌은 파티가 마음에 들지 않아서 당장 집에 가고 싶다고 말했다.]

---

9 Words that are spoken or thought in one place by one person may be reported in another place at a different time, and perhaps by another person. Because of this, there are often grammatical differences between direct and indirect speech. — Swan (2005: 247).

빌이 말한 직접화법의 문장과 그의 말을 피터가 전달하는 간접화법의 문장에서는 다음과 같은 몇 가지 변화가 일어나고 있다.

직접화법	→	간접화법
I		he
don't		didn't
this		the
want		wanted
now		right away

위에서 빌과 피터가 행한 말 가운데, 빌의 말에 나타난 **this** party가 간접화법으로 나타낸 피터의 말에서는 **the** party로 나타나고 있는데, 이것은 피터가 그 파티 장소에 있지 않았기 때문이다.

이러한 변화는 아주 자연스러우며, 논리적이다. 영어에서는 직접화법을 간접화법으로 전환할 때 발생 가능한 상황 변화에 따라 대명사와 한정사, 시간과 장소 부사구, 법조동사, 시제 따위와 관련해서 몇 가지 변화가 일어날 수 있다.

22.2.1. 대명사와 한정사

1) A라는 사람이 직접 자기 자신의 말을 다른 사람에게 전달하는 경우에는 인칭대명사가 바뀌지 않는다.

I said, "**I** like **my** new house."
→ I said that **I** liked **my** new house.
　　[나는 내 새 집이 마음에 든다고 말했다. → 피전달문의 주어가 모두 1인칭이므로 인칭대명사와 한정사의 형태 변화가 일어나지 않았음.]

전달자가 자신의 말을 전달하는 경우가 아니면 인칭대명사와 이에 따른 소유한정사, 그리고 재귀대명사가 대개 1, 2인칭에서 3인칭 형태로 바뀌게 된다.

He said, "**I**'ve forgotten the combination of **my** safe."

→ He said that **he** had forgotten the combination of **his** safe.

[그는 자기 금고의 다이얼 자물쇠 번호를 잊었노라고 말했다. → 피전달문의 주어 I가 전달절의 주어 he를 가리키므로 피전달절에서 he와 his로 바뀌었음.]

"Can **you** wait?" he asked.

→ He asked if **I** could wait.

[그는 내가 기다릴 수 있느냐고 물었다. → 피전달문의 주어 you는 전달자 자신이기 때문에 피전달절에서 I로 바뀌었음.]

"**You**'ll get wet," I said to them.

→ I told them that **they** would get wet.

[나는 그들에게 비를 맞을 것이라고 말했다. → 피전달문의 주어 you가 전달절에 있는 them을 가리키므로 이것이 간접화법에서 they로 바뀌었음.]

"**I**'ll behave **myself**," he promised.

→ He promised that **he**'d behave **himself**.

[그는 올바르게 행동하겠다고 약속했다. → 피전달문의 주어 he와 동일한 대상인 재귀대명사가 모두 전달절의 주어 he를 가리키므로 간접화법에서 I와 myself가 각각 he와 himself로 바뀌었음.]

화법을 바꾸게 되면 그로 말미암아 애매성이 생길 가능성이 있을 수도 있다. 예컨대 다음과 같은 직접화법의 문장에서는 전달절의 주어 Tom과 피전달문의 주어 He가 서로 다른 사람이라는 점이 명백하다. 만약 같은 사람이라면 He가 아니라, I가 되어야 하기 때문이다.

Tom said, "**He** came in through the window."

["그가 창문으로 들어 왔다."라고 톰이 말했다.]

이 문장을 간접화법으로 바꾸게 되면 다음과 같이 된다.

Tom said that **he** had come in through the window.

그 결과 피전달절 that-절의 주어 he가 Tom 자신을 가리키거나 Tom 이외의 다른 사람을 가리키는 것으로 해석될 수 있다. 바로 이러한 점 때문에 간접화법으로 바꿀 때 대명사 he 대신에 예컨대 the man, the burglar, the cat 따위와 같이 구체적인 대상을 가리키는 명사구

를 사용하게 되면 애매성이 완전히 사라지게 된다.[10]

Tom said that $\begin{Bmatrix} \text{the man} \\ \text{the burglar} \\ \text{the cat} \end{Bmatrix}$ had come in through the window.

[톰은 그 사람/도둑놈/고양이가 창문으로 들어왔다고 말했다.]

22.2.2. 시간 부사구

A의 말을 듣고 B가 C에게 전달할 때, 대개 그 말을 전달하는 시간이 다를 수 있다. 그러므로 직접화법에서 피전달문에 포함된 시간 부사구가 간접화법에서는 대개 다음과 같이 일정한 유형으로 전환되는 것이 일반적이다.

직접화법 →	간접화법
now	then, immediately, at once, at that time, right away
today	yesterday, that day, on Tuesday, etc.
yesterday	the day before, the previous day, on Monday, etc.
the day before yesterday	two days before
tomorrow	the next day, the following day, on Thursday, etc.
the day after tomorrow	in two days' time
this week	last week, that week
last week/year, etc.	the previous week/year, in 1990, etc.
next month	the month after, the following month, in August, etc.
an hour ago	an hour before, an hour earlier, at two o'clock, etc.

---

10 Thomson & Martinet (1986: 273).

"I saw her **the day before yesterday**," he said.

→ He said he'd seen her **two days before**.

[그는 이틀 전에 그녀를 만났다고 말했다.]

"I'll do it **tomorrow**," he promised.

→ He promised that he would do it **the next day**.

[그는 그 다음날 하겠다고 약속했다.]

"I'm starting **the day after tomorrow**, mother," he said.

→ He told his mother that he was starting **in two days' time**.

[그는 자기 어머니에게 이틀 뒤에 시작한다고 말했다.]

She said, "My father died **a year ago**."

→ She said that her father had died $\begin{Bmatrix} \text{a year before} \\ \text{the previous year} \end{Bmatrix}$.

[그녀는 자기 아버지께서 한 해 전에/전 해에 돌아가셨다고 말했다.]

그러나 위와 같은 시간 부사구의 전환이 반드시 기계적으로 이루어지는 것은 결코 아니다. 전달하는 상황 변화에 따라 이와 같은 시간 부사구들이 얼마든지 달라질 수 있다. 만약 A가 말한 시간과 C에게 전달하는 시간이 같은 날이거나 같은 기간이면 시간을 나타내는 부사구를 바꿀 필요가 없다. 예컨대, A로부터 말을 들은 시점이 오늘이거나 금주이고, 그 말을 다시 오늘이나 금주에 전달한다고 하면 시간 부사구 today와 this week을 각각 that day와 that week으로 전환시키지 않고 직접화법에 나타난 부사구 표현을 그대로 사용하여야 한다.

At breakfast **this morning** he said, "I'll be very busy **today**."

→ At breakfast **this morning** he said that he would be very busy **today**.

[오늘 아침 식사시간에 그가 오늘 무척 바쁘다고 말했다. → A로부터 피전달문의 내용을 들은 시점과 또 이 말을 전달한 시점이 모두 오늘이기 때문에 this morning과 today가 그대로 나타나고 있음.]

A로부터 들은 말을 하루 이틀이 지난 뒤에 C에게 전달한다면 그에 따라 논리적으로 시간을 나타내는 부사구를 조절하는 것이 필요하게 될 것이다. 예컨대, 만약 재크가 톰에게 다음과 같은 말을 월요일에 했다고 하자.

Jack said to Tom, "I'm leaving **the day after tomorrow**."
["나는 모레, 즉 수요일에 떠난다." 라고 재크가 톰에게 말했다.]

월요일에 이 말을 듣고서 하루가 지난 다음날, 즉 화요일에 C라는 사람에게 간접화법으로 전달한다고 하면 시간 부사구 the day after tomorrow는 당연히 tomorrow가 되어야 하며, 같은 내용을 수요일에 전달한다면 이번에는 tomorrow가 아니라 today로 바뀌게 된다.

Jack told Tom he was leaving $\begin{Bmatrix} \text{tomorrow} \\ \text{today} \end{Bmatrix}$.

[재크가 내일/오늘 떠난다고 톰에게 말했다.]

경우에 따라서는 A의 말이나 생각을 C에게 전달하는 시점이 이보다 더 달라질 수도 있다는 점에 유의하여야 한다. 예컨대, 직접화법의 문장에는 시간 부사구가 yesterday라고 언급되어 있지만, 전달 시점에 따라 간접화법에서는 yesterday, the day before yesterday, three days ago, last week, last month 따위로 바뀌어 나타날 수도 있을 것이다.

또한 시간을 나타내는 경우에 지시한정사 this, these는 대개 that, those로 바뀔 수 있는데, 전달 시점이 동일한 기간일 경우에는 바뀌지 않는다.

He said, "She is coming **this week**."
→ He said that she was coming **that week**.
[그녀가 그 주에 온다고 그가 말했다.]

시간을 가리키는 경우가 아니면 이들 지시한정사 this, these, that, those는 대개 간접화법에서 the로 바뀌게 되지만, 이들이 대명사로 쓰일 경우에는 it, they, them으로 바뀐다.[11]

He said, "I bought **this vase** for my sister."
→ He said he had bought **the vase** for his sister.
[그는 누이동생에게 주려고 그 꽃병을 샀다고 말했다.]
He said, "We will discuss **this tomorrow**."
→ He said that they would discuss $\begin{Bmatrix} \text{it} \\ \text{the matter} \end{Bmatrix}$ **the next day**.

---

11 Declerck (1991: 526).

[그는 그들이 그 문제를 그 이튿날 논의하게 될 것이라고 말했다.]

He showed two banknotes and said, "I found **these** in the closet."
→ He showed two banknotes and said he had found **them** in the closet.
[그는 두 장의 지폐를 보이면서 옷장에서 발견했다고 말했다.]

또한 경우에 따라서는 이러한 지시사가 보다 더 구체적인 대상을 가리키는 어구로 바뀌어 나타나기도 한다. 예컨대, 다음의 직접화법에서 피전달문에 나타난 this one을 간접화법으로 바꿀 때 that one으로 바꾸는 것보다 the one nearest to him 따위와 같이 나타내면 그 지시 대상이 무엇을 가리키는지 보다 더 선명해진다.

"I'll take **this one**," he said.
→ He said he would take **the one nearest to him**.
[그는 자기에게 가장 가까운 곳에 있는 것을 갖겠다고 말했다.]

22.2.3. 장소 부사구

장소를 나타내는 부사구도 전달하는 장소에 따라 here가 there로 바뀌거나, 그 반대로 there가 here로 바뀔 수도 있다. 예컨대, 말을 듣는 장소와 그 말을 전달하는 장소가 다르면 바뀌게 된다. 만약 정거장에서 다음의 직접화법의 문장으로 표현된 말을 듣고, 다른 장소에서 이 말을 전달했다면 다음과 같이 장소를 나타내는 부사구가 달라진다. 그러므로 다음 두 문장에서 here와 there는 모두 정거장을 뜻하지만, 두 번째 문장은 다른 곳에서 말하고 있음을 뜻한다.

He said, "I'll be **here** again tomorrow."
→ He said that he'd be **there** again the next day.
[그는 그 이튿날 다시 거기에 가겠다고 말했다.]

그러나 말을 들은 장소와 전달하는 장소가 같다면 장소 부사구의 변화가 일어나지 않는다.

She said to me, "You can leave your hat **here**."
→ She told me that I could leave my hat **here**.

[그녀는 내게 내 모자를 여기에 두어도 좋다고 말했다. → 말을 들은 장소와 전달하는 장소가 같은 곳이므로 here가 there 등으로 바뀌지 않고 있음.]

대개 here가 장소를 나타내는 다른 부사구로 전환되어야 한다. 예컨대, 대화의 상황에 따라서 here가 가리키는 장소가 어디를 뜻하는지 명백하면 그 장소를 뜻하는 부사구로 전환되어야 한다. 따라서 위의 문장은 She told me I could leave my hat **on the table/rack/couch**.(그녀는 모자를 테이블/선반/소파에 두어도 좋다고 내게 말했다.) 따위와 같이 말할 수 있다.

She said, "You can sit **here**, Tom."
→ She told Tom that he could sit **beside her**.
[그녀는 톰에게 자기 곁에 앉아도 좋다고 말했다. → 장소 부사구가 보다 구체적으로 드러나 있음.]

또는 예컨대 전기 기사에게 전화를 걸어 전기를 고쳐달라고 하고, 이에 대하여 전기 기사가 한 말을 자기 집에서 다른 사람에게 전달하고 있다면 이에 따라 장소 부사구는 다음과 같이 바뀌게 된다.

The electrician says, "I'll be **at your house** at nine tomorrow morning."
→ The electrician says that he'll be **here** at nine tomorrow morning.
[전기 기사는 내일 오전 9시에 여기에 오겠다고 말한다.]

22.2.4. 법조동사

1) 전달하고자 하는 원래의 말에 법조동사가 없더라도 전달하고자 내용에 따라 적절한 법조동사를 보충하여 전달할 수 있다. 예컨대 직접화법의 문장에 포함된 are not allowed to가 갖는 뜻에 따라 간접화법의 문장에서 법조동사 must not이 포함될 수 있다.

You**'re not allowed to** smoke here.
→ She told me that I **mustn't** smoke here.
[여기서 담배를 피우면 안 된다고 그녀가 내게 말했다.]

2) 제의, 제안, 또는 조언을 요구하는 경우에 shall이 간접화법에서 should로 바뀐다.

"**Shall** I speak to him in person?" she asked.
→ She asked whether she **should** speak to him in person.
　　[그녀는 그에게 직접 말해야 하는지 물었다.]

can, may, will은 간접화법에서 각각 could, might, would로 바뀌지만, 이것은 시간 또는 가능성의 정도의 차이를 나타내는 것이 아니라, 시제의 일치에 따른 변화의 결과에 불과하다.

"You **may** be able to answer this question," he told her.
→ He told her that she **might** be able to answer that question.
　　[그는 그녀가 그 문제에 대답할 수 있을 것이라고 그녀에게 말했다.]
"I **won't pay** another penny," I said.
→ I said that I **wouldn't pay** another penny.
　　[나는 한 푼도 더 지불하지 않겠다고 말했다.]
"Persistence **can** overcome all obstacles," she said.
→ She said persistence $\begin{Bmatrix} \text{can} \\ \text{could} \end{Bmatrix}$ overcome all obstacles.
　　[끈질긴 정신이 모든 장애를 여겨낼 수 있다고 그녀가 말했다.]

should와 shouldn't가 바람직스러움, 의무, 가능성을 가리키는 경우에는 간접화법에서 바뀌지 않는다.

"You **should see** a specialist," he told me.
→ He told me that I **should see** a specialist.
　　[그는 전문의를 만나봐야 한다고 내게 말했다.]
"You **shouldn't smoke** in the bedroom," he told them.
→ He told them that they **shouldn't smoke** in the bedroom.
　　[그는 그들에게 침실에서 담배를 피워서는 안 된다고 말했다.]

would, could, might, ought to, had better, used to는 시간의 차이에 따라 형태를 달

리 나타낼 수 있는 것이 아니므로, 모든 경우에 간접화법에서 바뀌지 않는다.

"I **would** like an appointment tomorrow," I said to my dentist.
→ I told my dentist that I **would** like an appointment the next day.
  [나는 치과의사에게 그 이튿날 만날 약속을 하고 싶다고 말했다.]
"You **ought to** slow down a bit," the doctor told him.
→ The doctor told him that he **ought to** slow down a bit.
  [의사는 그에게 일을 좀 덜 해야 한다고 말했다.]
"I know the place well because I **used to** live here," he explained.
→ He explained that he knew the place well because he **used to** live there.
  [그는 그곳에 살았기 때문에 그 지역을 잘 안다고 설명했다.]

had better는 2인칭 이외의 주어와 같이 쓰이면 변하지 않는다. 그러나 2인칭 주어 you에 수반될 경우에는 이것을 그대로 사용하거나, 또는 advise 다음에 주어를 수반한 부정사절 구조로 전달될 수도 있다.

"The children **had better** go to bed early," said Tom.
→ Tom said that the children **had better** go to bed early.
  [톰은 애들이 일찍 자야 한다고 말했다.]
"**You had better** not drink the water till it has been boiled," she said.
→ She **advised us** not **to drink** the water till it had been boiled.
  [그녀는 우리에게 끓여지기 전에는 그 물을 마시지 말라고 조언해 주었다.]

must는 과거의 피할 수 없는 의무를 나타내는 간접화법에서 쓰이는데, 이 대신에 had to와 be to도 쓸 수 있다.

"You **must be** in by ten tonight," his parents told him.
→ His parents told him he $\left\{ \begin{array}{c} \text{must} \\ \text{had to} \end{array} \right\}$ be in by ten that night.
  [그의 부모님께서는 그날 저녁 그가 10시까지 돌아와야 한다고 말했다.]
I **must** decide now.
→ He said he **must** decide at once.

화법(Narration)　345

[그는 즉시 결정을 내려야 한다고 말했다.]

'논리적 필연성', 즉 '…임에 틀림없다'는 뜻을 나타내는 경우에는 대개 had to로 바뀌지 않는다.

"You **must be** hungry," he said.
→ He said they **must be** hungry.
[그는 그들이 배고팠을 것이라고 말했다.]
"George **must be** a fool to behave like that," he said.
→ He said George **must be** a fool to behave like that.
[조오지가 그렇게 행동하는 걸 보니 틀림없이 바보라고 그가 말했다.]

must have나 could have 따위와 같은 완료형 법조동사는 바뀌지 않는다.

"I **must have slept** through the alarm," she said.
→ She said she **must have slept** through the alarm.
[자명종 소리를 듣고도 깨어나지 못했을 것이라고 그녀가 말했다.]

'…할 필요가 없다'는 뜻을 나타내는 needn't가 그대로 간접화법에 쓰이거나, didn't have to로 바뀔 수도 있다.

"You **needn't** come in tomorrow," the boss said.
→ The boss said I $\left\{ \begin{array}{c} \textbf{needn't} \\ \textbf{didn't have to} \end{array} \right\}$ come in tomorrow.
[사장께서는 내가 내일 출근하지 않아도 된다고 말했다.]

22.3. 과거 추이

시제가 분명한 직접화법의 문장이 간접화법으로 바뀌게 될 때에는 전달동사의 영향을 받아 피전달절의 동사에 과거 추이(過去推移: backshifting) 현상이 나타나게 된다. 즉, 피전달절의 동사가 전달동사보다 한 단계 더 먼 과거 시간으로 되돌아가는 현상이 나타나는데,

이러한 현상은 시제의 일치(時制一致: sequence of tenses)로 반영된다.[12]

22.3.1. 시제의 일치

직접화법을 간접화법으로 전환시키는 경우에는 대개 피전달문에서 동사가 나타내는 시점과 A의 말을 C에게 전달하는 시점이 다르다. 예컨대, He **said**, "he **saw** her yesterday."의 경우에 전달동사와 피전달문에 나타난 동사가 모두 said와 saw로 같은 형태로 나타나 있지만, 피전달문의 주어가 그 여자를 만난 시점과 전달자가 이 말을 전하는 시점이 서로 다르다. 현시점에서 보면 전달자가 말을 전한 시간은 과거이고, 그가 그녀를 만난 시점은 그 이전 시간, 즉 과거완료가 되어야 한다. 바로 이와 같이 전달동사의 시제형에 따라 피전달문의 동사가 시제의 차이를 나타낼 수 있는 경우에는 일정한 규칙의 적용을 받아 일정하게 바뀌는 시제의 일치가 이루어지게 된다. 그러므로 간접화법으로 바뀔 때에는 피전달문의 동사의 시제형이 다음 예에서 보는 바와 같이 한 단계씩 이전 단계로 옮아가게 된다.

직접화법	→	간접화법에서의 과거 추이
현재(진행)		과거(진행)
과거		과거(완료)
현재완료		과거완료
과거완료		과거완료

Yuko said, "I **don't want** to go."
→ Yuko said that she **didn't want** to go.

---

[12] The standard textbook treatment of the sequence-of-tenses rule, in both descriptive and pedagogical grammars, says that the tense in reported clauses is in some sense controlled by the tense in the reporting clause such that when the reporting verb is in the past tense, the verb in the reported clause must "backshift." — Celce-Murcia & Larsen-Freeman (1999: 689); When the time reference of the original utterance (or mental activity) no longer applies at the same time that the utterance (or mental activity) is reported, it is often necessary to change the tense forms of the verbs. Such a change of verb forms in indirect speech is termed BACKSHIFT. The resulting relationship of verb forms in the reporting and reported clauses is known as the SEQUENCE OF TENSES. The changes can be illustrated best if we postulate an exact correspondence for the reporting clauses of direct and indirect speech. — Quirk et al. (1985: 1026).

[유꼬는 가고 싶지 않다고 말했다.]

She **is moving** this week.

→ He said she **was moving** that week.

[그는 그녀가 그 주에 이사한다고 말했다.]

"The exhibition **finished** last week," explained Ann.

→ Ann explained that the exhibition $\begin{Bmatrix} \text{finished} \\ \text{had finished} \end{Bmatrix}$ the previous week.

[앤은 그 전시회가 그 이전 주에 끝났다고 설명했다.]

"I **have lived** in the south for years," Mrs Duncan said.

→ Mrs Duncan told me that she **had lived** in the south for years.

[던컨 부인께서는 오랫동안 남부 지방에 살았노라고 내게 말했다.]

"You **were attacked** by someone and your car was stolen too," the detective explained patiently.

→ The detective explained patiently that he **had been attacked** by someone and that his car **had been stolen** too.

[그 형사는 침착하게 그가 어떤 사람의 공격을 받았으며, 또한 그의 자동차도 도난당했다고 설명 했다.]

이상과 같은 예에서 보는 바와 같이, 영어에서는 직접화법의 피전달문에 나타난 과거, 현재완료와 과거완료 형태가 간접화법에서는 모두 과거완료 한 가지로 중화(中和: neutralization)[13]된다.

그렇지만 시간의 전후 관계를 뚜렷이 내세우고자 하는 경우가 아니라면 대개 피전달문의 과거시제형을 과거완료형으로 바꾸지 않아도 된다.

"I **lived** in Scotland in the 1970s," Mrs Duncan said.

→ Mrs Duncan said that she $\begin{Bmatrix} \text{lived} \\ \text{had lived} \end{Bmatrix}$ in Scotland in the 1970s.

---

13 중화란 일정한 환경에서 서로 구별되지 않고 한 가지로 변하는 것을 말한다. 여기서는 직접화법에서는 과거, 현재완료, 과거완료와 같이 서로 다르지만, 간접화법으로 전환될 때에는 이들이 모두 과거완료 한 가지로 변하여 서로 구별이 되지 않는 것을 말한다. 또한 write와 ride라는 두 단어에서 각각 마지막에 있는 두 개의 소리 [t]와 [d]는 서로 다르지만, 이 두 단어에 -er를 첨가하여 writer와 rider가 되면 결국 두 단어에서 [t]와 [d] 두 개의 소리가 변하여 결국 모두 같아지는 것을 말한다.

[던컨 부인께서는 1970년대에 스코틀랜드에 살았었다고 말했다. → 피전달문에 나타난 전치사구 in the 1970s 자체로서 전달동사가 나타내는 시간 이전임을 알 수 있음.]

He said, "Ann **arrived** on Monday."

→ He said that Ann $\begin{Bmatrix} \textbf{arrived} \\ \textbf{had arrived} \end{Bmatrix}$ on Monday.

[그는 앤이 월요일에 도착했다고 말했다. → 피전달문에 나타난 전치사구 on Sunday에 의해 전달동사보다 이전 시간임을 나타내 주고 있음.]

이처럼 상황이 일어난 상대적인 시간에 혼동이 생기지 않는다면 피전달문에 나타난 과거시제형을 그대로 쓸 수 있다. 그러나 다음과 같은 예에서는 이러한 설명이 적용될 수 없다.

He said, "I **loved** her."

→ He said that he **had loved** her.

[그는 그녀를 사랑했었다고 말했다.]

이 경우에 had loved라고 하지 않고, loved라고 하게 되면 A라는 사람이 전달하는 바로 그 시점에 자신이 그녀를 사랑하고 있다는 뜻으로 해석될 될 수도 있기 때문이다. 즉, He said he **loved** her.를 직접화법으로 바꾸게 되면 He said, "I **love** her."가 되기 때문이다.

22.3.2. 시제의 일치에 대한 예외

시제의 일치 규칙에 따라 과거 추이가 반드시 기계적으로 이루어지는 것은 아니다. 화법 전환에서 과거 추이의 규칙을 한층 더 어렵게 만드는 것은 이에 대한 예외가 있다는 점이다. 그렇다고 이러한 예외적인 사항에 대하여 완전히 만족할만한 통일된 규칙이 있는 것도 아니다. 주목할 만한 몇 가지 예외적인 경우를 들어보기로 한다.

1) 전달동사가 단순 현재시제형이거나, 현재진행형, 또는 현재완료형 등 현재 시간과 관련된 경우에는 피전달문의 동사형은 아무런 영향도 받지 않는다. 따라서 피전달문의 동사는 간접화법에서 원래 그대로 나타난다.

She says, "I **am leaving** tomorrow."

→ She **says** that she **is leaving** tomorrow.

[그녀는 내일 떠난다고 말하고 있다.]

Tom **says** that he**'ll never get** married.

[톰은 절대로 결혼하지 않겠다고 말하고 있다.]

She **has said** that she **watches** TV every day.

[그녀는 매일 TV를 본다고 줄곧 말해 왔다.]

She **says** that she **left** yesterday.

[그녀는 자신이 어제 떠났다고 말한다. → She says, "I left yesterday."]

Bill **says** that he**'s lost** his key.

[빌은 열쇠를 잃어버렸다고 말한다.]

이처럼 전달절의 동사가 현재형이 쓰이는 것은 대개

(a) 아직도 진행 중인 대화 내용을 전달하는 경우,
(b) 편지를 읽으면서 그 내용을 전달하는 경우,
(c) 설명서를 읽으면서 그것을 전달하는 경우,
(d) 어떤 사람이 자주 반복적으로 하는 말을 전달하는 경우 등이다.[14]

2) 피전달문에서 진술하는 내용이 말을 전달하는 시점에서도 여전히 사실이라고 여겨지는 경우에는 피전달문에 나타난 동사 형태는 현재시제형이나 미래 표현을 과거형이나 과거완료형으로 바꾸지 않고 그대로 나타낼 수 있다.[15] 다시 말하자면, 이와 같은 상황을 전달하는 경우에는 과거 추이가 '선택적'(optional)이다.

---

14 Thomson & Martinet (1986: 269).

15 If somebody talked about a situation that has still not changed — that is to say if the original speaker's present and future are still present and future — a reporter can often choose whether to keep the original speaker's tenses or to change them, after a past reporting verb. Both structures are common.
— DIRECT: *The earth **goes** round the sun.*
   INDIRECT: *He proved that the earth* $\begin{Bmatrix} goes \\ went \end{Bmatrix}$ *round the sun.*
— Swan (2005: 251); However, the changes of tenses in the dependent clause, though usual, are not obligatory if the reported fact is still valid, so that *He said the shop is shut*, *He said he will come* are quite acceptable if, when those statements are made, the shop still is shut, he still will come, and so on. — Close (1992: 89). See also Quirk et al. (1985: 1027-1028) and Yule (2011: 272).

John said, "I'm ill."
→ John **said** that he **is** ill.
　　[존은 아프다고 말했다.]

간접화법으로 바꾼 문장의 피전달절에서 동사형을 바꾸지 않고 그대로 현재시제형으로 전달할 수 있다. 이렇게 되면 이 말을 전달하는 시점에서도 존이 여전히 아픈 상태라는 사실을 말하는 것이 된다.
　다음 두 예는 서로 상반된 상황을 나타내는 것이며, 이에 따라 동사의 시제형 선택에 차이를 보이고 있다.

"I **am** a citizen, not of Athens, but of the world," said Socrates.
→ Socrates **said** that he **was** a citizen, not of Athens, but of the world.
　　[자신은 아테네 시민이 아니라, 세계의 시민이라고 소크라테스가 말했다.]
"Nothing **can** harm a good man," said Socrates.
→ Socrates **said** that nothing $\begin{Bmatrix} \text{can} \\ \text{could} \end{Bmatrix}$ harm a good man.
　(Quirk et al. 1985: 1027)
　　[선한 사람에게 해를 끼칠 수 있는 것은 아무것도 없다고 소크라테스가 말했다.]

처음 예는 지금은 이미 과거가 되어버린 상황을 말하는 것이기 때문에 시제의 일치 원칙을 따라 피전달절의 동사가 현재형에서 과거형으로 바뀌어야 한다. 반면에 두 번째 예에서는 피전달절의 내용이 소크라테스가 살았던 시절이나 지금이나 시간을 초월해서 사실적인 내용을 전달하고 있는 것이기 때문에 과거 추이가 선택적으로 이루어져 과거형과 현재형이 모두 가능한 것이다.
　다음과 같은 예들도 위와 같은 설명이 그대로 적용될 수 있다. 그러므로 다음과 같은 문장에서 피전달문의 동사가 과거 추이가 이루어져 과거형이 쓰일 수 있다.

A Foreign Minister spokesman **said** government policy **is** not to sell arms to sensitive areas.
　　[정부 방침은 불안정한 지역에는 무기 판매를 하지 않는다고 외무부 대변인이 말했다.]
I **told** you no one **can cross** it.
　　[어느 누구도 그것을 건널 수 없다고 내가 너에게 말했다.]

I **told** you the road **is** closed.
[도로가 봉쇄되어 있다고 내가 너에게 말했다.]
The waiter **told** me that lunch **is being served**.
[웨이터는 지금 점심 식사가 나오고 있다고 내게 말했다.]
They **thought** that prison conditions **have improved**.
[그들은 교도소의 형편이 개선되었다고 생각했다.]

만약 전달 내용이 반드시 사실일 것이라는 점을 확신하지 못하거나, 제시된 상황이 여전히 존재하고 있지 않을 것이라는 점을 내세우고자 하는 경우에는 과거시제형을 더 선호한다. 따라서 다음 두 개의 문장 중 첫 번째 문장에서 전달 내용을 현재시제형으로 나타낸 것은 사라가 이 말을 전달하는 시점에도 여전히 집 두 채를 갖고 있다는 점을 명백히 내세우고자 하는 것이 된다. 반면에, 두 번째 문장에서 that-절의 동사가 과거시제형으로 쓰인 것은 전달 시점에서는 그렇지 않을 것이라고 생각되기 때문이다.

Sarah **told** me that she **has** two houses.
Sarah **told** me that she **had** two houses.
[사라는 집 두 채를 가지고 있다고 말했다.]

전달동사가 과거시제형일지라도 피전달문이 '영속적인' 사실, 즉 시간을 초월하여 항상 사실적인 내용을 나타내고 있는 것이라면 현재시제형을 사용한다. 이러한 경우에도 시제의 일치의 원칙의 영향을 받지 않는 것은 이 말을 전달하는 시점에서도 여전히 그 내용이 사실적이기 때문이다.

Copernicus **concluded** that the earth **goes** round the sun.
[코페르니쿠스는 지구가 태양의 둘레를 돈다고 결론을 내렸다.]
Their teacher **had told** them that the earth **moves** round the sun.
[그들의 선생님께서는 지구가 태양의 둘레를 돈다고 말했었다.]

그러나 원래의 화자 A가 한 말에 대하여 전달자 자신이 현재 동의하지 않는다고 한다면 피전달문에서 원래의 화자 A가 사용한 시제형을 사용하지 않는다. 그러므로 다음 문장에서는 현재시제형이 쓰이지 않고, 시제의 일치 원칙에 따라 과거시제형이 쓰여야 한다.

The Greeks **thought** the sun **went** round the earth.
[희랍인들은 태양이 지구의 둘레를 돈다고 생각했다. → 태양이 지구의 둘레를 돈다는 것은 현시점에서 보아 사실이 아니기 때문에 went 대신에 goes를 쓸 수 없음.]

또한 과거의 역사적 사실을 나타내는 내용일 때에는 과거형이 과거완료 형태로 바뀌지 않는다. 이것은 전달자가 전달하는 시점을 기준으로 해서 보면 과거의 사건을 전달하고 있는 것이기 때문이다. 즉, 전달하는 그 시점에서 보면 그 사건이 2000년 전에 일어난 사건이거나, 10년 전에 일어난 사건이 모두 동일한 과거시 영역에서 일어난 것으로 포착되는 것이다.

The teacher said, "Two Americans **landed** on the moon in 1969."
→ The teacher **said** that two Americans **landed** on the moon in 1969.
[두 명의 미국인이 1969년에 달에 착륙했다고 선생님께서 말씀하셨다.]

(3) 가정법 문장에서는 직접화법에서 간접화법으로 바뀌더라도 동사형이 바뀌지 않는 것이 보통이다.

wish, would $\begin{Bmatrix} \text{rather} \\ \text{sooner} \end{Bmatrix}$ 와 it is time 다음에서는 비사실적 과거시제형이 간접화법에서도 변하지 않는다.

"I **wish** I **had** a dog," said my sister.
→ My sister **said** she **wished** she **had** a dog.
[내 누이동생은 개를 한 마리 가졌으면 좋겠다고 말했다.]
"Bill wants to go alone," said Ann, "but I**'d rather** he **went** with a group."
→ Ann **said** that Bill wanted to go alone but that she**'d rather** he **went** with a group.
[앤은 빌이 혼자 가고 싶어 하지만, 자신은 그가 일행들과 같이 갔으면 한다고 말했다.]
"It's time we **began** planning our holidays," he said.
→ He said that **it was time** they **began** planning their holidays.
[그들이 휴가 계획을 세우기 시작해야 할 때라고 그가 말했다.]

명령적 가정법(mandative subjunctive mood), 즉 '요구'의 뜻을 나타내는 동사, 예컨대

demand, insist, order, suggest 등에 수반되는 that-절에는 가정법 동사가 쓰이기 때문에 과거시제형으로 바뀌지 않는다.

"We **insisted** that he **leave** at once," she said.
→ She said that they $\begin{Bmatrix} \text{insisted} \\ \text{had insisted} \end{Bmatrix}$ that he **leave** at once.
[그들은 그가 당장 떠나야 한다고 주장했다고 그녀가 말했다.]

피전달문이 조건문일 때 직접화법과 간접화법에서 시간상의 차이가 있으면 가정법 과거가 가정법 과거완료 형태로 바뀐다. 만약 다음과 같이 전달절의 동사가 과거시제형이고, 피전달문이 가정법 과거일 때 간접화법으로 전환한 문장에서 가정법 과거시제형으로 그대로 나타내게 되면 현재의 가상적인 상황을 말하는 뜻으로 해석될 수 있다.

"If he **were** here, he **would vote** for the motion," he said.
→ He said that if he **had been** there, he **would have voted** for the motion.
[만약 그가 거기에 있었더라면 그 동의안에 찬성투표를 했을 것이라고 그가 말했다.]
"If she **stayed** another day, he **would drive** her home," he said.
→ He told me that if she **had stayed** another day, he **would have driven** her home.
[만약 그녀가 하루만 더 머물렀다면 그가 그녀를 집까지 태워다 주었을 것이라고 그가 내게 말했다.]

만약 가정법 형식으로 나타난 피전달문의 진술 내용이 간접화법으로 전달하는 그 시점에서도 여전히 사실일 경우, 즉 표출 내용이 이미 지나간 과거의 상황을 나타내는 것이 아니라 전달하는 시점에서도 여전히 진행되고 있는 상황일 경우에는 과거시제형을 그대로 쓸 수 있다.

"If my children **were** older I **would emigrate**," he said.
→ He said that if his children **were** older he **would emigrate**.
[그는 애들이 좀 더 나이가 들었으면 이민을 갈 것이라고 말했다.]
"If I **were** in New York, I **would visit** the current exhibition at the Metropolitan Museum," he said.

→ He said that if he **were** in New York, he **would visit** the current exhibition at the metropolitan Museum.
   [만약 그가 뉴욕에 있다면 메트로폴리탄 박물관에서 현재 진행 중인 전시회를 가볼 것이라고 말했다.]

"If we **went** by a car, we**'d get** there in time," I said.

→ I said that if we **went** by car we**'d get** there in time.
   [자동차로 가면 시간 내에 거기에 도착할 것이라고 내가 말했다.]

'조언'의 뜻을 나타내는 직접화법은 보통 advise + 목적어 + 부정사절 구조로 전달된다.

"If I **were** you, I**'d wait**," I said.

→ I **advised** him to wait.
   [나는 그에게 기다리라고 조언했다.]

가정법 현재를 나타내는 조건문에서 if-절의 동사가 직설법 현재시제형이고, 전달절의 동사가 과거시제형이면 시제의 일치 원칙에 따라 if-절의 동사도 과거시제형으로 변한다. 이것은 if-절이 가정법 형태를 빌었을 뿐, 실제로는 가정적인 뜻을 나타내는 것이 아니기 때문이다.

He said, "If your brakes **are** bad don't drive so fast."

→ He said that if my brakes **were** bad I shouldn't drive so fast.
   [그는 내 자동차의 브레이크 상태가 좋지 않으면 그토록 과속하지 말라고 했다.]

"If you **pass** your test, I**'ll buy** you a car," he said.

→ He said that if I **passed** my test he **would buy** me a car.
   [그는 만일 내가 시험에 합격하면 자동차를 사주겠다고 말했다.]

또는 위의 첫 직접화법의 문장을 다음과 같이 advise 다음에 주어를 수반한 부정사절 구조로도 전달할 수 있다.

He said, "If your brakes **are** bad don't drive so fast."

→ He **advised me not to drive** so fast if my brakes **were** bad.

[브레이크 상내가 좋지 않으면 그토록 과속하지 말라고 조언을 해주었다.]

22.4. 문장 유형과 간접화법

피전달문이 진술문은 물론, 의문문, 명령문, 감탄문 등 문장의 각종 유형으로도 나타나며, 이에 따라 간접화법으로 전환하는 방식도 다소 다르게 나타난다.

22.4.1. 진술문

피전달문이 진술문일 경우에는 전달절의 동사 say는 대개 그대로 바뀌지 않는다. 그러나 전달절에 전달받는 사람이 나타난 say to는 그대로 나타나거나 tell로 바뀌고, 피전달문을 이끄는 접속사 that이 수반된다.

She said, "My father died a year ago."
→ She said that her father had died the previous year.
  [그녀는 자기 아버지께서 그 전 해에 돌아가셨다고 말했다.]

피전달문을 이끄는 접속사 that이 say 뒤에서는 흔히 생략된다.

He said (that) he was waiting for Ann.
  [그는 앤을 기다리고 있다고 말했다.]
He explained that he never ate meat.
  [그는 절대로 고기를 먹지 않는다고 설명했다.]
"It will take longer," Bill pointed out.
→ Bill pointed out that it would take longer.
  [빌은 시간이 더 오래 걸릴 것이라는 점을 지적했다.]

22.4.2. 의문문

피전달문이 wh-의문문으로 나타난 문장을 간접화법으로 전환할 때 의문사는 그대로 반복되며, 그 이외에는 진술문에서와 같은 변화가 필요하다. 그러므로 시제, 대명사와 소유한정사, 시간과 장소의 부사구가 진술문에서처럼 바뀔 수 있다. 그리고 의문문의 어순이 진술문의 어순으로 바뀌어 간접 의문사절의 형식을 취하므로 의문사 + 주어 + 동사 ...의 어순이 된다. 전달절의 동사 say는 간접화법에서 대개 ask, inquire, wonder, want to know 따위로 바뀐다. ask, inquire, wonder 따위의 동사들은 직접화법의 전달동사로도 쓰이며, 보통 문미에 놓인다. 그리고 의문문이 간접화법으로 바뀌게 되면 의문부호는 없어진다.

He said, "Where does she live?"
→ He asked where she lived.
[그는 그녀가 어디에 사느냐고 물었다.]
"What shall I say, mother?" she said.
→ She asked her mother what she should say.
[그녀는 자기 어머니에게 무엇이라고 말해야 하느냐고 물었다.]
He said, "Mary, when is the next train?"
→ He asked Mary when the next train was.
[그는 메리에게 다음 열차가 몇 시에 있느냐고 물었다.]
"Where is the station?" he inquired.
→ He inquired where the station was.
[그는 정거장이 어디냐고 물었다.]
"When will the plane leave?" I wondered.
→ I wondered when the plane would leave.
[비행기가 언제 떠나는지 궁금했다.]

진술문 어순으로 나타난 의문문은 간접화법에서 어순이 바뀌지 않는다. 즉, 의문사 자체가 의문문의 주어일 경우에는 간접화법에서 어순의 변화가 일어나지 않는다.

"Who lives next door?" he said
→ He asked who lived next door.
[그는 누가 이웃에 사느냐고 물었다.]

ask는 간접목적어로서 청자를 수반할 수 있지만, inquire, wonder, want to know 등은 청자를 수반하지 않는다.

화법(Narration)

He asked, "What have you got in your bag?"
→ He asked **me** what I had got in my bag.
[그는 내 가방에 무엇이 들어 있느냐고 물었다. → asked 다음에 청자가 나타나 있음.]

2) 의문사가 없는 의문문, 즉 yes/no 의문문이 피전달문이면 간접화법에서 if나 whether가 쓰이게 된다.

"Is anyone there?" he asked.
→ He asked { if / whether } anyone was there.
[그는 거기 누가 있는지 물었다.]

대개 if나 whether를 모두 쓸 수 있지만, if가 더 보편적이다. 그러나 선택의 뜻을 강조하려고 할 경우에는 오히려 whether를 사용하는 편이다.

"Do you know Bill?" he said.
→ He asked { if / whether } I knew Bill.
[그는 내가 빌을 아는지 물었다.]

"Did you see the accident?" the policeman asked.
→ The policeman asked { if / whether } I had seen the accident.
[그 경찰관은 내가 그 사건을 목격했는지 물었다.]

"Do you want to go by air or by sea?" the travel agent asked.
→ The travel agent asked **whether** I wanted to go by air or by sea.
[여행사 직원은 내가 비행기로 가고 싶은지 배로 가고 싶은지 물었다.]

전달동사가 wonder, want to know이면 피전달문으로 whether + to-부정사절도 가능하다.

"Should I tell her the news?" he **wondered**.
→ He **wondered whether to tell** her the news.
→ He wondered whether he should tell her the news.

[그는 그녀에게 그 소식을 말해야 할지 알 수 없었다.]

will you, would you, could you로 시작되는 요구나 초대의 뜻을 나타내는 의문문의 간접화법은 $\begin{Bmatrix} \text{if} \\ \text{whether} \end{Bmatrix}$ 로 시작되는 절 구조로 나타낼 수 있지만, 이보다 오히려 ask + 명사구 + to-부정사절 구조를 사용하는 것이 보다 더 보편적이다.

    Will you step aside, please?
    → He asked me **if I would step aside**.
    → He asked me to step aside.
        [그는 자리를 좀 비켜 달라고 요청했다.]
    "Would you like to have lunch with me tomorrow?" he said.
    → He invited me to have lunch with him the following day.
        [그는 나에게 그 이튿날 점심 식사를 같이 하자고 했다.]
    Could you fetch a chair?
    → He asked me to fetch a chair.
        [그는 나에게 가서 의자를 가져오라고 했다.]

마찬가지로, '제의'나 '권유'를 나타내는 will you로 시작되는 의문문 구조에 대한 간접화법에는 ask를 사용한 if-절이나, offer나 invite와 같은 동사 다음에 to-부정사절을 사용하여 전달할 수 있다.

    Will you have some tea?
    → He asked me if I would have some tea.
    → He invited me to have some tea.
        [그는 내게 차를 좀 마시라고 권했다.]

22.4.3. 명령문

피전달문이 명령문 형식으로 표출된 직접화법을 간접화법으로 전환시킬 때에는 다음과 같은 방식으로 바뀐다.
  1) 명령문을 전달할 때에는 demand나 insist와 같은 '요구'의 뜻을 가진 동사들이 전달동

사로 쓰이며, 이 다음에 피전달문이 that-절로 나타난다. 특히 이런 경우에 that-절에는 법조동사 should가 생략되며,[16] 따라서 that-절의 동사는 시제의 일치에 따른 규칙 적용을 받지 않고 가정법 동사형으로 항상 동사 원형이 쓰인다.

"Please, don't interrupt me," he asked.
→ He $\begin{Bmatrix} \textbf{asked} \\ \textbf{urged} \end{Bmatrix}$ that we (**should**) not interrupt him.
　　[그는 우리에게 자기를 방해하지 말라고 요구했다.]

"Please go away!"
→ He $\begin{Bmatrix} \textbf{asked} \\ \textbf{insisted} \end{Bmatrix}$ that I go away.
　　[그는 나에게 가라고 했다.]

명령문이 보통의 동사 say나 tell 다음에 that-절로 전달되기도 한다. 이런 경우에 that-절에는 should, must, have to와 같은 '의무'의 뜻을 나타내는 법조동사 또는 준조동사 be to가 쓰인다.

"Please go away!"
　→ He said that I **should go** away.
　→ He told me that I **should go** away.
　　　[그는 내게 가라고 말했다.]
"Hurry up!," she said (to us).
　→ She said that we **were to** hurry up.
　　　[그녀는 우리가 서둘러야 한다고 말했다.]

2) 그러나 전달동사로서 대개 다음과 같은 동사를 사용하여

> advise, ask, beg, command, encourage, entreat, forbid, implore, invite, order, recommend, remind, request, tell, urge, warn, yell, etc.

16　상위절의 동사가 '요구'의 뜻을 나타내는 것이면 that-절에서 should가 생략되고 동사가 가정법 현재형으로 쓰인다. → 16.3.3.1(타동사 + that-절) 참조.

피전달문인 명령문을 to-부정사절로 풀어쓰는 것이 보다 보편적일 것이다. 이 경우에 말을 듣는 사람은 이 동사의 목적어로서 부정사 앞에 놓이게 된다. 대개 명령이나 요구 등을 나타내는 직접화법에서는 청자가 언급되지 않는다. 예컨대, He said, "Go away!" 따위와 같은 명령이나 요구 등을 나타내는 직접 명령문을 전달할 때에는 다음과 같이 상황에 맞는 부정사절의 주어로서 명사구가 부정사 앞에 첨가되어야 한다.

He told $\begin{Bmatrix} \text{me} \\ \text{him} \\ \text{the children} \end{Bmatrix}$ to go away.

[그는 내게/그에게/그 어린이들에게 가라고 말했다.]

"Please go away!"

→ He told **me** to go away.

[그는 내게 가라고 말했다.]

He said, "Get your coat, Tom!"

→ He told **Tom** to get his coat.

[그는 톰에게 코트를 입으라고 말했다.]

"Do eat more slowly," she begged the child.

→ She begged **the child** to eat more slowly.

[그녀는 그 어린이에게 좀 더 천천히 먹으라고 했다.]

"Turn off the gas!," he yelled.

→ He yelled **to me** to turn off the gas.

[그는 나에게 가스 불을 끄라고 소리를 질렀다.]

"Do not forget to mail the letter," said his mother.

→ His mother reminded **him** to mail the letter.

[그의 어머니께서 편지 부칠 것을 잊지 않도록 일러 주었다.]

전달동사가 ask이면 간접목적어를 수반하지 않을 수도 있는데, 이러한 경우에는 부정사절의 주어에 차이가 생긴다. 즉, 부정사절의 주어가 나타나지 않으면 상위절의 주어가 곧 부정사절의 주어가 되지만, 부정사절의 주어가 나타나면 그것은 상위절의 주어와 달라진다.

May I sit down?

→ Peter **asked to sit** down.

화법(Narration)

[피터는 앉게 해달라고 요청했다. → asked의 주어와 부정사절 to sit down의 주어가 동일하기 때문에 부정사절의 주어가 나타나지 않고 있음.]

Please sit down.
→ Peter **asked me to sit down**.
[피터는 나에게 앉으라고 했다. → asked의 주어 Peter와 부정사절의 주어 me가 서로 다르기 때문에 부정사절의 주어가 나타나고 있음.]

부정 명령이나 요구 등은 대개 not + 부정사절 형식으로 전달된다.

"Don't swim out too far, boys," I said.
→ I { warned / told } the boys **not to swim** out too far.
[나는 소년들에게 너무 멀리까지 수영해서 나가지 말라고 경고했다/말했다.]

"Please, please don't take any risks," said his wife.
→ His wife { begged / implored } him not to take any risks.
[그의 아내는 그에게 모험을 하지 말라고 요청했다/애원했다.]

3) let's ...는 대개 '제안'을 나타내는 것으로서, 이런 명령문은 간접화법에서 suggest로 전달된다.

He said, "Let's stop now and finish it later."
→ He suggested stopping then and finishing it later.
→ He suggested that we stop then and finish it later.
[그는 그 때 그만 하고 나중에 그 일을 끝내자고 제안했다.]

물론 명령문이 단순한 명령의 뜻이 아니라, 다음과 같이 '권유'의 뜻을 나타내기도 한다.

"Stop by for some dessert and coffee tonight!"
→ She asked (= invited) us to stop by for some dessert and coffee tonight.
[그녀는 오늘 저녁에 디저트와 커피를 마시러 잠시 들르라고 요청했다.]

긍정적 제안에 대한 대답으로 쓰인 let's not은 종종 opposed the idea, was against it, objected와 같은 어구로 전달되기도 한다.

"Let's sell the house," said Tom. "Let's not," said Ann.
→ Tom suggested selling the house, but Ann **was against it**.
[톰은 집을 팔자고 했지만, 앤은 반대했다.]

let's와 let us는 가끔 어떤 행동을 하도록 요구하는 것을 암시하며, 이런 경우에는 대개 urge/advise + to-부정사절로 전달된다.

The strike leader said, "Let's show the bosses that we are united."
→ The strike leader urged the workers to show the bosses that they were united.
[파업 지도자는 근로자들에게 자기들이 단결해 있다는 점을 사장에게 보이라고 촉구했다.]

직접화법의 문장에서 let $\begin{Bmatrix} him \\ them \end{Bmatrix}$ 이 명령의 뜻을 나타내게 되는데, 간접화법으로 전달할 때는 대개 전달동사를 say로 하고 that-절은 be + to-부정사절로 나타낸다.

"Let the boys clear up this mess," said the headmaster.
→ The headmaster **said** that the boys **were to clean up** the mess.
[교장은 그 소년들에게 어지럽혀 놓은 것을 치우도록 말했다.]
"Let the guards be armed," he ordered.
→ He ordered that the guards be armed.
[그는 경비원들이 무장을 하도록 명령했다.]

때로는 let him/them ...이 명령의 뜻을 나타낸다기보다 오히려 제안을 나타내는 것에 더 가깝다. 이러한 경우에는 대개 전달동사로서 suggest가 쓰이거나, 또는 say ... should가 쓰인다.

She said, "Let them go to their consul."

→ She suggested their going to their consul.

→ She suggested that they should go to their consul.

→ She said that they should go to their consul.

[그녀는 그들에게 영사에게 가보라고 말했다/제안했다.]

22.4.4. 감탄문

1) 직접화법에서 감탄문이 간접화법에서도 그 구조를 그대로 나타낼 수 있다. 만약 직접화법에서 감탄문의 주어와 동사가 생략되었으면 간접화법에서는 그것을 보충하여야 한다.

"What a wonderful day it is," I said.
→ I said what a wonderful day it was.
[날씨가 참으로 좋은 날이라고 내가 말했다.]

"What a dreadful thing!" I exclaimed.
→ I exclaimed what a dreadful thing it was.
[나는 참으로 끔찍스러운 것이라고 외쳤다.]

이와 달리, What (a) ... 또는 How ...로 시작되는 감탄문을 간접화법으로 전달할 때에는 ⓐ exclaim/say that을 사용한다.

He said, "What a dreadful idea!"
→ He exclaimed that it was a dreadful idea.
[그는 끔찍스런 생각이라고 외쳤다.]

또는 이 대신에 ⓑ **give an exclamation of** delight/disgust/horror/relief/surprise 따위와 같은 표현이 전달동사로 쓰인다. 또 다른 표현으로 감탄문 다음에 동작이 따라 올 때에는 ⓒ **with an exclamation of** delight/disgust etc. + 주어 + 동사가 사용될 수 있다.

2) Good! Marvellous! Splendid! 따위와 같은 감탄의 유형은 방금 위에서 제시한 ⓑ나 ⓒ처럼 전달할 수 있다.

"Good!" he exclaimed.

→ He **gave an exclamation of** pleasure/satisfaction.
   [그는 즐거워서/만족스러워하면서 외쳤다.]

"Ugh!" she exclaimed, and turned the program off.
→ **With an exclamation of** disgust she turned the program off.
   [그녀는 역겨운 소리를 지르면서 프로그램을 껐다.]

22.4.5. 혼합문

직접화법으로 나타낸 문장들이 지금까지 본 문장 유형처럼 단독으로 나타나지 않고, 둘 또는 그 이상의 문장 유형으로 결합되어 나타나기도 한다. 즉, 피전달문이 진술문 + 의문문 형식으로 나타나거나, 또는 의문문 + 명령문, 명령문 + 진술문, 또는 이 세 가지 유형이 모두 한데 결합되어 나타나기도 한다.

이런 경우에는 대개 각각의 피전달문에 따른 서로 다른 전달동사가 있어야 한다.

"I don't know the way. Do you?" he asked.
→ He said that he didn't know the way and asked her if I knew.
   [그는 그 길을 모른다고 말했으며, 또 내게 알고 있느냐고 물었다. → 피전달문이 진술문과 의문문이 혼합되어 있음.]

"Someone's coming," he said. "Get behind the screen."
→ He said that someone was coming and told me to get behind the screen.
   [그는 누가 오고 있으니 내게 무대 뒤로 숨으라고 말했다. → 진술문과 명령문이 혼합되어 있음.]

"I'm going shopping. Can I get you anything?" she said.
→ She said that she was going shopping and asked if she could get me anything.
   [그녀는 시장보러 간다는 말과 더불어 내게 뭐 좀 사다줄까 하고 물었다.]

"I can hardly hear the radio," he said. "Could you turn it up?"
→ He said that he could hardly hear the radio and asked if I could turn it up.
   [그는 라디오 소리를 잘 들을 수 없다고 말하면서 볼륨을 높여도 되느냐고 물었다.]

때로는 두 번째 문장이 첫 번째 문장의 내용을 설명하는 역할을 할 때 두 번째 절의 전달동사 대신에 as를 쓸 수 있다.

"You'd better wear a coat. It's very cold out," he said.

→ He advised me to wear a coat **as it was very cold**.

[그는 내게 날씨가 추우니 코트를 입으라고 조언을 해주었다.]

"You'd better not walk across the park alone. People have been mugged there," he said.

→ He warned me not to walk across the park **as people had been mugged there**.

[사람들이 공원에서 습격을 당해왔으므로 공원을 걸어 다니지 말라고 그가 내게 일러주었다.]

제23장

어순(Word Order)

23.1. 어순의 중요성

다음 세 개의 문장 (1a-c)는 똑같이 다섯 개의 단어로 이루어져 있다. 다만 전치사구 in England가 놓여 있는 위치, 즉 어순에서만 서로 차이를 보일 뿐이다.

(1) a. **In England** I met her.
  [영국에서 나는 그녀를 만났다.]
 b. I met her **in England**.
  [나는 영국에서 그녀를 만났다.]
 c. *I met **in England** her.

이 세 개의 문장에서 보듯이, 부사적인 역할을 하는 전치사구 in England가 (1a, b)에서처럼 각각 문두와 문미에 놓여 있는 것은 문법적으로는 허용 가능한 어순이지만, 영어에서 동사와 짧은 목적어 사이에는 부사류가 놓일 수 없으므로 (1c)와 같은 어순은 결코 허용되지 않는다.

그런데 문법적인 문장 (1a, b)가 어순은 다르지만, 전달되는 기본적인 명제 내용은 같다. 즉, (1a, b)는 <어떤 사람이> <어디에서> <무엇을 했느냐> 하는 점에 대하여 공통적인 명제 내용을 전달하고 있다.

이처럼 공통적인 명제 내용을 나타내고 있음에도 불구하고 부사적인 역할을 하는 전치사구 in England가 문두에 놓이든, 문미에 놓이든 화자가 자신의 생각을 전달하는데 전혀 영향을 주지 않는 것은 아니다. 더욱이 이러한 어순의 차이가 사람에 따라서 나타날 수 있는 개인차에서 오는 것은 아니다. 또한 어느 한 사람의 기분에 따라 달라질 수 있는 것도 아니다. **어순의 변화가 일어나는 것은 전적으로 문맥적인 상황에 따라 전달하려는 뜻의 차이 때**

문이다.[1] **즉, 전달하고자 하는 내용이 달라지면 표현 형식조차도 달라지게 마련이다.** 그러므로 (1a, b)는 각각 (2a, b)와 같은 질문에 대한 대답이다. 결코 질문과 대답이 서로 바꾸어질 수 있는 것이 아니다. 그것은 (1a)와 (1b)를 말하기 이전에 우리의 머릿속에 떠오르는 생각이 서로 다르게 형성되기 때문이다.

   (2) a. What happened to you **in England**?
       [영국에서 너에게 무슨 일이 있었는가?]
     b. **Where** did you meet her?
       [너는 그녀를 어디서 만났는가?]

(1a, b)와 같은 대답을 이끌어 내고자 할 때 (2a, b)에서처럼 질문 내용이 달라진다. 따라서 질문 내용이 다르면 결국 대답 내용도 당연히 달라지는 것이다. (2a, b)가 서로 다른 것과 마찬가지로, 이처럼 기본적인 명제 내용이 같음에도 불구하고 질문 (2a)에 대한 대답은 (1a)이고, 질문 (2b)에 대한 대답은 오로지 (1b) 뿐이다.

또한 다음과 같은 문장들의 연속체에서도 마지막 문장에서 전치사구 on it이 문장의 머리 부분에 놓인 것은 이것이 구정보를 전달하는 내용으로서 앞에 놓인 문장의 내용과 관련해서 주제가 되고 있기 때문이다.

   Geographically speaking, our English tongue extends all over the globe. It is to be found in each of the five continents and in that vast island world that stretches across the broad Pacific. **On it** the sun never sets.
   — Mario Pei, *All About Language*.
   [지리적으로 말하자면, 우리가 사용하는 영어는 지구 전체에 퍼져 있다. 영어는 다섯 대륙 모든 곳에서 그리고 드넓은 태평양 전역에 걸친 광대한 섬 세계에서 사용되고 있다. 이 지역에서는 해가 결코 지지 않는다.]

무릇 어떤 언어에서든지 어순이 다르면 뜻이 다르다고 하는 것은 지극히 자연스러운 언어 현상이다. 따라서 어순은 언어행위에 있어서 지극히 중요한 문법 현상의 일부라고 말하

---

[1] 어순의 차이에 의해서만 뜻이 달라지는 것이 아니다. 현대영어의 특징 가운데 하나인 강세와 억양의 차이에 따라서도 뜻이 달라진다. 예컨대 Your children don't hate school.과 같은 문장에서 부정의 초점을 어느 부분에 두느냐에 따라서도 뜻이 달라진다. (→ 20.3.8 참조)

지 않을 수 없다.²

23.2. 신정보와 구정보

인간은 단 하루도 타인과의 의사소통 없이는 살아갈 수 없다. 의사소통은 문장을 통해 이루어지는데, 문장은 기본 단위인 단어들을 아무렇게나 연결해서 이루어지는 것이 아니라, 일정한 규칙에 의해 이루어진다. 그리고 이 규칙에 의해 문장은 주부(subject part)와 술부(predicate part)로 이루어지며, 술부는 동사가 갖는 의미 특성에 따라 다음 예들이 보여 주는 것처럼 동사 단독으로 나타나거나, 동사와 하나 또는 두 개의 보충어로서 이루어진다.

Education pays.
He is diligent.
He is in the room.
He ate sandwiches.
He put the book on the desk.
He gave her some money.

이미 본서 제1권 4.1-4.6(→ pgs. 346-412)에서 다루었듯이, 이러한 문장 구조가 영어의 기본 문장, 즉 핵문(核文: kernel sentences)이며, 이러한 문장 구조를 토대로 전달 내용에 따라 여기에 갖가지 단어, 구, 그리고 절 구조가 첨가됨으로써 자연히 문장이 길어지고 복잡해지는 것이다.

그런데 언어 행위는 반드시 특정한 상황 속에서만 이루어진다. 즉, 언어가 사용되기 이전 단계를 '중립적인'(neutral) 상황이라 하며, 이러한 경우에는 문장이 어떤 어순으로 바뀔 수 있게 될지 아직 정해져 있지 않기 때문에 이를 무표적(unmarked)이라 한다. 그러나 말이나 글에서 여러 개의 문장과 문장들이 연속적으로 이어지는 말(connected speech)을 이용해서 어떤 내용을 전달하고자 할 때, 거기에는 반드시 상대방에게 이미 알려져 있는 정보 내

---

2 ..., the order of the words as they stand in a sentence has become for Modern English an important device to show grammatical or structural relationships. This device, *word order*, has, in English, especially since the fourteenth century, been in competition with the other devices, word forms or inflections and function words, for the expression of certain grammatical ideas. — Fries (1940: 247).

용, 즉 구정보(舊情報: old information)와 상대방이 아직 알지 못하는 새로운 정보 내용, 즉 신정보(新情報: new information)의 순서로 문장 요소들이 배열되기 때문에 어순은 유표적(marked)으로 나타나게 된다.[3] 즉, 구정보는 문두에 놓여 문장의 주제가 되어 정보를 전달함에 있어서 하나의 배경(背景: background)이 되고, 신정보는 문미에 놓여 초점을 받는 전경(前景: foreground)[4]과 같은 역할을 하게 된다. 이러한 정보가 놓이는 순서는 마치 연결 고리들이 연결되듯이 긴밀하게 연결되어 있다.[5] 대개 구정보는 간단하게 나타나고 신정보는 보다 자세히 나타내야 하기 때문에 자연히 길어지게 되어 문미중점의 원칙(principle of end-weight)이 작용하게 된다.[6] 지금까지 말한 내용을 다음과 같이 도표로 나타낼 수 있다.

---

3 유표적(有標的: marked)/무표적(無標的: unmarked): 어떤 표시를 더 할 수 있으면 '무표적'이라 하고, 이미 어떤 특징이 표시되어 있기 때문에 더 이상 어떤 표시를 할 수 없을 경우에는 '유표적'이라 한다.

  a. How $\begin{Bmatrix} \text{old} \\ \text{young} \end{Bmatrix}$ is he?

  b. How $\begin{Bmatrix} \text{deep} \\ \text{shallow} \end{Bmatrix}$ is the river?

  (a)에서 old가 쓰이면 대답으로 생후 2달/11달, 2살, 10살, 50살 등 폭넓은 대답이 가능하다. 즉, 어린 나이에서 아주 많은 나이까지 말할 수 있기 때문에, 이를 '무표적'이라 한다. 그러나 **young**은 나이가 어리다는 점을 말하는 것이기 때문에 5살, 7살, 10살 따위의 나이만 제시할 수 있다. 따라서 나이와 관련해서 이미 표시가 된 것이라고 하며, 이 경우에는 '유표적'이라고 하는 것이다. 마찬가지로 (b)에서, deep은 실제로 강 깊이를 알 수 없는 경우이므로 '무표적'이지만, shallow는 실제로 얕은 강이라는 점을 암시하므로 '유표적'이다.
  문장의 어순과 관련해서 아무런 환경이 주어져 있지 않으면 어순이 정해져 있지 않기 때문에 '무표적'이라 말하게 되고, 환경이 주어져서 어순이 정해져 있으면 '유표적'이다: He loves **football**. (무표적)/**Football** he loves. (유표적)

4 '배경'과 '전경'이라는 용어는 예컨대 경치 좋은 한라산을 배경으로 사진을 찍는다면, 실제로 중요한 부분은 배경 앞에 나타나는 전경이다. 그러므로 문장에서 전경은 실제로 전달하고자 하는 중요한 내용, 즉 신정보에 해당되고, 배경은 중요한 내용을 제시하는데 부수적인 역할을 하는 내용을 뜻한다.

5 The basic rules for clauses and sentence structures describe how to build unmarked sentences. However, in connected discourse, other choices have to be made concerning such things as introducing new topics, distinguishing between new and old information, linking events in particular ways, flagging or highlighting the importance of something, foregrounding some things and backgrounding others, all of which may have implications for choices of word order. — Carter & McCarthy (2006: 778-779). See also Ek & Robat (1984: 414), Leech & Svartvik (2002: 213), and Aarts (2011: 317).

6 **2.15.** (D) The principle of relative *Weight* also to some extent determines *word-order*. Lighter elements can be placed near the centre, while heavier ones are relegated to some peripheral places. — Jespersen (1949: 57).

문두의 위치	문중의 위치	문미의 위치
구정보		신정보
주제		초점
배경		전경

다음 예를 보기로 하자.

A CNN news anchor delivered the blooper, which goes to show that even professionals make **mistakes**. **The mistake** was mating a plural verb with a singular subject. — *Reader's Digest*, October 1994.

[CNN 뉴스 앵커가 말을 실수했는데, 그것은 전문가들도 실수를 한다는 점을 보여주려는 것이다. 그 실수는 복수 동사와 단수 주어를 짝짓기한 것, 즉 일치시킨 것이었다. → 문장들의 연속체에서 앞 문장의 마지막 위치에 mistakes라는 단어가 신정보로서 등장했고, 이 단어가 다음 문장에서는 구정보가 되기 때문에 문두에 놓여 주제가 되는 배경 역할을 하고 있다. 이처럼 어떤 정보 내용이 문장 속에 들어가게 되면 그 정보는 반드시 일정한 자리에 놓이게 됨.]

All over the world, there are millions of people who rarely or never eat meat. **These people** are called vegetarians. To people who eat meat, being a vegetarian may seem like a very strange way to live, but most vegetarians are very happy with their choice of diet. They choose their diets for several different reasons, and, in fact, there are different kinds of vegetarians.
— Karl Krahnke, "A Dietry Minority"

[전 세계적으로 고기를 별로 먹지 않거나, 또는 전혀 먹지 않는 사람들이 무수히 많다. 이러한 사람들을 채식주의자라고 한다. 고기를 먹는 사람들에게는 채식주의자라는 것이 아주 이상한 생활 방식처럼 보이겠지만, 대부분의 채식주의자들은 아주 즐거운 마음으로 자신들이 먹을 음식을 선택한다. 그들은 여러 가지 다른 이유에 따라 음식물을 선택하며, 사실상 채식주의자들의 유형도 가지각색이다.]

예시된 이 두 연속적인 담화에서 the mistake와 these people은 각각 바로 앞에 나온 문장에서 신정보로서 언급된 것이고, 이 내용이 이어지는 두 번째 문장에 다시 등장하게 된다. 이렇게 되면 두 번째 문장에서는 이 요소들 모두 구정보로서 주제가 되기 때문에 문두에 놓인 것이다. 문두에 놓인 이 정보 내용은 청자/독자에게 보다 중요한 정보를 전달하는데 있어서 배경 역할을 하고, 이를 배경으로 삼아 문미에는 신정보가 등장하여 초점을 받는 전경 역할을 하는 것이 되고 있다. 만약 예시한 이 두 개의 연속적인 담화에서 the mistake와 these people을 주제가 놓이는 위치 이외의 다른 위치에 놓이게 하여 다음과 같은 문장으로 어순을 바꿔 나타내게 되면 문법적으로는 틀린 문장이 아닐지라도 아주 어색한 문장이 된다.

.... Mating a plural verb with a singular subject was **the mistake**.
　[→ 위의 문장이 이렇게 바뀌면 Mating a plural ... subject까지는 구정보로서 주제가 되고, the mistake는 신정보로서 초점을 받는 요소가 되어 버림.]
.... We call **these people** vegetarians.
　[→ 예시된 문장이 이렇게 바뀌어도 초점을 받는 신정보에는 변함이 없지만, 주제가 we로 바뀌었음.]

어순과 관련된 대부분의 내용들이 이미 앞에서 관련된 여러 곳에서 다루었다. 예컨대 간접목적어와 직접목적어의 위치와 관련된 어순이라든가, 구동사에서 불변화사의 위치, 수동태와 능동태에서 나타나는 주어와 목적어의 어순 등 이미 다루어진 다음과 같은 부분은 제외하고 이 장에서는 아직 다루지 않은 부분에 대해서만 다루고자 한다. 그러므로 여기서는 어순과 관련해서 이미 앞에서 다룬 내용을 더 이상 다루지 않고, 관련된 문법범주들을 다음과 같이 제시하는 정도로 그치고자 한다. 관련 내용 다음 (　) 안에 제시하는 숫자는 이 책에서 어순의 문제를 다룬 부분을 표시한 것으로, 숫자는 이들이 취급된 장(chapter)과 그 세부적인 위치를 뜻한다.

　　간접 목적어의 담화적 기능 (→ 4.5.4)
　　구동사 (→ 4.7.2.1)
　　태의 대립에 따른 효과 (→ 7.1.2)
　　수동태와 양태부사 (→ 7.1.4)
　　부정사절의 외치 (→ 8.5.1.1)
　　동명사절의 외치 (→ 9.8)
　　if의 생략과 도치 (→ 11.11)
　　부정 빈도부사 (→ 13.8.2)

불연속 복합 명사구 (→ 14.2.2)
복합 명사구로부터의 외치 (→ 16.3.4.4)
that-절의 외치 (→ 16.6)
명사구로부터의 외치 (→ 17.1.4.2)
비교절의 도치 (→ 19.3.2)
존재문 (→ 20.7)
분열문 (→ 20.8)

23.3. 주제화와 전치

문장은 주제(主題: topic)와 평언(評言: comment)으로 이루어진다. 즉, 주제는 문두에 놓여 무엇 또는 누구에 대하여 말하는가 하는 것을 나타내고, 평언은 주제에 대하여 설명하는 부분이다. 대개 주어 그 자체가 주제가 되지만, 주어 이외의 요소가 주제가 되면 그 주제는 문두의 주어 앞으로 이동하게 되는데, 이를 주제화(主題化: topicalization)라고 한다. 문 중의 주어, 목적어, 주격보어, 부사적인 역할을 하는 전치사구 등 모든 문장 요소들이 주제 역할을 할 수 있다. 23.3.1-23.3.5에 나열된 예문에서는 주제가 문두에 놓인 이유를 분명히 밝히기 위해 문장들의 연속체 전문을 제시했다.

23.3.1. 주어와 주제

주어와 주제가 다르게 나타나기도 하지만, 대개 주어는 특정한 것을 지시하는 것으로서 앞 문장과 연결하는 주요 기능을 담당하기 때문에 이것은 동시에 주제로서의 문법적인 기능도 담당한다.[7] 특히 이러한 경우에는 주제가 다른 위치로 이동하는 것이 아니라, 바로 주어의 위치에 놓이게 된다.

The inhabitants of Britain at the time of the Roman invasions spoke a Celtic language of which no literary texts remain. **This language** had remarkably little permanent effect on the English language which afterwards

---

[7] The subject of sentences is almost always referential and definite, because it serves to **link** a sentence to the preceding discourse, in the context of which a new assertion is being made. In other words, the subject functions as topic. — Givón (1979: 114).

replaced it.
— G. L. Brook, *A History of the English Language*.
> [로마가 침공할 당시 브리튼 섬 주민들은 켈트어를 사용했는데, 지금은 이 언어로 쓰인 어떠한 문학 텍스트도 남아 있지 않다. 이 언어, 즉 켈트어는 나중에 자신을 대신해서 사용된 영어에 거의 아무런 영속적인 영향을 주지 못했다. → 로마는 기원전 55년과 54년 두 차례에 걸쳐 브리튼섬을 침공했으나 실패하고, 그로부터 약 100년 후 A.D. 43년 로마의 클라우디우스 황제 때 이 섬을 정복하여 410년까지 지배하였음.]

이 두 개의 문장으로 이루어진 연속체에서 두 번째 문장의 주어 this language는 바로 앞 문장에 나온 a Celtic language를 가리키며, 이것은 구정보이기 때문에 다음 문장에서 동사 바로 앞, 즉 주어 위치에 놓여 주어이면서 동시에 주제의 역할을 하고 있다.

다음 문장들의 연속체에서도 비록 똑같은 정보는 아니지만, 연구를 하게 되면 반드시 그 결과물이 생기게 마련이기 때문에 다음 문장에서 their findings가 구정보 역할을 할 수 있는 것으로 충분히 이해가 된다. 그러므로 이 부분이 주어이면서 동시에 주제 역할을 하기 때문에 문두에 놓인 것이다.

> Over the past 15 years, researchers have studied the connection between money and happiness. **Their findings** shatter many misconceptions.
> — Suzanne Chazin, "What You didn't Know about Money and Happiness"
> [지난 15년 동안 연구가들은 돈과 행복의 관계를 연구했다. 그들이 연구한 결과에 의해 많은 그릇된 개념들이 산산조각으로 무너져버린다.]

만약 두 번째 문장에서 many misconceptions가 주제라고 한다면 이 문장은 Many misconceptions are shattered by their findings라고 해야 할 것이다.

23.3.2. 목적어의 전치

이처럼 문장의 주제와 동시에 주어 역할을 하는 경우가 아니면 연속적으로 등장하는 문장의 어느 한 요소가 문두의 위치로 이동하여 주제가 된다. 다시 말하자면, 앞에 나온 문장에서 언급되었던 문장의 어느 한 요소, 특히 목적어 역할을 하는 요소가 중립적인 상황에서라면 (3a)에서와 같이 목적어 본래의 위치에 놓여야 하지만, 이것이 앞 문장과의 연관성 때문에 주제가 되어 주어 앞으로 이동하여 놓이게 되는데 이를 전치(前置: fronting, preposing)되었다고 한다.

   (3) a. I just can't understand **people like that**.
         [나는 결코 그러한 사람을 이해할 수 없어.]
     b. **People like that** I just can't understand .
         [그러한 사람들 (말이지) 나는 결코 이해할 수 없어.]

(3a)에서 people like that은 목적어 본래의 위치인 중립적인 위치에 놓였다. 그러나 앞에 놓인 문장에서 바로 이 말이 언급됨으로 말미암아 다음 문장 (3b)에서는 이 부분이 구정보이기 때문에 문두에 놓여 주제가 되고 있는 것이라고 설명된다.

   다음 연속적인 담화의 마지막 문장에서 목적어 부분이 본래의 그 위치에서 문두의 주어 앞 위치로 이동하여 주제화가 이루어지고 있다.

> I found the first two years of the curriculum very dull and gave my work no more attention than was necessary to scrape through the examinations. I was an unsatisfactory student. But I had the freedom I yearned for. I liked having lodgings of my own, where I could be by myself; I took pride in making them pretty and comfortable. **All my spare time, and such that I should have devoted to my medical studies**, I spent reading and writing.
> — William S. Maugham, *The Summing Up*.
>   [처음 2년 동안의 수업 과정은 상당히 지루해서 겨우 시험에 합격하는데 필요한 정도만큼만 공부를 했다. 나는 만족스럽지 못한 학생이었다. 그러나 나는 갈망하던 자유를 갖게 되었다. 혼자 있을 수 있는 나 자신만의 하숙이 생긴 것이 좋았다. 나는 하숙을 예쁘고 편안하게 꾸미는 일을 자랑으로 삼았다. 나의 모든 여가 시간이며, 의학 공부에 전념했어야 했던 시간까지도 나는 책을 읽고 글을 쓰면서 보냈다.]

이 예에서 spend는 다음에 목적어와 동명사가 놓이는 구조에 쓰일 수 있는 동사이다. 그러므로 아무런 문맥이 주어지지 않은 중립적인 상황이라면 마지막 문장에서 목적어에 해당되는 부분은 (4)에서처럼 목적어 본래의 위치, 즉 spent와 reading 사이에 놓이게 된다.

(4) I spent **all my spare time, and such that I should have devoted to my medical studies** reading and writing.

다음에 제시한 몇 가지 예에서도 목적어가 본래의 목적어가 놓일 위치에 놓이지 않고, 이것이 전치되어 문두의 주어 앞에 놓여 주제가 되고 있다.

.... But we cannot consider any two verbs actually interchangeable: there are always some slight differences of meaning or effect, and **these** we now consider. — Geoffrey Leech, *Meaning and the English Verb*.
 [.... 그러나 실제로 우리는 어느 두 개의 동사를 서로 바꿔 사용할 수 있다고 보지 않는다. 이들 사이에는 의미나 효과면에서 약간의 차이가 있는데, 이 점에 대하여 우리는 지금 검토하게 된다. → 마지막 문장에서 문두에 놓인 these는 consider의 목적어로서 some slight differences of meaning or effect를 가리킴.]

People often write obscurely because they have never taken the trouble to learn to write clearly. **This sort of obscurity** you find too often in modern philosophers, in men of science, and even in literary critics.
 — William. S. Maugham, *The Summing Up*.
 [사람들은 결코 명확하게 글을 쓰는 법을 배우는 수고를 해본 적이 없었기 때문에 애매한 글을 쓰는 경우가 많다. 이러한 부류의 애매한 글을 현대 철학자, 과학자, 심지어 문학 비평가에게서도 너무 흔히 보게 된다. → this kind of obscurity는 find의 목적어이며, 앞 문장의 내용을 가리키는 구정보를 전달하는 것으로서 이 문장의 주제가 되고 있음.]

The belief in posthumous fame is a harmless vanity which often reconciles the artist to the disappointments and failures of his life. **How unlikely he is to attain it** we see when we look back on the writers who only twenty years ago seemed assured of immortality.
 — William. S. Maugham, *The Summing Up*.
 [죽은 뒤에 명성을 얻게 되리라는 믿음은 예술가가 자기 생애의 실망이나 실패를 종종 참아 나가게 하는 순진한 허영심이다. 그가 그러한 명성을 얻을 가능성이 참으로 희박하다는 것을 우리는 불과 20년 전만 하더라도 틀림없이 불후의 명성을 확신했던 것처럼 보였던 작가들을 되돌아보면 알 수 있다. → 두 번째 문장에서 맨 앞에 놓인 감탄절은 see의 목적어 역할을 하는 것임.]

When I went to the isolated island of Tikopia I was dependent, as every anthropologist is, on the local people for information and for guidance. **This** they gave, freely in some respects, but with reservation in others, particularly on religious matters.

— Raymond Firth, "Moral Standards and Social Organization"

[외딴섬 티코피아에 갔을 때 나는 모든 인류학자들처럼 현지인들에게 의존해서 정보를 얻고 안내를 받았다. 이들이 어떤 면에서는 자유롭게 이러한 역할을 해주었지만, 다른 면, 특히 종교적인 문제에서는 주저하는 태도를 보였다. → 동사 gave에 대한 직접목적어 역할을 하는 this (= for information and for guidance)가 구정보이기 때문에 문두에 놓여 주제가 되고 있음.]

Women want to make creative use of the skills they acquire and the interests they develop as a result of their education — **skills and interests** there is often little opportunity to use in keeping house.

— Gladys Doty & Janet Ross, *Language and Life in the U.S.A.*

[여성들은 자신들이 습득한 기술과 교육을 받아서 개발한 관심거리를 창의적으로 사용하고 싶어 한다. 흔히 기술과 관심거리는 집안을 관리하는데 이용할 기회가 별로 없다. → skills and interests는 존재문 안에 있는 동사 to use의 목적어이며, 주제가 되어 문두, 즉 there is 앞으로 전치되었음.]

다음과 같은 문장의 연속적인 담화에 등장하는 두 번째와 세 번째 문장 역시 주제가 문두에 놓인 예가 되는데, 여기서도 첫 번째 문장에서 고등학교를 졸업했다는 점을 통해서 history와 math courses가 처음으로 등장했음에도 불구하고 충분히 구정보로서 주제가 될 수 있음을 보여 준다고 하겠다.

I graduated from high school as an average student. My initiative didn't carry me any further than average. **History** I found to be dry. **Math courses** I was never good at. I enjoyed sciences.... Football was my bag. (Keizer 2007: 197)

[나는 보통 수준의 학생으로 고등학교를 졸업했다. 처음 생각이 끝내 보통 수준 이상으로 이어지지 않았다. 역사 과목은 무미건조했고, 수학 과목들은 결코 잘 하지 못했다. 하지만 과학 과목들은 재미있었다. 축구는 내가 잘 했다.]

다음과 같은 예에서는 전치사구, 즉 전치사 + 명사구가 문두에 놓였다.

It's not time that counts, but energy — and **of that wonderful quality**, we all have very different amounts, from the person who wakes up tired, no matter how much sleep he's had, to that lucky, well-adjusted mortal who hardly ever needs to sleep. — Norman Lewis, *Word Power Made Easy*.

[중요한 것은 시간이 아니라, 에너지이다. 그런데 우리는 그 놀라운 자질을 갖고 있는 정도가 아주 다르다. 즉, 아무리 잠을 많이 자도 피곤한 상태로 잠에서 깨는 사람에서부터 결코 잠을 자지 않고서도 운이 좋아 적응을 잘 하는 사람에 이르기까지.]

여기서 that wonderful quality는 앞에 나온 energy를 가리킨다. 그리고 전치사구 of that wonderful quality가 주제로서 문두의 위치로 전치되어 있다. 이 전치사구는 앞 문장에 놓인 energy와 관련된 내용으로서, 전치사 of와 이 전치사의 목적어 역할을 하는 명사구 that wonderful quality가 결합된 것이다. 만약 바로 앞에 아무런 상황도 주어지지 않은 중립적인 상황이라면 이 부분의 어순은 (5)와 같이 된다.

(5) We all have very different amounts **of that wonderful quality**.

23.4. 전치와 도치

23.3에서는 주어이면서 주제가 되는 경우와, 목적어가 주제가 되어 문두의 위치로 전치되는 문장 구조에 대해서 살펴보았다. 한 걸음 더 나아가 여기서는 전치와 도치가 동시에 이루어지는 문장 구조를 보기로 하겠다. 즉, 문장의 어느 한 가지 요소가 구정보로서 주제가 되어 문두의 위치로 전치되어 앞 문장과 연결이 용이하게 됨과 동시에 주어가 신정보를 전달하는 요소이기 때문에 문미의 위치로 이동하여 초점을 받는 문장 구조를 이루게 된다. 이렇게 되면 결국 문장과 문장의 연결에 있어서 연속성을 유지할 수 있게 된다.[8]

---

8 Inversions are a favorite device of journalists because they provide a concise and seamless means of connecting new information to old information. Inversions allow the writer to avoid a discontinuity with the preceding sentence that would occur if a long, complex subject appeared in its normal position. Typical examples are shown in (58)

(58) a. Investigators were at the scene of the crash by ten o'clock. *Dead were the pilot, Ralph Halsott, 29, Kankakee, Ill.; and two passengers, Susan Galston, 43, Milwaukee, Wis.; and William Johnson, 52, Chicago, Ill.*

b. The committee members argued about the bill late into the evening hours. *At*

Investigators were at the scene of the crash by ten o'clock. *Dead were the pilot, Ralph Halsott, 29, Kankakee, Ill.; and two passengers, Susan Galston, 43, Milwaukee, Wis.; and William Johnson, 52, Chicago, Ill.*

[10시 무렵에 조사자들이 추락사고 현장에 도착했었다. 사망자는 일리노이 주 칸카키 거주 29세의 조종사 랄프 할소트와 위스콘신 주 밀워키 거주 43세의 스잔 갈스톤과 일리노이 주 시카고 거주 52세의 윌리암 존슨 등 두 명의 승객이었다.]

이러한 경우에 도치가 이루어져서 앞 문장과 연결이 자연스럽게 이루어지게 하면서 동시에 신정보가 문미에 놓이게 하고 있다. 만약 위의 문장을 다음 문장에서처럼 <주어 + 동사 + 보어>의 어순으로 단어들을 배열하면 문장이 상당히 어색해지고 정보 처리가 그만큼 어렵게 된다.

Investigators were at the scene of the crash by ten o'clock. *The pilot, Ralph Halsott, 29, Kankakee, Ill.; and two passengers, Susan Galston, 43, Milwaukee, Wis.; and William Johnson, 52, Chicago, Ill., were dead.*

23.4.1. 주격보어

먼저 형용사구가 주격보어로서 문두에 놓이는 예를 보기로 하자. 즉, 주격보어 역할을 하는 형용사구가 문두의 위치로 전치되고, 다음에 짧은 동사가 놓이고 마지막에 주어가 놓여 <형용사구 + 동사 + 주어>와 같은 어순으로 전치와 도치가 동시에 이루어진 문장 구조이다. 이러한 어순은 문두에 놓여 보어 역할을 하는 형용사구는 앞에 놓인 문장과 긴밀한 관계를 가지고 비교의 뜻을 나타내고,[9] 문장의 마지막에 놓인 주어는 신정보를 전달하는 요소로서 초점을 받는 요소라고 하겠다.[10]

---

issue was section 405, which appeared to be an attempt to weaken the Controlled Substances Act.
— Cowan (2008: 535).

9 Quirk et al. (1985: 1381).
10 If any other word for emphasis, or to establish a nearer relation with what goes on before, or because it lies nearer in thought, stands in the first place, the verb often still maintains the second place, followed by the subject in the third place. This is called *inverted order*. This order, once common in English, is now as a living force pretty well shattered. —

There are resemblances in vocabulary, especially in simple, everyday words such as numerals and nouns of relationship, words that are less often borrowed than more out-of-the-way words. **Even more significant** are the resemblances in accidence. — G. L. Brook, *A History of the English Language*.

[어휘에 있어서 비슷한 점들이 있다. 특히 숫자와 친족 관계를 나타내는 명사와 같이 간단하고 일상적인 단어에서. 이러한 단어들은 보다 사용 빈도가 더 먼 단어들보다 차용 가능성이 더 적은 것들이다. 한층 더 중요한 것은 단어 형태의 변화에 나타나는 비슷한 점들이다.]

이 예에서 보면 앞에서 어휘상의 유사성을 말하고 있으며, 이와 관련해서 더 중요한 점이 무엇인가에 대하여 말하는 것이다. 즉, What {is/are} even more significant?라는 물음에 대한 대답이 바로 위의 마지막 문장이다. 바로 이러한 점으로 미루어 보면, 주어 the resemblances in accidence는 신정보이기 때문에 필연적으로 문미에 놓여 초점을 받게 된다. 만약 언어 행위가 이루어지기 이전의 중립적인 상황이라면 위의 마지막 문장은 당연히 (6)과 같은 어순으로 나타나게 된다.

(6) **The resemblances in accidence** are even more important.

Curme (1931: 347); ... By contrast, inversion that is applied for information structuring purpose is optional, with one or two exceptions.

Consider first the examples in (64) and (65), and their uninverted counterparts in (66) and (67).

64 [AdjP *Imperative too*] is [NP the need to economize at the Home Office].

65 [AdjP *Most relevant*] was [NP a dramatized version of how the news of the Battle of Trafalgar was brought to London].

66 The need to economize at the Home Office is imperative too.

67 A dramatized version of how the news of the Battle of Trafalgar was brought to London was most relevant.

In (64) and (65) the italicized Subject noun phrases have been inverted with the adjective phrases, which function as Subject-related Predicative Complements. (66) and (67) display the unmarked (i.e. expected) constituent order. Notice that the motivation for the inversion is the length of the Subjects in (66) and (67): moving them to the end of the clause satisfies the Principle of End Weight. In addition, in both cases the adjective phrases supply old information, witness the presence of the words *too* and *most,* and hence placing them in clause-initial position satisfies the Given-Before-New Principle. — Aarts (2011: 329-330).

만약 중립적인 상황이 아니라, 실제로 언어 행위가 이루어지는 상황에서 (6)과 같은 어순으로 단어들을 배열한다면 주어 위치에 놓인 명사구 the resemblances in accidence가 구정보로서 주제가 되고, 형용사구 even more important는 초점을 받는 신정보가 된다. 결국 전달하고자 하는 정보의 중요도를 놓고 보면 정반대 현상이 나타나는 것이 된다.

다음의 연속적인 담화에서도 두 번째 단락의 첫 문장에서 문두에 놓인 전치사구가 형용사적으로 쓰여 보어 역할을 하고 있다. 앞서 말한 여러 분야의 단어들과 관련된 내용을 말하는 것이기 때문에 문두에 놓여 주제 역할을 하고 있으며, 주어 the words formed by ... of initials, as *ogpu*는 신정보이기 때문에 문미에 놓여 초점을 받고 있는 것이다.

> Even the more static vocabularies of the humanities have proliferated. In one field we are confronted by *dialectical materialism, logical positivism, existentialism*, in another by *morpheme, phoneme, basic English*. **Of especial linguistic interest here** are the words formed by abbreviation of compounds, such as *gestapo*, or by agglomeration of initials, as *ogpu*.
> — Logan Pearsall Smith, *The English Language*.
>> [인간의 속성과 관계된 한층 더 정적인 어휘들이 무수히 생겨났다. 어느 한 분야에서 우리는 유물변증법, 논리적 실증주의, 존재론과 관련된 단어들을 만난다. 다른 분야에서는 형태소, 음소, 기본영어와 접하게 된다. 여기서 특히 언어학적으로 흥미로운 것은 gestapo와 같은 복합어의 약어로 만들어진 단어라든가, ogpu와 같이 어두글자를 합쳐 만들어진 단어들이다. → gestapo (게슈타포: (나치 독일의) 비밀경찰)는 독일어 **Ge**(heime) **Sta**(ats) **Po**(lizei)라는 복합어의 약어.]

다음 예도 꼭 마찬가지로 마지막 문장에서 형용사구 so firm이 구정보로서 문두에 놓여 주제 역할을 하고, 주어 the foothold ... in this country가 문미에 놓여 신정보로서 초점을 받고 있다.

> Throughout the Middle Ages in England there was competition between Latin and English as a literary medium; during the two hundred years following the Conquest there was in addition competition with Norman French. **So firm** was the foothold which French had gained in this country that special dialectal features of Norman French began to develop on En-

glish soil.

— G. L. Brook, *A History of the English Language*.

[중세기 전반에 걸쳐 영국에서는 문학 활동의 매개체로서 라틴어와 영어가 경쟁을 벌였다. 노르만 정복 이후 200년 동안 노르만 불어와의 경쟁도 덧붙여졌다. 영국에서 불어가 획득한 기반이 너무나 확고하기 때문에 노르만 불어의 독특한 방언적인 특성이 영국 땅에서 싹터 나오기 시작했다. → the Conquest는 1066년에 프랑스의 북부 노르만디 (Normandy) 땅의 William I세가 이끄는 군대가 영국을 정복한 사건으로, 흔히 the Norman Conquest라고 함. 이후 약 200년간 프랑스가 영국을 지배했으며, 이 기간에 불어가 영국의 공용어(official language) 역할을 하고, 영어는 한낱 노동자와 농민들의 언어로 전락해버림. Norman French는 프랑스의 북부 노르만디에서 사용되는 일종의 불어의 방언이며, 이에 비해 Central *or* Parisian French는 파리를 중심으로 하는 표준 불어임.]

다음은 분사 형용사가 전치되고 더불어 주어와 동사의 어순이 도치된 예이다.

Unmentioned at the conference was the fact that smoking is one of the leading causes of premature death, linked to cancers of the mouth, lung, esophagus, kidney, pancreas, bladder and cervix, as well as to heart disease.

— William Ecenbarger, "America's New Merchants of Death"

[그 회의에서 언급되지 않은 것은 흡연이 심장병은 물론 구강암, 폐암, 식도암, 신장암, 췌장암, 방광암, 그리고 자궁경부암과 관련해서 조기 사망에 이르는 주된 원인 가운데 하나라는 사실이다.]

이 문장에서 unmentioned는 동사 is와 결합되어 수동 동사를 이루어 이 문장을 수동태를 나타내는 것이 아니다. 이것은 분사 형용사로서 보어 역할을 하는 요소이며, 문두에 놓여 구정보로서 주제 역할을 하고 있는 것이다.

이와는 달리, 다음 문장에서 문두에 놓인 과거분사형은 뒤에 놓인 be 동사와 결합하여 수동태를 나타내는 것이다.

Examined today and found in good health was our nation's chief executive. (Emonds 1976: 36)

[오늘 검사를 받아 건강상태가 양호하다고 판정을 받은 사람은 우리나라 대통령이었다. →

cp. The chief executive was **examined today and found in good health**.]

-ing 분사형과 -ed 분사형은 예컨대 very disturbing과 very embarrassed에서처럼 형용사라는 점이 뚜렷한 경우가 아니라면, 분사형이 뒤에 놓인 be 동사와 결합해서 각각 진행형과 수동태 구조인지, 아니면 이 두 가지 형태가 be 동사 다음에 놓이는 분사 형용사로서 보어 역할을 하는 것인지 분간하기 어려울 때도 있다.[11]

이와는 달리, 다음과 같은 예에서는 문두에 놓인 현재 분사현이 분사 형용사로서 보어 역할을 하는 것이 아니라, 다음에 놓인 be 동사와 결합하여 진행형을 이루는 문장 구조이다.

Standing next to me was the president of the company. (한영희 1987: 94)
[내 옆에 서 있던 사람은 그 회사의 사장이었다. → cp. The president of the company was **standing next to me**.]
Speaking at today's lunch will be our local congressman. (Emonds 1976: 36)
[오늘 오찬에서 연설할 사람은 우리 지역 상원의원이다. → cp. Our local congressman will be **speaking at today's lunch**.]

23.4.2. 전치사구

장소의 부사(adverbs of place) 역할을 하는 전치사구 —장소적인 개념이 들어 있는 전치사구를 포함—가 전치되고, 또한 긴 주어가 문미에 나타난다. 물론 이 경우에 전치시구는 문맥상 앞에 등장하는 문장 내용과 관련하여 구정보에 해당되는 요소이고, 또한 주제 역할을 한다. 이와는 달리 긴 주어가 신정보로서 문미에 놓여 초점을 받게 된다. 그러므로 문장의 어순이 <전치사구 + 동사 + 주어>가 된다.[12]

---

11 It is often difficult to distinguish passive *ed* forms from adjectival ones when no decisive evidence is available from the co(n)text. The presence of degree adverbs in syntagms such as *very embarrassed* or *so pleased* establishes the *ed* form as adjectival. — Erdmann (1990: 43).

12 This sentence has the normal word order: subject + verb + adverbial.
 A furniture van was outside the house.
 Now look at this same information in a written context where the adverbial of place (*outside the house*) is in front position to link with the information (*number sixteen*) in the previous sentence.

When the sturdily built Belgian man set foot on the north coast of the Hawaiian island of Molokai, he was struck by the exotic beauty of the place. **Behind him** was the cobalt-blue sea, while **in front** stretched a plateau covered with hibiscus and deep red bougainvillea.[13]
— Louis Bruggeman, "Father Damien: Saint of the Forsaken"

[체구가 건장한 그 벨기에 남자가 하와이 북부 해안의 몰로카이 섬에 발을 디뎠을 때 그는 그 지역의 이국적인 아름다움에 감명을 받았다. 그의 뒤쪽에는 코발트 색의 파란 바다가 펼쳐져 있는 반면, 앞에는 히비스커스와 짙은 빨간색의 부겐빌리아로 뒤덮인 초원이 펼쳐져 있었다.]

이 예를 보면 부사적인 역할을 하는 두 개의 전치사구 behind him과 in front (of him이 생략됨)는 모두 바로 앞에 놓인 문장의 내용과 관련해서 어느 장소인지 금방 짐작이 된다. 그러므로 앞 문장과 관련해서 이 두 개의 전치사구는 각각 (7a, b)와 같은 질문에 대한 대답에서 모두 문두에 놓이게 되고 주어에 해당되는 부분은 신정보이기 때문에 문장의 맨 마지막에 놓여 초점을 받게 되기 때문에 결국 어순이 도치된 것이다.

(7) a. What was behind him?

   (→ **Behind him** was the cobalt-blue sea.)

   b. What did stretch in front (of him)?

   (→ **In front** (of him) stretched a plateau covered with hibiscus and deep red bougainvillea.)

또한 다음 예도 위와 같은 설명이 그대로 적용된다.

Alan walked along Elmdale Avenue and found number sixteen without difficulty. ***Outside the house was a furniture van.***

  After the adverbial of place there is inversion of the subject (*a furniture van*) and the ordinary verb *be*.

  (NOT ~~Outside the house a furniture van was~~.)

  A furniture van is now the new information and comes at the end of the sentence.

  — Eastwood (2005: 48). See also Hartvigson & Jakobsen (1974: 51-53, 55).

13 bougainvillea[bùːgənvíliə]: 부겐빌리아(남미 원산의 분꽃과).

Chicago is an interracial city, a center of communications, industry, and culture for mid-America. O'Hare Airport is one other nation's busiest terminals and **in downtown Chicago** is the world's tallest building, the 110-story Sears Tower, where 12,000 people work.

— Gladys Doty & Janet Ross, *Language and Life in the U.S.A.*

[시카고는 여러 인종들이 모여 사는 도시이며, 미 중부의 통신·산업·문화의 중심지이다. 오헤어 공항은 이 나라의 또 다른 가장 분주한 종착역이며, 시카고 중심가에는 12,000 명이 일하는 세계에서 가장 높은 110층짜리 빌딩인 시어스 타워가 있다. → in downtown Chicago는 앞에 나온 Chicago와 관련된 지역으로서 구정보에 해당되며, 주어에 해당되는 부분은 신정보이기 때문에 문장의 맨 마지막에 놓였음.]

The megalomaniac differs from the narcissist by the fact that he wishes to be powerful rather than charming, and seeks to be feared rather than loved. **To this type** belong many lunatics and most of the great men in history.

— Bertrand Russell, *The Conquest of Happiness*.

[과대 망상광 환자는 매력적인 사람보다 오히려 힘이 강한 사람이 되기를 바라고, 사랑의 대상보다는 두려움의 대상이 되기를 바란다는 사실에서 보아 자기 도취자와 다르다. 이러한 유형에는 많은 정신 이상자들과 역사상 대부분의 위인들이 속한다. → this type은 이미 앞에서 언급된 과대 망상광 환자를 가리키는 것이기 때문에 구정보를 나타내는 것이므로 문두에 놓여 주제가 되고 있으며, belong 다음에 놓인 이 문장의 주어는 신정보로서 초점을 받고 있음.]

The Norman Conquest did not suddenly put an end to the Old English period, but **to it** may be attributed directly or indirectly many of the characteristic differences between Old and Middle English.

— G. L. Brook, *A History of the English Language*.

[노만 정복으로 말미암아 즉시 고대영어시대가 끝난 것은 아니었다. 그러나 이로 말미암아 직·간접적으로 고대영어와 중세영어 사이에 많은 독특한 차이들이 야기되었을 것이다. → it은 앞에 놓인 the Norman Conquest를 가리키는 구정보로서 주제 역할을 하고 있으며, 신정보를 전달하는 주어 many of ... between Old and Middle English는 문미에 놓여 초점을 받고 있음.]

He (= Charles Carpenter Fries)[14] and his wife, Agnes Carswell, developed

---

14 Charles Carpenter Fries (1887-1967)는 1922년부터 1958년 퇴임할 때까지 미시간 대학 교수이며, 미국의 저명한 언어학자였음.

the university's English Language Institute (1941), which pioneered methods and materials for teaching English to foreigners. **Among his many books** are dictionaries of Early and Middle English.

[찰스 카펜터 프리즈와 아내 애그니스 카스웰은 1941년에 미시간대학 영어연구소를 설립했는데, 이 연구소는 외국인들에게 영어를 가르치는데 필요한 방법과 자료 개발의 선구자 역할을 했다. 그가 쓴 많은 책들 중에는 고대 · 중세 영어 사전들이 있다.]

마지막 예문의 앞부분에 Fries의 저술에 대한 내용이 구체적으로 언급되어 있지는 않지만, 앞에서 자료 개발 등이 언급되어 있기 때문에 많은 저술을 했다는 점을 충분히 유추할 수 있으며, 따라서 이 부분이 구정보가 되어 주제 역할을 할 수 있다고 하겠다.

마지막으로 한 가지 예를 더 들기로 한다.

... It is called the North European Plain, or the Great European Plain. It has some of the best farmland in the world. *Along the southern border of the North European Plain* lie rugged mountains. The most famous mountains in Europe are the Alps.
— Sonya Abbye Taylor, *World Cultures Past and Present*.

[이곳은 북유럽 평원, 또는 유럽 대평원이라고 한다. 이곳에는 전 세계에서 가장 좋은 농지의 일부가 있다. 북유럽 평원의 남쪽 경계선을 따라서는 바위 투성이 산들이 있다. 유럽에서 가장 유명한 산맥은 알프스 산맥이다.]

이것은 세 개의 문장으로 이루어진 연속체의 담화이다. 이 담화의 첫 번째 문장에서 North European Plain이 문미에 놓여 초점을 받고 있다. 이와 관련해서 두 번째 문장의 문두에 놓인 전치사구 along the southern border ... Plain은 구정보로서 주제가 되고 있으며, 문미에 놓인 명사구 rugged mountains는 신정보로서 초점을 받는다. 따라서 이것은 <전치사구 + 동사 + 주어>의 어순으로 이루어진 문장이다. 바로 이와 같은 어순으로 단어들이 나열됨으로써 문두에 놓여 주제 역할을 하는 부분은 앞에 놓인 문장과 긴밀한 관계를 갖고 있음을 보여 주고, 문장의 마지막에 놓여 초점을 받고 있는 요소는 세 번째 문장의 앞에 놓여 있는 the most famous mountains in Europe과 긴밀한 관계를 맺고 있음을 보여주고 있다.

23.4.3. there 삽입

23.4.2에서는 <전치사구 + 동사 + 주어>의 구조를 보았다. 이와 구조가 비슷하지만, 다른 점은 전치사 다음에 존재문 구조가 쓰인다는 것이다. 즉, 전치사구와 동사 사이에 there을 삽입한 구조와 동사 바로 다음에 주어가 등장하는 구조이다.

(8) a. Across the street is a grocery.
　　b. Across the street **there** is a grocery.
　　　　[길 건너편에 식료품점이 있다.]

이 두 가지 문장 구조의 차이에 대하여 바로 눈앞에 있는 대상을 보거나, 또는 사진을 보는 경우에는 there가 없는 구조를 사용하고, 어떤 대상을 하나의 지식으로서 우리의 마음속에 떠올리는 경우에는 there가 있는 문장 구조가 쓰인다고 한다.[15]

이러한 설명에도 불구하고 실제로 보다 격식을 갖추지 않은 일상적인 영어에서는 위와 같이 암시하는 뜻에 관계없이 이 두 가지 구조가 모두 구별하지 않고 쓰이는데, 특히 there가 없는 구조를 더 즐겨 사용하는 편이다.

23.5. 전위

앞에서는 문장의 어느 한 요소를 주제로 삼아 문두의 위치로 이동하게 되면 그 자리는 빈 자리로 남아 있게 되는 예를 보았다. 이번에는 주제화의 경우와 다른 경우로서, 전위가 이루어지는 문장 구조를 살펴보기로 한다. 전위(轉位: dislocation)란 문장의 어느 한 요소, 특히 명사구가 문두 또는 문미의 위치로 이동하고, 그 빈자리에 이 명사구를 가리키는 대명사 또

---

[15] [20] Across the street is a grocery.
[21] Across the street there is a grocery.
The question is, do these two presentatives mean the same? At first blush they look identical. Yet if we assume that the first (20) presents something on the immediate stage (brings something literally or figuratively BEFORE OUR PRESENCE) whereas the second (21) presents something to our minds (brings a piece of knowledge into consciousness). (the numbers (20) and (21 in the passage mine) — Bolinger (1977: 93-94); Inversions can also be used to create the illusion for readers that they are witnessing an event or an action unfold before their eyes. The writer's description can mirror the perception of objects or events as they might appear in a movie where a camera pans across a room. — Cowan (2008: 536).

는 이와 유사한 형태가 일종의 흔적(痕迹: trace)으로서 놓이는 것을 말한다.[16] 이러한 구조는 비격식적인 말과 글에서 흔히 사용되는 편이다.[17]

(9) a. **Her parents** seem pretty uncaring.　　　　　　　　[중립적인 어순]
   [그녀의 부모님들은 남을 배려하는 마음이 아주 없어 보인다.]
   b. **Her parents**, *they* seem pretty uncaring.　　　　　　[좌측 전위]
   [그녀의 부모님들, 그들은 남을 배려하는 마음이 아주 없어 보인다.]
   c. *They* seem pretty uncaring, **her parents**.　　　　　　[우측 전위]
   [그들은 남을 배려하는 마음이 아주 없는 것 같다, 그녀의 부모님들 말이지.]

(9a)에서 주어 위치에 놓여 있는 her parents가 (9b)에서처럼 주어의 좌측으로 이동하고, 그 빈자리에 이것을 가리키는 대명사를 배치시키는 것을 좌측 전위(左側轉位: left dislocation)라 한다. 이번에는 이와 반대로 (9a)의 주어 위치에 놓여 있는 her parents를 우측으로 이동하고 그 빈자리에 이것을 가리키는 대명사 they를 배치시키는 것을 우측 전위(右側轉位: right dislocation)라 한다.[18]

이와 같이 전위가 이루어지는 요소는 주로 주어나 목적어 역할을 하는 명사구이며, 이 명사구는 a book, a student 따위와 같이 막연한 대상을 가리키는 것이 아니라, 반드시 the book, the student처럼 특정한 대상을 가리키는 '한정 명사구'(definite noun phrase)라야 한다.

(10) a. I saw **a man** yesterday.
   [나는 어제 어떤 사람을 만났다.]
   b. I saw **the man** yesterday.
   [나는 어제 그 사람을 만났다.]

16　dislocated clause has a constituent, usually an NP, located to the left or right of the nucleus of the clause, with an anaphorically linked pronoun or comparable form within the nucleus itself. — Huddleston & Pullum (2002: 1408).

17　Dislocation of this kind is often found in oral personal narratives and informal writing. — Huddleston & Pullum (2002: 1408). See also Quirk et al. (1985: 1310) and Carter & McCarthy (2006: 782).

18　Carter & McCarty (2006: 782)에서는 left dislocation과 right dislocation이라는 용어 대신에 각각 '머리'(header)와 '꼬리'(tail)라는 용어를 사용하고 있다.

    c. **The man**, I saw *him* yesterday.
       [그 사람 어제 만났어.]
    d. ***A man**, I saw *him* yesterday.
       [→ 막연한 대상을 가리키는 명사구가 전위되었으므로 틀린 문장.]

(10a)처럼 목적어가 막연한 대상 a man일 때 이해하기가 가장 자연스러우며, 이와는 달리 상황이 주어지지 않으면 (10b)에서처럼 the man이 가리키는 대상이 누구인지 이해하는데 약간 어려움이 있다. (10c)에서는 특정한 대상을 가리키는 명사구 the man이 좌측 전위된 것이다. 그러나 막연한 대상을 가리키는 명사구는 좌측 전위가 허용되지 않기 때문에 (8d)는 문법적으로 틀린 문장이다.

23.5.1. 좌측 전위

(11), (12)와 같은 예를 검토해 보자.

  (11) **The colleague I mentioned to you**, I married *her*.
       [내가 너에게 말한 그 동료 말인데, 나는 그녀와 결혼했어.]
  (12) **Your mother**, *she* was just misunderstood.
       [너의 어머니 말인데, 그 분은 방금 오해를 받았어.]

(11), (12)의 경우에 명사구가 전위되고, 그 빈자리에 이 명사구가 대명사 형태로 복사(複寫: copy)되었다. 즉, (11)의 경우에는 목적어가 복사되었으며, (12)에서는 주어가 복사되었다. 바로 이와 같은 언어 현상을 좌측 전위라고 하는데, 말로 전달하는 경우에는 좌측 전위가 이루어진 명사구 다음에 약간의 휴지(pause)가 주어지며, 이것은 대개 구정보임을 나타낸다. 이렇게 좌측 전위가 이루어지게 되면 담화상의 응집이 이루어지는 효과를 가져 온다.[19] (11)에서 좌측 전위된 명사구는 구정보를 전달하게 되고, 이것이 구정보라는 증거는

---

19 Consider the examples shown in (20) and (21).
    20 *The colleague I mentioned to you*, I married *her*.
    21 *Your mother, she* was just misunderstood.
    In both cases a noun phrase has been preposed, but a 'copy' is left in the regular position of the NPs in the shape of a pronoun. In the first example, a Direct Object is copied; in the second example, a Subject. This process is called *left dislocation*. In speech there is often

정관사가 수반된 것으로 뒷받침된다. 또 (12)에서는 your mother가 바로 앞에 나온 문장에서 언급되었다고 여겨지며, 따라서 구정보를 나타내는 것이라고 생각된다. 따라서 이처럼 한정 명사구를 문두에 배치시킴으로써 앞뒤 문장에 놓인 주어 또는 목적어가 서로 대립 관계임을 분명히 밝혀주게 된다.[20]

좌측 전위가 이루어지는 문장 요소는 위에서 본 주어와 목적어 이외에 다음과 같은 목적보어와 전치사의 목적어, 심지어 목적어의 일부, 즉 명사구를 수식하는 한정사까지도 포함된다.

> ***'The Great Maurice'***, they used to call him **that**, didn't they?
> ['위대한 모리스라고', 그들이 그 남자를 늘 그렇게 불렀지, 안 그런가? → 좌측 전위된 요소가 목적보어 역할을 하는 that을 가리킴.]
>
> ***My sister***, someone threw a rock at **her** at the beach.
> [나의 누이동생 말인데, 어떤 사람이 바닷가에서 그녀에게 돌을 던졌어. → 좌측 전위된 요소가 전치사의 목적어 역할을 하는 her를 가리킴.]
>
> ***The people next door***, the police have just arrested **their** son on a drug charge.
> [이웃집 사람들, 경찰에서 방금 그들의 아들을 마약범으로 체포했다. → their는 좌측 전위된 명사구 the people next door를 가리키는 한정사.]

좌측 전위되는 요소에는 전치사가 포함되지 않는다.

> They booked the hotel for Pamela, but, ***Dave***, they left it to **him** to find a room for himself. (Carter & McCarthy 2006: 194)
> [그들은 파밀라를 위해 호텔을 예약했다. 그러나 데이브 말인데, 그들은 그에게 그가 직접 방을 찾아보도록 맡겼다. → to him에서 to까지 좌측 전위하여 to Dave라고 하지 않음.]

---

a short pause after the left-dislocation phrase, which usually represents given information. The pragmatic effect of left dislocation is that it creates discourse cohesion or textual cohesion. Notice that in (20) the dislocated NP conveys given information, witness the presence of the clause. In all these cases the displaced clauses are heavy, and therefore prefer to come last, in accordance with the Principle of End Weight. — Aarts (2011: 319).

20 Aarts (2011: 316). See also Carter & McCarthy (2006: 192).

좌측 전위는 (1) 의문문과 같이 나타날 수도 있다.

That key, did you put **it** there or did I? (Carter & McCarthy 2006: 782)
[그 열쇠를 네가 거기에 두었는가 아니면 내가 두었는가?]
The white house on the corner, is **that** where she lives?
(Carter & McCarthy 2006: 193)
[모퉁이에 있는 그 하얀 집 말인데, 그것이 그녀가 사는 집인가?]

(2) 비정형절 구조로도 나타날 수 있다.[21]

Going round museums and art galleries, **it**'s what my mum and dad like doing.
[박물관과 미술관들을 방문하는 것, 그것은 나의 엄마와 아빠가 하고 싶어 하는 일이다. → 영국영어에서 mum이 미국영어에서는 mom이라고 함. go round: visit.]
Walking into the room, **it** brought back a load of memories.
[방안으로 걸어 들어가는 것, 그것은 많은 추억들을 회상케 했다.]

23.5.2. 우측 전위

좌측 전위와 반대로, 이번에는 주어 또는 목적어 역할을 하는 명사구가 우측 전위(右側轉位: right dislocation)된 예를 보기로 한다. 다음 예 (13)을 보자.

(13) I married ***her***, **the woman I mentioned to you**.
[나는 그녀와 결혼했어, 내가 너에게 말한 그 여자 말야.]

(13)에서 목적어 the woman I mentioned to you가 우측 전위되고, 그 빈자리에 대명사 형태 her가 대신 놓였다. 이러한 예에서처럼 주어든 목적어든 우측으로 전위되고, 그 빈자리에 대명사가 놓여 전위된 명사구를 가리키게 하는 것을 우측 전위라고 한다. 이러한 문장을 말로 할 때에는 대개 쉼표가 놓인 위치에서 약간의 휴지가 이루어지며, 이러한 유형의 문장은 이 대명사가 가리키는 대상이 누구인지 화자가 모르고 있다고 생각을 할 때 그 대상을

---

21 Carter & McCarthy (2006: 193).

명확히 밝히기 위해 쓰일 수 있는 것이다. 특히 이러한 어순으로 배열하는 경우에 일반적으로 지켜지는 어순, 즉 구정보를 먼저 제시하고, 나중에 신정보를 배열하는 원칙이 지켜지지 않는다.[22]

이와 같은 우측 전위 구조의 문장이 화자의 판단·논평·평가 등을 나타내는 경우에 쓰인다고 한다.[23]

And **he**'s quite a comic, ***the fellow***. (Carter & McCarthy 2006: 783)
[그리고 아주 우습군, 그녀석말야.]
It's really nicely done out, ***this place***, all wooden.
(Carter & McCarthy 2006: 783)
[정말로 멋있게 장식되었네, 이곳이. 모두 나무로 되어 있네.]
He's amazingly clever, ***that dog of yours***. (Carter & McCarthy 2006: 194)
[그녀석이 말도 못할 정도로 영리해, 너의 그 개 말이야.]
He's a complete idiot, ***that brother of yours***. (Quirk et al. 1985: 1310)
[그는 완전히 바보야, 너의 그 동생말일세.]

그렇지만 다음과 같이 사실적인 내용을 전달하는 예들도 있다.

---

22 Right Dislocation moves NPs to the right of clauses, leaving behind pronouns which agree with the originals in person, gender, and number, as in:
   (ⅲ) a They are coming tonight, Jack and Fred.
       b She won't agree to that, your mother.
Thus, in this respect, Right Dislocation contrasts with Extraposition, which always leaves behind the unique NP *it*. ― Keyser & Postal (1976: 237);
Consider (34).
   (34) I married *her, the woman I mentioned to you.*
In (34) the Direct Object is displaced to the right, with a 'copy' in the shape of a pronoun in the 'regular' Direct Object position. This process is called *right dislocation*. When uttered there is normally a short pause after the pronoun. This pattern can be used in a situation which the speaker thinks that the hearer may not be sure who the pronoun *her* refers to. For clarity the full referential NP is spelled out. This pattern is noteworthy because the right-dislocated constituents represent given information, and the Given-New Principle is thus overridden. ― Aarts (2011: 322-323).
23 Such word order (= right dislocation, or tails in Carter & McCarty's term) is typically used to highlight judgment, comment or evaluation rather than mere statement of fact. ― Carter & McCarthy (2006: 783).

I gave **him** a dollar, ***that man back there***. (Huddleston & Pullum 2002: 1411)
  [나는 그에게 1달러를 주었어, 저기 뒤에 있는 그 사람에게.]
Jane visits **it** every weekend, ***this park***. (Emonds 1976: 33)
  [제인은 매 주말에 그곳에 오지, 이 공원에.]
I buy **them** right at the shore, ***these clams***.
  [나는 그것을 바로 그 바닷가에서 사지, 이 대합조개를.]

좌측 전위의 경우와 마찬가지로, 우측 전위가 이루어지는 요소는 문장의 주어, 목적어는 물론, 전치사의 목적어 역할을 하는 명사구 등 광범위한 요소들이 해당된다.

I really like **him**, ***your dad***.
  [정말 그 사람이 마음에 들어, 너의 아빠말일세.]
What's **his** name, ***your son***?
  [그 애 이름이 뭐지, 너의 아들이. → his는 한정사로서 우측 전위된 your son을 가리킴.]
I've never spoken to **her** before, ***the Vice Chancellor***.
  [전에 그녀와 대화를 해본 적이 한 번도 없어. 부총장하고 말이야. → 우측 전위된 명사구는 전치사의 목적어 her를 가리킴.]

제24장

어형성(Word Formation)

24.1. 어형성 규칙의 생산성

우리가 사용하는 단어들이 모두 사전에 들어 있지도 않고, 또한 모든 단어들을 일일이 기억할 수도 없다. 우리 머릿속에는 이미 습득된 개별적인 단어들이 저장되어 있음은 물론이고, 단어를 만들어내고, 또한 단어의 내부 구조(internal structure)에 대한 지식, 즉 규칙들이 들어 있다. 바로 이와 같이 단어를 만들어내고, 동시에 내부 구조와 관련된 규칙을 알고 있기 때문에 예컨대 beauty라는 단어에 적절한 접두사와 접미사를 붙여서 다음과 같은 파생어들을 만들어내고, 그 단어들의 내부 구조를 분석할 수 있으며, 그 뜻까지도 알 수 있다.

beauteous	beautician	beautification	beautified	beautifier
beautiful	beautifully	beautify	unbeautified	

한 가지 예를 더 들자면, 다음과 같은 단어들도 모두 phone (= 'sound' 소리)과 관련된 뜻을 가진 파생어들이다.

phonetic	phonetics	phonetician	phonic	phonology
phonologist	phonological	telephone	telephonic	phoneme
phonemic	allophone	euphonious	symphony	

바로 이와 같은 점은 곧 단어를 만드는 규칙, 즉 어형성(語形成: word formation, word making) 규칙이 '생산적'(productive)이라는 것을 말해 준다. 즉, 문장을 만들어내는 규칙에 의해 무한히 많은 문장이 만들어지는 것처럼, 단어 하나하나를 낱낱이 암기하지 않더라도 어형성 규칙을 적용하여 우리가 필요로 하는 단어들을 만들어 쓸 수 있다는 것이다.

몇 가지만 예를 더 들어보기로 한다.

동사에 접미사 -able을 붙여서 '...할 수 있는'(able to be + -ed)이라는 뜻을 가진 형용사를 만들어낼 수 있다. 그러므로 workable은 that can be worked(실천 가능한)로, adaptable은 that can be adapted(적응할 수 있는)로 풀이된다.

workable, laugh**able**, change**able**, breathe**able**, adapt**able**

심지어 최근에 만들어진 download, fax와 같은 단어에도 이러한 접미사를 첨가하여 새로운 형용사를 만들어낼 수 있다.

download**able**, fax**able**

이상과 같은 예에서처럼 동사 + able로 이루어진 형용사의 뜻을 부정하기 위하여 이미 만들어진 단어에 다시 부정 접두사 un-을 첨가할 수 있다.

unworkable, **un**changeable, **un**adaptable, **un**breathable

접두사 un-은 형용사에 첨가하여 부정의 뜻을 가진 또 다른 형용사를 만들 수도 있다.

unafraid, **un**fit, **un**American, **un**phonetic

둘 이상의 접사가 첨가되어 단어를 만들 때 규칙을 적용하는 순서가 정해져 있는 경우들도 있다. 예컨대 unbelievable은 동사 believe에 un-이 먼저 첨가되면 (1a)처럼 틀린 단어가 만들어진다. 즉, *unbelieve가 먼저 만들어지고 그다음에 –able을 첨가하여 unbelievable이 만들어진 것이 아니다. 대신에 (1b)에서처럼 believe에 -able이 먼저 첨가되고, 이다음에 un-이 첨가되어 만들어진 것이다. (2a, b)에서 unworkable이 만들어지는 과정도 똑같이 설명된다.

(1) a. **un** + believe > ***un**believe
    b. believe + **able** > believ**able** + un-> **un**believ**able**

(2) a. **un** + work > ***un**work
    b. work + **able** > work**able** + un- > **un**work**able**

다음의 예 (3)에서 describe의 경우에도 마찬가지이다. 이 단어에 접두사 in-과 접미사 able을 첨가하여 **in**describ**able**이라는 단어를 만들 때도 마찬가지이다.

(3) a. in + describe > *indescribe
 b. describe + able > describable + in- > **in**describ**able**

(3a)의 경우처럼 동사 describe에 부정 접두사 in-이 첨가되어 만들어진 단어 *indescribe는 허용되지 않는다. 그러나 (3b)에서처럼 동사 describe에 형용사를 만드는 접미사 -able을 먼저 첨가시켜 형용사를 만들고, 그다음에 부정 접두사 in-이 첨가된 **in**describ**able**은 옳은 형태이다.

unlockable은 un, lock, able이라는 세 개의 형태소로 만들어진 단어이기는 하지만, 이 세 가지 형태소가 어떤 규칙 적용 순서로 결합되었느냐에 따라 뜻이 달라진다. 먼저 (4a)는 기본형 동사 unlock라는 단어에 형용사를 만드는 접미사 -able을 첨가하여 만들어진 것이다. (4b)는 기본형 동사 lock에 형용사 접미사 -able을 첨가하여 lockable이 만들어지고, 여기에 다시 부정 접두사 un-이 첨가된 것이다.

(4) a. unlock (자물쇠를 열다) + -able > **unlockable** [자물쇠를 열 수 있는]
 b. lock (...에 자물쇠를 채우다) + -able > lockable [자물쇠를 채울 수 있는]
  un- + lockable > **unlockable** [자물쇠를 채울 수 없는]

이처럼 단어를 만드는 규칙 적용 순서의 차이에 따라 틀린 단어가 만들어지기도 하고, 때로는 규칙 적용 순서가 달라져도 맞는 단어가 만들어지기는 하지만 뜻이 달라지는 것도 있다는 점에 유의하여야 한다.

un-이 충분히 생산적이라고만 말할 수 없다. 즉, 어떤 형용사에도 un-을 첨가하여 반대의 뜻을 가진 단어를 만들어낼 수 있는 것은 아니다. 예컨대 unhappy, uncowardly처럼 쓰이는 반면, *unsad, *unbrave, *unobvious와 같은 단어들은 영어에서 허용될 수 있는 것이기는 하지만, 아직껏 사용되지 않고 있다. 이처럼 어형성 규칙의 생산성에는 한계가 없는 것이 아니다. 따라서 규칙에 의해 만들어지는 단어들일지라도 그것은 한 언어가 사용되는 사회 제도에 의해 제약을 받는다. (5a-c)에서처럼 규칙에 의해 만들어지는 단어일지라도 다음과

같이 세 가지 부류로 나누어질 수 있다.[1]

   (5) a. sandstone, unwise
       b. (*)lemonstone, (*)unexcellent
       c. *selfishless

(5a)처럼 실제로 영어에서 사용되는 단어들, (5b)는 잠재적인 영어 단어로서, 완전히 사용 불가능한 단어는 아니지만, 적어도 현재로서는 사용되지 않는 것이다.[2] 그리고 (5c)는 접미사가 명사가 아닌 형용사에 첨가되었기 때문에 사용 가능한 단어가 될 수 없다.

   영어에는 이른바 화석화된(fossilized) 단어들이 있다. 즉, 화석처럼 굳어져 어떤 단어들은 허용되지만, 다른 단어들은 영어 단어로서 허용되지 않는 것들이 있다. 예컨대 고대영어에서 사용되던 접미사 -th가 이제는 더 이상 새로운 단어를 만들 때 사용되지 않는다. 그러므로 형용사 long, deep, wide에서 만들어진 명사형 length, depth, width와 같은 단어들은 현재 쓰이는 반면, 이러한 접미사가 첨가되어 새로 만들어지는 단어는 더 이상 영어 단어로서 존재하지 않는다.

24.2. 어형성의 유형

   영어 단어의 수효를 늘리는 방법에는 여러 가지가 있다. 그 여러 가지 어형성 방법을 적용함으로써 영어라는 언어는 '단어를 만드는 힘'(word-making power)을 한층 더 강화하게 되었다. 그 방법에 의해 새로운 개념 내용이나 문물이 생겨남에 따라 여기에 맞는 새로운 단어를 만들어낼 수도 있고, 또한 경우에 따라서는 기왕에 있는 단어에 새로운 뜻을 추가하여 새로운 단어처럼 사용되는 예들도 허다하다. 그러므로 사용 역사가 오래된 단어일수록 새로운 뜻들이 점차적으로 추가되어 있다는 점을 사전을 펼쳐보면 얼른 알 수 있다. 이러한 과정이 쉽지 않을 경우에는 단어들을 둘 또는 그 이상 합쳐서 복합어를 만든다든가, 기본형 단어에 적절한 접두사와 접미사를 첨가하여 파생어를 만들기도 한다. 복합어와 파생어의 경우처럼 그 수효가 많지는 않지만, 역성어, 단축어, 혼성어, 어두 문자어 따위와 같은 단어들

---

[1] Quirk et al. (1972: 976).
[2] 이처럼 사용 가능하기는 하지만, 아직 영어에서 사용되지 않는 단어들을 '우연한 공백'(accidental gap)이라고 부르기도 한다. 즉, 어형성 규칙에 의해 만들어져 충분히 영어 단어로 사용 가능하기는 하지만, 어쩌다가 영어 단어로서 사용되지 않는 단어를 말한다.

이 더 늘어나는 계기가 되었다.

이런저런 어형성 방법 이외에 영어에는 수많은 외래어 차용어(借用語: loan words, borrowings)[3]들이 흘러들어와 영어의 어휘가 한층 더 풍부해져, 결과적으로 표현력(expressiveness)이 강화되고, 영어가 범세계적(cosmopolitan)이며, 동시에 이질적인(heterogeneous) 언어로 변모하게 되었다.

영어는 다음과 같은 다양한 어형성 방법에 의해 단어들이 지속적으로 만들어지고 있다.

24.2.1 복합어 (複合語: compound words)
24.2.2. 파생어 (派生語: derivatives)
24.2.3 혼성어 (混成語: blendings, blends)
24.2.4 어두 문자어 (語頭文字語: acronyms)
24.2.5 단축어 (短縮語: clippings)
24.2.6 역성어 (逆成語: back formations)
24.2.7 전환 (轉換: conversion)
24.2.8 차용어 (借用語: loan words, borrowings)
24.2.9 고유명(固有名: proper names)에서 온 단어들

24.2.1. 복합어

복합어란 둘 또는 그 이상의 기본형(base form)이 결합해서 만들어진 단어이다. 이렇게 만들어진 복합어는 의미와 문법적으로 보아 하나의 단어와 똑같은 기능을 담당한다. 영어는 복합어를 만드는 방식이 아주 유연하여, 형용사 + 형용사, 명사 + 형용사, 형용사 + 명사, 형용사 + 동사, 명사 + 명사, 동사 + 명사, 명사 + 동사, 동사 + 동사가 결합되어 일정한 품사에 해당되는 복합어가 만들어진다. 이렇게 결합된 복합어는 두 요소 사이의 강세의 위치며, 결합 형식도 차이를 나타낸다.

---

3 단어에서 차용(借用:borrowing)이라는 용어는 예컨대 돈을 빌리고, 또 갚는다는 개념과 다르다. 언어에서 단어의 차용은 일단 A라는 언어의 단어가 B라는 언어로 옮아가는 것만을 뜻한다. 다시 되돌아가는 것이 아니다.

24.2.1.1. 복합어의 품사

기본형의 단어들이 결합되어 복합어가 만들어질 때, 그 복합어를 만드는 구성 요소들을 여러 가지 품사에 해당되는 단어들끼리 결합된다. 다음 표에서 보는 바와 같이, 예컨대 형용사 bitter와 형용사 sweet이 결합된 bittersweet은 형용사가 되고, 명사 home과 명사 work가 결합된 homework은 명사가 된다. 또한 동사 sleep과 동사 walk이 결합된 sleepwalk은 동사이다. 그러나 동사 + 형용사로 이루어지는 복합어는 존재하지 않는다.

	형용사	명사	동사
형용사	bittersweet (달콤쌉쌀한)	poorhouse (구빈원:救貧院)	whitewash (속이다)
명사	headstrong (고집 센)	homework (숙제)	spoonfeed (수저로 먹이다)
동사	————	pickpocket (소매치기)	sleepwalk (잠결에 걸어다니다)

(Fromkin et al. 2011: 61)

이처럼 복합어의 품사는 대체로 마지막 요소의 품사가 결정한다.

24.2.1.2. 복합어 요소의 결합

어느 둘 또는 그 이상의 요소가 결합하여 복합어가 만들어질 때 그 구성 요소들 사이에는 다음과 같이 세 가지 유형으로 결합된다. 예컨대 복합어가 A, B 두 개의 요소로 이루어진 것이라면,

(a) 복합어의 구성 요소가 마치 한 단어처럼 결합된다(AB): lipstick
(b) 복합어의 구성 요소가 하이픈으로 연결된다(A-B): lip-read
(c) 복합어의 구성 요소가 마치 두 단어인 것처럼 분리된다(A B): lip service

복합어의 철자법에는 이 세 가지 방법 중 어느 것을 선택할 것인가에 대한 확고한 규칙이 없다. 다양한 관례가 있어서 어떤 단어들은 이 세 가지 유형으로 모두 나타나기도 한다.

flower-pot   flower pot   flowerpot
air-sick   air sick   airsick

미국영어에서는 하이픈을 사용하지 않는 경향이 있다. 따라서 복합어가 확고한 자리를 차지하게 되면 마치 한 단어인 것처럼 쓰이는 경향이 있지만, 그렇지 않으면 구성 요소 사이에 간격이 주어진다. 그러나 영국영어에서는 하이픈이 보다 광범위하게 쓰이는 편이다.[4]

(영국영어): air-brake, call-girl, dry-dock, letter-writer
(미국영어): air brake, call girl, dry dock, letter writer

24.2.1.3. 음성적 기준

음성적으로 복합어는 첫 번째 요소에 강세(stress)를 두는 것이 일반적이다.[5] 그러므로 다음 두 가지 (6a, b)는 강세의 위치가 서로 달라서, (6a)는 복합어로서 첫 번째 요소에 강세가 놓였으며, (6b)는 수식어와 수식을 받는 명사로 이루어진 수식구조로서 두 번째 요소에 강세가 놓이고 있다.

---

4 Quirk et al. (1972: 1019) and Carter & McCarthy (2006: 482).
5 Accent is sometimes helpful in deciding whether a noun phrase is a compound. Many compounds are distinguished from free phrases by having the nucleus on the first element. Compare the two examples *bóttleneck, cátgut*, with the phrases *bottle's néck, cat's gút*. In established noun phrases which are used frequently and over a period of time, the nucleus tends to shift from the second element to the first; but this does not always happen. Compounds of certain patterns invariably have the nucleus on the first element, for instance verb - object compounds of the pattern verb - ing - noun: *chéwing-gum, drínking-water*; and all derivational compounds with a zero suffix, for instance *spóonbill, bíghead, húnchback*. Others, like the adjective-noun kind, may have either compound - or phrase-accent. Thus we have *hótbed*, but *hot wár, highlight*, but *high tréason, cóld cream* but *cold wár, cómmon room* but *common cóld*. Compounds of the participial adjective-noun kind, like *minced méat, inverted cómma, split infinitive*, always have phrase-accent. ― Adams (1973: 59); We have seen that the semantic structure of compounds tends to entail a focal first constituent. In consequence we have a contrast between the prosodic pattern of a noun phrase and that of a compound, the latter having primary stress on the first constituent. ― Quirk et al. (1985: 1568).

(6) a. bláckbird　　　[복합어]
　　b. black bírd　　　[수식구조]

이처럼 같은 단어로 이루어진 단어들의 결합체라도 강세가 놓인 위치에 따라 복합어 구조와 수식어 + 명사의 수식구조로 나누어지게 되며, 이에 따라 뜻이 달라진다고 하겠다. 예컨대 a criminal lawyer는 복합어의 구조로 볼 때와 수식어 + 명사의 수식구조로 볼 때 강세의 위치와 뜻의 차이가 생긴다. 즉, 첫 번째 요소 críminal에 강세를 두게 되면 복합어로서 '형사 문제 전담 변호사'라는 뜻이 되지만, 두 번째 요소 láwyer에 강세를 두게 되면 수식구조로서 '죄를 범한 변호사'라는 뜻이 된다.

이와 같은 예를 몇 가지 더 들기로 한다.

복합어 [´ ^]	형용사 + 명사의 수식 구조 [^ ´]
críminal lawyer [형사문제 전담 변호사]	criminal láwyer [죄를 범한 변호사]
dáncing girl [무희(舞姬)]	dancing gírl [춤추고 있는 여자]
dóuble u [문자 w]	double ú [u자 두 개]
Énglish teacher [영어 선생]	English téacher [영국인 선생]
gréenhouse [온실]	green hóuse [초록색 집]
hígh chair [어린이용 높은 의자]	high cháir [높은 의자]
hótbed [온상]	hot béd [뜨거운 침대]
smóking room [흡연실]	smoking róom [연기가 나며 타고 있는 방]
swéetheart [연인, 애인]	sweet héart [친절한 마음씨]
tíght rope [(줄타기용의) 팽팽한 줄]	tight rópe [단단히 맨 줄]
Whíte House [백악관]	white hóuse [하얀집]
wóman doctor [산부인과 의사]	woman dóctor [여자 의사]

다음 두 문장 (7a, b)는 외형상 똑같지만, 강세가 놓이는 위치가 서로 다르다. 즉, racing horses가 (7a)에서는 복합어로서 racing에 강세가 놓인다. 그러나 (7b)에서는 앞에 놓인 are racing은 현재 진행형 동사이고, 이다음에 놓인 horses는 are racing의 목적어 역할을 하는 것이다. 이러한 결합 구조에서는 수식어 + 명사의 경우처럼 목적어 역할을 하는 명사에 강세가 놓인다.

(7) a. They are **rácing** horses.　　　　　　　　　　　　　　[복합어]
　　　　[그들은 경주용말이다. → racing horses = 'horses for racing']

b. They are racing **hórses**.   [동사 + 명사 목적어 구조]
(Stageberg 1981: 50)
[그들은 말 경주를 하고 있다. → to race horses = 'to run horses against one another'.]

지금까지 본 것처럼, 복합어의 경우에 강세가 첫 요소에 놓이는 것이 일반적이지만, 두 번째 요소에 강세가 놓이는 예들도 얼마든지 볼 수 있다. 그러므로 개별적인 경우에 유의하여야 한다.

24.2.1.4. 복합어가 내포하는 뜻

둘 또는 그 이상의 단어들이 합쳐 하나의 복합어가 만들어질 때, 그 뜻이나 내용적으로 보면 반드시 복합어를 구성하는 개별적인 단어들이 갖는 뜻이 합쳐진 것이라고만 말할 수 없다. 예컨대 blackboard가 반드시 검정색으로만 된 것이 아니라, 하얀색이나 초록색으로 된 것일 수도 있다. 다음 몇 가지 예를 더 보기로 한다.[6]

boathouse [보트를 보관하기 위해 물가에 마련한 창고 또는 집]
houseboat [살려고 집처럼 꾸며놓은 배]
cathouse [매음굴 ('고양이집'이라는 뜻이 아님)]
a magnifying glass [확대경(= 'a glass that magnifies')]
a looking glass [거울(= 'a mirror') → a looking glass는 'a glass that looks'라는 뜻이 아님.]
horse meat [말고기 (= 'meat from horses')]
dog meat[7] [개 먹이용 고기(= 'meat for dogs')]
olive oil [올리브기름 (= 'oil made from olive')]
baby oil [유아용 기름 ('oil for babies')]

---

6 Fromkin et al. (2011: 62).
7 영어에는 '개고기'라는 별도의 단어가 없다. 무관사 형태의 dog가 이 뜻으로 쓰일 수 있다.
   I don't like **dog** because I like **dogs**. (문용 1999: 66)
    [나는 개를 좋아하기 때문에 개고기를 좋아하지 않는다.]

이상과 같은 뜻을 고려한다면, 복합이가 나타내는 뜻은 크게 세 가지 유형으로 나누어진다. 복합어가 A, B 두 가지 요소로 만들어졌다고 가정해 보면, 다음과 같이 세 가지 뜻의 유형으로 나타난다고 생각할 수 있을 것이다.

(7) a. A + B = AB (예: gentleman)
 b. A + B = A'B' (예: wastebasket)
 c. A + B = C (예: understand)

(7a)에서처럼 복합어의 뜻이 두 요소가 갖는 뜻이 합쳐진 것이다. 예컨대 gentle (A)과 man(B)이 합쳐서 gentleman이 되면 뜻은 문자 그대로 AB가 된다. wasteland 역시 쓸모없는 땅이라는 뜻이므로, AB로 나타내게 된다. 그러나 wastebasket은 쓸모없는 바구니라는 뜻이 아니라, 쓰레기통이라는 뜻이기 때문에, 기호로 나타내면 (7b)에서처럼 A'B'가 되어야 한다. 이 경우에는 복합어의 두 요소가 갖는 뜻이 그대로 합쳐진 것이라기보다 오히려 비슷한 뜻의 결합으로 보아야 한다. 그리고 (7c)에서 understand는 두 요소의 뜻과 이 단어가 나타내는 뜻이 전혀 다르다. 그러므로 A + B는 C라고 하는 전혀 다른 뜻을 나타내는 것이다.

24.2.1.5. 복합어의 유형과 문법

일반적으로 명사, 형용사, 동사로서의 역할을 하는 복합어는 그 구성 요소들 사이에 일정한 문법적인 관계가 나타난다. 예컨대 다음과 같은 예를 보면 복합어를 만드는 두 요소 사이에 뚜렷한 문법 관계가 존재한다는 점을 알 수 있다.

sunset(일몰) = The sun sets.(해가 지다.)
  [→ 문장으로 풀어 쓴 것처럼 sunset은 주어 + 동사의 관계를 나타내고 있음.]
bloodtest(혈액 검사) = (X) tests blood.
        = or the testing of blood
  [→ bloodtest는 외형적인 구조가 주어는 표면상 나타나지 않고, 풀어 쓴 것처럼 두 번째 요소 test가 동사이고 앞에 놓인 요소 blood가 목적어 역할을 하는 동사 + 목적어의 관계를 나타내고 있음.]
spoonfeed (수저로 먹이다) = (X) feeds Y with a spoon

[→ 문장으로 풀어 쓴 것처럼 두 번째 요소 feed는 동사이고, 첫 번째 요소 spoon은 전치사 with와 결합하여 with a spoon은 도구를 나타내는 부사류 역할을 하고 있음.]

24.2.1.5.1. 복합명사

복합명사(compound nouns)는 서로 다른 문법적 관계를 나타낸다. 앞에 놓인 요소는 전형적으로 명사, 동사, 동사에서 파생된(deverbal) 단어, 또는 형용사이다.

복합어를 이루는 두 요소 사이에는 다음과 같이 광범위한 문법적인 관계가 있다.

1) 주어 + 동사의 관계: 이러한 관계를 나타내는 복합명사에는 세 가지 유형이 있다: (1) 주어 역할을 하는 명사와 동사에서 나온 명사(deverbal noun)로 이루어진 구조, (2) 동사와 주어 역할을 하는 명사의 구조, 그리고 (3) 동명사 + 주어 역할을 하는 명사의 구조로 이루어진 것들이다. (1)-(3)은 모두 주어 + 동사라는 문법적인 관계를 가지고 있다.

(1) bee-sting, daybreak, earthquake, headache, landslide, nightfall, rainfall, sunshine, toothache;

(2) crybaby, stinkweed, driftwood, flashlight, popcorn, turntable,;

(3) cleaning woman, governing body, investigating committee, linking verb, warning sign, washing machine, working party

(1)은 주어 + 동사의 어순으로 된 구조이고, (2)와 (3)은 동사 + 주어의 어순으로 이루어져 있는 것이다.

(1) toothache(치통): My tooth aches *or* the tooth that aches.
(2) crybaby(울보): The baby cries.
(3) cleaning woman/lady(청소부): The woman/lady cleans.

2) 동사 + 목적어 관계: 이러한 관계를 나타내는 복합어에는 다섯 가지 구조가 있다. (1) 명사 목적어 + 동사 파생 명사로 이루어진 구조, (2) 명사 목적어 + 동명사로 이루어진 구조, (3) 명사 목적어 + 어미 -er이 첨가된 동작주 명사의 구조, (4) 동사 + 목적어 구조, 그리고 (5) 동명사 + 목적어 구조 등 다섯 가지 구조로 나타난다.

(1) birth control, self-control, book review, haircut, self-destruction, crime

report, tax cut, carpet-shampoo
(2) letter-writing, story-telling, dressmaking, housekeeping, risk-taking, sight-seeing
(3) cigar smoker, stockholder, computer-designer, window-cleaner, language teacher, songwriter
(4) callgirl, killjoy, punchball, pushcart, scarecrow, treadmill
(5) chewing gum, chewing tobacco, drinking-water, reading material, spending money

(1)-(5)에 나열된 단어들은 모두 동사 + 목적어 구조이지만, 어순은 다르다. 즉, (1)-(3)의 단어들은 목적어 + 동사의 어순으로 구성되어 있는 반면, (4)-(5)의 단어들은 동사 + 목적어 어순으로 되어 있다.

(1) birth control(산아제한) = X controls birth.
(2) letter-writing(편지쓰기) = X writes letters.
(3) stockholder(주식 보유자) = X holds stocks.
(4) callgirl(콜걸) = X calls the girl.
  killjoy(흥을 깨는 사람/것) = X kills joy; X which/who spoils the entertainment of others
(5) chewing gum(껌) = X chews gum.

3) 동사 + 부사류의 관계: 복합어가 동사와 이에 대한 부사적 역할을 하는 수식어의 구조를 나타내는 유형을 갖는다. 부사류는 장소(place) · 시간(time) · 도구(instrumental) 등을 나타낸다. 여기에는 다음과 같이 다섯 가지 구조로 나타난다. (1) 동명사 + 부사류의 구조, (2) 부사류 + 동명사의 구조, (3) 부사류 + -er이 첨가된 동작주 명사의 구조, (4) 부사류 + 동사에서 온 명사의 구조, 그리고 (5) 동사 + 부사류 구조 등이다.

(1) (장소) diving board, drinking cup, living room; (도구) adding machine, sewing machine, walking stick, washing machine;
(2) (장소) churchgoing, horse riding, sun-bathing; (도구) fly-fishing, hand-writing
(3) (장소) backswimmer, city-dweller, factory-worker, playgoer

     (시간) daydreamer
  (4) (장소) boat-ride, fieldwork, table talk, moon walk; (시간) daydream, night flight
  (5) (장소) dance hall, springboard, workbench; (도구) grindstone, plaything

이 부류의 복합명사들은 동사와 이 동사의 뜻을 보충해 주는 장소·시간·도구 등을 나타내는 부사류로 이루어져 있다. (1)과 (5)에서는 동사가 먼저 나오고, 부사류는 그 다음에 나타나고 있는 반면, (2)-(4)에서는 부사류가 먼저 등장하고 동사는 이다음에 놓여 있다.

  (1) swimming pool(수영장) = X swims in the pool.
     sewing machine(재봉틀) = S sews with a machine.
  (2) churchgoing(예배에 참석하기) = X goes to church.
     fly-fishing(제물낚시질) = X fishes with a fly.
  (3) backswimmer(송장헤엄치개) = X swims on the back.
  (4) fieldwork(야외연구, 현장연구) = X works in the field.
  (5) dance hall(댄스 홀) = X dances in a hall.
     night flight(야간비행) = X flies during the night.

24.2.1.5.2. 복합형용사

복합형용사(compound adjectives)는 어떤 요소가 복합어의 중심어인가에 따라 다음과 같이 세 가지 범주로 구분된다: 1) 형용사를 중심어로 삼는 복합어, 2) 분사 형용사를 중심어로 삼는 복합어, 그리고 3) 명사를 중심어로 삼는 기타 부류의 복합어.

1) 형용사를 중심어로 삼는 복합형용사
형용사가 중심어 역할을 하는 복합형용사는 명사 + 형용사로 이루어진 것이다.

   color-fast, fancy-free, foot-loose, footsore, heartsick, headstrong, thread-bare, top-heavy

이러한 구조에서 첫 번째 요소인 명사는 주어 역할을 하고, 복합어의 중심어인 형용사는 보어 역할을 하는 문장 구조로 풀이된다.

colorfast((색이) 바래지 않는) = The color is fast.
foot-loose(가고픈 곳에 갈 수 있는) = X's foot is loose.

다음과 같은 명사 + 형용사 구조를 가진 복합형용사들은 비교(comparison)와 강의적인(intensifying) 뜻을 갖는 것으로 풀이된다고 하겠다.[8]

bone-dry, crystal-clear, dirt cheap, dog-tired, feather-light, ice-cold, paper-thin, razor-sharp, rock-hard, stone-deaf

이 복합형용사들은 다음과 같이 일종의 동등 비교의 구조로 풀이된다. 그러나 이러한 비교의 뜻은 단순히 비교의 뜻을 나타내는 것이 아니라, 어떤 사람이나 사물의 특성을 나타내는 것으로서, 결국 강의적인 뜻을 명확히 나타내는 것이다.

bone-dry((목이) 바싹 마른) = dry as a bone   [비교]
                 = perfectly dry   [강의적]
crystal-clear(아주 명료한) = as clear as crystal
                 = absolutely clear

다음과 같은 명사 + 형용사로 이루어진 복합형용사들은 척도(measure)의 뜻을 나타낸다.

ankle-deep, shoulder-high, skin-deep, state-wide, weeklong

따라서 deep, long, high 따위와 같은 척도를 나타내는 형용사를 수반한 이 복합형용사들은 앞에 놓인 명사가 나타내는 정도(extent)를 나타내는 것들이다.

shoulder-high(어깨 높이의) = X is as high as a shoulder.
weeklong(일주 동안의) = X continues as long as a week. *(i.e.* a weeklong training course)

---

[8] 예시된 복합형용사와 관련해서는 19.4.1.2(as busy as a bee 등 → pgs. 117-119) 참조.

형용사를 중심어로 삼는 복합형용사의 마지막 형태는 형용사 + 형용사 구조인데, 이러한 구조는 지극히 드물다.

bitter-sweet, deaf-mute, shabby-genteel, Swedish-Irish, syntactic-semantic, socio-economic

이들 복합형용사의 구성 요소들은 대등한 지위를 갖고 있다. 따라서 bitter-sweet(달콤쌉쌀한)은 bitter and sweet, deaf-mute(귀머거리의)은 deaf and mute의 관계이다. Swedish-Irish는 trade between Sweden and Ireland(스웨덴과 아일랜드간의 무역)와 같은 쌍방 관계를 나타낸다.

2) 분사 형용사를 중심어로 삼는 복합형용사
복합형용사의 두 번째 구조는 명사와 -ing/-ed 분사 형용사로 이루어진 것이다. 다음에 열거된 (1)-(2)의 복합형용사들은 모두 명사 + -ing 분사 형용사로 이루어진 것이지만, 두 개의 구성 요소들은 구조적으로 모두 똑같은 관계를 갖는 것은 아니다.

(1) animal-loving, awe-inspiring, breath-taking, cost-cutting, death-defying, degree-conferring, fact-finding, freedom-loving, French-speaking, God-fearing, hair-raising, heartbreaking, record-breaking, side-splitting, thought-provoking, time-consuming, time-serving, self-winding, self-propelling

(2) fist-fighting, law-abiding, lip-sucking, ocean-going, theater-going, winter-flowering

(1)에서 명사는 목적어 역할을 하고, 분사 형용사들은 동사 역할을 한다.

(1) awe-inspiring(놀라게 하는, 장엄한) = X inspires awe.
　　heartbreaking(가슴이 터질 듯한, 따분한) = X breaks Y's heart.
　　animal-loving(동물을 사랑하는) = X loves animals.
　　degree-conferring(학위를 수여하는) = X(i.e. The institution) confers degrees.

mouth-watering(군침이 도는)은 make one's mouth water리는 사역적인 뜻이다.

self-defeating, self-financing, self-pitying, self-respecting, self-supporting 따위에서처럼 self와 결합되어 만들어지는 복합형용사들은 강세가 두 번째 요소에 놓인다.

이와는 달리, (2)에서는 명사가 전치사의 보충 요소 역할을 하고, 분사 형용사는 동사 역할을 한다.

(2) law-abiding(법을 준수하는) = X abides by the law.
winter-flowering(겨울에 피는) = X flowers in winter.

분사 형용사를 중심어로 하는 복합형용사의 두 번째 유형은 명사 다음에 -ing 분사 형용사 대신 -ed 분사 형용사가 오는 구조이다.

communist-infiltrated, drug-related, hen-pecked, homemade, MIT-trained, moth-eaten, rocket-assisted, safety-tested, sex-linked, tailor-made, taxpayer-funded, weather-beaten

이러한 복합형용사에서는 첫 번째 요소가 명사이며, 분사 형용사는 일반적으로 전치사구를 수반한 수동태 구조이다.

communist-infiltrated(공산당이 침투된) = X is infiltrated by communists.
drug-related(약품 관련의) = X is related to drugs.
homemade(집에서 만든, 국산의) = X is made at home.
safety-tested(안전검사를 마친) = X is tested for safety.

이러한 구조를 가진 것들 중 극소수는 정도를 나타낼 수 있는(gradable) 것이다. 따라서 moth-eaten, weather-beaten 등 일부는 very를 수반할 수 있다.[9]

very moth-eaten
very weather-beaten

---

9 Huddleston & Pullum (2002: 1659).

부사류 + -ed 분사형용사 구조에서 과거분사가 (1)에서는 능동적인 뜻을 나타내는 반면, (2)에서는 수동적인 뜻을 나타낸다.

(1) well-behaved, high-flown, plain-spoken, well-travelled
(2) clean-shaven, close(ly)-knit, deep-set, far-fetched, fresh-cooked, ill-judged, new-laid, newly-wed, quick-frozen, ready-made, well-dressed

(1)은 자동사의 과거분사로서 능동적인 뜻을 나타내며, 앞에 놓인 요소들은 부사류로서 동사를 수식한다.

plain-spoken(솔직히 말하는, 노골적인) = X speaks plainly.
well-travelled(여행 경험이 많은) = X travels well/widely.
well-behaved(행실이 좋은) = X behaves well.

(2)에 포함된 과거분사는 타동사에서 온 것으로, 수동적인 뜻을 나타내며, 앞에 놓인 요소들은 과거분사에 대하여 수식어 역할을 한다.

clean-shaven(수염을 깨끗이 깎은) = X is shaved clean.
close/closely-knit(긴밀하게 맺어진, 굳게 단결한) = X is knit close(ly).
ready-made(미리 만들어 놓은) = X is made ready. (i.e. a ready-made dinner(미리 마련된 만찬)

다음과 같은 부류는 명사 + -ed 분사 형용사의 구조이다.

airborne, cost-led, home-brewed, home-made, language-retarded, hand-made, suntanned, weather-beaten

이 부류에 속하는 형용사들은 -ed 분사형은 동사이고, 명사는 특정한 전치사를 수반한 전치사구로 나타나거나, 수동형으로 나타난다.

heartfelt(진심에서 우러나오는) = X feels it in the heart.

airborne(공기로 운반하는, 공수의) = X bears it by the air.

다음의 복합형용사들은 형용사/부사 + -ing 분사 형용사로 이루어진 것들이다.

easy-going, everlasting, far-reaching, good-looking, hard-working, high-sounding, sweet-smelling, well-meaning

이러한 복합형용사에서 첫 번째 놓인 요소는 부사적 수식어 또는 동사에 대한 주격보어 역할을 하고, 분사형은 동사 역할을 한다.

hard-working(근면한) = X works hard.
far-reaching((영향 등이) 멀리까지 미치는, 광범위한) = X reaches far.
good-looking(잘 생긴, 미모의) = X looks good.

24.2.1.5.3. 복합동사

두 개의 단어가 합쳐서 만들어진 동사들이 있는데, 이들을 복합동사라고 한다. 그 구성 요소는 다양하게 나타난다.[10]

1) 동사 + 동사로 만들어진 복합동사:

blow-dry, cross-examine, dare say, drink-drive, freeze-dry, make do, stir-fry, trickle-irrigate, typewrite

2) 명사 + 명사로 이루어진 복합동사:

handcuff, stonewall

3) 명사 + 동사로 만들어진 복합동사:

brainwash, carbon date, color code, hand-wash, mass-produce, proofread,

---

10   Aarts (2011: 34).

stage-manage

4) 형용사 + 명사로 만들어진 복합동사:

bad-mouth, blindfold, deep-fry, fast-track, short-change(...에게 거스름돈을 적게 주다), soft-soap, short-weight(...의 무게를 속여서 팔다)

5) 형용사 + 동사로 만들어진 복합동사:

cold-call, dry-clean, ill-treat, soft-land, whitewash

6) 불변화사 + 동사로 만들어진 복합동사:
불변화사와 동사로 이루어진 대부분의 동사 복합어는 순수한 동사 형성 방법에 의해 만들어진 것이다.

outachieve, outbalance, outbrave, outfight, outfox, outgo, outgrow; overachieve, overbook, overeducate, overflow, oversleep, overstay; under-lie, undermine, under-pay, underrate

24.2.2. 파생어

파생어(派生語: derived words, derivatives)는 한 개의 단어 앞이나 뒤, 또는 앞뒤 양쪽에 적당한 접사를 첨가하여 만들어진 단어이다. 예컨대 boy라는 단어에 -ish가 첨가되어 형용사 boy**ish**와 같은 파생어가 만들어진다. 마찬가지로, 동사 acquit에 -al이 첨가되어 명사 acquit**tal**이 만들어지며, 형용사 exact에 -ly가 첨가되어 부사 exact**ly**가 만들어진다.

24.2.2.1. 형태소

형태소(形態素: morpheme)란 '뜻을 가진 최소의 단위'(smallest units of meaning)를 말하는데, 형태소에는 굴절 형태소(inflectional morpheme)와 파생 형태소(derivational morpheme) 등 두 가지가 있다. 굴절 형태소는 단어에 첨가되어 문법적인 뜻과 기능을 담당하는 형태소이다. 영어의 발달 초기에는 엄청나게 많았지만, 오늘날의 영어에서는 거의 모든 굴절 형태소가 사라져 버리고, 다음과 같이 여덟 개의 형태만 남아 있으며, 이 형태들은 다음과 같이 서로 관련된 예가 보여주는 것처럼 명사, 동사, 형용사, 부사에 해당되는 단어에만 첨가되어 일정한 '문법적인' 기능을 담당한다.

영어의 굴절 형태소 유형	굴절 형태소가 첨가된 예
-(e)s: 동사의 3인칭 단수 현재형	That problem seem-*s* easy.
-ed: 동사의 과거시제형	Peter kill*ed* a millionaire.
-ing: 동사의 진행형	I am stay*ing* with a friend for a time being.
-en[11]: 동사의 과거분사형	Mary has eat-*en* the donuts.
-(e)s: 명사의 복수형	I remember seeing the jewel-*s*.
-'s: 명사의 속격형	Disa*'s* hair is short.
-er: 형용사/부사의 비교급형	Disa has short-*er* hair than me.
-est: 형용사/부사의 최상급형	Disa has the short-*est* hair.

옛날 영어에서 강동사(強動詞: strong verb)[12]의 과거분사형이 항상 -en으로 끝났다. 그러나 오늘날 새로 생겨나는 동사의 과거분사형은 예외 없이 -ed로 끝난다.

여기서는 분사 형용사(participial adjectives)를 만드는 경우의 -ed, -ing 분사형을 제외한 굴절 접미사에 대해서는 다루지 않고, 오로지 파생 접사에 대해서만 다룬다.

24.2.2.2. 파생 접사의 첨가

접사(接辭: affix)란 어떤 단어의 앞 또는 뒤에 붙여서 파생어를 만드는 형태소를 통틀어

---

11 오늘날의 독일어의 경우처럼 옛날 영어에서는 과거분사 형태가 모두 –en으로 끝났다. 그러나 오늘날에는 broken, eaten, stolen의 경우처럼 극소수의 경우에만 –en으로 끝나고 거의 모든 동사의 과거분사형이 –ed를 가지고 았다.

12 강동사란 고대영어에서 어간의 모음을 변화시켜 과거형과 과거분사를 만들었던 동사 부류이며, 이에 대한 반대는 약동사(weak verb)이다.

부르는 명칭이다. 이 접사 중에는 단어의 앞에 붙이는 것을 접두사(接頭辭: prefix)라 하고, 뒤에 붙이는 것을 접미사(接尾辭: suffix)라 한다. 파생어는 전달하고자 하는 뜻과 문법적인 기능에 따라 접두사와 접미사가 첨가되는 것이 다양하게 나타난다. 예컨대 friend라는 단어에 다음과 같이 파생 접사들이 첨가되어 여러 개의 단어들이 새로 만들어지게 된다.

(1) friend   [명사]

(2) **be**-(friend)   [명사] → [동사]
    [→ (1)의 명사 friend에 접두사 be-를 첨사하여 동사 befriend를 만들었음.]

(3) (friend)-**ly**   [명사] → [형용사]
    [→ (1)의 명사 friend에 접미사 -ly가 첨가되어 형용사가 되었음.]

(4) **un**-[(friend)-**ly**]   [형용사] → [형용사]
    [→ (3)에 부정 접두사 un-이 첨가되어 friendly의 부정형 unfriendly가 만들어졌음.]

(5) {**un**-[(friend)-**li**]-**ness**}   [형용사] → [명사]
    [→ (4)에 나타난 부정형 형용사 unfriendly에 명사 접미사 –ness가 첨가되어 un-friendliness라는 명사형이 만들어졌음.]

friend의 경우, fri-는 아무런 뜻도 갖지 않기 때문에 형태소가 아니며, 마찬가지로 -end도 뜻을 갖지 않기 때문에 형태소가 아니다. friend는 '친구'라는 뜻을 가지고 홀로 독립해서 쓸 수 있는 것이고, -ly는 뜻을 갖지만, 홀로 독립해서 존재할 수 없다. 이 두 개의 형태소가 합쳐 하나의 단어를 이루어 '다정한, 친구다운'이라는 뜻을 나타낸다. 그러므로 friend는 하나의 형태소이면서 동시에 하나의 단어이고, friendly는 두 개의 형태소로 이루어진 하나의 단어이다. 형태소 중에서 홀로 독립해서 존재할 수 있는 단어를 기본형(base) 또는 어근(語根: root)이라고도 한다.[13]

파생어가 만들어지면 다른 나라 언어에서 들어온 차용어들의 발음 형태가 대체로 달라진다. 예컨대 형용사 di**vine**에서 두 번째 음절의 /-váin/이 접미사 –ity가 첨가되어 만들어진

---

[13] friendliness에서 friend는 어근이고, 다시 -ly가 어근에 첨가되어 friendly라는 어간(語幹: stem)이 되고, 여기에 다시 접미사 –ness가 첨가되어 friendliness라는 단어가 만들어진다. 이 단어에서 –ly는 단어의 끝에 첨가되지만, 이 다음에 다른 접미사가 추가해서 첨가되는 경우에는 y가 i로 변한다:
  <u>friend(어근)</u> + -ly + -ness = friendliness
       어간   +ness

electr**ic**, tox**ic**, emphat**ic**과 같은 단어에서 –ic는 접미사이고, electr-, tox-, emphat-는 어근이지만 홀로 독립해서 존재할 수 없다.

명사형 divinity에서는 /-vínəti/로 변하였다.[14]

[aɪ → ɪ]	[i → ɛ]	[eɪ → æ]
div**i**ne → div**i**nity	ser**e**ne → ser**e**nity	s**a**ne → s**a**nity
transcr**i**be → transcr**i**ption	obsc**e**ne → obsc**e**nity	prof**a**ne → prof**a**nity
s**i**gn → s**i**gnature[15]	cl**e**an → cl**e**anse	hum**a**ne → hum**a**nity

반면에 순수한 영어 단어들의 경우에는 접두사와 접미사가 첨가되더라도 강세의 위치나 발음 형태에 아무런 변화도 생기지 않는 것이 일반적이다.

fr**ie**nd, fr**ie**ndly, fr**ie**ndliness, fr**ie**ndship, befr**ie**nd, unfr**ie**ndliness
k**i**ng, k**i**ngly, k**i**ngdom, k**i**ngliness, k**i**ngship

24.2.2.2.1. 접두사의 유형과 뜻

단어의 경우와 마찬가지로, 접두사의 경우에도 순수한 앵글로 색슨 고유의 것이 있는가 하면, 희랍어, 라틴어, 불어 따위의 언어에서 차용한 것들도 있다.

---

14 Finally, derivational affixes appear to come in two classes. In one class, the addition of a suffix triggers subtle changes in pronunciation. For example, when we affix -*ity* to *specific* (pronounced "specifik" with a *k* sound), we get *specificity* (pronounced "specifisity" with an *s* sound). When deriving *Elizabeth* + *an* from *Elizabeth*, the fourth vowel sound changes from the vowel in *Beth* to the vowel in *Pete*. Other suffixes such as *-y*, *-ive*, and *-ize* may induce similar changes: *sane/sanity, deduce/deductive, critic/criticize.* — Fromkin et al. (2011: 49).

15 다음 각 쌍의 단어들의 묶음에서 왼쪽의 단어에서 맨 끝에 놓인 비음(nasal sound) [m, n] 앞에 놓인 /g/는 발음되지 않는다. 그러나 오른쪽에 있는 단어들의 경우처럼 비음 [m, n]이 단어의 끝에 있지 않을 때는 [g]가 발음된다:
si**g**n[sain] — si**g**nature[-g-]   desi**g**n[dizain] — desi**g**nation[-g-]
mali**g**n[məlain] — mali**g**nancy[-g-]   paradi**g**m[pærədaim] — paradi**g**matic[-g-]

1) a-:

a-는 어떤 단어에 붙여서 'not', 'without', 또는 'opposite to'라는 뜻을 나타낸다. 예컨대 political이라는 단어의 앞에 a-/ei-/가 첨가된 apolitical은 정치적인 문제에 아무런 견해도 없어서 그런 문제에 관심이 없다는 뜻이 된다. 또한 moral에 반해서 amoral은 도덕적인 기준이나 원칙을 갖지 않는다는 뜻이다.

> apolitical(정치에 관심 없는), aseasonal(비계절적인), atypical(틀에 박히지 않은), amoral(도덕과는 관계없는), asexual(무성의), asocial(비사교적인), aphasic(실어증의), aseptic(무균의), atonal(무조(無調)의)

2) ante-

ante-는 'before'라는 뜻이다.[16] 만약 A라는 대상이 B라는 대상 이전에 있었던 것이라면 A **ante**dates B.라고 하여 A가 B 이전에 일어났다거나, B 이전에 존재했던 것이라는 뜻이 된다. 마찬가지로, **ante**room은 보다 큰 방으로 가기 이전에 머무르는 작은 방을 뜻한다.

> antebellum(남북 전쟁 이전의), antedate(...보다 먼저 일어나다), ante-natal(출생 전의), antechamber(작은방, 대기실), antediluvian(태고때의, 낡은), antenuptial (결혼 전의), anteroom(곁방)

3) anti-

(1) anti-는 '반대'(opposition)의 뜻을 나타낸다. 즉, 형용사나 명사에 첨가되어 원래의 단어가 갖는 뜻과 반대되는 뜻을 나타낸다. 예컨대 the anti-war campaign.는 '전쟁 반대 운동'이라는 뜻이다. 또한 anti-colonialism은 '반식민주의'라는 뜻이다.

> anti-abortion(임신 중절 반대), anti-aggression(침략 반대), anti-British(반영국적인), anti-capitalist(자본주의 반대론자), anti-communist (반공주의자), anti-democratic(반민주적인), anti-discrimination(인종 차별 반대), anti-EEC(구주 공동체 반대), anti-government(반정부의), anti-human(반인간적), anti-marriage(결혼 반대), anti-missile (미사일 반대), anti-nuclear(반핵의), anti-racist(인종 차별 반대자), anti-war(반전의)

---

16 'before'라는 뜻을 가진 것에 대해서는 pre-가 있다.

(2) anti-가 갖는 두 번째 뜻은 '예방'(prevention)의 뜻을 갖는다. 명사와 형용사에 첨가되어 A가 B를 예방 또는 파괴한다는 뜻을 나타낸다. 예컨대 anti-depressant는 우울증을 예방하는 약을 뜻한다. 또한 anti-tank weapon은 탱크를 파괴시키는 무기라는 뜻이다.

> anti-aircraft(대공의, 방공의), anti-bacterial(항균(성)의), antibiosis(항생(작용)), anti-burglar(도둑 방지의), anti-cancer(항암의), anti-cholesterol(콜레스테롤 억제의), anti-depressant(불안을 없애는, 항울약), anti-fraud(사기를 방지하는), anti-freeze(부동액), anti-infection(감염 예방), anti-inflation(인플레이션을 방지하는), anti-missile(미사일 방어용의), anti-pollution(오염방지, 공해방지(의)), anti-rust(녹을 방지하는, 녹슬지 않는), anti-seasickness(배멀미 방지), anti-submarine(대잠수함의), anti-tank(대전차용의)

그밖에 다른 뜻을 갖는 단어들도 있다.

> antibody((혈청중의)항체, 항독소), Antichrist(그리스도(교) 반대자), anti-climax(점강법(漸降法)), anti-clockwise(시계 방향과 반대 방향의(으로)), antihero(주인공답지 않은 주인공), anti-invasion(침략 반대), antimatter(반물질), antiseptic(방부제를 사용한, 방부제), antithesis(정반대)

4) auto-

(1) auto-는 '자동적인'이란 뜻으로, automatic이란 단어를 줄인 것이다. 이것은 '명사나 동사와 결합하여 또 다른 명사나 동사를 만든다. 이렇게 결합하여 만들어진 단어들은 사람의 손으로 작동하지 않고 자동으로 작동되는 (기계) 장치이다. 예컨대 auto-timer는 취사 도구 따위에 미리 정해놓은 시간에 켜지거나 꺼지게 하는 것을 말한다. 만약 비디오 레코드의 경우에 auto-record는 어떤 프로그램이 미리 정해 놓은 시간에 자동으로 녹음되게 하는 것을 말한다.

> autoanalysis(자가분석), auto-alarm(자동 경보기), auto-defrost(자동 서리제거), auto-reverse(자동 회전 기능), auto-rotate(자동 회전하다), auto-timer(자동 타임어)

(2) auto-가 나타내는 두 번째 뜻은 'oneself'이다. 즉, 이것은 A가 자신을 위해, 또는 자기 자신에 대하여 어떤 것을 한다는 뜻을 나타낸다. 예를 들면, **auto**biography는 어떤 사람이 자기 자신의 생애에 대하여 설명하는 것을 말한다.

> autobiography(자서전), auto-destructive(= self-destructive 자기 파괴적인), autodidact(독학자, 독습자), autograph(자필, 친필; 자필로 쓰다), autography(자필, 필적), autointoxication(자가중독), autonomous(자치의, 자주적인), autostability(자기 안정성), auto-suggestion(자기암시)

5) be-

(1) be-는 명사에 -ed가 첨가되어 만들어진 형용사(예: jewelled)에 첨가되어 어떤 사람이나 사물이 어떤 것을 입고 있다고 하거나, 어떤 물건으로 감싸고 있다는 점을 뜻한다. 예컨대 bespectacled는 안경(spectacles)을 쓰고 있다는 뜻이고, bejewelled는 보석을 끼고 있다거나 그것으로 감싸고 있다는 뜻이다.

> bejewelled(보석을 박아 넣은), bespectacled(안경을 쓴), besuited(옷을 입은), bewigged(가발을 쓴), bewhiskered(구레나룻이 있는)

(2) be-가 갖는 두 번째 뜻은 형용사와 타동사에 첨가되어 어떤 사람이나 대상이 '...이 되다' 또는 '...하게 되다'라는 뜻을 갖는다. 예컨대 someone is '**be**loved'는 '어떤 사람이 사랑을 받는다'라는 뜻을 나타내거나, **be**little someone은 어떤 사람이나 그 사람이 이루어 놓은 업적을 실제와는 달리 별로 대수롭지 않게 여긴다는 뜻이다.

> becalmed(고요한), bedraggled(더럽힌), befuddled(당황하는), beguile(현혹시키다), belie(잘못 전하다, 속이다), belittle(축소하다), beloved(사랑하는), bemused(생각에 잠긴), bereaved(사별한), besotted(정신을 못 가누게 된)

(3) be-가 다른 많은 타동사에 나타난다. 예컨대 befriend someone은 마치 친구인 것처럼 돕고, 돌봐준다는 뜻이다. behold something은 어떤 것을 '보다/목격하다' 라는 뜻이다. soldiers besiege a place는 그 지역을 정복할 의도로 에워싼다는 뜻이다.

> befriend(사귀다, 돕다), begrudge(시기하다), behold(보다), beleaguered(속이 타는), bemoan(슬퍼하다), bequeath(유산을 남기다), berate(호되게 꾸짖다), beseech(간절히 원하다), beset(포위하다), besiege(...을 포위 공격하다), bemoan(슬퍼하다), bestow(주다, 증여하다), bequeath(남기다), bewail(통곡하다, 몹시 슬퍼하다)

6) bi-

(1) bi-가 포함된 단어가 갖는 한 가지 뜻은 'two'이다. 예컨대 **bi**cycle은 두 개의 바퀴가 달린 차량이다. **bi**lingual은 두 가지 언어를 유창하게 말할 줄 안다는 뜻이다.

> bicarbonate(중탄산염), bicentenary(2백년(째)의; 2백년제), bicycle(자전거), bifocals(복초점 렌즈 안경), bigamy(중혼(죄)), bilateral(쌍방의), bilingual(두 나라 말을 하는, 2개 국어 사용자), binary(이원적인), binoculars(쌍안경), biplane(복엽 비행기), bisect(양분하다, 갈라지다)

(2) bi-의 두 번째 뜻은 'twice'라는 뜻이다. 즉, 이것은 어느 특정한 기간에 어떤 일이 두 번 일어났다거나, 또는 두 기간에 한 번 일어났다는 점을 뜻할 때 쓰인다. 예컨대 biennial event는 2년에 한 번 행하는 행사라는 뜻이다.

> biannual(연 2회의), biannually(일년에 두 번씩), biennial(2년마다의, 격년 행사), bi-monthly(격월로), bi-weekly(격주로)

7) bio-

bio-는 의미의 일부로서 'life' 또는 'living things'가 포함된 단어에 첨가된다. 예컨대 biography는 어떤 사람의 생애에 대해 기록된 것이고, biology는 생명체를 기술하고 분류하는 과학이다.

> antibiotics(항생 물질), autobiography(자서전), biochemical(생화학의), biochemistry(생화학), biodegradable(생물 분해성의), biologist(생물학자), biology(생물학), biophysics(생물 물리학), biopsy(생검, 생검법으로 검사하다), biosphere(생물권), bio-system(생체 조직), symbiosis(공생)

8) cent-

cent-는 부분으로 100이 포함된 단어에 첨가된다. 예컨대 century는 100년의 기간을 뜻한다. percentage는 100분의 1을 뜻한다. cent-가 단어의 중간에 나타나기도 한다.

> bicentenary(= bicentinnenial 2백년의, 2백년제), centenarian(100세 이상의 사람), centenary(100의, 백년간, 100주년 기념일), centennial(100년 마다의, 100

년제의), centigrade(섭씨), centemeter(cm, 1m의 100분의 1), centipede(지네), century(세기), percent(퍼센트), percentage(백분율)

9) chron-

chron-은 어떤 단어의 뜻의 일부로 '시간'이 포함된 단어에 첨가된다. 예컨대 chronology는 과거에 일어난 사건들이 일어난 순서를 뜻한다. 만약 두 사건이 공시적(共時的: synchronized)으로 일어났다고 한다면 이 두 사건들이 같은 시기에 일어난 것이다. 다음 예들이 보여주듯이, chron-이 단어 중간에 나타나기도 한다.

anachronism(시대착오), chronic(만성적인), chronicle(연대기), chronologic(al)(연대순의), chronology(연대기, 연대학), chronometer(천문·항해용 정밀 시계), synchronic(공시적인, 같은 시대의), synchronize(동시성을 가지다), synchronized(동시에 일어난)

synchronic의 반대는 diachronic(통시적인, 역사적인)이다

10) co-

co-는 명사와 결합해서 어떤 일을 공동으로 하는 사람을 가리킨다. 이것은 두 사람 이상이 같이 할 수 있는 일, 직무, 또는 직위를 가리키는 거의 어떤 명사하고도 결합될 수 있다. 예컨대 co-author는 어떤 책을 공동으로 쓰는 사람을 뜻한다. 만약 co-ownership은 어떤 대상을 둘 이상의 사람들이 공동으로 소유하고 있다는 말이다.

co-author(공저자), co-chairman(공동의장), co-defendant(공동 피고인), co-driver(공동 운전자), co-founder(공동 설립자), co-manager(공동 지배인), co-membership (공동 회원의 지위), co-ownership(공동 소유권), co-pilot(부조종사), co-president(공동 사장), co-producer(협동 생산자), co-star(공연(共演) 배우)

co-가 codirect, co-edit, coexist, co-operate, co-star의 경우처럼 동사하고도 같이 결합된다. 예컨대 영화에서 co-direct는 '공동 감독을 하다'라는 뜻이다.

이밖에 co-eduactional(남녀 공학의), cohabit(동거하다), coincidence(일치, 합치), co-opt(선거하다, 임명하다), co-ordinate (동등한) 등이 있다.

11) contra-

contra-는 어느 한 가지가 반대하거나 다른 것에 반대의 영향을 미친다는 뜻을 나타내는 단어에 첨가된다. 예컨대 contradict someone은 다른 사람의 말에 반대되는 말을 한다는 뜻이고, contraceptive는 임신하지 못하게 하는 약이나 장치를 뜻한다.

> contraception(피임(법)), contraceptive(피임의; 피임약, 피임 용구), contradict(부정하다, 반박하다), contradiction(부인, 반박), contraflow(역방향 흐름), contraindication(금기), contrary(반대의), contravene((법률 따위를) 위반하다)

12) counter-

counter-는 명사, 동사와 결합하여 새로운 명사나 동사를 만든다. 이렇게 만들어진 단어는 어떤 다른 행위나 행동과 상반되는 행위 또는 행동을 가리키거나 묘사한다. 예컨대 counter-measure는 또 다른 행위나 상황이 미치는 영향을 약화시키기 위해 취하는 행위를 뜻한다. One thing counteracts another.는 반대 효과를 나타내는 어떤 행위를 함으로써 그 효과를 감소시키게 된다는 뜻이다.

이러한 복합어는 하이픈으로 연결되는 단어들이 있는가 하면 보다 보편적인 단어들은 한 단어로 나타난다.

> counter-accusation(맞고발, 맞고소), counteract(방해하다, ...와 반대로 행동하다), counterargument(반대론, 반론), counterattack(반격), counter-attraction(반대 인력, 대항 인력), counterbalance(평형추, 균형추), countercharge(반론, 반박(하다)), counter-claim(반대 요구, (특히 피고의) 반소), counterevidence(반증), counter-force(반대세력, 대항 세력), counter-irritant(반대 자극제), counter-measure(대책, 대응책), counter-move(반대 운동, 보복 운동), counter-offensive(반격, 공격 전환), counter-offer(반대 신청, 반대 제안), counterplan(대책), counter-proposal (역제안), counterreaction(반작용, 역작용), counter-revolution(반혁명), counter-rotating(역회전하는), counter-weight(평형추, 균형추)

13) de-

(1) de-는 동사와 결합하여 새로운 동사를 만든다. 이렇게 만들어진 동사는 원래 동사가 나타내는 작용과 반대되는 행위를 나타낸다. 예컨대 deregulated는 어떤 기구를 움직이는 규칙이나 규정 등을 없애버린다는 뜻을 나타낸다. dehumanize는 인간다운 점을 없애버린다는 뜻을 나타낸다.

> deactivate(동원을 해제하다), decentralize(분권화하다), decertify(...의 증명을 철회하다), declassify(비밀 구분을 해제하다), decolonize(식민지 상태로부터 해방하다), decompress(압력을 줄이다), decontaminate(오염을 없애다, 정화하다), decouple(분리하다, 분단하다), de-escalate(규모를 축소시키다, 긴장을 완화하다), dehumanize(인간성을 잃게 하다), dehydrate(탈수하다, 건조시키다), deindustrialize(비공업화하다, 탈산업화하다), demilitarize(비군사화/비무장화하다), denaturalize(부자연하게 하다), depersonalize(비개인적으로 하다, 객관화하다), destabilize(불안정하게 하다, 동요시키다)

(2) de-가 갖는 두 번째 뜻은 '제거'의 뜻을 나타낸다. 이것은 명사와 결합하여 동사를 이루어 명사가 갖는 뜻이 없어진다는 점을 나타낸다. 예컨대 de-ice the windows of your car는 자동차의 유리에 얼어붙은 얼음을 제거한다는 뜻이다.

> debug((방, 건물에서) 도청장치를 제거하다), decaffeinate((커피 등에서) 카페인을 제거하다), decolonize((식민지에) 독립을 허락하다), deconstruct(...을 해체하다), defrost(...의 서리를 제거하다, (냉동식품을) 녹이다), de-ice(얼음을 제거하다), desalt((바닷물 등에서) 염분을 제거하다, 담수화하다), deskill((자동화·분업화로) 일을 단순 작업화하다)

14) dis-

(1) dis-는 동사에 첨가하여 새로운 동사를 만들어 반작용이라는 뜻을 나타낸다. 즉, 이렇게 만들어진 동사는 원래 동사가 나타내던 작용에 대한 반작용을 나타내는 행위를 나타낸다. disobey는 복종하다는 뜻에 대한 반작용, 즉 불복하다는 뜻을 나타낸다. disapprove는 좋아하거나 승인하지 않는다는 뜻을 나타낸다.

> disable(무력하게 만들다), disagree(일치하지 않다), disallow(허가하지 않다), disappear(사라지다), disapprove(승인하지 않다), disbelieve(믿지 않다), disconnect(분리하다), discontinue(그만두다), discredit(불신, 불명예), disengage(해방하다), disentangle(풀어놓다), dishearten(낙담시키다), disinfect(소독하다), disinherit(...의 상속권을 박탈하다), disinvest(투자를 중지하다), dislike(싫어하다), disobey(...에 따르지 않다), disorganize(...의 조직을 파괴하다), disown(...에 관계가 없다고 말하다), displace(바꾸어 놓다), displease(불쾌하게 하다), dispossess(...의 소유권을 박탈하다), disprove(논박하다), disqualify(실격시키다), dissatisfy(불만을 느끼게 하다), distrust(불신, 신용하지 않다), disunite(분열시키다), disuse(폐지(하다))

(2) dis-는 형용사나 명사와 결합하여 새로운 명사나 형용사를 만든다. 이렇게 만들어진 단어는 원래의 명사나 형용사가 나타내는 것과 반대의 상태·특성·성질을 나타낸다. 예컨대 dishonest는 'not truthful', 'not be able to be trusted'라는 뜻이다.

> disadvantage(불리, 불이익), disbelief(불신, 의혹), discomfort(불쾌, 불안), discourteous(무례한), disfavor(싫어함, 냉대), disharmony(부조화, 불일치), dishonest(정직하지 못한), disinterested(사욕이 없는), disloyal (불성실한), disobedience(불복종), disorder(무질서, 혼란), disrespect(실례, 무례), dissimilar(다른, 닮지 않은)

15) double-

(1) double-은 명사, 형용사, 동사와 결합하여 어떤 것이 두 개가 있다고 하거나, 또는 어떤 일이 두 번 발생한다는 뜻을 나타낸다. 예컨대 double-decker bus는 이층 버스를 뜻하며, double-check은 어떤 것이 옳은지 아닌지 확인하기 위하여 두 번 점검하는 것을 말한다.

> double agent(이중 간첩), double bed(2인용 침대), double-breasted((상의가) 더블인), double burden(이중 부담), double-check(재확인), double-click(두 번 클릭하다), double-cross(배반), double-edged(양날의, 이중 목적의), double glazing(이중 유리), double-locked(이중으로 잠긴), double-page(두 페이지에 걸친), double-park (이중 주차하다), double play(병살), double-sided(양면이 있는), double standard(이중 잣대, 이중 표준)

(2) double-이 두 번째 뜻은 기만(deception)의 뜻을 나타낸다. 이것은 소수의 동사, 명사와 결합하여 새로운 동사, 명사를 만들어, 어느 한 사람이 다른 사람을 속인다는 뜻을 나타낸다. 예컨대 somebody double-crosses you.는 합의 사항을 이행하겠다고 하면서 속인다는 뜻이다. double talk은 두 가지 가능한 뜻이 포함된 말이나 글로서 혼란을 유발시킬 의도가 있는 것을 말한다.

> double-cross(배반(하다)), double-deal(속이다), double-dealing(두 마음이 있는 (행동)), double-talk(애매한 이야기)

(16) down-

(1) down-은 '방향' 또는 '위치'를 나타내는 것으로서, 명사나 동사와 결합하여 보다 낮은

위치 또는 장소로 이동한다는 뜻을 나타낸다. downhill은 보다 낮은 쪽을 향해서 경사지나 언덕을 내려간다는 뜻이다. downcast는 땅바닥을 향하여 내려다본다는 뜻을 나타낸다.

> down-draft((굴뚝 등의) 하향 통풍), downhill(내리받이, 내리막의), downriver(하구쪽의/으로), downstage(무대 앞쪽의/에서), downstairs(아래층에/으로), down-stream(하류로, 강 아래로), downswing((골프) 다운스윙), downward(내려가는), downwind(바람 불어가는 쪽으로)

(2) down-의 또 다른 뜻은 'becoming worse'라는 뜻이다. 이것은 명사나 동사와 결합하여 새로운 명사나 동사를 만들어 이전보다 더 악화되었다는 뜻을 나타낸다. 예컨대 The economy of a country suffers a 'downturn.'이라고 하면 경제 여건이 더 좋지 않게 되었다는 뜻을 나타낸다.

> downfall(낙하, 추락), downgrade(내리받이(의), 몰락(의)), downplay(...을 중시하지 않다), downtrend(하강 경향), downturn((경기 등의) 내림세, 하락, 후퇴)

(17) em-, en-

em-, en-은 다른 상태 또는 조건에 놓이게 되거나 그런 방향으로 옮아가는 과정을 나타내는 동사에 나타난다. 예컨대 enable은 어떤 일을 할 수 있는 기회를 제공한다는 뜻이고, enrich는 어떤 것의 질이나 가치의 향상을 가져오게 한다는 뜻을 나타낸다. 마찬가지로, entombed는 어떤 것이 매장되어 있다는 뜻이다.

em-은 /b/, /m/, /p/와 같이 두 입술이 서로 접촉하면서 내는 소리, 즉 양순음(bilabials)으로 시작되는 단어에 첨가되며, 그 나머지의 경우에는 en-이 첨가된다.

> embark(배를 타다, 비행기에 탑승하다), embed(내포하다), embitter(몹시 기분 나쁘게 하다), embody(구체화하다), empower(...에게 권력/권한을 주다), enable(...할 수 있게 하다), encase(= incase 상자에 넣다), encircle(에워/둘러싸다), enclose(동봉하다), encourage(격려하다), endanger(위험에 처하게 하다), endear(애정을 느끼게 하다), enforce((법률 등을) 실시/시행하다), engulf(삼켜 버리다), enlarge(확대하다), enrich(부유하게 하다), enslave(노예로 삼다), entangle(엉클어지게 하다), enthrone(왕좌에 앉히다), entomb(...을 무덤에 묻다), entrench(참호로 에워싸다)

(18) fresh-

fresh-는 타동사의 과거분사와 결합하여 형용사를 만든다. 이렇게 만들어진 형용사는 최근에 만들어지거나 이루어진 어떤 대상을 기술한다. 예컨대 fresh-baked는 '갓 구워진'이란 뜻이다. fresh-ploughed는 '이제 막 갈아놓은'이라는 뜻이다.

> fresh-baked(갓 구운), fresh-chopped(갓 베어낸), fresh-cut(막 자른), fresh-fried(방금 프라이한), fresh-ironed(갓 다림질한), fresh-made(방금 만든), fresh-planted(방금 심은), fresh-ploughed(이제 막 갈아놓은)

(19) hand-

(1) hand-는 'made, done, or operated by a person'(사람이 만들거나 행하거나 조작되는)이라는 뜻이며, 동사나 분사형과 결합하여 기계의 힘을 빌지 않고 사람에 의해 이루어졌다는 뜻을 나타낸다. hand-wash your clothes는 옷을 세탁기를 이용하지 않고 자신이 직접 손으로 세탁한다는 뜻이다.

> hand-built(손으로 지은), hand-finished(손으로 마무리 한), hand-knitted(손으로 짠), hand-made(손으로 만든), hand-operated(손으로 작동되는), hand-printed(손도장이 찍힌), handsew(손으로 꿰매다), hand-writing(필적), handwritten(손으로 쓴)

(2) hand-가 갖는 두 번째 뜻은 'carried or operated with your hands'라는 뜻이다. 이것은 도구, 기계, 또는 차량 따위의 물건을 가리키는 명사와 결합하여 새로운 명사를 만든다. 이렇게 만들어진 명사는 자동으로 작동되는 것이 아니라 손으로 조작되는 물건을 가리키거나, 손으로 운반하거나 쉽게 사용 가능한 작은 물건을 가리킨다. 예컨대 hand-mirror는 작기 때문에 손에 들고 다니기 쉬운 '손거울'을 뜻한다. handgun은 휴대할 수 있을 정도로 작고, 또 한 손으로 발사할 수 있는 정도의 총기를 뜻한다.

> handbag(핸드백), hand-baggage((미국영어) 수화물), hand-bell(작은 종, 요령), hand-brake(수동 브레이크), handcart(손수레), hand-grenade(수류탄), handkerchief(손수건), handloom(베틀), hand-luggage((영국영어) 수화물), handmirror(손거울)

20) home-

home-은 명사나 분사형과 결합해서 새로운 명사나 형용사를 만든다. 이렇게 만들어진 단어들은 집과 관련된 사람이나 사물을 가리키거나 묘사한다. home-buyer는 집을 사는 과정에 있는 사람을 뜻하고, home-loving은 집을 좋아해서 집에서 시간 보내는 것을 즐거워한다는 뜻이다.

> home-builder(주택 건설업자), home-buyer(주택 구입자), home-centered(가정 중심의), home-improvements(주택 개선), homemaker(주부), homeowner(주택 보유자), homegrown((야채 등을) 자기 집에서 기른)

21) il-, im-, in-, ir-

il-, im-, in-, ir-등 이 네 가지는 형태는 다르지만, 모두 똑같이 'not'이라는 뜻을 가지고 있는 하나의 형태소에 대한 변이형(variation)이다. 이러한 변이형을 '이형태'(異形態: allomorphs)라고 한다. 이들은 형용사, 또는 형용사와 관련된 명사와 결합하여 새로운 형용사나 명사를 만든다. 이렇게 만들어진 단어들은 원래의 형용사나 명사와 반대되는 뜻을 갖는다. 예컨대 illogical은 '논리적인 이유가 없는'이라는 뜻이고, inability는 어떤 일을 할 능력이 없다는 뜻이다.

이 접두사의 첨가와 관련해서는 다음과 같은 규칙이 적용된다. 즉, in-이 'not'이라는 부정의 뜻을 나타내는 기본형이고, 나머지 셋은 동화작용(assimilation)에 의해 서로 다른 위치에서 선택된다.

(1) il-은 legal, literate의 경우처럼 /l-/로 시작되는 단어에 첨가된다.
(2) im-은 /b-/, /m-/, /p-/와 같이 두 개의 입술이 서로 접촉하면서 발음되는 단어에 첨가된다.
(3) ir-은 /r-/로 시작되는 단어에 첨가된다.

> (1) in-: inability(무능력), inadequate(부적당한), inaudible(알아들을 수 없는), incapable(...을 할 수 없는), incomprehensible(이해할 수 없는), independent(독립적인), informal(비격식적인), injustice(부정, 불법, 불공정), insecurity(불안전);
> (2) il-: illegal(불법적인), illegible(읽기 어려운, 불명료한), illegitimate(불법의, 위법의), illiterate(무식한, 문맹의), illogical(비논리적인);

> (3) im-: imbalance(불균형), immature(미숙한), impatient(참을 수 없는, 조급한), imperceptible(감지할 수 없는, 미세한), imperfect(불완전한, 미완성의), impossible(불가능한), impractical(비현실적인), improbable(있음직하지 않은);
> (4) ir-: irrational(비합리적인), irregular(불규칙적인), irrelevant(부적절한), irreplaceable(바꿔놓을 수 없는), irresistible(저항할 수 없는), irresponsible(책임이 없는, 무책임한)

22) ill-

(1) ill-은 과거분사와 결합되어 형용사를 만든다. 이렇게 만들어지는 단어들은 형편없이 이루어지거나, 적절치 못하게 이루어진 행위를 나타낸다. 예컨대 ill-timed는 적절치 못한 시기에 이루어졌다는 뜻이다. ill-informed는 입수된 정보가 잘못되었거나 적절치 못하다는 뜻이다.

> ill-adapted(적합치 않은), ill-advised(분별없는), ill-(as)sorted(어울리지 않는), ill-chosen(잘못 선택된), ill-conceived((계획 등이) 착상이 나쁜), ill-designed(잘못 도안된), ill-educated(교육을 잘못 받은), ill-formed(틀린), ill-founded(정당한 근거 없는), ill-informed(잘 알지 못하는), ill-paid(보수가 낮은), ill-prepared(준비가 불충분한), ill-suited(어울리지 않는), ill-timed(시기를 놓친)

(2) ill-의 또 다른 뜻은 'unpleasantness'(불쾌감)라는 뜻이다. 이것은 명사, 형용사와 결합하여 새로운 명사, 형용사를 만든다. 이렇게 만들어진 단어들은 달갑지 않다거나 나쁘다는 뜻을 나타낸다. 예컨대 Someone is ill-tempered.라는 말은 그 사람이 성질이 나쁘다는 뜻이다. You have ill-fortune.은 운이 나쁘다는 뜻이다.

> ill-bred(버릇없이 자란), ill-disposed(근성이 나쁜), ill-fated(불운의), ill-feeling(악감정), ill-fortune(불운), ill-health(건강이 나쁨), ill-humor(기분이 언짢음), ill-luck(불운), ill-mannered(버릇 없는), ill-tempered(성마른, 까다로운), ill-treatment(냉대, 학대, 혹사), ill-will(악의), ill-wisher(남이 못되기를 비는 사람)

23) inter-

(1) inter-는 'between'이라는 뜻으로서, 사람·장소·물건을 가리키는 명사, 형용사와 결합하여 새로운 형용사를 만든다. 이렇게 만들어진 형용사는 둘 또는 그 이상의 사람이나 사

물 사이에 존재한다거나 그 사이에서 일어난다는 뜻을 나타낸다. 예컨대 an inter-city train은 도시간 철도라는 뜻이고, international competition이란 둘 이상의 나라 사이에서 벌어지는 경쟁을 뜻한다.

> inter-city(도시 사이를 연결하는), intercontinental(대륙간의), interdepartment(부서간), inter-family(가족간), inter-government(정부간), interlanguage(언어 사이의), international(국제적인), interpersonal(개인간의), interplanetary(행성간의), interracial(인종간의), interschool(학교 사이의), interseasonal(계절간의), interstate(주 사이의), interstellar(별과 별 사이의), interterritorial(영토간의), inter-tribal(종족간의), inter-union(노조간의), interuniversity(대학(교)간의)

(2) inter-의 또 다른 뜻은 'connection'이라는 뜻이다. 이것은 동사, 동사와 관련된 명사나 형용사와 결합하여 둘 이상의 사람이나 사물이 어떤 면에서 관련되거나 연결되어 있다는 뜻을 나타낸다. things that interconnect는 서로 연관되어 있다는 뜻을 나타낸다. people or things are intermingled는 서로 혼합되어 있다는 뜻이다.

> interact(상호작용하다), interbreeding(이중교배), interchange(교환하다), interconnect(서로 연결시키다), interdependence(상호의존), interlace(짜맞추다), interlink(연결하다), interlock(맞물리(게하)다), intermarriage(다른 종족·계급·종교인간의 결혼), intermingled(혼합된), interplay(상호 작용), interrelate(...을 서로 관계시키다), intersection(교차(점), 횡단), intertwine(뒤얽히게 하다), interweave(섞어 짜다)

24) intra-

intra-는 명사, 형용사와 결합하여 새로운 형용사를 만든다. 이렇게 만들어진 형용사는 어느 하나가 다른 하나 안에서 존재하거나 발생한다는 뜻을 나타낸다. 예컨대 intra-Community trade는 구주 공동체 내에서 거래가 이루어진다는 뜻이다.

> intra-abdominal(뱃속의, 복강내의), intracellular(세포속의), intra-class (학급내의), intra-Community(구주 공동체내의), intra-European(유럽 내부의), intra-generation(세대내의), intramuscular(근육내의), intranuclear(핵 안에서 일어나는), intra-party(당내의), intra-racial(인종 내부의), intra-regional(지역내의), intrauterine(자궁내의)

25) mal-

mal-은 명사, 형용사, 동사와 결합하여 새로운 명사, 형용사, 동사를 만든다. 이렇게 만들어진 단어들은 나쁘거나 불쾌하거나, 또는 어떤 면에서 성공하지 못하거나 불완전한 것을 나타낸다. 예컨대 someone suffers from malnutrition은 좋은 음식을 충분히 섭취하지 못했다는 뜻을 나타낸다. a machine malfunctions는 기계가 작동이 잘 되지 않는다는 뜻이다.

> malabsorption((영양물의) 흡수 불량), maladjusted(조절이 잘 안 되는, 환경에 적응이 잘 안 되는), maladminister((공무 등을) 그르치다, (정치, 경영 등을) 잘못하다), maladministration(실정, 부패), maldistribution(불균형 분포/배포), malformation(볼꼴 사나움, 기형), malfunction(기능 부전), malnourished(영양 부족의), malnutrition(영양실조), malodorous(악취 있는), malpractice(배임행위, (의사의) 오진), maltreat(학대/혹사하다), maltreatment(학대/혹사)

26) mis-

mis-는 동사, 명사와 결합하여 새로운 동사, 명사를 만든다. 이렇게 만들어진 단어들은 잘못 행하여진 일을 나타낸다. 예컨대 mishear는 그들이 실재로 말한 것과 다르게 말했다고 생각한다는 뜻이다. misunderstanding은 어떤 사람의 말을 잘 이해하지 못할 때 일어나는 현상이다.

> misapprhension(오해), misbehave(무례한 행동을 하다, 행실이 나쁘다), miscalculate(계산을 잘못하다, 잘못 짚다), misconception(오해, 그릇된 생각), misconduct(품행이 나쁨), misconstrue(잘못 해석하다), misdirect(그릇 지시하다), misfortune(불행), mishear(잘못 듣다), misinform(잘못 전하다), misinterpret(잘못 해석하다), misjudge(잘못 판단하다), mismanage(잘못 취급/관리하다), misplace(잘못 두다), misprint(잘못 프린트하다), mispronunciation(틀린 발음), misquote(그릇 인용하다), misread(틀리게 읽다), mistreat(학대/혹사하다), mistrust(불신, 의심하다), misunderstand(오해하다), misuse(오용/남용하다, 오용, 남용)

27) multi-

multi-는 명사, 형용사와 결합하여 새로운 형용사를 만든다. 이렇게 만들어진 형용사는 특정한 물건이나 성질을 많이 갖고 있다는 개념이 들어 있다는 점을 나타낸다. 예컨대 a multinational company는 많은 나라에서 운영되는 회사라는 뜻이다. 또한 a multipurpose tool이란 한 가지 이상의 목적에 쓰이는 도구를 뜻한다.

> multi-choice(선다형의), multi-colored(= many-colored, 여러 색상의), multi-cultural(다문화의), multi-faceted((보석, 문제 등이) 많은 면을 가진), multi-family(많은 가족이 사용하기에 적당한), multilateral(다변의, 3개국 이상의 나라가 관계하는), multi-layered(다층의), multi-legged(다리가 많은), multilingual(여러 나라 말을 하는 (사람)), multi-media(멀티미디어), multinational(다국적의), multipurpose(다용도의, 다목적의), multi-racial(다민족의), multi-screen (멀티스크린의), multi-talented (재능이 다양한)

28) non-

non-은 명사, 형용사와 결합하여 새로운 명사, 형용사를 만든다. 이렇게 만들어진 단어들은 사람이나 물건이 언급된 특성을 갖지 않고 있다는 개념을 나타낸다. 예컨대 a non-aggressive position은 공격성이 없는 방식으로 어떤 일에 접근한다는 뜻이다. 또한 non-은 명사에 첨가되어 특정한 행위를 하지 않는다는 개념을 나타낸다. non-acceptance는 어떤 것을 받아들이지 않는다는 뜻이다.

> nonadmission(입장거절), non-aggressive(침략하지 않는), non-believer(믿음이 결여된 사람), non-economic(비경제적인), non-essential(비본질적인), nonhuman(인간이 아닌, 인간성에 위배되는), nonparty(무소속의), nonpayment(지불불능), non-prescription(처방전 없이 살 수 있는), nonsmoker(비흡연자), non-resident((임지 등에) 거주하지 않는 (사람)), non-violent(비폭력적인)

29) over-

(1) over-는 형용사, 동사, 명사와 결합하여 새로운 형용사, 명사, 동사를 만든다. 이렇게 만들어진 단어들은 'excess'라는 뜻으로, 어떤 자질이 지나칠 정도이거나, 어떤 행위가 지나칠 정도로 많이 행해진다는 뜻이다. 예컨대 overload something은 어떤 것을 지나치게 많이 싣는다는 뜻이고, overweight는 체중이 지나치게 정상 정도보다 높다는 뜻이다.

> overabundance(과잉, 남아돎), overawe(위압하다, 무서워하게 하다), overburden(...에게 과중한 짐을 지우다), overcharge(...에게 부당한 값을 요구하다), overcook(너무 익히다), overcrowd(혼잡하게 하다), overdo(...을 지나치게 하다), overdose((약의) 지나친 투여), overdue(기한이 지난), overeat(과식하다), overesti-

> mate(과대평가하다), overexposure(과대 노출), overgrown(지나치게 자란), overheat(과열하다), overload(지나치게 싣다), overproduce(과잉생산하다), overrate(과대평가하다), oversleep(늦잠자다), overweight(과체중), overwork(과로하다), overworried(지나치게 걱정하는)

(2) over-가 갖는 두 번째 뜻은 'age'와 관계된다. 이것은 복수의 숫자를 나타내는 명사와 결합해서 어떤 사람이 명시된 숫자가 가리키는 나이보다 더 많다는 뜻을 나타낸다.

daycare for over-fives
[5세 이상의 어린이에 대한 주간 보호]
The **over-sixties** want to do something that the community values.
[60세 이상의 사람들은 사회가 가치 있다고 여기는 일을 하고 싶어 한다.]

(3) over-는 동사, 명사와 결합하여 새로운 동사를 만든다. 이렇게 만들어지는 동사는 'power'라는 또 다른 뜻을 가지며, 어떤 사람이나 집단이 다른 사람이나 집단에 대하여 어떤 힘이나 권위를 행사한다는 뜻을 나타낸다. 예컨대 overthrow a leader or government는 무력을 행사하여 그들을 제거하고 권력을 잡는다는 뜻을 나타낸다. 또한 one thing overrides another는 다른 것을 대신하거나 그 중요성을 감소시킨다는 뜻이다.

> overcome(극복하다), overpower(제압하다), override(뒤엎다), overrule(지배하다, 위압하다), overrun(들끓다), overthrow(타도하다), overturn(전복시키다), overwhelm((정신적으로) 압도하다, (다수의 힘으로) 제압하다)

30) pre-
(1) pre-는 특정한 사건이나 발전을 가리키는 명사, 형용사와 결합하여 명사 앞에 쓰이는 단어를 만든다. 이렇게 만들어지는 단어들은 어떤 일이 다른 일보다 먼저 일어난다는 뜻을 나타낸다. 예컨대 pre-dinner drink는 저녁식사 전에 마시는 음료를 뜻한다.

> preadolescence(사춘기 전), prebirth(출생 전), pre-Christain(기원 전의), pre-dawn(동트기전의), pre-election(예비선거), pre-examination(사전조사), pre-marital (결혼 전의), pre-retirement(퇴임 전의), preschool(취학 전의, 학령 미달의; 유아원, 유치원), pretreatment (사전 처리), preunification(통일 전)

pre-가 날짜와 결합되기도 한다.

More than eighty **pre-1939** sports cars took part in the rally.
[1939년 이전 출차된 80대 이상의 스포츠카들이 경기에 참여했다.]
information extracted from **pre-fourteenth** century documents.
[14세기 이전의 서류에서 뽑은 정보]

(2) pre-가 동사와 결합하여 새로운 동사를 만든다. 예컨대 prejudge a situation은 모든 사실을 알기에 앞서 미리 어떤 의견을 낸다는 뜻이다.

> predate(...보다 먼저 일어나다), predecease(..보다) 먼저 죽다), predetermine(미리 결정하다, 예정하다), prefigure(예시하다, 예정하다), prejudge(미리 판단하다), preview(예비 검사)

(3) pre-는 명사, 과거분사와 결합하여 새로운 명사, 형용사를 만든다. 이렇게 만들어진 단어들은 'already'와 같은 뜻을 포함하여 이미 이루어진 행위를 나타낸다. 예컨대 preconception은 어떤 일에 대하여 타당한 견해를 갖기 위해 그것에 대해 충분히 알기 전에 이미 갖고 있는 믿음을 뜻한다. 또한 prepaid는 이미 선불로 지급되었음을 뜻한다.

> pre-arranged(타합된), pre-booked(예약된), preconceived(예상된), pre-cut(규격에 맞게 자르다(자른), predestination(예정, 숙명, 운명), prefabricated(미리 조립된), premeditated(미리 생각된, 계획적인), pre-heated(미리 가열된), prepacked(미리 포장된), pre-paid(선불의), pre-planned(사전에 계획된), preselected(사전 선발된), preset(미리 설치하다, 미리 설치된)

31) pro-

pro-는 명사에 첨가되어 'on behalf of; deputizing for'(...을/를 대리해서)라는 뜻으로 쓰인다. 예컨대 pronoun은 명사를 대신한다는 뜻이고, proverb는 동사를 대신한다는 뜻이다.

> pro-consul(부영사), pro-vice-president(부총장 대리)

32) re-

re-는 동사 및 동사 관련 명사와 결합하여 새로운 동사와 명사를 만든다. 이렇게 만들어진 단어들은 어떤 행위나 과정이 두 번 일어난다거나, 때로는 다른 방식으로 일어난다는 뜻을 나타낸다. 예컨대 rewrite은 다시 써서 이전보다 낫게 한다는 뜻이다. 사람이나 사물이 reappear한다는 것은 사라지거나 어디 갔다가 다시 나타나는 것을 말한다.

> reappear(다시 나타나다, 재등장하다), rebuild(다시 짓다, 개축하다), re-consider(다시 생각하다), reconstruct(재건축하다), recreate(개조하다, 재현하다), redefine(다시 정의를 내리다), rediscover(재발견하다), re-disdribute(다시 분배/배포하다), re-examine(재검사하다), regenerate(갱생시키다, 새사람이 되게 하다), remarriage(재혼), rename(개명하다), reopen(다시 열다, 재개하다), repossess(다시 손에 넣다, 되찾다), re-print(다시 인쇄하다), re-read(다시 읽다), restart(재출발하다), reunite(재결합하다), rewrite(다시 쓰다)

33) self-

(1) self-는 명사와 결합하여 새로운 명사를 만들거나, 분사형과 결합하여 형용사를 만든다. 이렇게 만들어진 단어들은 'actions done to or by yourself'(자기 자신에게 또는 자기 자신에 의해 이루어진 행위)라는 뜻으로, 사람들이 자신에게 행하는 행위를 나타낸다. 예컨대 self-government는 자치 정부를 뜻하고, self-taught은 자기 자신의 힘으로 배우다, 즉 독학한다는 뜻이다.

> self-absorbed(자기도취의), self-analysis(자기 분석), self-appointed(혼자 정한, 자천의), self-approval(자체 승인), self-control(자기 통제), self-criticism(자기비판), self-deception(자기기만), self-denial(자기부정), self-discipline(자체 훈련), self-educated(독학한), self-employed (자유업의, 자영의), self-expression(자기 표현, 자기 표출), self-help(자조), self-image(자아상), self-imposed(스스로 부과한), self-love(자애), self-interest(이기주의), self-knowledge(자각, 자인, 자인), self-management(자기 관리), self-pity(자기 연민), self-protection(자기 방위), self-reliance(자기 의존), self-restraint(자제, 극기), self-service(자급식), self-taught(독학한)

(2) self-는 현재분사와 결합하여 형용사와 명사를 만든다. 이렇게 만들어진 단어는 자동으로 어떤 행위를 하는 기계 등을 가리키거나 묘사한다. 예컨대 a self-locking door는 열쇠가 없이 자동으로 잠기는 문을 뜻한다. a self-loading gun은 총탄을 발사하고 난 다음에

자동으로 장전되는 총을 뜻한다.

> self-closing(자동 폐쇄(식)의), self-destruction(자기 파괴), self-heating(자체 가열되는), self-locking(자동으로 열쇠가 잠기는), self-propelled(자동 추진의, 자주식의), self-regulating(자동 조정의, 자기 조절의), self-starting(자동으로 시동이 걸리는), self-winding(저절로 태엽이 감기는)

self-destruct는 self-destruction에서 나온 동사이며, 어떤 것이 self-destruct한다는 말은 예컨대 저절로 폭발해서 맹렬하게 파괴된다는 뜻이다.

(3) self-는 명사, 형용사와 결합하여 새로운 명사, 형용사를 만들며, 'attitude', 즉 사람들이 자기 자신에 대하여 어떤 느낌을 갖는가 하는 점을 나타낸다.

> self-assertive(자기를 주장하는, 주제넘은), self-assurance(자신), self-confidence(자신, 자기 과신), self-conscious(자의식이 강한), self-esteem (자존, 자부심, 자만심), self-importance(자존, 젠체함, 거만하게 굶), self-opinionated(자부심이 강한, 고집이 센), self-possessed(침착한, 냉정한), self-respect(자존(심), 자중), self-righteous(독선적인), self-satisfaction(자기만족)

34) semi-

(1) semi-는 명사, 형용사와 결합하여 새로운 명사, 형용사를 만든다. 이렇게 만들어진 단어들은 거의 어떤 일이 일어날 가능성이 있다거나 부분적으로 사실이라는 점을 나타낸다. 만약 어떤 장소가 semi-darkness라고 한다면 완전히 어둡지는 않다는 뜻이다. semi-retired는 완전히 그만 두지는 않고, 아직도 이따금씩 일을 한다는 뜻이다.

> semi-automatic(반자동의), semi-conscious(반의식이 있는), semi-dark(어스름한), semi-divine(반신성한), semi-liquid(반액체의), semi-literate(반문맹의, 읽고 쓰는 능력이 불충분한 (사람)), semi-naked(반나체의), semi-permanent(반영구적인), semi-precious(약간 귀중한), semi-retired(비상근의), semi-skilled(반숙련의), semi-synthetic(반 합성의 (섬유))

semi-가 동사와 결합해서 다른 동사를 만들 때도 가끔 있다. 예컨대 Someone semi-smiles.라는 문장은 그 사람이 약간 웃는다는 뜻이다. 이렇게 만들어지는 단어는 잘 쓰이지 않기 때문에 지극히 신중을 기해야 한다.

(2) semi-가 명사, 형용사와 결합해서 새로운 명사, 형용사를 만들어 'half'의 뜻을 나타내기도 한다. 이렇게 만들어진 단어들은 어떤 것이 다른 것의 절반과 같다는 뜻을 나타낸다. 예컨대 semicircle은 한 원의 절반, 즉 '반원'을 뜻한다. semi-annual event는 반년에 한 번씩 있는 행사를 말한다.

> semi-annual(반년마다의), semicircle(반원), semicircular(반원(형)의), semi-detached(반쯤 떨어진), semi-quaver(16분음표), semi-tone(반음(정))

35) socio-

socio-는 그 뜻의 일부로서 'social'이나 'society'가 포함되는 단어에 나타난다. 예컨대 sociology는 인간 사회와 이러한 사회에서 집단간의 관계에 대한 연구를 하는 것이다. 'socio-economic' problems는 사회와 경제적인 요인들이 관련된다.

> sociobiology(사회 생물학), socio-economic(사회 경제적인), socio-historical(사회 역사적인), socio-industrial(사회 산업적인), socio-linguistic(사회 언어학적인), sociological(사회학의, 사회학적인), socio-political(사회 정치적인), socio-psychological(사회 심리학적인)

36) sub-

(1) sub-는 명사와 결합하여 새로운 명사를 만든다. 이렇게 만들어진 명사는 원래의 명사가 가리키는 것에 대하여 이차적이거나 덜 중요한 것을 가리킨다. 예컨대 sub-committee는 그 구성원들이 더 큰 위원회와 보다 더 영향력 있는 위원회에서 갈라져 나온 소위원회를 뜻한다. sub-contractor는 다른 회사가 책임지고 있는 일의 일부를 하도록 계약을 맺고 있는 사람이나 회사를 뜻한다.

> sub-agent(부대리인), sub-branch(잔가지, (지점 아래의) 출장소, 분점), subcommittee(소위원회), subcontinent(아대륙(인도, 그린랜드 따위)), subcontractor(도급인, 도급업자), subculture(신문화, 이문화, 반문화), subdivision(재분, 세분), sub-group(소집단), subsection(분과, 하위 구분), subset(부분 집합), substructure(하부 구조), subtenant((부동산의) 전차인(轉借人)), sub-total(소계의), sub-type(아류형, 특수형), sub-variety(하위 변종)

sub-가 가끔 동사와 결합한다. 예컨대 subdivide는 이미 나누어진 것을 다시 나눈다는 뜻이다.

>The group may then be divided and **subdivided**.
>[나중에 그 집단이 나누어지고, 또 세분화될 것이다.]
>I lived for three years nearly rent-free by **subletting** rooms to friends.
>[나는 친구들에게 방을 다시 세를 주어 3년간 거의 공짜로 살았다.]

(2) sub-가 명사, 형용사, 가끔 동사와 결합해서 새로운 명사, 형용사, 동사를 만든다. 이렇게 만들어진 단어들은 'beneath', 즉 다른 어떤 것들보다 아래에 있는 것들을 가리킨다. 예컨대 submarine은 'a ship that can travel under the sea, as well as on its surface'(잠수함)을 뜻한다. subterranean river는 '지하를 흐르는 강'을 뜻한다.

>sub-aquatic(반수생(半水生)의), sub-basement(지하 2층), submarine(잠수함), sub-merge(물속에 잠그다, 잠기다), subsea(해저), subsoil(하층토), sub-surface(지표 밑의, 수면 밑의), subterranean(지하의, 지중의), subtitle(소제목), subway(지하철)

(3) sub-는 명사, 형용사와 결합하여 새로운 명사, 형용사를 만든다. 이렇게 만들어진 단어들은 'lesser'의 뜻, 즉 원래 명사, 형용사가 가리키는 것보다 못하거나, 작거나, 또는 힘이 덜 강하다는 것을 나타낸다. 예컨대 substandard는 요구되는 기준에 못 미치기 때문에 받아들여지지 않는다는 뜻이다. subsonic speed는 소리의 속도보다 느리다는 뜻이다.

>subfertile(덜 비옥한), sub-freezing(빙점 아래의), subhuman(인간에 가까운, 인간 이하의), subnormal(정상 이하의), subsonic(음속보다 느린), substandard(표준 이하의), subzero((화씨) 영하의, 영하기온용의)

(4) sub-는 어떤 사물이나 사람이 다른 사물이나 사람에 대하여 권력을 휘두르거나 통제한다는 개념을 나타내는 명사, 형용사, 동사와 결합한다. 예컨대 subdue a group of people은 그들에 대하여 무력행사를 한다는 뜻이다.

> subdue((적, 나라 등을) 정복하다, 압도하다), subject(복종시키다), sublimate(승화시키다), submissive(복종하는, 유순한), submit(복종시키다, 복종하다), subordinate(부수적인, 종속시키다), subservient(도움이 되는)

37) super-

(1) super-는 형용사와 결합하여 새로운 형용사를 만든다. 이렇게 만들어진 형용사는 이 형용사가 나타내는 성질을 보통 정도 이상으로 갖고 있다는 것을 나타낸다. 예컨대 super-abundant는 엄청나게 큰 양을 갖는다는 뜻이다. super-intelligent는 엄청나게 총명하다는 뜻이다.

> superabundant(과다한, 남아돌아가는), superconductor(초전도체), super-heated(과열된), super-individual(초개인적인), supermodern(초현대식의), super-rich(엄청나게 부유한), super-sensitive(고감도의), super-speed(초고속의)

(2) super-는 명사와 결합하여 새로운 명사를 만든다. 이렇게 만들어진 단어들은 '크기', '힘', '능력' 면에서 더 크다, 더 강하다, 더 중요하다는 점을 나타낸다. supermarket은 많은 다양한 물건들을 파는 아주 큰 가게를 뜻한다. supertanker는 아주 많은 화물을 실을 수 있는 아주 큰 배를 뜻한다. superpower는 군사력이 아주 강한 나라를 뜻한다.

> super-athlete(최우수 선수), super-leader(최고 지도자), superman(초인의), supermarket(슈퍼마켓), super-organism(초유기체), superpower(초강대국), superstar((스포츠, 예능의) 슈퍼스타), superstore(대형 슈퍼)

(3) super-는 형용사와 결합하여 새로운 형용사를 만들기도 한다. 이렇게 만들어진 형용사는 원래 형용사가 기술하는 것의 한계를 넘는 대상을 나타낸다. 예컨대 supersonic aircraft는 초음속 비행기를 뜻한다. superhuman은 보통 사람의 경험이나 힘의 범위를 벗어난 사람이라는 뜻이다. super-는 원래의 형용사와 연관된 부사, 명사, 동사와 결합하기도 한다.

> superhuman(초인적인), supernatural(초자연적인), supernormal(비범한), supersonic (초음속의)

38) tele-

tele-는 어떤 것이 멀리 있다거나, 먼 거리에 걸쳐 일어나는 어떤 것을 가리키는 단어에 나타난다. 예컨대 telephone은 서로 다른 장소에 있는 사람에게 말할 수 있는 전기 장치를 뜻한다. telecommunications는 전기 장치를 이용하여 장거리에 신호 또는 메시지를 보내는 기술을 뜻한다.

> telecommunications(원거리 통신), telecommuter(컴퓨터로 집에서 근무하는 사람), telegram(전보, 전신), telegraph(전신, 전보), telepathy(정신감응), telephone(전화), telephoto(망원 사진술의), teleprinter(인쇄 전신기), telescope(망원경), televise((TV로) 방송하다), television(텔레비전)

39) trans-

(1) trans-는 어떤 장소를 뜻하는 명사, 형용사와 결합하여 이미 언급된 장소를 넘는 어떤 것을 나타낸다. 예컨대 the trans-Siberian railway는 시베리아 횡단 철도를 뜻한다. a transatlantic flight은 대서양의 어느 한 쪽에서 다른 쪽으로 넘는 비행, 즉 대서양 횡단 비행을 뜻한다.

> trans-Alaska(알라스카 횡단), transAmerica(아메리카 횡단의), transatlantic(대서양 횡단의), transcontinental(대륙 횡단의), transoceanic(해외의, 대양 건너편의), trans-Siberian(시베리아 횡단의)

(2) trans-가 어떤 것이 완전히 모양이나 형태를 바꾸는 작용을 가리키는 단어에 나타난다. 이러한 뜻일 때에는 trans-가 현재 영어에서 쓰이지 않는 어간과 같이 쓰인다. 예컨대 translate은 어느 한 언어를 다른 언어로 바꾸는 것이다. transform은 그 모양을 완전히 바꾼다는 뜻이다.

> transcribe(베끼다, 복사하다), transcript(베낀 것, 등본, 사본), transform(변형시키다), transition(변이, 변천), translate(번역하다), transmute(변형/변질/변화시키다)

40) un-

(1) un-은 형용사, 형용사와 관련된 명사 또는 부사와 결합한다. 이렇게 만들어진 단어들은 un-이 첨가되기 이전의 형용사, 명사, 부사가 나타내는 것과 반대되는 물건을 나타낸다.

예컨대 unacceptable은 어떤 것을 받아들일 수 없다는 뜻이고, unfortunate은 bad luck이라는 뜻이다.

un-이 첨가되어 만들어진 형용사:

> unable(... 할 수 없는), unacceptable(받아들일 수 없는), unbelievable(믿을 수 없는), uncertain(불확실한), uncomfortable(불쾌한, 기분이 언짢은), undemocratic(비민주적인), unemployed(실직한), unfaithful(성실하지 않은, 정숙하지 못한), ungentlemanly(비신사적인), unharmonious(조화를 이루지 못하는), unkind(불친절한), unnatural(부자연스러운), unnecessary(불필요한), unpleasant(불쾌한, 심술궂은), unrealistic(비현실적인), untidy(단정치 못한), unwell(불쾌한), unwilling(마음이 내키지 않는, 마지못해 하는)

un-이 첨가되어 만들어진 명사와 부사:

> unacceptability(받아들일 수 없음), unalterably(변경 불가능하게), unbelievably(믿을 수 없을 정도로), uncertainty(불확실성), unconsciously(무의식적으로), unfairly(공정치 못하게), unhappiness(불행), unnaturally(자연스럽지 않게), unpleasantness(불쾌함), unpredictably(예측할 수 없을 정도로), unwillingness(달갑지 못함)

(2) un-은 분사형과 결합하여 어떤 것이 일어나지 않았다거나, 사실이 아니라는 개념을 나타낸다. 예컨대 Someone is unbeaten at something.은 어떤 사람이 어떤 일에 패배하지 않는다는 뜻이고, unsmiling은 not smiling이라는 뜻이다.

> unaltered(변하지 않는, 불변의), unbeaten(져본 적이 없는), unchanging(변하지 않는, 불변의), undamaged(손해를 입지 않은, 완전한), undisturbed(방해받지 않은, 흔들리지 않은), unexamined(조사되지 않은), unexpected(예기치 않은, 이외의), unhesitating(주저하지 않는), uninviting(사람의 마음을 끌지 않는, 매력이 없는), unloved(사랑받지 못하는), unpaged(페이지가 매겨지지 않은), unread(읽혀지지 않는, 무식한), unsmiling(미소를 짓지 않는, 심각한), untaught(교육을 받지 못한, 무식한), untested(시험을 거치지 않은), unwritten(기록해 두지 않은, 불문의)

(3) un-은 동사와 결합하여 새로운 동사를 만들어, 원래의 동사가 나타내는 과정이나 상태가 반대로 나타난다는 뜻을 갖는다. 예컨대 undress는 입었던 옷을 벗는다는 뜻을 나타내며, uncover는 덮었던 것을 벗긴다는 뜻을 나타낸다.

> unbend((굽은 것을) 곧게 하다), uncover(폭로하다, 적발하다, …의 덮개를 벗기다), undo(원상대로 돌리다, 취소하다), undress(…의 옷을 벗기다), unleash(…을 해방하다), unlock(자물쇠를 열다), unpack((꾸러미, 짐을) 풀다), unplug(…의 마개를 뽑다), unscrew(…의 나사를 빼다), unseal(개봉하다), untie((매듭을) 풀다), untwist(꼬인 것을 풀다, 끄르다), unwrap((꾸러미 따위를) 열다, 풀다)

24.2.2.2.2. 접미사의 유형과 뜻

접미사는 단어의 끝에 첨가되어 어느 특정한 단어의 부류(word class)를 이루는 것이 특징이다. 사실상 접미사는 예컨대 bright에 -ness를 첨가하여 형용사에서 명사를 만드는 것처럼 단어 부류의 변화를 초래하며, 한 단어가 특정한 부류에 속하는 것으로 식별하는데 사용될 수 있다. 즉, 접미사 -ness는 명사 표시이고, -less는 형용사 표시이며, 또한 -ify는 동사 표시이다.

많은 접미사들은 접두사보다 의미적인 비중이 약하므로, 접미사를 분류함에 있어서 의미를 토대로 한다는 것보다 주로 문법적인 점에서 세분하는 것이 편리하다.

1) -er

(1) -er은 동사와 결합하여 명사를 만든다. 이렇게 만들어진 명사는 동사가 나타내는 행위를 하는 사람을 가리킨다. 예컨대 a baker는 빵과 과자를 만들어서 파는 사람이며, leader는 사람들이나 기관을 이끌거나 그 기관을 책임지고 있는 사람을 뜻한다.

> baker(빵 가게, 빵 굽는 사람), commander(지휘관, 사령관), employer(고용주), farmer(농부), leader(지도자), manager(지배인, 경영자), painter(화가), player(선수, 연주자), reader(독자), rider(타는 사람, 기수), runner(경주자), teacher(선생), waiter(웨이터), walker(보행자), winner(승(리)자), writer(작가)

(2) -er은 동사와 결합하여 명사를 이루어 사물을 가리킨다. computer는 계산을 하거나 정보를 저장하고 복원시키는 일을 하는 전자 기계를 뜻한다.

> blender(혼합하는 기계), computer(컴퓨터), cooker(취사도구), cutter(자르는 기구), digger(파는 사람/동물, 구멍 파는 도구), grinder(분쇄기), hanger(양복걸이), mixer(혼합기), mower(잔디 깎는 도구), recorder(녹음기), slicer(얇게 써는 기계), strainer(팽팽하게 하는 기구), wiper(닦는 것)

2) -or

(1) -or은 동사와 결합하여 명사를 만든다. 이렇게 만들어진 단어들은 동사가 나타내는 행위를 하는 사람을 뜻한다. 예컨대 actor는 연극이나 영화에서 배역을 하는 사람을 뜻한다. supervisor는 사람이나 활동 등을 감독하는 사람을 뜻한다.

> actor(배우), administrator(관리자, 행정관), advisor(고문, 조언자), agitator(선동자), auditor(회계 감사관), collector(수집자, 수금원), commentator(주석자, 해설자), competitor(경쟁자), conductor(안내자, 지휘자), contractor(계약자, 도급자), counsellor(고문, 상담역), director(지도자, ...장), editor(편집자), governor(지사), inventor(발명가), moderator(조정자, 중재자), narrator(이야기하는 사람, (연극에서) 해설자), operator(조작자, 기사), oppressor(억압자), prosecutor(실행자, 기소자), sailor(선원), visitor(방문객)

(2) -or이 동사와 결합하여 명사를 만들어 사물을 가리킨다. 예컨대 calculator는 계산하는데 사용되는 전자 장치, 즉 '계산기'를 뜻한다.

> applicator((약, 화장품 등을) 바르는 기구), aspirator(흡입기), calculator(계산기), compressor(컴푸레서, 압축기), detector(탐지기), elevator(승강기), escalator(에스커레이터), reactor(반응자, 원자로), refrigerator(냉장고)

(3) 단어들 중에는 동사에 –er 또는 –or이 첨가되는 것들이 있다. 이들은 actor, governor, navigator, spectator, player, ruler, onlooker 따위와 같이 많은 경우에 특정한 행위를 하는 사람이나 사물을 가리킨다. 일반적으로 접미사 –or은 inventor, professor에서처럼 주로 라틴어에서 온 단어에 첨가되는 경우가 많은 반면, -er은 finder, keeper 등 영어 고유의 단어에 첨가된다. 그러나 이러한 점은 오로지 한낱 '경향'에 불과하기 때문에, 이 둘 중 어느 것을 선택할 것인가 하는 점은 사전에 의존할 수밖에 없다. 예컨대 eraser는 라틴어 erase에서 온 단어에 –er이 첨가되어 만들어진 단어인 반면, sailor는 순수한 영어 단어 sail에서 나온 단어이다. 더욱이 adviser와 advisor의 경우처럼 두 가지 어미가 모두 가능한 단어들도 있다.

3) -able

(1) -able은 타동사에 첨가되어 정도 형용사(gradable adjectives)를 만든다. 이렇게 만들어진 형용사는 가능성을 나타낸다. 즉, 동사가 나타내는 행위나 과정이 영향을 받는 사람

이나 사물을 가리킨다. 동사가 -e로 끝나는 경우에는 -able이 첨가되기 이전에 -e가 탈락한다. 단어가 -y로 끝나는 경우에는 y를 i 바꾸고 난 다음에 -able을 첨가한다. 단어가 irri**tate**의 경우처럼 -ate로 끝나면 -ate가 -able로 바뀐다.

> acceptable(받아들일 수 있는), admirable(칭찬할만한), advisable(현명한), dependable(신뢰할 수 있는), desirable(바람직스러운), disposable(처분할 수 있는), enjoyable(즐거운, 재미있는), identifiable(식별 가능한), imaginable(상상할 수 있는), irritable(성미가 급한, 성마른), manageable(다루기 쉬운), peelable(껍질을 벗길 수 있는), recognizable(인식할 수 있는), refutable(논박할 수 있는), tolerable(참을 수 있는), variable(변하기 쉬운), washable(세탁할 수 있는)

solve는 soluable로 바뀐다.

unable, unstable의 부정형 명사는 각각 inability, instability이다.

동사에서 만들어지는 일부 형용사들은 -able 대신에 -ible이 첨가된다. 이렇게 만들어지는 형용사들은 동사가 행하는 동작이나 작용을 나타내는 경우에 쓰인다. 예컨대 digestible은 소화할 수 있다는 뜻이다. comprehensible은 쉽게 이해된다는 뜻이다.

> accessible(접근하기 쉬운), collapsible(= collapsable, 접는 식의) comprehensible(포괄적인), convertible(바꿀 수 있는), corruptible(부패하기 쉬운), deductible(공제할 수 있는), defensible(방어할 수 있는), destructible(파괴할 수 있는), digestible(소화할 수 있는), discernible(분간할 수 있는), divisible(나눌 수 있는), permissible(허용되는), resistible(저항할 수 있는)

(2) -able이 명사에 첨가되어 형용사를 만드는데, 이 형용사는 원래의 명사가 갖는 성질이나 특성을 갖는 것으로 묘사된다. 예컨대 comfortable은 안락한 느낌을 준다는 뜻이다.

> comfortable(편안한), fashionable(유행의 유행을 따르는), honorable(명예로운), knowledgeable(지식이 있는), pleasurable(즐거운, 기쁜), valuable(귀중한)

4) -ability

-ability가 -able로 끝나는 형용사에 첨가되어 명사를 만든다. 이렇게 만들어진 명사는 형용사가 뜻하는 상태 또는 성질을 나타내게 된다.

> availability(이용도, 유용성), readability(읽기 쉬움, 재미있게 읽힘), stability(안정(성)), washability(세탁 가능성)

5) -ed

(1) -ed는 분사 형태가 형용사 역할을 하는 이른바 분사 형용사를 만든다. 즉, 타동사의 과거분사형이 형용사적으로 쓰여 어떤 대상이 어떤 식으로 영향을 받는다는 뜻을 나타낸다. 예컨대 excited children은 아주 즐거워하는 어린이들이란 뜻이며, be bored는 싫증을 느낀다는 뜻이다.

일부 자동사의 과거분사는 어떤 사람이나 사물이 이미 어떤 일을 했다는 뜻을 나타내는 형용사 역할을 한다. 예컨대 a 'retired' person은 은퇴한 사람이라는 뜻이다.

(2) -ed는 명사와 결합하여 형용사가 되며, 어떤 사람이나 사물이 어떤 특성을 갖고 있다는 점을 나타낸다. 예컨대 a bearded old man은 콧수염을 기른 노인이라는 뜻이고, an eyed potato는 눈이 나온 감자라는 뜻이다.[17]

(3) -ed로 끝나는 일부 과거분사형은 다른 단어들과 결합하여 일종의 복합 형용사를 만든다.

> blond-haired(금발 머리의), blue-eyed(파란 눈의), giant-sized(거인처럼 큰), much-travelled(여행을 많이 한, 견문이 넓은), odd-shaped(이상하게 생긴), short-tailed(꼬리가 짧은), simple-minded(순진한)

6) -en

(1) -en은 성질이나 상태를 나타내는 명사, 형용사에 첨가되어 동사를 만든다. 이렇게 만들어진 동사는 어떤 것이 특정한 성질을 갖게 하는 작용을 가리키거나, 특정한 상태에 이르게 하는 작용을 나타낸다. 예컨대 blacken a wall은 벽이 검게 변하게 한다는 뜻이다. moisten the ground는 땅을 젖게 한다는 뜻이다.

> blacken(검게 하다), broaden(넓히다), dampen(축이다, 기를 꺾다), deafen(귀를 먹먹하게 하다), deepen(깊게 하다, 깊어지다), flatten(평평하게 하다, 고르다), harden(굳어지게 하다), heighten(높이다), lengthen(길게 하다), lessen(줄이다), lighten(가볍게 하다, 완화하다), loosen(풀다, 끄르다), quicken(빠르게 하다), redden(붉게 하다), shorten(줄이다), slacken(늦추다, 느슨하게 하다), straighten(똑바르게 하다, 정리하

---

17 이에 대해서는 이미 본서 제2권 "10.3.4 명사 + ed 형태" (→ pgs. 373-376) 에서 다루었다.

다), strengthen(강하게/튼튼하게 하다), thicken(두껍게 하다), toughen(거칠게 하다), weaken(약화시키다), whiten(희게 하다), widen(넓히다), worsen(악화시키다)

(2) -en은 명사와 결합하여 만들어진 물질이나 그 물질과 비슷한 물질을 나타내는 형용사를 만든다. 예컨대 a woollen jumper는 점퍼가 양털로 만들어진 것이라는 뜻이다. silken은 비단처럼 부드럽고 호화로운 것이라는 뜻이다.

ashen(재의, 잿빛의), earthen(흙으로 만든), golden(금빛의, 황금처럼 빛나는), leaden(납의, 납으로 만든), oaken(오크(제)의), silken(비단의, 비단으로 만든), waxen(밀처럼 말랑말랑한, 밀로 만든), wooden(나무로 만든), woollen(양털의, 모직물의)

이렇게 형용사에 -en을 첨가할 수 있는 단어는 형용사의 어미의 발음이 장애음(obstruents)[18]에 해당되는 경우에만 가능하다.[19] 장애음이란 발음할 때 공기가 완전히 차단되었다가 나는 소리(폐쇄음: stops), 공기 흐름에 부분적으로 장애를 받으면서 나는 소리(마찰음: fricatives), 또는 이 두 가지가 결합되어 나는 소리(파찰음: affricates)를 말한다.

폐쇄음: p, b, t, d, k, g
마찰음: f, v, s, z, ʃ, ʒ, ð, θ
파찰음: tʃ, dʒ

위와 같은 장애음으로 끝나는 단어들은 어미 -en이 첨가될 수 있다.

white + en > whiten
black + en > blacken
deep + en > deepen
fresh + en > freshen

그러나 다음과 같은 단어들은 장애음으로 끝나는 것이 아니기 때문에 -en이 첨가된 단어

---

18 장애음에 반대되는 소리를 공명음(sonorants)이라 하는데, 모든 모음과 비음 m, n, ŋ 등이 여기에 속한다.
19 Park (2005: 110).

를 만들 수 없다. 그러므로 다음의 오른쪽에 나타난 것들은 영어 단어가 아니다.

gray + en > *grayen
blue + en > *bluen
thin + en > *thinnen
long + en > *longen

7) -ence

(1) -ence는 동사와 결합하여 명사를 만든다. 이렇게 만들어진 단어는 원래 동사가 나타내는 행위, 과정, 상태 등을 나타낸다. 예컨대 insistence는 어떤 것을 주장하는 행위를 뜻한다.

> adherence(고수, 집착), correspondence(대응, 일치, 조화), emergence(출현, 탈출), existence(존재), insistence(주장, 고집), occurrence(사건, (사건의) 발생), persistence(끈덕짐, 고집), preference(좋아함), reference(참고, 참조), residence(주거, 주택), subsistence(생존, 현존), transference(이전, 옮김)

(2) -ence는 -ent로 끝나는 형용사에 첨가되어 명사를 만든다. 이렇게 만들어진 명사는 원래의 형용사가 뜻하는 상태나 성질을 뜻한다. 예컨대 obedience는 obedient가 나타내는 상태를 뜻한다.

> absence(결석), affluence(풍부함), confidence(신용, 신뢰), convenience(편의), diligence(근면), eminence(고위, 높음), indifference(무관심), insolence(오만, 무례), intelligence(지성, 이해력), innocence(무지), obedience(복종, 순종), patience(인내), prominence(두드러짐, 현저), violence(폭력)

8) -ent

-ent는 동사와 결합하여 형용사, 명사를 만든다. 이렇게 만들어진 단어는 어떤 행위를 하는 사람이나 사물을 뜻하거나, 원래 동사가 나타내는 작용을 체험한다는 뜻을 나타낸다. 예컨대 different는 differ에서 온 것으로 어떤 것이 서로 다르다는 뜻이다. student는 어떤 것을 공부하는 사람이다.

> absorbent(흡수하는), ascendent(올라가고 있는, 선조), dependent(의지하고 있는, 부양가족), different(다른), existent(존재하는), insistent(주장하는), respondent(대답하는), student(학생), superintendent(감독자), transcendent(뛰어난, 탁월한)

9) -ery

(1) -ery는 일부 동사와 결합하여 어떤 행위를 나타내는 명사를 만든다. 예컨대 discovery는 이전에 모르던 것을 찾아낸다는 뜻이다. make a delivery는 deliver something이라는 뜻이다.

> bribery(뇌물(을 주는/받는 행위)), butchery(도살장, 도살(업)), cajolery(감언, 아첨), cookery(요리법, 조리실), delivery(배달, 분만), discovery(발견), drudgery(고된 일, 단조롭고 고된 일), embroidery(자수, 수(놓기)), flattery(아첨), forgery(위조(죄), 위조품), mockery(비웃음), recovery(회복), robbery(강도(행위), 강도죄), trickery(속임수, 사기)

(2) -ery는 행동 유형을 뜻하는 형용사와 결합하거나, 그런 행동을 하는 사람과 결합하여 새로운 명사를 만든다. 이렇게 만들어지는 명사는 그런 행동 유형을 뜻한다. savagery는 savages와 관련된 난폭한 잔인성을 뜻한다.

> bravery(용기), foolery(어리석은 행위/짓), knavery(속임수), prudery(얌전한 체 하기, 얌전빼는 행위), roguery(못된 짓, 부정), savagery(야만, 미개(상태)), snobbery(신사연함, 속물 근성)

(3) -ery는 동사, 명사와 결합하여 새로운 명사를 만든다. 이렇게 만들어진 명사는 어떤 것이 이루어지거나 보관된 장소를 뜻한다. 예컨대 bakery는 빵과 과자를 만드는 곳이고, piggery는 돼지들이 사는 집을 뜻한다.

> bakery(빵집, 제과점), brewery(양조장), cannery(통조림 공장), creamery(버터/치즈 제조소, 낙농장), distillery(증류소, 증류주 제조장), fishery(어업, 수산업), nunnery(수녀원), nursery(육아실, 탁아소, (병원의) 신생아실), orangery(오렌지밭), piggery(불결(한 곳), 돼지우리(=pig pen)), refinery(정제소), winery(포도주 양조장)

(4) -ery로 끝나는 많은 단어들이 특정 유형의 사물들의 집단이나 집합체를 뜻한다. 예컨대 jewellery는 반지, 팔찌 등 몸에 부착하는 장식물을 가리킨다. pottery는 pot, dish 등 질흙으로 만들어진 물건들을 가리킨다.

> artillery((집합적) 포, 대포), crockery((집합적) 도자기), drapery(의류, 옷감), finery(정련소), greenery((집합적) 푸른 잎/나무), ironmongery(철물, 철물상), jewelry(보석류), machinery(기계류), pottery(도기, 오지그릇), scenery(경치)

10) -ese

(1) -ese는 지역명과 결합하여 그곳에서 유래된 사람이나 사물을 가리킨다. 예컨대 Chinese는 China에서 온 사람, 즉 중국인을 뜻하고, 'Viennese' Opera는 Vienna에 근거를 둔 오페라를 뜻한다. Maltese는 몰타인을 뜻한다.

> Balinese(발리섬 주민), Burmese(버마인), Chinese(중국인), Japanese(일본인), Lebanese(레바논 사람), Maltese(몰타인), Nepalese(네팔인), Sudanese(수단인), Taiwanese(대만인), Viennese(빈 사람), Vietnamese(베트남 사람)

(2) -ese는 나라와 관련된 명사와 결합하여 새로운 명사를 만든다. 이렇게 만들어진 명사는 그 지역에서 사용되는 언어를 뜻한다. 예컨대 Japanese는 일본어를 뜻하고, Portuguese는 포르투갈어를 뜻한다.

> Burmese(버마어), Chinese(중국어), Japanese(일본어), Javanese(자바어), Maltese(몰타어), Portuguese(포르투갈어), Vietnamese(베트남어)

11) -ess

-ess는 사람이나 동물을 가리키는 명사와 결합하여 새로운 명사를 만든다. 이렇게 만들어진 단어는 여자 또는 동물의 암컷을 뜻한다. 예컨대 princess는 왕자에 맞먹는 여성, 또는 왕자와 결혼한 여성, 즉 '공주', '왕비'를 뜻한다. lioness는 암사슴을 뜻한다.

> actress(여배우), countess(백작 부인), empress(왕비, 황후), goddess(여신), heiress(여걸), hostess(여주인), lioness(암사자), manageress(여지배인, 여관리인), mis-

tress(여주인, 주부) priestess(여성 성직자), stewardess(여성 안내원), tigress(암호랑이), waitress(여자 사환)

12) -ful

(1) -ful은 물건을 담거나, 물건을 운반하는 것을 가리키는 명사와 결합하여 새로운 명사를 만든다. 이렇게 만들어진 명사는 언급된 그릇이 담을 수 있는 양을 뜻한다. 예컨대 teaspoonful은 차수저에 담을 수 있는 가루 또는 액체를 뜻한다. armful은 팔 하나 또는 양팔로 운반할 수 있는 양을 뜻한다.

> armful(한아름), bagful(한 자루(의 분량)), boxful(상자 가득), cupful(찻종으로 하나 (분량의)), houseful(집안 가득), mouthful(한 입(의 분량)), plateful(접시 가득), pocketful(한 주머니 가득), roomful(방안 가득), spoonful(한 숟갈 가득)

(2) -ful은 특정한 특성, 성질을 나타내는 명사와 결합하여 형용사를 만든다. 이렇게 만들어진 형용사는 언급된 특성이나 성질을 많이 갖고 있다는 것을 가리킨다. beautiful은 보기에 매우 매력적이라거나, 즐거움을 준다는 뜻이다. deceitful은 거짓말을 많이 한다는 뜻이다.

> beautiful(아름다운), boastful(자랑하는, 뽐내는), deceitful(사람을 속이는), delightful(매우 기쁜), dutiful(충실한), forceful(힘이 있는, 힘센), graceful(우아한), harmful(해로운), helpful(도움이 되는, 유용한), joyful(즐거운), merciful(자비로운), painful(고통스러운), peaceful(평화로운), playful(쾌활한, 농담 좋아하는), shameful(부끄러운), successful(성공한), tactful(재치 있는, 약삭 빠른), useful(유용한), youthful(젊은, 발랄한)

13) -headed

(1) -headed는 형용사와 결합하여 새로운 형용사를 만든다. 이렇게 만들어진 형용사는 어떤 사람의 행동이나, 그들의 행동하는 방식을 뜻한다. 예컨대 big-headed는 오만하다거나, 아주 영리하다고 생각한다는 뜻이다. clear-headed는 분별심이 있게 행동하거나, 논리적으로 생각한다는 뜻이다.

> big-headed(젠체하는, 우쭐한), clear-headed(머리가 명석한), cool-headed(냉정한, 침착한), empty-headed(머리가 빈, 무지한), hard-headed(냉정한, 빈틈없는), lev-

> cl-headed(온건한, 분별 있는), light-headed((술, 고열 등으로) 머리가 어찔어찔한, 몽롱해진), muddle-headed(멍텅구리의, 얼빠진), soft-headed(멍청한), thickheaded(머리가 나쁜, 둔한), woolly-headed(고수머리의, 쓸모없는), wrong-headed((생각이) 비뚤어진, 사리에 어두운)

(2) -headed가 형용사 또는 명사와 결합하여 새로운 형용사를 이루어, 사람이나 동물의 머리를 뜻하거나, 어떤 것의 머리 부분을 뜻한다. 예컨대 bald-headed는 머리에 머리털이 거의 없거나, 전혀 없다는 뜻이다. wooden-headed는 맨 위 부분이 나무로 만들어졌다는 뜻이다.

> bald-headed(대머리의, 불모의), bare-headed(모자를 쓰지 않고/않은), curly-headed(곱슬머리의), flat-headed(머리가 납작한), heavy-headed(머리가 무거운, 둔한), redheaded(머리칼이 빨간), shock-headed(머리털이 부스스한), white-headed(백발의, 금발의), wooden-headed(얼빠진, 멍청한)

14) -ic

(1) -ic는 명사에 첨가되어 형용사를 만든다. 이렇게 만들어진 형용사는 원래의 명사가 나타내는 것과 유사하다거나, 그 물건과 관련되었다거나, 또는 그것과 연관되었음을 나타낸다. 예컨대 photographic은 '사진'이나 '사진술과 연관된 것임을 뜻한다. enthusiastic은 많은 열정을 보인다는 뜻이다.

> acidic(산을 내는), acrobatic(곡예의, 재주부리기의), alcoholic(알콜(성)의), atomic(원자의), bureaucratic(관료정치의), democratic(민주적인), diplomatic(외교의), heroic(영웅적인), idiotic(백치의, 천치의), ironic(반어의, 비꼬는), linguistic(언어학적인), magnetic(자석의, 자기를 띤, 마음을 끄는), mythic(신화의), patriotic(애국적인), poetic(시적인), symbolic(상징적인)

(2) -ic는 이런 뜻을 가지고 '사람'을 가리키는 -ist로 끝나는 명사와 결합한다. 예컨대 optimistic은 미래에 대하여 낙천적인 생각을 많이 갖는다는 뜻이다.

> anarchistic(무정부주의의), antagonistic(적대의, 반대하는), artistic(예술적인), capitalistic(자본주의의), idealistic(이상주의적인), journalistic(신문 잡지업의), moralistic(교훈적인, 도덕주의), nationalistic(민족주의의, 국가적인), naturalistic(자연주의적인), optimistic(낙천적인), pessimistic(염세적인), socialistic(사회주의적인), traditionalistic(전통주의적인)

(3) -ic로 끝나는 단어들 중에는 다시 -al이 첨가되어 형용사를 만드는 것들도 일부 있다. 이렇게 만들어지는 단어들 중에는 centr*ic* — centr*ical*, hero*ic* — hero*ical*, iron*ic* — iron*ical*, mim*ic* — mim*ical*의 경우처럼 뜻이 달라지지 않는 것들이 있는가 하면, 다음과 같이 뜻이 달라지는 것들도 있다.[20]

a **classic** performance [대단한 공연]	**classical** languages [(라틴어, 희랍어와 같은) 고전어]
a **comic** masterpiece [희극풍의 걸작]	his **comical** behavior [그의 우스운 행동]
an **economic** miracle [경제적 기적]	The car is **economical** to run. [그것은 운행하기에 경제적인 자동차이다.]
an **electric** light [전깃불]	an **electrical** consultant [전기에 관한 상담]
a **historic** building [역사적인 건물]	**historical** research [역사 연구]
a **politic** move [적절한 조치]	**political** parties [정당]

15) -(i)fy

-(i)fy는 형용사, 명사와 결합하여 동사를 만든다. 예컨대 simplify는 simple에서 만들어졌고, objectify는 object에서 만들어진 것이다

> amplify(확대하다), beautify(아름답게 가꾸다), certify(증명/보증하다), clarify(분명하게 하다), classify(분류하다), codify(성문화하다), electrify(전기를 띠게 하다, 충전하다), falsify((서류 등을) 위조하다), gentrify(고급 주택(지)화하다), glorify(칭찬/찬양하다), horrify(소름끼치게 하다), identify(동일시하다), magnify(확대하다), objectify(객

---

20 Ek & Robat (1984: 437). See also Quirk et al. (1985: 1554, Note [c]).

> 관회하다, 구체화하다), personify(인성을 부여하다), purify(순화하다), simplify(간소화하다), speechify(연설하다), terrify(겁나게 하다), uglify(추하게 하다)

이렇게 만들어진 단어에 다시 -cation을 첨가하여 amplification, beautification, falsification, glorification, simplification 따위와 같이 명사형을 만든다. -(i)fy로 끝나는 이와 같은 단어들을 명사형으로 만들 때에는 접미사 –cation을 붙이기 전에 먼저 어말의 –y를 –i로 바꿔야 한다. 이러한 단어에서 어말의 -y는 모두 -i-로 바뀐다.

16) -ing

(1) 일부 현재분사형 -ing는 명사로 쓰여 동사가 나타내는 활동을 나타낸다. 예컨대 dancing은 춤을 춘다는 뜻이다.

> We celebrated with music and **dancing**.
> [우리는 노래와 춤을 추면서 축하했다.]
> He managed to find time for **reading**.
> [그는 가까스로 독서할 시간을 찾았다.]

(2) 타동사의 현재분사형이 형용사로 쓰여 어떤 것이 어떤 사람의 느낌이나 생각에 미치는 영향을 나타낸다. 예컨대 disgusting은 '구역질나는'이라는 뜻이다.

> amazing(놀랄 정도의, 굉장한), annoying(성가신, 귀찮은), astonishing(놀랄만한, 놀라운), boring(싫증나게 하는), charming(매력적인), confusing(혼란스러운), disappointing(실망스러운), disturbing(교란시키는, 불온한), encouraging(장려하는, 고무적인), interesting(흥미로운), misleading(그릇치기 쉬운, 오해하기 쉬운), pleasing(즐겁게 하는), relaxing(편안하게 하는), satisfying(만족한, 충분한), shocking(충격적인), startling(놀라운, 깜짝 놀라게 하는), terrifying(겁을 주는), thrilling(오싹하게 하는), tiring(지치게 하는, 지루한), welcoming(환영하는), worrying(성가신, 귀찮은)

자동사의 현재분사형이 형용사로 쓰이면 지속적인 과정이나 상태를 뜻한다. 예컨대 recurring은 반복적으로 나타난다는 뜻이다.

> ageing[21](나이가 들어가는), bleeding(출혈하는), decreasing(감소하는), dwindling(작아지는), dying(죽어가는), existing(현존하는, 현재의), living(살아있는), recurring(자주 일어나는), remaining(남아 있는), rising(솟아오르는), ruling(지배하는, 통치하는, 주된)

17) -ion

-ion은 동사와 결합하여 명사를 만든다. 이렇게 만들어진 명사는 동사가 나타내는 상태나 작용을 뜻하거나, 그러한 작용의 실례를 뜻한다. 예컨대 protection은 어떤 것을 보호하거나, 달갑지 못한 영향이나 사건으로부터 안전하게 하는 것을 뜻한다. explanation은 특정한 사건이나 상황을 설명하거나 그 이유를 제공하는 것을 뜻한다. 철자 -ion 대신에 -ation, -ition, -sion, 또는 -tion과 같은 형태로도 나타난다.

> action(행위), addition(첨가, 추가), collection(수집), combination(결합), conclusion(결론), connection(연결, 연관), creation(창조), decision(결정), direction(방향), education(교육), examination(시험), exhibition(전시), explanation(설명), operation(작용, 수술), organization(조직), production(생산), protection(보호, 방비), reaction(반응), realization(실현), reduction(감소, 절감), situation(상황)

18) -ish

(1) -ish는 국민, 언어, 또는 특정한 나라 또는 지역의 특성을 나타내는 단어에 나타난다. 예컨대 Someone is Irish는 아일랜드 태생이라는 뜻이며, Danish는 덴마크어를 뜻한다. the English는 모든 영국 국민을 뜻한다.

> British(영국인), Cornish(콘월 사람), Danish(덴마크인), English(영국인), Flemish(프랜더즈인), Irish(아일랜드인), Jewish(유태인), Moorish(무어인), Polish(폴란드인), Scottish(스코틀랜드인), Spanish(스페인 사람), Turkish(터키인)

(2) -ish는 형용사와 결합하여 새로운 형용사를 만든다. 이렇게 만들어진 형용사는 원래의 형용사가 갖는 특성이나 성질을 갖고 있는 정도가 많지 않다는 뜻을 나타낸다. 예컨대

---

21 미국영어에서는 aging이라는 형태가 쓰인다:
   For many, memory loss is a part of **aging**.
   [많은 사람들의 경우에 기억력 상실은 노화의 일부이다.]

Something is longish.는 꽤 길다는 뜻이고, tallish는 꽤 크다는 뜻이다. 또한 greenish는 연초록색을 뜻한다.

> biggish(약간 큰), blackish(거무스름한), brownish(갈색을 띤), dampish(습기찬), darkish(어스름한, 거무스름한), flattish(조금 평탄한, 단조로운), goodish(나쁘지 않은, 대체로 좋은 편인), greenish(녹색을 띤), longish(좀 긴, 길쭉한), lowish(약간 낮은), oldish(좀 늙은/낡은), reddish(불그스레한), tallish(키가 좀 큰), thinnish(좀 얇은/묽은/가는), warmish(좀 따스한), whitish(희끄무레한), youngish(다소/좀 젊은)

(3) -ish가 명사와 결합하여 형용사를 만든다. 이렇게 만들어진 형용사는 다른 사람이나 물건과 비슷하다는 뜻을 나타낸다. 예컨대 boyish는 행위나 모습이 아주 어리게 보여 소년 같다는 뜻이다. foolish는 바보처럼 행동한다는 뜻이다.

> amateurish(아마추어 같은, 서투른), babyish(어린애 같은, 유치한), boyish(아이 같은, 유치한), brutish(잔인한), childish(어린애 같은), devilish(악마 같은), feverish(열이 있는, 뜨거운), girlish(소녀의, 소녀다운), hawkish(매 같은, 매파적인), hellish(지옥의, 지옥과 같은), kittenish(새끼고양이 같은, 말괄량이의), mannish((여자가) 남자 같은), monkish(원숭이 같은, 장난 좋아하는), nightmarish(악몽 같은), slavish(노예의, 노예적인), snobbish(속물의, 신사연하는), wolfish(이리 같은, 욕심 많은), womanish(여자다운, 여자같은)

(4) -ish가 시간, 날짜, 나이 따위를 뜻하는 단어와 결합하여 그 숫자나 기간이 대충 그에 가깝다는 뜻을 나타낸다. 예컨대 Someone is fortyish.는 40세에 가깝다(near forty)는 뜻이고, do something around noonish는 정오 무렵에(at about noon) 어떤 일을 한다는 뜻이다.

Mrs Hoyland Leach was a florid, **fortyish** lady.
   [호이랜드 리치 여사는 혈색이 좋은 40세 무렵의 여인이다.]
Shall I ring you about **nine-ish**?
   [아홉시 경에 전화를 할까?]
Come at **eightish**.
   [여덟시 경에 오너라.]

(5) -ish가 Polish, British, Spanish, Swedish 따위와 같은 일부 국가의 국민을 나타내는 명사에 첨가된다.

19) -ist

(1) -ist는 명사에 첨가되어 어떤 사람의 행동이 특정한 부류의 믿음을 토대로 한 것이라는 뜻을 나타낸다. 예컨대 feminist는 여성들도 남성들과 같은 권리, 힘, 기회 등을 가져야 한다고 믿는 사람, 즉 '남녀 동권론자'라는 뜻이다. pessimist는 좋지 못한 일이 일어날 것이라든가, 일어나고 있다고 믿거나, 특정한 일이 성공치 못할 것이라고 믿는 사람, 즉 '염세주의자'를 뜻한다.

> activist(행동주의의, 행동가), capitalist(자본주의자), communist(공산주의자), elitist(엘리트주의자), expressionist(표현파의 (작가)), extremist(극단주의자), humanist(인도주의자), idealist(이상주의자), industrialist(공업가, 실업가), internationalist(국제주의자), modernist(현대/근대주의자), nationalist(민족주의자), opportunist(기회주의자), realist(사실주의자), socialist(사회주의자), terrorist(테러리스트, 폭력혁명주의자)

(2) -ist는 명사에 첨가되어 새로운 명사를 만든다. 이렇게 만들어진 단어는 어떤 사람이 하는 일이나 연구가 원래의 명사가 가리키는 것과 관련된 사람을 가리킨다. 예컨대 novelists는 novel과 관련된 일을 하는 사람, 즉 '소설가'를 뜻한다. scientist는 science와 관련된 연구를 하는 사람, 즉 '과학자'를 뜻한다.

> artist(예술인), botanist(식물학자), cartoonist(만화가), dentist(치과의사), dramatist(극작가), economist(경제학자), educationist(교육가), environmentalist(환경(보호)론자), novelist(소설가), physicist(물리학자), satirist(풍자가), scientist(과학자), soloist(독주자, 독창자), tourist(관광객), typist(타자수)

(3) -ist는 또한 악기를 가리키는 명사와 결합하여 새로운 명사를 만든다. 이렇게 만들어진 단어는 본래의 명사가 가리키는 악기를 연주하는 사람, 특히 그것을 연주하는 것을 직업으로 삼는 사람을 가리키는 경우에도 쓰인다. 예컨대 guitarist는 '기타 연주가'를, pianist는 '피아노 연주가'를 뜻한다.

> accordionist(아코디언 연주사), altoist(알토 가수), bassist(낮은음 가수), cellist(첼로 연주가), clarinettist(클라리넷 연주가), guitarist(기타 연주가), pianist(피아노 연주가), violinist(바이얼린 연주가)

20) -ity

-ity는 형용사와 결합하여 명사를 만든다. 이렇게 만들어진 명사는 그 형용사가 나타내는 상태나 상황을 뜻한다. 예컨대 immunity는 immune에서 만들어진 것으로, 어떤 것에 대한 면역이 이루어진 상태를 뜻한다. 마찬가지로, anonymity는 anonymous에서 나온 것으로, 익명인 상태를 뜻한다.

> abnormality(이상, 변칙), absurdity(불합리, 어리석음), anonymity(익명, 무명), brutality(야만(성)), complexity(복잡성, 복잡한 일), creativity(창의성), curiosity(호기심), diversity(다양성), equality(동등), familiarity(친근성), formality(형식에 구애됨, 딱딱함), generosity(너그러움), hostility(적의, 적대관계), immunity(면제, 면역질), intensity(강도), originality(독창성), productivity(생산성), prosperity(번영), security(안전), simplicity(단순함, 소박), superiority(우월성)

21) -ize

(1) -ize는 명사와 결합하여 동사를 만든다. 이렇게 만들어진 동사는 원래의 명사가 나타내는 뜻을 포함하거나, 이 뜻과 관계된다. 예컨대 apologize는 어떤 사람에게 사과해서 행동이나 말에 대하여 유감을 표한다는 뜻이다. sympathize는 타인에게 동정심을 갖고 불운에 처한 사람에 대하여 생각을 같이 한다는 뜻이다.

> apologize(사죄하다, 사과하다), criticize(비판하다), emphasize(강조하다), epitomize(...을 요약하다), jeopardize(위태롭게 하다), memorize(기념하다, ...의 기념식을 올리다), moralize(교화하다, 도덕을 가르치다), pressurize(압력을 가하다), subsidize(보조금을 주다, 매수하다), summarize(요약하다), symbolize(상징하다), sympathize(동정하다)

(2) -ize는 상태나 조건을 가리키는 명사, 형용사와 결합하여 동사를 만든다. 이렇게 만들어진 동사는 언급된 상태나 조건이 형성되는 작용을 뜻한다. 예컨대 terrorize는 어떤 식으로든 위협을 해서 공포감을 느끼게 만드는 것을 뜻한다. tenderize는 특정한 방식으로 준비과정을 거쳐 보다 부드럽게 만든다는 뜻이다.

> Anglicize(영어화하다), colonize(식민지화하다), democratize(민주화하다), dieselize(디젤기관을 달다), equalize(동등하게 하다), generalize(일반화하다), harmonize(조화를 이루다), hospitalize(병원에 입원시키다), institutionalize(제도화하다), legalize(법률상 정당하다고 인정하다, 합법화하다), modernize(현대화하다), neutralize(중(립)화하다), personalize(개인화하다, 인격화하다), rationalize(합리화하다), stabilize(안정시키다), standardize(표준화하다), sterilize(불모로 되게 하다, 불임케 하다), terrorize(...을 무서워하게 하다, 위협하다), vitimize((음식 따위에) 비타민을 넣어 강화하다, 활기를 불어넣다), visualize(시각화하다)

(3) -ise

영국영어에서는 -ize에 대한 대용형으로 -ise가 사용된다. 그러나 어떤 단어의 경우에는 반드시 -ise를 첨가하는 것들도 있다. 이러한 단어의 대부분은 현재 영어 단어에서 쓰이지 않는 어간에서 만들어지는 것이다.

> advertise(광고하다, 선전하다), advise(조언하다), arise(일어나다, 나타나다), comprise(함유하다), compromise(타협, 화해), despise(경멸하다), devise(고안하다), disguise(위장하다), exercise(운동하다, 발휘하다), improvise((시, 음악, 연설 등을) 즉석에서 하다), practise(실행하다), promise(약속하다), supervise(감독하다), surprise(놀라게 하다), televise((텔레비전으로) 방송/수신하다)

22) -ive

(1) -ive가 많은 형용사에 나타나며, 이들 중 일부는 현재 영어 단어가 아닌 어간에 첨가된다. 예컨대 creative는 어떤 창조해 낼 수 있고 새로운 생각을 해낼 수 있는 능력을 갖고 있다는 뜻이다. lucrative는 많은 돈을 벌거나 보다 큰 이익을 얻을 수 있다는 뜻이다.

> active(능동적인), aggressive(공격적인), alternative(택일의), apprehensive(근심하는), attractive(매력적인), competitive(경쟁의, 경쟁에 의한), comprehensive(포괄적인), creative(창의적인), decisive(결정적인), defensive(방어의), destructive(파괴적인), effective(효력이 있는), excessive(지나친), expensive(비싼), extensive(광범위한), imaginative(상상적인), intensive(집중적인), lucrative(유리한, 수지맞는), massive(부피가 큰), offensive(공격적인), productive(생산적인), protective(보호하는)

(2) -ive가 첨가되어 명사가 된다. 예컨대 detective는 특정 범죄에서 어떤 일이 벌어졌는가, 또는 그에 연루된 사람을 찾아내는 직업을 가진 사람을 뜻한다. additive는 식품이나 석유 따위

와 같은 물건에 소량이 첨가되어 그 질을 향상시키거나, 더 오래 유지되도록 하는 것을 뜻한다.

> additive(부가물, 첨가제), archive(기록 보관소), collective(집단, 공동체), contraceptive(피임약, 피임 용구), detective(형사, 탐정), executive((관공서의) 행정관), incentive(격려, 자극, 격려금), initiative(발의, 창의, 주도(권)), invective(욕설, 독설), locomotive(기관차), motive(동기), narrative(이야기), objective(목적), offensive(공격), perspective(전망), prerogative(특권, 특전), relative(친척), representative(대표자), sedative(진정제)

23) -less

(1) -less는 명사와 결합하여 형용사를 만든다. 이렇게 만들어진 단어들은 사람이나 사물이 어떤 것을 갖고 있지 않다거나, 언급된 어떤 일을 하지 않는다는 뜻을 나타낸다. 예컨대 harmless는 해를 끼치지 않는다는 뜻이다. 또한 meaningless는 어떤 의미를 갖고 있지 않다는 뜻이다.

> airless(환기가 나쁜, 공기가 없는), brainless(머리가 나쁜), childless(자식이 없는), effortless(애쓴 흔적이 없는), endless(끝없는), flawless(결함이 없는), helpless(무력한), lifeless(생명이 없는, 생물이 살지 않는), meaningless(무의미한), motherless(어머니가 없는), nameless(이름이 없는, 무명의), restless(침착하지 못한), seedless(씨 없는), speechless(말을 못하는), spineless(무척추의), tactless(요령이 없는, 분별없는), thoughtless(생각이 없는, 분별없는), tuneless(음조가 맞지 않는), useless(쓸모없는)

(2) -less는 명사, 동사와 결합하여 형용사를 만들며, 이렇게 만들어진 형용사는 사람이나 사물의 성질이 그 명사나 동사로 나타나는 것을 측정할 수 없다는 뜻을 나타내기도 한다. 예컨대 사물의 집합이 countless라는 것은 너무 수효가 많아 그 수를 셀 수 없다는 뜻이다. 예술 작품에 대해서 priceless라고 하면 너무 귀중해서 그것에 어울리는 가격을 정할 수 없다는 뜻이다.

> ageless(늙지 않는, 불노의), countless(무수한), numberless(무수한), priceless(대단히 귀중한, 돈으로 살 수 없는), timeless(영원한, 시간을 초월한)

그러나 valueless는 'worthless'라는 뜻이다.

24) -ly

(1) -ly는 형용사와 결합하여 부사를 만들며, 이렇게 만들어진 부사는 어떤 것이 형용사가 나타내는 방식으로 이루어졌다는 점을 나타낸다. 예컨대 smile happily는 행복한 것처럼 미소짓는다는 뜻이고, do something rapidly는 빠르게 한다는 뜻이다. 이렇게 만들어진 부사는 'very'라는 정도부사의 역할을 하기도 한다.

> badly(나쁘게), cheaply(값싸게), directly(직접), equally(똑같이), exactly(정확히), frequently(빈번히), gradually(점차), immediately(즉시), normally(대개), perfectly(완전히), properly(적절하게), quickly(재빨리), rapidly(재빨리), slowly(서서히), suddenly(갑자기), usually(대개)

(2) -ly가 명사에, 또는 가끔 형용사에 첨가되어 새로운 형용사를 만들기도 한다. 이렇게 만들어진 형용사는 원래 명사, 형용사가 전형적으로 나타내는 성질이나 특성을 가진 사람이나 사물을 가리킨다. 예컨대 lively는 아주 활동적, 열정적이고 쾌활하다는 뜻이다. friendly는 마치 친구 사이인 것처럼 유쾌하고 친절하게 행동한다는 뜻이다.

> brotherly(형제의, 형제다운), deadly(죽음의, 생명에 관계되는), easterly(동(쪽)의), fatherly(아버지다운), heavenly(하늘의, 천상의), leisurely(느긋한, 유유한), lively(생기에 넘친), lonely(외로운), lovely(사랑스러운), manly(남자다운), motherly(어머니의, 어머니다운), orderly(순서 바른, 정돈된), shapely(모양 좋은), sisterly(자매같은), westerly(서쪽의), womanly(여자다운), worldly(세속적인, 명리를 쫓는)

(3) 사람을 가리키는 명사에 -ly를 첨가하여 형용사를 만든다. 예컨대 soldierly skills는 전형적으로 군인에게서 볼 수 있는 솜씨라는 뜻이다. musicianly는 '음악가다운'이라는 뜻이다.

(4) -ly가 갖는 또 다른 뜻은 기간을 나타내는 명사에 첨가되어 어떤 일이 일어나는 기간을 나타낸다. 예컨대 daily는 매일이라는 뜻이다.

> daily(매일), fortnightly(2주일에 한번의), hourly(매시간마다), monthly(한 달에 한 번씩), quarterly(연 4회의), weekly(매주마다), yearly(1년에 한 번씩)

25) -ological, -ology

-ological, -ology는 연구 영역이나 체계를 나타내는 명사에 나타난다. 예컨대 biology

는 동물, 식물과 같은 생명체를 연구하는 것이다. methodology는 어떤 특정한 일을 행하는 방법 내지 원리의 체계를 뜻한다.

> anthropology(인류학), astrology(점성학), biology(생물학), climatology(기후학), ecology(생태학), geology(지질학), ideology(관념론), meteorology(기상학, 기상 상태), methodology(방법론), mythology(신화), neurology(신경병(학)), pathology(병리학), physiology(생리학, 생리 기능), psychology(심리학), sociology(사회학), technology(과학 기술), terminology(용어), zoology(동물학)

26) -ment

-ment는 동사와 결합하여 명사를 만든다. 이렇게 만들어진 명사는 어떤 것을 만들거나 행하는 과정을 가리키거나, 이 과정의 결과를 가리킨다. 만약 be proud of an achievement는 이루어 놓은 일이나 일어나게 된 일을 자랑으로 여긴다는 뜻이다. excitement는 흥분감을 느끼는 감정을 뜻한다.

> abandonment(포기, 자포자기), accomplishment(성취, 완성, 업적), adjustment(조정, 적응), agreement(일치, 동의), amusement(즐거움, 재미), argument(논쟁, 주장), arrangement(배열, 정리), assessment(평가), attachment(부착), attainment(달성), development(개발), employment(고용), excitement(흥분), improvement(향상, 개선), involvement(관련, 연루), investment(투자), management(관리, 경영), movement(운동), punishment(처벌), replacement(교체, 복직), requirement(요구, 요건), retirement(퇴직)

27) -ness

-ness는 형용사와 결합하여 명사를 만든다. 이렇게 만들어진 단어들은 형용사가 나타내는 상태나 성질을 뜻한다. 예컨대 gentleness는 점잖은 성질, 즉 '점잖음'이라는 뜻이다. happiness는 행복한 상태를 뜻한다.

> aggressiveness(공격성, 호전성), attractiveness(매력), awareness(의식, 자각), bitterness(쓴맛), boldness(대담, 배짱), carelessness(부주의), consciousness(자각, 의식), effectiveness(유효), gentleness(온순, 친절), goodness(선량, 미덕), happiness(행복), illness(질병), kindness(친절), loneliness(외로움, 고독), madness(광기, 열광, 격노), nervousness(신경질), permissiveness(허용), rudeness(무례함), sadness(슬픔), ugliness(추함), weakness(약점), youthfulness(젊음)

24.2.3. 혼성어

혼성어(混成語: blendings, blends)란 두 개의 단어를 결합해서 만들어진다는 점에서 보면 복합어와 비슷하지만, 결합되는 단어의 일부가 탈락된다는 점에서는 서로 다르다. 예컨대 smog는 smoke와 fog라는 두 단어의 일부가 서로 결합되어 이 두 단어가 나타내는 뜻이 동시에 나타난다.

 smoke + **fog** > smog (연무(煙霧): 연기와 안개의 뜻이 한데 합쳐짐)

혼성어를 만드는 경우, 결합되는 요소가 항상 일정하지 않는다.
1) 앞 단어의 일부와 다음 단어 전체가 결합되는 경우:

 American + track > Amtrak/ǽmtræk/ (전미국 철도 여객수송 공사)
 Will you fly or take **Amtrak**?
  [비행기로 가는가, 암트랙 열차로 가는가?]
 Britain + Exit > Brexit (영국의 유럽연합 탈퇴)[22]
 fourteen + night > fortnight (2주일간)
 parachute + troop > paratroop (낙하산 부대)
 parachute + doctor > paradoctor (벽지 환자를 위해 낙하산으로 강하하는 응급 치료 의사)
 preparatory + school > prep school ((미) 대학 예비교: 대학 진학 코스의 사립 학교)
 telephone + banking > telebanking (전화이용 은행거래)

2) 앞 단어 전체와 다음 단어의 마지막 부분이 결합되어 이루어지는 경우:

 news + broadcast > newscast (뉴스방송(을 하다))
 breath + analyzer > breathalyzer /bréθəláizə/ (주기/음주 검사기)
 guess + estimate > gues(s)timate (/-meit/ 어림짐작하다; /-mit/ 억측, 어림짐작)
 sex + exploitation > sexploitation (성 영화 제작, 성적 착취)

---

22 2016년 6월 23일 영국이 유럽연합으로부터 탈퇴 여부를 묻는 국민투표를 실시, 그 결과 영국국민 48.1%가 유럽연합 잔류를, 51.9%가 탈퇴를 선택하였다.

travel + monologue > travelogue (여행담, 관광 영화)

3) 첫 단어의 첫 부분과 다음 단어의 마지막 부분이 결합되어 이루어지는 경우:

automobile + suicide > autocide ((자기차를 충돌시켜 하는) 자동차 자살)
boat + hotel > boatel/boutél/ (부두에 정박하고 있는 호텔용 배, 보트 여행자를 위한 부두에 위치한 호텔)
camera + recorder > camcorder (캠코더)
motor + hotel > motel (모텔(자동차 여행자 숙박소); 모텔에 투숙하다)
breakfast + lunch > brunch (아침 식사를 겸한 점심)
Oxford + Cambridge > Oxbridge (옥스퍼드 케임브리지, 옥스퍼드 대학 · 케임브리지 대학의 양자 또는 그 중의 한 대학)
television + broadcast > telecast (텔레비전 방송을 하다, 텔레비전 방송)
urine + analysis > urinalysis (소변검사)
politician + professor > polifessor (정치교수)
helicopter + airport > heliport (헬리콥터 이착륙장)
pulse + quasar > pulsar (펄서 (전파 천체의 하나))
stagnation + inflation > stagflation (스태그플레이션, 경기정체하의 인플레이션)

이상과 같은 예 이외에도 첫 단어의 첫 음과 두 번째 단어 전체가 결합된 형태도 있다:

electronic + commerce > e-commerce (전자 상거래)
electronic + book > e-book (전자책)
electronic + mail > email (전자우편)
gravity + suit > g-suit (dʒíːsùːt) ((가속도가 붙었을 때 충격을 방지하는) 내가속 도복)

혼성어들 중에는 한 때 사용되다가 사라져버리는 것들도 있다. 예컨대 미국의 40대 대통령이었던 Ronald Reagan이라는 이름을 따서 그의 재임 시절의 경제 정책을 일컬어 Reagan + economics가 Reaganomics라 했지만, 지금은 사용하는 사람이 없다. 다음의 단어들도 마찬가지이다.

MB economics > MBnomics (이명박 전 대통령의 경제 정책)
Thatcher economics > Thatchernomics (대처 전 영국 수상의 경제 정책)
Nixon economics > Nixonomics (닉슨 전 미국 대통령의 경제 정책)
Abe economics > Abenomics (2017년 현재 일본 아베 수상의 경제 정책)
Xi jinping economics > Xiconomics (2017년 현재 중국 공산당 시진핑 주석의 경제 정책)

이러한 단어들은 그들의 재임 기간 동안에만 일시적으로 사용되다가 사라져 버리기 때문에 임시어(nonce word)라고 부르게 된다. 현재 일본 수상과 중국 공산당 주석이 재임 중이기 때문에 각각 Abenomics, Xiconomics라는 단어가 쓰이고 있지만, 이를 제외한 다른 단어들은 현재 사용되지 않는다. 이 두 개의 단어 역시 이들의 자리에서 물러나게 되면 당연히 사라지는 운명에 처할 것이다. 또한 문재인 대통령의 경제정책을 Jnomics라고 한다.

24.2.4. 어두 문자어

하나의 어구에서 어두 글자, 또는 단어의 일부로 이루어진 새로운 어두 문자어(語頭文字語: acronyms)가 오늘날의 영어에서 특히 기관(organizations)의 명칭을 나타낼 때 자유롭게 사용된다. 여기에는 두 가지 주요 유형이 있다.[23]

---

23 Acronyms are words formed from initial letters of words that make up a name. New acronyms are freely produced, especially by scientists and administrators, and particularly for names of organizations. There are two main types:
 [A] Acronyms which are pronounced as sequences of letters (also called 'alphabetism'), eg C.O.D./siː əʊ díː/, are most ordinary abbreviations and hence most peripheral to word-formation ....
 [B] Acronyms which are pronounced as a word, eg NATO /néitəʊ/, are often used without our knowing what the letters stand for: ─ Quirk et al. (1985: 1581-1582).
그러나 Bauer (1983: 237)는 어두 문자어를 acronym이라 하고, 철자 하나씩 따로따로 발음되는 것을 abbreviation이라 하여 구별해서 말하고 있다. 예컨대 Value Added Tax(부가 가치세)를 한 단어로 발음하면 acronym이라 하고, 철자를 하나씩 발음하면 abbreviation이라 부르고 있다: An **acronym** is a word coined by taking the initial letters of the word in a title or phrase and using them as a new word., for example *Strategic Arms Limitation Talks* gives *SALT*. However, not every abbreviation counts as an acronym: to be an acronym the new word must not be pronounced as a series of letters, but as a word. Thus if Value Added Tax is called /viː eɪ tiː/, that is an abbreviation, but if it is called /væt/, it has become an acronym. See also Harley (2006: 96).

1) 예컨대 C.O.D./si oʊ díː/처럼 철자의 연속체로 발음되는 것으로서, 글로 쓸 때 보다 더 제도화된 형태에는 철자 사이에 마침표를 붙이지 않는다. 특히 하나의 단어로 발음할 수 없는 것들이 철자를 하나씩 발음하게 된다.[24]

    CIA: Central Intelligence Agency (미국 중앙정보국)
    C.O.D.: cash(영국영어)/collect(미국영어) on delivery (대금상환으로)
    D. P & E.: Developing, Printing, and Enlarging (사진: 현상, 인화, 확대)
    EFL: English as a foreign language (외국어로서의 영어)
    ESL: English as a second language (제2의 언어로서의 영어)
    EEC: European Economic Community (유럽경제공동체)
    EU: European Union (유럽연합)
    FBI: Federal Bureau of Investigation (미국 연방수사국)
    GRF: growth-hormone releasing factor (성장 호르몬 촉진 인자)
    JFK: John Fitzgerald Kennedy (1917-63. 미국 35대 대통령 존 F. 케네디)
    IS: Islamic State (이슬람 국가)
    MC: Master of Ceremonies (사회자)
    MIT: the Massachusetts Institute of Technology (마사츠세츠 공과대학)
    MOU: Memorandum of Understanding (양해각서[25] → cp. MOA: Memorandum of Agreement(합의각서))
    MRI: magnetic resonance imaging (자기공명영상)
    R & D: Research and Development (연구개발)
    UCLA: University of California, Los Angeles (로스앤절레스 소재 캘리포니아대학교)
    VIP: very important person (요인, 거물)

이처럼 철자를 하나하나 발음하는 경우에는 대개 맨 마지막 문자에 강세를 둔다.

---

24 When the string of letters is not easily pronounced as a word, the "acronym" is produced by sounding out each letter, as in *NFL* [ɛ̃nɛfɛl] for *N*ational *F*ootball *L*eague, *UCLA* [yusiɛle] for *U*niversity of *C*alifornia, *L*os *A*ngeles, and *MRI* [ɛ̃marai] for *m*agnetic *r*esonance *i*maging. — Fromkin et al. (2011: 504).

25 양해각서란 사업의 이해당사자들이 본 계약 체결 이전에 교섭 중 결과를 바탕으로 서로 양해된 사항을 확인, 기록할 때 사용되는 각서.

the BBC /ðə biː biː síː/: the British Broadcasting Corporation (영국 방송 공사)
the USA /ðə juː es eí/: the United States of America (미국, 아메리카 합중국)
an MP /em píː/: a Member of Parliament *or* Military Police(의회 의원/헌병)
[→ 어두 문자어로 나타내면 an이 첨가되지만, 완전한 단어로 나타내면 a가 첨가된다.]

2) 어두 문자어의 두 번째 유형은 예컨대 NATO가 /néitou/로 마치 한 개의 단어인 것처럼 발음되는 것들도 있다.[26]

AIDS: acquired immune deficiency syndrome (후천성 면역 결핍증)
ESTA[27]: Electronic System for Travel Authorization (전자 여행 허가서)
NASA: National Aeronautics and Space Administration (국립 항공 우주국)
NATO: the North Atlantic Treaty Organization (북대서양 조약 기구)
OPEC: Organization of Petroleum Exporting Countries (석유 수출국 기구)
SALT: Strategic Arms Limitation Talks (전략 무기 제한 회담)
SARS/sɑɹz/: Severe Acute Respiratory Syndrome (급성 호흡기 증후군)
MERS: Middle East Respiratory Syndrome (중동 호흡기 증후군)
THAAD: Terminal High Altitude Area Defense (고고도 미사일 방어체계)

이러한 어두 문자어와 함께 쓰이는 정관사는 대개 생략된다. 예컨대 UNESCO는 *the UNESCO라고 하지 않는다.

UNESCO: the United Nations Educational, Scientific and Cultural Organization (유엔 교육 과학 문화 기구)

약어로 나타나는 일부 어두 문자어가 관사 a/an, the와 같이 쓰인다면 이들의 발음은 약어의 첫 문자의 발음에 따라 결정된다.

---

26 그러나 WHO(World Health Organization: 세계보건기구)는 의문대명사 who와 달리 철자 하나씩 발음된다.
27 ESTA는 2009년 1월 12일부터 시행된 세계 38 개 나라 여권 소지자가 여행 또는 상거래를 위해 미국에 입국할 수 있는 전자 여행 허가서.

an EU country (구주 공동체 국가)

a US diplomat (NOT an US diplomat) (미국 외교관)

a BA degree /ə bi ei/ (a bachelor of art: 학사 학위)

an MP /ən em pí:/

the USA /ðə ju: .../

the RSPCA /ði: ɑ:r .../

일부 어두 문자어는 더 이상 어두 문자어라는 생각이 들지 않을 정도로 아주 보편적으로 쓰인다. 그 결과 이런 것들은 다음과 같이 모두 대문자로 쓰이지 않는다.

laser: light amplification by stimulated emissionof radiation (레이저)

radar: radio detecting and ranging (레이더)

scuba: self-contained underwater breathing apparatus (스쿠바, 잠수용 수중 호흡기)

마지막으로, 최근에 남북, 북미 정상회담과 관련하여 북한의 핵이 완전히 폐기되어야 한다는 문제를 놓고 만들어진 어두 문자어 CVID와 FFVD가 있다.

CVID: complete verifiable irreversible denuclearization
(완전하고 검증가능하며 돌이킬 수 없는 비핵화)

FFVD: final, fully verified denuclearization
(최종적이고, 완전히 검증된 비핵화)

24.2.5. 단축어

단축어(短縮語: clippings)란 아무런 기능상의 변화 없이 단어의 일부가 축소되어 사용되는 단어 형태를 말한다. 이러한 단축어의 경우에 그 단어의 어디에서 단축되는지에 대한 정확한 규칙이 없다. 예컨대 advertisement가 ad 또는 advert로 단어가 단축되는 것처럼 대개 첫 음절만, 또는 처음 두 음절이 남아 있게 된다. 이러한 단축어들은 대개 격식을 갖추지 않는 영어에서 사용되는 것으로, 사용자가 그 대상에 대한 또는 상대방에 대한 친숙성의

태도를 나타낸다.[28]

<u>blackb</u>oard > board
exam<u>ination</u> > exam
gas<u>oline</u> > gas
lab<u>oratory</u> > lab
math<u>ematics</u> > math
photo<u>graph</u> > photo
piano<u>forte</u> > piano
prof<u>essor</u> > prof

단축어에 항상 -s가 첨가되는 것들도 있다.[29]

mathematics > maths(영국영어의 형태이고, 미국영어에서는 math라고 함.)
spectacles > specs
turpentine > turps

이상과 같은 단축어 이외에도 다음과 같은 예를 더 들 수 있다.

---

28 Clipping is the abbreviation of longer words into shorter ones, such as *fax* for *facsimile*, the British word *telly* for *television*, *prof* for *professor*, *piano* for *pianoforte*, and *gym* for *gymnasium*. Once considered slang, these words have now become lexicalized, that is, full words in their right. These are only a few examples of such clipped forms that are now used as whole words. — Fromkin (2011: 504); This term refers to the process by which a word of two or more syllables (usually a noun) is shortened without a change in its function taking place. *Advertisement, examination, gymnasium, laboratory, photograph, professor*, all have commonly-used clipped forms: *ad*, or *advert, exam, gym, lab, photo, prof*. Clipped words are generally used in less formal situations than their full-length equivalents: they indicate an attitude of familiarity on the part of the user, either towards the object denoted, or towards the audience. There do not seem to be any clear phonological or graphological rules by means of which we might predict where a word will be cut. — Adams (1973: 135).

29 Adam (1973: 135).

bicycle > bike
microphone > mike
perambulator > pram ((미국영어) baby carriage 유모차)

단축어들 중에는 다음과 같이 단어의 마지막 부분으로 이루어진 것들도 있다.

ham**burger** > burger
omni**bus** > bus
cara**van** > van
violon**cello** > cello
heli**copter** > copter
tele**phone** > phone
aero**plane** > plane
tele**fax** > fax
suit**case** > case

극소수의 경우에는 단어의 중간 부분이 단축어로 나타나기도 한다.

in**flu**enza > flu
re**frige**rator > fridge
pre**script**ion > script

다음과 같이 형용사 + 명사의 단축어들의 몇 가지 예들도 있다.[30]

permanent wave ((미국영어) permanent, 파마) > perm
public house > pub
popular music > pop
prefabricated structure > prefab
zoological garden > zoo

---

30 Adams (1973: 135).

명사 perm이 동사로 쓰이기도 한다.

Give her **a perm**.　　　[명사]
　[그 손님에게 파마를 해드리세요.]
I'm going to have my hair **permed** this afternoon.　　　[동사]
　[오늘 오후에 파마를 하려고 해요.]

24.2.6. 역성어

대충 1200년대에 처음으로 영어에 등장하기 시작한 역성어는 본래 어떤 단어가 접미사를 첨가해서 만들어진 것으로 오해한 결과, 그 접미사를 떼어내서 새로운 단어로 만들어진 것이다. 예컨대 얼핏 보면 act라는 단어는 actor에서 행위자를 뜻하는 접미사 -or를 빼고 만들어진 것으로 여겨지게 된 것이다. 결국 오해로 말미암아 창의성을 발휘해서 만들어진 것이 바로 역성어이다. 논리적으로 보면 역성어가 만들어지는 것은 불규칙적이라고 하겠지만 결코 심리적으로 모순된 것은 아니다.[31]

왼쪽에 놓인 단어들은 원래 사용되었던 것들이다. 그런데 이 단어에서 접미사가 첨가되어 만들어졌다는 오해에서 이 접미사를 떼어내고 새로 만들어진 것이 오른쪽에 놓인 역성어들이다.

본래의 단어	접미사를 떼어내고 새로 만들어진 역성어
babysitter (아이 돌보미)	babysit ((집을 지키며) 아이를 돌보다)
bulldozer (불도저)	bulldoze ((땅을) 불도저로 고르다)
commuter (통근자, 정기권 사용자)	commute (통근하다)
donation (기부, 기부금)	donate (기부하다, 주다)
editor (편집자)	edit (편집하다)
hawker (매사냥꾼, 행상인)	hawk (행상하다, 매사냥을 하다)
jogging (조깅)	jog (터벅터벅 걷다)

31　Backformation may be defined as regressive or negative derivation, or derivation in reverse. New words are created by analogy from existing words that are assumed to be derivatives. Thus the verb *edit* is made from the agent noun *editor* on the reversed analogy of *actor* from *to act*. Although logically irregular, since it is based upon false assumptions, backformation is not psychologically irrational. ― Potter (1969: 83).

laser (레이저)	lase (레이저로서 쓸 수 있다)
lazy (게으른)	laze (빈둥빈둥 지내다)
paramedical (의사의 조수 노릇하는)	paramedic (낙하산 위생병)
peddler (행상인)	peddle (행상하다)
recycling (재활용)	recycle (...을 재생 이용하다)
resurrection (부활)	resurrect (부활하다)
revision (수정)	revise (수정하다)
sightseeing (구경/관광)	sightsee (관광하다)
surrealist (초현실주의자)	surreal (초현실적인)
swindler (사기꾼)	swindle (사취하다, 속여 빼앗다)
television (텔레비전)	televise ((텔레비전으로) 방송하다)
uncouth (거친, 난폭한)	couth (고상한, 예의바른)

예컨대 pea는 단수형 pease에서 나온 것이다. 즉, pease가 복수형으로 착각하고 여기서 -se를 떼어버리고 만들어진 것이 pea이다.

순수주의자들(purists)은 이렇게 만들어지는 일부 단어들을 언어의 타락이라고 비난하기도 한다.[32]

enthusiasm > enthuse
liaison > liaise

24.2.7. 전환

단어의 수를 확장시키는 방법 중의 하나로 품사의 기능 전환(functional shift)을 들 수 있다. 이 방법 역시 단어의 수를 늘리지 않으면서 그 수효를 늘리는 것과 같은 효과를 거둘 수 있다. 예컨대 다음 예를 보면 release라는 단어가 동사로 쓰일 수 있는가 하면, 명사로도 쓰일 수 있다. 영어의 경우에 거의 모든 단어들이 접사를 첨가하지 않으면서 실제로는 접사

---

32 Fromkin (2011: 60).

를 첨가한 것과 같은 효과를 나타낼 수 있다.[33]

They **released** him.
They ordered his **release**.

이러한 관계는 다음 예에서처럼 접사를 첨가해서 이루어지는 품사전환의 경우와 같은 효과를 나타낸다.

They **acquit**ted him.
　[그들은 그를 석방했다.]
They ordered his **acquittal**.
　[그들은 그의 석방을 명령했다.]

대부분의 전환은 명사·동사·형용사에서 일어난다.

24.2.7.1. 명사로 전환

일차적으로 동사로 쓰이는 단어들이 명사로 전환된다. 이를 동사에서 전환된 명사(deverbal noun)라고 한다.
　1) 이렇게 쓰이는 명사들은 '상태', 즉 심적 상태 또는 감각적 상태를 나타내는 것이 일반적이다.

desire, dismay, doubt, love, smell, taste, want, etc.

---

[33] Conversion is an extremely productive way of producing new words in English. There do not appear to be morphological restrictions on the forms that can undergo conversion, so that compounds, derivatives, acronyms, blends, clipped forms and simplex words are all acceptable inputs to the conversion process. Similarly, all form classes seem to be able to undergo conversion, and conversion seems to be able to produce words of almost any form class, particularly the open form classes (noun, verb, adjective, adverb). This seems to suggest that rather than English having specific rules of conversion (rules allowing the conversion of common nouns into verbs or adjectives into nouns, for example) conversion is a totally free process and any lexeme can undergo conversion into any of the open form classes as the need arises. — Bauer (1983: 226).

이와 같은 단어들이 명사로 쓰이게 되면 가산명사 또는 불가산명사로 쓰인다.

   The loss of his job **dismayed** him.
      [실직하게 되어 그는 충격을 받고 실망했다.]
   To her **dismay**, her name was not on the list.
      [애처롭게도 그녀의 이름이 명단에서 빠졌었다.]
   Paul had **a burning desire** to visit India.
      [포올은 인도 방문을 열렬히 희망했다.]

2) 동적동사에서 나온 것으로, '사건'이나 '활동'을 나타내는 명사들: attempt, fall, hit, laugh, release, swim, etc.

   He made an **attempt** to telephone, but no one was home.
      [그는 전화를 걸려고 했으나, 집에 아무도 없었다.]
   He took a bad **fall** and broke his ankle.
      [그는 크게 넘어져 발목이 부러졌다.]

3) 타동사의 목적어: answer, catch, find, hand-out, etc.

   I received an **answer** to my letter yesterday.
      [나는 어제 내 편지에 대한 답장을 받았다.]
   The new secretary in my office is a real **find**.
      [내 사무실에 새로 온 비서는 정말 잘 찾아낸 사람이다.]

4) 동사에 대한 주어: bore, cheat, coach, showoff, etc.

   He talks all the time and is such a **bore**.
      [그는 장시간 말을 해서 대단히 싫증을 느끼게 하는 사람이다.]
   She is a **showoff** who wears expensive-looking dresses every day.
      [그녀는 매일 비싼 것처럼 보이는 옷을 입는 자랑꾼이다.]

5) 도구를 나타내는 명사: cover, paper, wrap, wrench, etc.

The bed **covers** have a pretty flower design.
[침대 덮개는 멋진 꽃 도안으로 되어 있다.]
We **papered** our bathroom with new wallpaper.
[우리는 새 벽지로 침실을 도배했다.]

형용사에서 명사로 품사전환이 이루어지는 것은 별로 많지 않다. 특히 형용사에서 명사로 전환되는 예들은 본래 형용사 + 명사의 구조에서 명사가 생략된 현상이다.[34]

I'd like two pints of **bitter**, please.
[쓴맥주 2 파인트 주세요.]
As a football player, he's a **natural**.
[축구 선수로서 그는 타고난 선수이다. → natural = 'naturally skilled player']
They're running in the **final**.
[그들은 결승전에 출전하고 있다. → final = 'the final race'(결승전)]

또한 daily가 'daily newspaper'라는 뜻인 것처럼, 다음과 같은 형용사들도 명사가 생략되어 그 결과 형용사가 단독으로 명사와 같은 기능을 담당한다.

weekly (= a magazine that appears once a week; a popular news weekly)
monthly (= a magazine that appears once a month; a leading women's monthly)
comic (= comic actor)
regulars (= regular customers)
roast (= roast beef)
young marrieds (= young married people) (젊은 부부)

24.2.7.2. 동사로 전환

24.2.7.2.1. 명사가 동사로 전환
명사가 동사로 품사전환이 이루어질 때에는 다음과 같은 여러 가지 뜻을 나타낸다.

---
34 Quirk et al (1985: 1561).

1) 'to put in/on + 명사'라는 뜻을 나타낸다. 예컨대 a machine for **bottling** wine은 '포도주를 병에 담는 기계'라는 뜻이며, 여기서 bottle은 '...을 병에 넣다'라는 뜻을 가진 동사로 쓰이고 있다. 이러한 뜻으로 쓰이는 동사들: catalogue, garage, position, shelve, etc.

    The field is **carpeted** with flowers.
        [들판에 온통 꽃으로 장식되어 있다.]
    The room was **floored** with tiles.
        [그 방은 타일이 깔려 있었다.]

2) 'to give + 명사', 또는 'to provide with + 명사'의 뜻을 나타내는 동사들: butter, coat, grease, mask, muzzle, oil, plaster, etc.

    She **buttered** her toast.
        [그녀는 토스트에 버터를 발랐다.]
    She **greased** the wheels.
        [그녀는 바퀴에 그리스를 칠했다.]

3) 'to deprive of + 명사'의 뜻을 나타내는 동사들: core, gut, peel, skin, etc.

    I **cored** some apples to make an apple pie.
        [나는 애플 파이를 만들려고 사과 몇 개의 속을 뺐다. → core = remove the core from.]
    The hunter **gutted** the deer.
        [그 사냥꾼은 사슴의 내장을 꺼냈다.]

4) 'to ... with + 명사'의 뜻을 나타내는 동사들: brake, elbow, fiddle, hand, finger, glue, knife, etc.

    I **braked** suddenly and the car stopped.
        [나는 급브레이크를 밟아 자동차를 정지시켰다.]
    I **handed** the contract to my lawyer.
        [나는 계약서를 변호사에게 넘겼다.]

5) 'to $\begin{Bmatrix} \text{be} \\ \text{act} \end{Bmatrix}$ as + 명사 with respect to ...'의 뜻을 가진 동사들: father, nurse, pilot, referee, etc.

    He **fathered** three children.
        [그는 세 자녀의 아버지가 되었다.]
    I was lost but he **piloted** me back to the hotel.
        [나는 길을 잃었는데 그가 나를 호텔로 되돌아갈 수 있게 해주었다.]

6) 'to make/change ... into + 명사'의 뜻을 가진 동사들: cash, cripple, group, etc.

    I **cashed** a $100 check at the bank.
        [나는 은행에서 100달러짜리 수표를 현금으로 바꿨다.]
    He was **crippled** during the war.
        [그는 전쟁에서 부상을 당했다.]

7) 'to send/go by + 명사'의 뜻을 가진 동사들: mail, ship, telegraph, bicycle, boat, canoe, motor, etc.

    I **mailed** a package to my friend in Seattle.
        [나는 시애틀에 사는 친구에서 꾸러미를 우송했다.]
    People **telegraphed** messages long before the telephone was commonly used.
        [전화가 보편화되기 훨씬 전에는 사람들이 전보로 메시지를 보냈다.]

24.2.7.2.2. 형용사에서 동사로 전환

형용사에서 동사로 전환되는 예들은 다음과 같은 유형이 있다.

1) 'to make + 형용사', 'to make more + 형용사'의 뜻을 가진 동사들: calm, dirty, dry, humble, lower, soundproof, etc.

    She **calmed** her nerves with a cup of tea.
        [그녀는 차 한잔을 마셔서 신경을 진정시켰다.]

She **dirtied** her hands in the garden.
[그녀는 정원에서 일을 해서 손을 더럽혔다.]

2) 'to become + 형용사'의 뜻을 가진 동사들: empty, narrow, weary, yellow, etc.

I **emptied** the drawer by taking my clothes out of it.
[나는 옷을 꺼내서 서랍을 비웠다.]
The river **narrows** at this point.
[강이 이 지점에서 좁아진다.]

smooth의 경우와 같은 형용사가 불변화사를 수반하여 동사가 되기도 한다. 예컨대 smooth out은 'to make smooth'라는 뜻이고, sober up은 'to become sober'라는 뜻이다.

24.2.7.3. 형용사로 전환

명사가 형용사로 쓰인다. 이렇게 쓰이는 형용사는 주격보어로 쓰이거나, 명사 앞에 놓여서 수식어 역할을 하는 경우이다.

a **brick** garage ~ The garage is **brick**.
[차고는 벽돌로 지어졌다.]
reproduction furniture ~ This furniture is **reproduction**.
[이 가구는 모조품이다.]

24.2.7.4. 형태상의 변화와 관련된 전환

[A] 유성음과 무성음의 차이

품사 전환에 따라 발음, 철자, 또는 강세의 위치가 달라지는 예들도 더러 있다. 가장 중요하다고 생각되는 대조 형태는 명사와 동사의 끝소리가 유성음(voiced sound)이냐 무성음(voiceless sound)이냐의 차이이다. 즉, 다음 예에서 보는 바와 같이, 일부 명사일 때의 발음이 무성음 /s/, /f/, /θ/로 끝나면 이와 관련된 동사의 발음은 각각 이에 대응하는 유성음 /z/, /v/, /ð/가 된다.

명사 [무성음] → 동사 [유성음]	
/-s/	→ /-z/
/-f/	→ /-v/
/-θ/	→ /-ð/

명 사	→	동 사	명 사	→	동 사
house /-s/		house /-z/	thief /-f/		thieve /-v/
advice /-s/		advise /-z/	belief /-f/		believe /-v/
use /-s/		use /-z/	relief /-f/		relieve /-v/
abuse /-s/		abuse /-z/	mouth /-θ/		mouth /-ð/
grief /-f/		grieve /-v/	sheath /-θ/		sheathe /-ð/
shelf /-f/		shelve /-v/	wreath /-θ/		wreathe /-ð/
half /-f/		halve /-v/			

[B] 강세의 차이

2음절로 된 동사가 명사로 품사전환이 이루어지면 강세의 위치가 두 번째 음절에서 첫 번째 음절로 이동한다. 이러한 경우에 동사의 첫 음절은 약화된 모음 /ə/로 나타나지만, 명사로 품사가 바뀌면 완전한 음가를 가진 모음 [á]로 바뀐다. 즉, 다음 예에서처럼 convict가 동사이면 2음절에 강세가 놓이지만, 명사가 되면 1음절의 위치로 강세가 옮겨지면서 동시에 그 모음의 발음조차도 달라진다.

He was **convícted** of theft, and so became a **cónvict**.
         [ə]   [á]
[그는 절도죄로 선고를 받아 기결수가 되었다.]

다음에 나열한 단어들은 동사로 쓰이면 단어 끝에 강세가 놓이고, 명사로 쓰이면 영국영어에서는 첫 음절에 강세가 온다. 미국영어의 경우에는 동사의 경우에도 첫 음절에 강세가 오는 것이 많다.[35]

---

35 Quirk et al. (1985: 1566).

> abstract, accent, combine, compound, compress, concert, conduct, confine(보통 복수일 경우), conflict, conscript, consort, construct, contest, contrast, convert, convict, dictate, digest, discard, discount, discourse, escort, export, extract, import, impress, incline, increase, insult, misprint, perfume, permit, pervert, present, produce, progress, protest, rebel, record, refill, refit, refund, regress, reject, resit, retail, segment, survey, suspect, torment, transfer, transform, transplant, upset

두 음절로 이루어진 단어로서, 한 쌍의 명사와 동사의 강세의 위치가 같은 것들도 많다. 예컨대 동사 debáte와 명사 debáte가 모두 두 번째 음절에 강세가 있으며, 동사 cóntact와 명사 cóntact는 모두 첫 음절에 강세가 있다.

24.2.8. 차용어

한 나라의 언어는 정치·사회·문화·경제 등 여러 사건에 의해 커다란 영향을 받는다. 따라서 영어도 그 발달 과정에 많은 외국의 영향을 받았다. 이로 말미암아 자연히 영향을 주고 받는 두 나라의 언어 사이에는 자연히 언어 접촉(language contact)이 이루어지고, 이에 따라 많은 외국어의 차용어(借用語: loan words, borrowings)가 영어에 흘러 들어오게 된 것이다. 이를테면 영국의 원주민인 켈트족과의 접촉, 영국의 기독교 국가로 개종, 바이킹 시대, 노르만 정복, 르네상스, 과학의 발달, 무역, 식민지 건설, 미국영어의 등장 등 다양한 사건들이 영어에 직·간접적인 영향을 미쳤다.

원래 발달 초기의 영어는 외국적인 요소가 거의 가미되지 않은 '순수한'(pure) 게르만어적인 언어였다. 그러나 발달 과정에서 세계 도처에서 수많은 외래어를 차용함으로써 영어는 '혼합적인'(mixed) 언어로 변했다. 이러한 점 때문에 현재 영어 단어 중 거의 80%에 달하는 단어들이 외국에서 들어온 차용어에 속하는 것이다. 그 결과 오늘날의 영어는 범세계적인(汎世界的: cosmopolitan) 언어가 되었으며, 영어 발달 초기의 게르만어적 색채가 강한 '동질적인'(homogeneous) 언어에서 상당히 '이질적인'(heterogeneous) 언어로 변했다. 특히 수많은 외래어가 차용됨으로써 영어는 풍부한 단어를 바탕으로 표현력(expressiveness)이 한층 더 강화되었다. 이로 말미암아 영어에는 동의어(synonym)와 반의어(antonym)의 수효가 많아졌다. 때문에 영영사전을 이용하여 뜻의 차이에 따른 적절한 동의어와 반의어를 찾아 사용하도록 노력하여야 할 것이다.

24.2.9. 고유명에서 온 단어들

단어들 중에는 고유명(固有名: proper names)에서 나온 것들도 있다. 즉, 특정한 인물이나 특정 지역이 어떤 사건이나 계기로 말미암아 세상 사람들에게 널리 알려져 있을 때, 그 사람이나 지명이 일정한 뜻을 가져서 하나의 단어로 등장하는 수가 있다.

boycott: 이 단어는 Charles C. Boycott(1832-97)이라는 사람의 이름에서 나온 것이다. 이 사람은 아일랜드의 토지관리인으로 있으면서 소작인들의 소작료를 주지 않아 소작인들이 공동투쟁을 벌여 그를 궁지에 몰아넣었기 때문에, 이른바 '보이콧'한다는 뜻이 생긴 것이다.

to burke라는 동사는 한때 세상을 떠들썩하게 만들었던 아일랜드의 살인자 바크(William Burke 1792-1829)에서 나온 것이다.

gargantuan(거대한, 엄청나게 큰): 프랑스의 풍자작가 라블레(Rabelais)가 꾸며낸 엄청난 양의 먹이를 먹는 Gargantua(가르강튀아)의 이름에서 나온 것이다.

jumbo: P. T. Barnum에 의해 미국으로 운송되었던 코끼리에서 유래된 단어이다.

lynch: 합법적인 절차(legal process)를 거치지 않고, 다수의 사람들이 죄있는 사람에게 형벌을 가한다는 뜻으로, 버지니아주의 부유한 농업인 Charles Lynch(1736-96)가 바로 이 단어가 나오게 한 장본인이다.

paparazzi: paparazzo의 복수형으로, 끈질기게 유명인을 추적하면서 사진을 찍는 자유계약의 사진사. 이 단어는 1997년 영국의 왕세자비 Diana가 사망하고 난 뒤 널리 알려진 것으로서, La Dolce Vita라는 활동사진에 등장하는 가수 Paparazzo라는 뉴스 사진작가에서 유래된 단어이다.

robot: 체코의 작가 Karel Capek의 연극 R. U. R.(→ Rossum's Universal Robots에서 어두 문자를 딴 것)에 등장하는 기계적인 동물의 이름에서 나온 것이다.

sandwich: 샌드위치 백작(Fourth Earl of Sandwich; 1718-92)에서 나온 단어인데, 이 사람은 원래 카드놀이를 좋아해서 카드놀이를 하면서 먹을 수 있게끔 얇은 두 조각의 빵 사이에 음식을 넣어 먹었다는 데서 유래된 것이다.

to tantalize라는 동사는 희랍 신화에 나오는 비극의 왕 Tantalus에서 유래된 것이며, 일종의 비옷을 가리키는 mackintosh는 이 옷을 고안해 낸 스코틀랜드의 화학자 매킨토슈(Charles Macintosh 1766-1843)에서 유래한 것이다.

기타 일정한 지역명에서 온 단어들도 많다. 예컨대 술 이름으로 널리 알려진 샴페인(champagne)은 프랑스의 지명 Champagne에서 온 것이고, 걸음걸이를 말하는 canter(말의 느린 구보)라는 단어는 캔터베리(Canterbury)를 줄여서 만들어진 것인데, 이것은 본래 Canterbury gallop에서 온 것으로 순례자들이 말을 타고 느린 속도로 온다는 데서 유래된 것이다.

 A.D. 449-547년에 영국을 침략한 앵글로 색슨족들은 본래 북유럽의 추운 곳에 살면서 게르만 민족 고유의 신을 신봉하는 이교도였으며, 그들이 신봉하던 신의 이름 가운데 Thor, Woden, Frigg와 같은 이름은 오늘날 각각 Thursday, Wednesday, Friday와 같은 요일 이름이 되었다.

참고문헌

문용. 1994, 2008. 고급 영문법해설. 박영사.

____. 1999. 한국어의 발상·영어의 발상. 서울대학교출판부.

조병태, 박경수, 송병학, 정연규, 김태한. 1993. 영문법개론 I. 신아사.

조성식 역(中島文雄 저). 1981. 英語의 構造. 신아사.

조성식 외. 1982. 現代英語學硏究(조성식교수화갑기념논총). 신아사.

조성식. 1983-1990. 英文法硏究 I-V. 신아사.

村田勇三郎. 1982. 機能英文法. 東京: 大修館書店.

한영희. 1987. 英語의 語順과 그 變異. 고려대학교 박사학위논문.

Aarts, Bas. 2011. *Oxford Modern English Grammar*. Oxford: Oxford University Press.

Aarts, Flor & Jan Aarts. 1988. *English Syntactic Structures: Functions and categories in sentence analysis*. New York: Prentice Hall.

Adams, Valerie. 1973. *An Introduction to Modern English Word-Formation*. London: Longman.

Alexander, L. G. 1996. *Longman English Grammar*. London: Longman.

Baker, C. L. 1997. *English Syntax*. Cambridge: The MIT Press.

Bauer, Laurie. *English Word-Formation*. Cambridge: Cambridge University Press.

Biber, Douglas, Stig Johansson, Geoffrey Leech, Susan Conrad & Edward Finegan. 1999. *Longman Grammar of Spoken and Written English*. London: Longman.

Broughton, Geoffrey. 1990. *Penguin English Grammar A-Z for Advanced Students*. Penguin Books.

Carter R. & M. McCarthy. 2006. *Cambridge Grammar of English*. Cambridge: Cambridge University Press.

Celce-Murcia, M. & D. Larsen-Freeaman. 1983, 1999. *The Grammar Book: An*

ESL/EFL Teacher's Course. Heinle & Heinle Publishers.

Close, R. A. 1975. *A reference grammar for students of English*. London: Longman.

_____. 1992. *A Teacher's Grammar: An Approach to the Central Problems of English*. London: Commercial Colour Press.

Cowan, Ron. 2008. *The Teacher's Grammar of English: A Course Book and Reference Guide*. Cambridge: Cambridge University Press.

Crymes, Ruth H. 1968. *Some Systems of Substitution Correlations in Modern American English*. The Hague: Mouton.

Curme, George O. 1931. *Syntax*. Boston: D. C. Heath and Company.

Declerck, Renaaat. 1991. *A Comprehensive Descriptive Grammar of English*. Tokyo: Kaitakusha.

Downing, A. & P. Locke. 1992. *A University Course in English Grammar*. New York: Prentice Hall.

_____. 2006. *English Grammar: A University Course.* New York: Routledge.

Eastwood, John. 2005. *Grammar Finder*. Oxford: Oxford University Press.

Ek, Jan van & Nico J. Robat. 1984. *The Student's Grammar of English*. Oxford: Basil Blackwell. (고경환 역. 1988. 대학영문법. 한신문화사.)

Erdmann, Peter. 1990. *Discourse and Grammar: Focussing and defocussing in English*. Tübingen: Max Niemeyer Verlag.

Firsten, Richard & Patricia Killian. 2002. *The ELT Grammar Book: A Teacher-Friendly Reference Guide*. California: Alta Book Center Publishers

Frank, Marcella. 1993. *Modern English: A Practical Reference Guide*. Englewood Cliffs, NJ.: Regents/Prentice Hall.

Fraser, Bruce. 1971. "An Analysis of 'Even' in English." in Fillmore, Charles J & D. Terence Langendoen (ed.). *Studies in Linguistic Semantics*. New York: Holt, Reinhart and Winston, Inc.

Fries, Charles Carpenter. 1940. *American English Grammar: the Grammatical Structure of Present-Day American English with Especial Reference to Social Differences or Class Dialects*. New York: Appleton-Century-Crofts, Inc.

Fromkin, Victoria, Robert Rodman & Nina Hyams. 2011 (9th ed.). *An Introduction to Language*. Wadsworth, Cengage Learning.

Givón, T. 1979. *Understanding English Grammar*. New York: Academic Press.

_____. 1993. *English Grammar: A Function-Based Introduction*. vol. II. Philadelphia: John Benjamins Publishing Company.

Halliday, M. A. K. & Ruqaiya Hasan. 1980. *Cohesion in English*. London: Longman.

Harley, Heidi. 2006. *English Words: A Linguistic Introduction*. Blackwell Publishing.

Hartvigson, Hans H. & Leif Kvistgaard Jakobsen. 1974. *Inversion in Present-Day English*. Odense University Press.

Hewings, Martin. 1999, 2005. *Advanced Grammar in Use* (A self-study reference and practice book for advanced students of English). Cambridge: Cambridge University Press.

Huddleston, Rodney D. 1984. *An Introduction to English Grammar*. Cambridge: Cambridge University Press.

Huddleston, Rodney D. & Geoffrey K. Pullum. 2002. *The Cambridge Grammar of the English Language*. Cambridge: Cambridge University Press.

_____. 2005. *A Student's Introduction to English Grammar*. Cambridge: Cambridge University Press.

Jacobs, Roderick A. 1995. *English Syntax: A Grammar for Language Professionals*. Oxford: Oxford University Press.

Jespersen, O. *A Modern English Grammar, on Historical Principles*. pts. II(1913), III(1927), IV(1931), V(1940), VI(1942), VII(1949). London: George Allen & Unwin Ltd.

_____. 1924. *The Philosophy of Grammar*. London: George & Unwin Ltd.

_____. 1933. *Essentials of English Grammar*. London: George & Unwin Ltd.

_____. 1937. *Analytic Syntax*. N. Y.: Holt, Rinehart and Winston, Inc.

_____. 1938. *Growth and Structure of the English Language*. Oxford: Basil

Blackwell.

Kaplan, J. P. 1989. *English Grammar: Principles and Facts*. Englewood Cliffs, N. J.: Prentice-Hall, Inc.

Kennedy, Graeme. 2003. *Structure and Meaning in English*: A Guide for Teachers. Pearson Education Limited.

Keyser, Samuel Jay & Paul M. Postal. 1976. *Beginning English Grammar*. N.Y.: Harper & Row.

Kolln, Martha & L. Gray. 2010. *Rhetorical Grammar*: *Grammatical Choices, Rhetorical Effects*. Boston: Longman.

Kosofsky, David. 1991. *Common Problems in Korean English*. (한국식 영어의 허점과 오류. (주) 외국어연수사.)

Leech, Geoffrey & Jan Svartvik. 2002. *A Communicative Grammar of English*. London: Longman.

LeTourneau, Mark S. 2001. *English Grammar*. New York: Harcourt College Publishers.

Lewis, Michael. 1999. *The English Verb: An Exploration of Structure and Meaning*. London: Commercial Color Press Plc.

McCawley, J. D. 1988. *The Syntactic Phenomena of English*. vols. I-II. Chicago: The University of Chicago Press.

Meyer-Myklestad, J. 1967. *An Advanced English Grammar for Students and Teachers*. New York: St. Martin's Press.

Park, Nahm-Sheik. 2005. *Looking into the Structure of English*: *Studies in Structural Rhythm and Relativity*. Seoul National University Press.

Pinkham, Jessie E. 1982. *The Formation of Comparative Clauses in French and English*. Indiana University Linguistics Club.

Potter, Simeon. 1969. *Changing English*. London: Andre Deutsch.

Pyles, T. & John Algeo. 1993. *The Origins and Development of the English Language*. N. Y.: Harcourt Brace Jovanovich College Publishers.

Quirk, R., S. Greenbaum, G. Leech & J. Svartvik. 1972. *A Grammar of Contemporary English*. New York: Seminar Press.

_____. 1985. *A Comprehensive Grammar of the English Language. London: Longman.

Roberts, Paul. 1954. Understanding Grammar. New York: Harper & Row.

Rutherford, William E. 1968. *Modern English: A Textbook for Foreign Students*. Englewood Cliffs, NJ.: Harcourt & Brace, World, Inc.

Sinclair, John(editor-in-chief). 1990. *Collins Cobuild English Grammar*. London: Penguin Books.

Sonnenschein, E. A. 1916. *A New English Grammar*. Oxford: Clarendon Press.

Stockwell, Robert P., Paul Schachter & Barbara Hall Partee. 1973. *The Major Syntactic Structures of English*. New York: Holt, Rinehart and Winston, Inc.

Swan, M. 2005. *Practical English Usage*. (3rd ed.) Oxford: Oxford University Press.

Swan, M. & C. Walter. 2011a. *Oxford English Grammar Course* (Intermediate). Oxford: Oxford University Press.

_____. 2011b. *Oxford English Grammar Course* (Advanced). Oxford: Oxford University Press.

Teschner, Richard V. & Eston E. Evans. 2007. *analyzing the grammar of english*. Washington, D.C.: Georgetown University Press.

Thompson, Geoff. 1994. *Collins Cobuild English Guides* 5: *Reporting*. London: HarperCollins Publishers. .

Thomas, Sandra A. & Bert E. Longacre. 1985. "Adverbial Clauses" in Shopen, T. (ed.) *Language typology and syntactic description*, vol. II. Cambridge: Cambridge University Press.

Thomson, A. J. & A. V. Martinet. 1980, 1986. *A Practical English Grammar*. Oxford: Oxford University Press. (박의재 역. 1985. 實用英語文法. 한신문화사.)

Yule, George. 2006. *Oxford Practice Grammar* (Advanced). Oxford: Oxford University Press.

_____. 2011. *Explaining English Grammar*. Oxford: Oxford University Press.

찾아보기

1. 문법사항

ㄱ

간접 의문문 ·························· 214-219
간접화법 ··························· 356-366
 - 감탄문 ························· 364-365
 - 명령문 ························· 359-364
 - 의문문 ························· 356-359
 - 진술문 ······························ 356
 - 혼합문 ························· 365-366
간접화법과 직접화법 ············ 329-331
감탄문 ················ 246-253, 364-365
 - 감탄 의문문 ························ 252
 - 기본 구조 ······················ 246-247
 - 축약 ···························· 250-251
 - how-감탄문 ···················· 247-249
 - what-감탄문 ··················· 249-250
감탄 의문문 ···························· 252
감탄절 ··································· 253
강의어 ······························· 65, 95
결과절 ································ 70-76
고유명에서 온 단어들 ··········· 479-480
과거 추이 ·························· 346-356
 - 시제의 일치 ··················· 347-349
 - 예외 ···························· 349-356
구 구조 ····························· 159-160
구의 분포 ··························· 161-164

구의 시험 ·························· 165-168
구정보와 신정보 ········ 33-34, 369-373
구조적 생략 ······················· 286-288
굴절 비교형 ······························ 96
긍정 지향적인 ···················· 205-206
기능적 생략 ······················· 288-301
 - 등위구조에서의 생략 ········ 299-301
 - 명사의 생략 ··················· 288-291
 - 술부에서의 생략 ············· 291-292
 - 의문문에서의 생략 ··········· 295-297
 - 종속절에서의 생략 ··········· 298-299
 - to-부정사절에서의 생략 ············ 301

ㄴ

논리적인 주어 ·························· 258

ㄷ

단정형과 비단정형 ········· 183-188, 205
단축어 ······························ 466-469
대립절 ································ 89-91
대용 ·································· 301-327
 - 명사(구) 대용형 ··············· 303-307
 - 부사 대용형 ························ 307
 - 서술 대용형 ··················· 308-317
 - 절 대용형 ····················· 317-324
 - so + 조작어 + 주어 ········· 326-328
 - so + 주어 + 조작어 ········· 324-325
도치 ······································ 109

- 비교절 ·· 109
동등 비교 ·· 112-125
동등 비교의 부정 ···························· 120-123
동사구 ··· 160, 162
등위구조에서의 생략 ···················· 299-300

ㅁ

명령문 ···························· 232-246, 359-364
 - 기본 구조 ···································· 232-235
 - 의미 ··· 243-246
 - 정중성의 정도 ···························· 242-243
 - 주어 ··· 235-239
 - let-명령문 ··································· 240-241
명령문의 주어 ··································· 235-239
 - 명시적 주어 ································ 238-239
 - '이해된' 주어 ······························ 235-237
명사구 ·· 160-161
명사(구) 대용형 ······························· 303-307
 - 부정대명사 ·································· 304-305
 - 인칭대명사 ··· 303
 - the same ···································· 306-308
목적절 ······························ 67-70, 74-75
무동사절 ···························· 31-33, 40, 46
문미중점의 원칙 ·· 370
문법적인 주어 ··· 258
문장 ··· 168-169
미래시를 뜻하는 부사절의 시제 ··· 57-58

ㅂ

반향 의문문 ····································· 229-231
배경 ····························· 46, 57, 212, 370-371
배수사 + as ... as ························· 123-124
배수 표현 ··· 123-125
복합동사 ··· 412-413
복합명사 ··· 405-407
복합어 ·· 399-413

- 내포하는 뜻 ································ 403-404
- 요소의 결합 ································ 400-401
- 음성적 기준 ································ 401-403
- 품사 ··· 400
복합형용사 ······································· 407-412
부가 의문문 ···································· 219-226
 - 구조 ··· 219
 - 억양의 의미 ································ 223-226
 - 조작어 ··· 220-221
부분 부정 ·· 190-192
부분 부정과 전체 부정 ··············· 190-193
부사구 ··· 160, 163
부사 대용형 ·· 307
부사절 ·· 23-28
부사절의 위치 ·································· 33-37
 - 문두 ··· 34-36
 - 문미 ··· 36-37
 - 문중 ··· 37
부사절의 유형 ·································· 28-33
 - 무동사절 ······································ 31-33
 - 비정형절 ······································ 29-30
 - 정형절 ·· 28-29
부정 명령문 ···································· 233-234
부정 명사구 ···································· 254-257
부정문 ··· 173-201
부정어 ·· 179-182
부정어의 어순과 도치 ··············· 198-201
부정어의 축약 ································ 175-177
부정의 강조 ···································· 188-190
부정의 범위 ···································· 193-196
부정의 초점 ···································· 196-198
부정 지향적 ·· 206
분열문 ···································· 64, 265-277
 - 구조 ··· 265-269
 - 초점 요소 ···································· 269-272
비교구문 ····························· 95-96, 107-112
비교 요소 ·· 107-108
비교의 기준 ·· 107

비교절 ·· 107
 － 도치 ·· 108
 － 초점 ·· 109
비교절의 생략과 축약 ············ 155-158
비교형 ·· 94
비단정형 ·· 200
비례절 ·· 88-89
비정형동사 ··· 29
비정형절 ····································· 29-30

ㅅ

상위절 ·· 171-172
상황적 생략 ······························ 280-286
 － 의문문 ································ 284-286
 － 진술문 ································ 281-284
생략 ·· 280-301
 － 구조적 생략 ······················· 286-288
 － 기능적 생략 ······················· 288-301
 － 상황적 생략 ······················· 280-286
서술 대용형 ······························ 308-317
 － do ·· 308-311
 － do so ··································· 311-314
 － do so, do it, do that ········ 314-316
선택 의문문 ······························ 226-228
수사 의문문 ······························ 228-229
시간절 ··· 42-58
신정보 ········· 63-64, 262, 265-266, 273-
276, 295, 297, 316, 369-372, 378-
381, 383-386, 392
신정보와 구정보 ·········· 33-34, 369-373

ㅇ

양보절 ··· 76-85
양태부사 ··· 272
어근 ··· 415
어두 문자어 ····························· 463-466

어순 ·· 367-369
어형성 ······································ 395-398
역성어 ······································ 469-470
열등 비교 ································ 130-132
우등 비교 ································ 126-130
우언 비교형 ······································ 96
원급·비교급·최상급 ················ 96-106
의문문 ··················· 201-231, 356-359
의문사절 ·································· 214-216
의문 한정사 ·································· 211
의미의 중복 ······························· 40-41
의사 분열문 ··························· 272-276
의사 비교구문 ······················· 111-112
이유절 ·· 62-67
이중주어 ··· 257
이중 최상급 ··································· 106
인칭대명사의 격형 ··············· 110-111

ㅈ

장소절 ·· 58-61
전경 ···························· 46, 212, 370-371
전달동사 ························ 331, 333-334
전달절 ·· 331
전위 ·· 387-393
 － 우측 전위 ··························· 391-393
 － 좌측 전위 ··························· 389-391
전제절 ····· 265, 269, 271, 273-277, 280
전체 부정 ································ 192-193
전치 ·· 373-378
 － 목적어 ·································· 374-378
전치사구 ················· 160, 164, 383-386
전치와 도치 ······························ 378-387
 － 전치사구 ······························· 383-386
 － 주격보어 ······························· 379-383
 － there 삽입 ······································ 387
전환 ·· 470-478
 － 동사 ····································· 473-476

- 명사 ·· 471-473
- 형용사 ·· 476
- 형용사에서 동사로 ············· 475-476
절 ·· 169-170
절대 비교급과 절대 최상급 ······ 151-152
절 대용형: so와 not ················ 317-324
- 절 대용형: not ···················· 321-324
- 절 대용형: so ······················ 317-320
- so + 조작어 + 주어 ············ 326-327
- so + 주어 + 동사 ················ 320-321
절대적/상대적 ···························· 93-94
접두사 ··· 415-441
접미사 ······························· 415, 441-460
정관사의 생략 ·························· 147-149
정도 명사의 등급성 ·························· 138
정도어와 비정도어 ·················· 94-96
정형동사 ··· 28
정형절 ··· 28-29
조작어 ······························· 202, 220-221
조작어 + not ·· 174
존재문 ··· 253-264
- 구조 ··· 253-255
- 구조적 유형 ····························· 260-262
- 담화적 기능 ····························· 262-263
- 동사 ··· 263-264
- 문법성 ·· 255-257
- there의 지위 ·························· 257-260
종속 관계 ··· 26
종속절 ······················· 23-25, 170-172
종속접속사 ····························· 26-28
- 단순 종속접속사 ···················· 26-27
- 복합 종속접속사 ···················· 26-27
- 상관 종속접속사 ···················· 26-27
주격보어 ··· 379
주어와 주제 ·························· 373-374
주절 ·· 24
주제화 ·· 373
직접화법과 간접화법 ············· 329-331

진술문 ···························· 172-173, 356
진술 의문문 ······························ 205-207

ㅊ

차등 비교 ······························· 125-131
차용어 ·· 478
초점 ···························· 370-371, 378-379
초점 요소 ············· 269-272, 275-277
최상급의 대용형 ···················· 149-151
최상급 표현 ······························ 142-152

ㅍ

파생어 ··· 413-460
- 파생 접사의 첨가 ············· 414-416
- 형태소 ·· 413-414
피전달문 ··· 331

ㅎ

형용사구 ································· 160, 163
혼성어 ··································· 461-463
혼합문 ····································· 365-366
화법의 구조 ·························· 331-333
화법의 전환 ·························· 336-346
- 대명사와 한정사 ············· 337-339
- 법조동사 ······························ 343-346
- 시간 부사구 ························ 339-342
- 장소 부사구 ························ 342-343

2. 어구

A

a-	417
-ability	443–444
-able	442–443
above	182
according as	27
advise	360
after	27, 50–51
against	182
although	27, 77
ante-	417
anterior	104
anti-	417
as	27, 46, 62–63
as … as	112–116
as … as possible	119–120
as busy as a bee 등	117–119
as far as	27
as if	27, 87
ask	357, 360
as long as	27
as soon as	45
as/than + 인칭대명사 격형	110–111
as though	27, 87
auto-	418
avoid	182

B

barely	180
be-	419
because	27, 62, 64–65
before	50–52
bi-	420
bio-	420
but that	27
by the time	56

C

cent-	420
chron-	421
co-	421
command	360
complete	40
contra-	422
counter-	422

D

de-	422
decline	182
directly	54
dis-	423
dissuade	182
double-	424
doubt	182
doubtful	182
down-	424–425

E

-ed	444
em-, en-	425
-en	444–446
-ence	446–447
encourage	360
-ent	446–447
entreat	360
-er	441
-ery	447–448
-ese	448

-ess	448
even if	80
even though	81
except that	27
exclude	182
exterior	104

F

fail	182
few	180
for	66
for all that	27
forbid	360
forget	182
fresh-	426
-ful	449

H

hand-	426
hardly	180
hardly ... before/when	55
-headed	449–450
home-	427
hotter and hotter 등	136–137
however	78

I

-ic	450–451
if	83, 217
-(i)fy	451–452
il-, im-, in-, ir-	427–428
ill-	428
immediately	54
implore	360
inferior	104
-ing	452–453
in order that	27, 75
inquire	357
inter-	428–429
in that	27, 66
intra-	429
invite	360
-ion	453
-ish	453–454
-ist	455
-ity	456
-ive	457–458
-ize	456–457

J

junior	104

L

lack	182
-less	458
let him/them ...	363
let's ...	363
little	180
-ly	459

M

mal-	430
-ment	460
mis-	430
more lazy than stupid 등	128
more of a ... than	138
more than + 형용사	138
much as	82
multi-	430–431

N

neglect	182
-ness	460
never	180
no + 비교급	142
no-부정	177–179
no less ... than	141
no less than	141
no matter how	78
no matter what	79
no more ... than	139–140
no more than	140
non-	431
no sooner ... than	55
not-부정	174–177
not any more ... than	140
not as/so ... as	120–123
not less than	141
now that	27, 66

O

-ological, -ology	459–460
once	27, 45
only	200
on/upon -ing	54
-or	442
order	360
over-	431–432

P

posterior	104
pre-	432–433
prevent	182
prior	104
pro-	433

R

re-	434
recommend	360
refrain	182
refuse	182
reluctant	182
remind	360
request	360
Rich as/though he is ... 등	83–85

S

save that	27
scarcely	180
scarely ... before/when	55
seeing that	27, 62, 66
seldom	180
self-	434–435
semi-	435–436
senior	104
since	27, 53, 62
skeptical	182
so + 부사/형용사 + that	71
so + 조작어 + 주어	326–327
so + 주어 + 조작어	324–325
so + 형용사 + 부정관사 + 단수 가산명사 + that	71
socio-	436
so ... that	72
so that	27
stop	182
sub-	436–438
such ... that	72
such that	27
super-	438
superior	104

T

tele- ……………………………… 439
tell ………………………………… 360
the + 비교급 ……………………… 132-133
the + 비교급 ..., the + 비교급 …… 134-137
the + 최상급 형태 ………………… 142-147
the instant ……………………………… 27
the moment …………………………… 27
though ………………………… 27, 77-78
till …………………………… 27, 45-46, 48
trans- ……………………………… 439

U

un- ………………………………… 439-441
unaware ……………………………… 182
unlikely ……………………………… 182
until ………………………… 27, 45, 48-50
urge ………………………………… 360
used to ……………………………… 221

W

want to know ……………………… 357
warn ………………………………… 360
wh-의문문 ………………………… 210-219
whatever ……………………………… 79
when(ever) ……………………… 27, 46-48
when ...-ing ……………………… 43-44
where ……………………………… 58-61
whereas ………………………… 27, 89-90
wherever ………………………… 59-60
whether ……………………………… 217
whether or not ……………………… 79
while ………………………… 27, 46-47, 89-91
why should ...? …………………… 229

without ……………………………… 182
with the result that ……………… 50, 75

Y

yell ………………………………… 360
yes/no 부정 의문문 …………… 207-210
yes/no 의문문 ………………… 201-210

의사소통을 위한
새로운영문법해설 4

1판 1쇄 발행 2020년 4월 30일

지은이 | 고경환
펴낸이 | 김진수
펴낸곳 | 한국문화사
등　록 | 제1994-9호
주　소 | 서울특별시 성동구 광나루로 130 서울숲 IT캐슬 1310호
전　화 | 02-464-7708
팩　스 | 02-499-0846
이 메 일 | hkm7708@hanmail.net
홈페이지 | hph.co.kr

ISBN　　978-89-6817-877-1　94740
세트　　978-89-6817-873-3　94740　(전4권)

· 잘못된 책은 구매처에서 바꾸어 드립니다.
· 이 책의 내용은 저작권법에 따라 보호받고 있습니다.
· 책값은 뒤표지에 있습니다.

· 이 도서의 국립중앙도서관 출판예정도서목록(CIP)은 서지정보유통지원시스템 홈페이지
　(http://seoji.nl.go.kr)와 국가자료공동목록시스템(http://www.nl.go.kr/kolisnet)에서
　이용하실 수 있습니다(CIP제어번호: CIP2020015707).